表皮と核

ニコラ・アブラハム
マリア・トローク

大西雅一郎　山崎冬太　監訳

阿尾安泰　阿部宏慈　泉谷安規
梅木達郎　熊本哲也　佐々木俊三
髙井邦子　訳

松籟社

L'écorce et le noyau
Nicolas Abraham
Maria Torok

L'écorce et le noyau
Nicolas Abraham, Maria Torok

L’écorce et le noyau

主要目次

第Ⅲ部　精神分析の概念構成再構築に向けてのアナセミー的大文字…………223

第Ⅳ部　〈自我〉の直中のクリプト　いくつかの新しいメタ心理学的な展望……251

詳細目次

第Ⅰ部　諸学の学としての精神分析

構造および発生に関して精神分析が含意する事柄についての現象学的省察　89

時間、リズム、および無意識――精神分析的美学のための省察　100

第Ⅲ部　精神分析の概念構成再構築に向けてのアナセミー的大文字

第Ⅳ部　〈自我〉の直中のクリプト　いくつかの新しいメタ心理学的な展望

凡例

●本書はNicolas Abraham, Maria Torok, *L'écorce et le noyau*, Aubier-Flammalion, 1987. の全訳である。

●本文中の［ ］は、訳者による語の補足および原語の表記を示す。

●本文中の☆1…といった数字は、註番号を示す。註は当該箇所近傍の奇数ページに示してある。

●本文中の〔 〕で括った箇所、および本文中の＊記号は、訳者による訳註である。語に対する訳註の場合は〔 〕で括って本文中に示した。＊記号を付けた訳註は当該箇所近傍の奇数ページに示した。

●本文中の〈 〉は、大文字ではじまる語（例：Réalité→〈現実〉）である。

●本文中の傍点は原文イタリック体の箇所である。

表皮と核

〔……〕
いやそれよりも私たちがついうっかりとあの気乗りうすの大地に置いてきただけにすぎないものが
私たちの眠っている間に眼覚め　伸び育ち　風とともに歩き
ああ　私たちの　私たちのまどろんでいる間にも
重い頭を垂れた　百倍にもなった穂を　あちこちとゆすぶっていることになるでしょう
ああ　それなのに　いったいどうして私たちは重たげに歩いているのでしょう？　こんなにも
心はやつれ気づかいに纏いつかれ　痛められ　こんなに疲れ　こんなに悩み
こんなにまで欺かれ煩わされているのは何故でしょう
私たちがおしみなく失うものも　さらにやさしい心遣いでもって
私たちにはとてもできない心遣いでもって　はるかに及ばない心遣いでもって
(私ならとっくに失っていたでしょう)　はるかに繊細でやさしい心遣いでもって保たれているでは
ありませんか——
それは何処に保たれているのでしょう？　どうか教えて下さい　それはいったい何処に保たれてい
るのでしょうか——

G・M・ホプキンズ「鉛のこだまと金のこだま」*1

書物を家のようなものと考える慣わしがある。様々な観念、歴史、観念の歴史が宿る場所だというのである。そうした見方には、招かれる者としての読者像が前提となっている。読者は招く者から勧められ敷居をまたぎ、臆することなく、新しい空間へと進んでいく。そうすることでその空間も進む者にとって親しみのあるものとなる。

『表皮と核』というこの「家」に近づく者が、序言や「巻頭」の言葉がないからといって、この家の主が非礼だとは思わないでいただきたい。

実際、この著作の敷居をまたぐ一歩は既に実行されている。ここでその歩みをそのまま載せることができないとしても、興味のある読者にそれが行なわれたテクストを示すことはできる。ジャック・デリダの重要な序文である。彼の *Fors* は、『狼男の言語標本』☆1 の読解への導き手となるだけでなく、本書全体のガイドでもある。彼の跡に従って、読者は精神分析的かつ超現象学的な空間の踏破が容易になるであろう。この空間が様々に見えるのも外見にすぎない。そこにある四つの収斂する道、象徴－アナセミー［意味遡行性］－取り込み《アントロジェクシオン》－クリプト保持＝伝達［cryptophorie］をたどれば、それらが形づくる統一へと苦もなく至ることであろう。

M. T.

☆1　ジャック・デリダの *Fors* は、Nicolas Abraham & Maria Torok, *Le Verbier de l'Homme aux loups*, Aubier-Flammarion 1976, pp.8-73.［ニコラ・アブラハム、マリア・トローク著『狼男の言語標本』］の序文である［J・デリダ「*Fors* ニコラ・アブラハムとマリア・トロークの稜角のある言葉」、『デリダ読本』現代思想臨時増刊（vol.10-3）、一九八二年、一一四－一五五頁および『狼男の言語標本』、港道隆他訳、法政大学出版局、二〇〇六年に所収］。

＊1　『ホプキンズ詩集』、春秋社、一九八二年、一九〇－一九一頁。ホプキンズ（一八四四－八九年）はイギリスの詩人で、宗教と芸術の一致を追求した。死後出版された詩集で現代イギリス詩に大きな影響を与えた。

第Ⅰ部

諸学の学としての精神分析

創設的なものとして、「諸学の学」として捉えようとするものであった。そのプランは「象徴あるいは現象の彼岸」の中に現われている。（それまで未刊の）この後者の構想についてみれば、その執筆は、「『タラッサ』序文」が書かれたのと同じ頃であった。注意深い読者は、どのようにして『タラッサ』の序文が間接的に「象徴あるいは現象の彼岸」の序文にもなっているのかが分かるであろう。

心の友ともいうべきフェレンツィに、そのハンガリー語のテクスト *Katasztrofak* において出会ったことが大きなきっかけとなり（この書は後にフランス語版[☆1]では、『タラッサ』となる、そして出会いはスリジー＝ラ＝サルでの「発生と構造」に関する研究集会後の夏の旅行で訪れたウィーンでのことであった）、著者がフェレンツィの夢の実現の試みと以後呼んでいく事柄が続行された（おそらくは達成された）。

思考の展開の時間的順序と刊行の順序とは、本書では時として一致しないことがある。その様態と理由を以下に述べることにする。三つのテクスト、「『タラッサ』序文」、「象徴あるいは現象の彼岸」、「構造および発生に関して精神分析が含意する事柄についての現象学的省察」は一九五九年から一九六二年のあいだに構想された。「現象学的省察」が最も早く一九五九年に書かれた。それは時間性に関する現象学および精神分析学セミナーの作業の成果であった。一九五九年にスリジー＝ラ＝サルで発表された発生的時間、および遡行的－発生［*palingenèse*］としての構造の機能に関するこの省察は、そのキー概念である象徴の研究を深めることで、精神分析を

☆1　Dr Sandor Ferenczi, *Thalassa, psychanalyse des origines de la vie sexuelle*, Petite Bibliothèque Payot, n°28.［S・フェレンツィ『タラッサ　性生活の起源をめぐる精神分析』（小島俊明訳『タラッサ』、澁澤龍彥編『性の深淵　全集・現代世界文学の発見7』、學藝書林、一九七〇年）所収）］、N・アブラハム編、註、序文。

それゆえに、まさしく情動的ともいえる論理に従って、『タラッサ』の序文はこの一連の論考の端緒となるであろう。そうして、この書を開く者は、著者が『タラッサ』を繙くなかでフッサール、フェレンツィ、フロイトとの出会いから受けたのと同じ喜びを覚えながら、読み進めていくことができるであろう。

ここで〈子ども〉、大文字の子どもという概念（『タラッサ』の二二頁参照）にひとこと触れておかねばならない。このテクストではまだ説明されていないとはいえ、この語は既に後に「表皮と核」（二四六頁）で展開されるアナセミー［意味遡行性］という概念や「大文字の〈子ども〉あるいは発生の起源」で述べられることを先取りしている。後に述べられることは、〈子ども〉のアナセミーであり、フェレンツィの言う発生の「素朴」な意味を越える概念であり、まさにフェレンツィの想定したような原初の神話的な破局を大人の視点を中心にして取り込もうとするという図式を乗り越えていくことであった。

M. T.

『タラッサ』序文

書物

フランスの読者がいま手にしている本書は、今世紀で最も人を夢中にさせる、最も解放的な書の一つである。まさに精神分析的な思考方法を押し進め、普遍的な探求方法へと推進させようというのである。そうなれば精神分析は、生物学、古生物学、医学そしてさらに結論を極限にまで押し進めれば化学や物理学に至るまでの自然科学を補完する道具となるであろう。ただ、こうした試みが実り豊かなものとなりうるということ、あるいはとりあえずそうした試みが可能であるということは、なかなか信じられないものである。そこで、或る限定された生物学的な問題についてフェレンツィがわれわれに示している論証を読まねばならない。その問題とは、生殖能力の進化であり、本書の対象に他ならない。最初は読む者は当惑してしまう。それから次第に奇妙ではあるが、魅力的な世界へと入り込んでいく。後はページをめくるごとに思いもしないことが明白な事実として出現し、既に分かっている他の確かなことに応答しながら、それをさらに確実なものとし、新たな意味を付け加えるのである。われわれは最後には魅惑され、喜びをもって賛同することで、解放されることになる。頑固な偏見の桎梏からも解き放たれ、われわれは著者とともに自己の最深部に向かって勢いよく降りていく。フェレンツィはわれわれのうちに太古の昔から存在する定かならぬものを、われわれの体、振る舞い、神話の中に刻み込まれたものを明らかにしてくれる。生物学、博物学、発生学、生理学などは、われわれを種の最も古い時代にまで結びつける意味作用によって賦活される。われわれも時には、何か形而上学的な誘惑の網にかかっているのではないかと疑いを持つこともあるが、そんなことはまったくない。

フェレンツィがわれわれにもたらす意味作用は、われわれの一体性への欲求を欺くために作られた甘い言葉とは違う。その目指すところは、科学を実現させること、仮説を立て、研究計画を作り、新しい事象を発見することである。根本的な事象を研究する真の科学が図らずも、詩ともなることに何の驚くことがあろうか。

フロイトの弟子

本研究の最初の題名である『性理論の試み[☆1]』こそ、まさしくフロイトの厳密な正統性を後ろ盾にしている。精神分析の創設者の弟子であり、その忠実な友であり、彼とともに歩む者であったサンドール・フェレンツィはブダペシュトの重罪裁判所の専門精神科医を勤めていたが、一九〇六年よりフロイトと親交を結ぶ。彼は驚くべき速さでフロイトの理論を同化し、立て続けに臨床研究や理論研究を出版するなかで、師とともに国際精神分析協会を創設する。そして一九三三年に亡くなるまで、たゆまず熱情と創造的精神を傾けて、この運動と学説に奉仕する。フェレンツィの影響はフロイトにも及び、その独創的な貢献がフロイト以後の理論的発展を支えていくことになる。

ごく初期から、フェレンツィは伝統的な心理学と医学に対して、精神分析的な研究が勝っていることを確信している。ヒステリーの謎が解けないことがそうした学問の敗北を決定的とした。この分野で、このウィーンの先達がただひとり決定的な光をもたらすことができた。それゆえ、精神分析は、成果をあげられずに信用を失った思考法をすべて暗黙のうちに問いに付す。しかし構成作業もまた必要である。謙虚にそして慎重にこの指導者は批判を手控える。ただ弟子の方は師を激しく慕うゆえに、激していく。

フェレンツィは一九一三年に次のように書いている。[☆2]

「これまでずっと、心理学的、神経学的学問の進展は停滞していた。そこにフロイトの精神分析的な方法が現われ、新風を吹き込むことになった。例を見ないほど実に我慢強く、脳の解剖学者たちは数千もの標本を作り切開をし、彩色を施していったが、何ら新しい興味深いことは見つからなかった。立派な目標にふさわしく熱意を傾けて、実験心理学者たちが反応時間を千分の一秒単位で測定しても、こうしたデータの積み重ねを何ら活用することはできなかった。唯物論者と称する自然哲学者たちは、頑固な信念のもと、いわゆる心理的事象を調べるのを拒否し、魂の存在をさしあたり生物学的根拠のないものとして、無条件に否定してすませてきた。一方、形而上学について思弁を行なう者たちは生命過程における本能の明白な優位に目を閉ざし、論理の道を通じてこそ、情念にかくも動かされる魂の領域に近づくことができると信じてきたのである。また「臨床」神経学者たちの精神活動は毎年なんらかの脳腫瘍の幾何学的な位置の画定と［治療のための］臭化物の処方とに限定されていた。最後に、精神医学は症状の諸グループを記述し、それらのばらつきと結びつきを調べるので精一杯だった。人間精神に特有の怠惰な性向はいまなお非常に強く、多くの研究者たちが自分たちの単調で不毛な研究を続けることを望み、進歩にはきっちりと目を閉ざしている。フロイトから継承した革命的な考え方により心理学および精神病理学の領域全体を新たに切り開くために、助けとなる手だては何でも必要とされるような時においてさえ、そうした状況なのである」。

　フェレンツィは、自分がすべてを汲み取った教えに対して、限りなく熱い思いを持っている。創始者たるフロイトが自分の大胆さにおじけづくところを、この継承者の方はもっと気軽に越えて進もうとする。医学的研究の遺産であろうが、フロイトは自らのうちに「科学的超自我」というべきものを持っており、それによって認められることに固執する。『タラッサ』が出版される直前に、フロイトは生物学によって自己の説を確かめようとしていたのではないだろうか。[☆3]（夢や外傷神経症や子どもの遊びにおける）外傷の強迫的反復を説明するために、彼は初期の見解とは異質の、生物学から借りた原則である、「生体の柔軟性」という原則を導入するのではないか。しかしながら、この大きな問題に対する説明は、既に一九〇〇年から『夢判断』[☆4]において明言されている。精神分析はひとえに神経症的症状および夢の象徴主義に関する独創的な理論の上に創設された。それらの症状や象徴主義は、抑圧される欲望と抑圧する諸力とのあいだ

☆1　*Versuch einer Genitaltheorie*, Internationaler Psychoanalytischer Verlag, Wien, 1924.

☆2　「神経症的症状の形成と消失」序文（ハンガリー語版）、ブダペシュト、一九一三年。

☆3　*Jenseits des Lustprinzips*, 1921, G. W. XIII, in *Essais de Psychanalyse*, Payot, 1951.［『快感原則の彼岸』］

☆4　*Traumdeutung*, 1900, G. W. II-III, P.U.F., nouvelle édition, 1950.［『夢判断』］

に介入する代理的な妥協として考察されてきた。この象徴化のプロセスは、快感原則（およびその派生物である現実原則）に統御され、緊張を放出したり、軽減したりしようとする。その点こそが重要であり、それについては再論する必要はなかった。葛藤の解決は、いかに不適切なものであっても、緊張緩和を――たとえ部分的であれ――もたらす。象徴的解決としての反復強迫は、後期フロイトが望んだように、快感原則を「越える」のではなく、反対にこの原則に従うものである。それこそがフェレンツィの正統的な理論であり、彼はこの重要な点においては、師フロイト以上にフロイト的であり続ける。はっきりとした形で述べよう。象徴的反復の中には必ず快感（緊張緩和）が存在するということである。この反復は何か幸せな解放感を祝う祝祭儀式と同じ意味作用を持つ。

弟子が師を褒め称えるというのは、彼が受け継いだ思想を保持しながら、それを伸ばしていくことである。フェレンツィは、師自身の意に反してまでも、この思想の根本的で最も独創的な部分を守ろうとする。それは象徴の理論であり、快感原則と分かちがたく結びついている。その理論を彼は最終的帰結にまで押し進め、普遍的な学としての精神分析という自己の夢の実現に向けて最初の歩みを固めようとしている。彼は何にもまして、フロイトが決してあえて試みようとしなかったこと、つまり生物学と精神分析学の統合を目指しているのである。

未聞の試み、諸起源についての精神分析

生物学的事実を精神分析することができるのだろうか。この質問に答えるには、まず哲学的偏見を一掃しておくのがよいだろう。素朴な二元論を採って、「有機体」と「精神《プシュケー》」とは別々の現実であり、二つの異なるアプローチから生まれただけのものだなどとは考えないような立場に立つにせよ、また有機体と精神とを価値のない無効なものとみなす唯物論的一元論ないし精神的一元論――両者ともに不十分な立場から生まれたものだ――を採るにせよ[☆5]、とりわけ重要なことは、生体をその全体的現実において捉え直すことである。こうしたことがなされれば、「有機体における心理的なものの神秘的な跳躍」などと言われる「ヒステリーの物質化」といった現象が理性にとっての躓きの石となることもなくなる。こういった現象を、フェレンツィは有名な諸研究において深

く研究していた。ヒステリー的転換や感情的発現一般の「表出的」現象は、彼によれば、われわれの体に組み込まれた系統発生的な可能性が利用されて、なんらかの抑圧された欲望を魔術的かつ象徴的に満たそうとして起こることなのである。[☆6] 情動的に負荷がかかった場合の赤面症を考えてみよう。顔の部分に起こる表面的な血管拡張は男性器官を受け入れたいという思春期の女性の抑圧された欲望を象徴することもありうる。位置が下から上に移動したという問題は脇に置くにしても、この欲望がどうして一時的な鬱血というはっきりした形を取るのかということは考えねばならない。それは、体の表面へと血が殺到するということが既にアプリオリとも言える形で意味作用を持っており、交換を強化することで局所的な興奮を鎮める効果があるだけに、そう言えることになる。現に働いている《アクチュエル》欲望はそれゆえ、既に自分の自由になる意味作用を行なう手段を奪い取るだけでよいことになる。意識的な思考に禁じられていることを、顔を赤らめるという身体の言語《ランガージュ》を用いて魔術的に実現するのだ。血管は対象を吸収するかのように膨張し、この有機体的なフィクション〔虚構、形成〕は抑圧された欲望の象徴そのものである。こうしてわれわれは自分の身体を象徴化のために利用する。それは芸術家が自分の材料を使って芸術作品を創造するのと同じようにである。どちらの場合も、魔法を使ったように、抑圧された欲望を「物質化する」。そしてこうしたことが可能であるのも、われわれの身体が一挙に言語のように機能するからである。象徴化することで、われわれは身体をまさに語っているのであり、有機体が示す意義素の起源的な意味を利用しつつそうするのだ。

こうして、精神分析の理論を生物学の領域にまで拡大するという所期の目的に向かって決定的な一歩を踏み出すことができる。われわれの身体が起源から言語活動《ランガージュ》であるのも、根底的意味作用が、さらにいっそう起源的な象徴作用によって初めて身体へと到来しえたからに他ならない。その象徴作用は、種《しゅ》に変様《アフェクテ》を引き起こした〔触発した〕外傷や喪失などに関して、系統発生の中で完成したのであった。すると様々な器官と機能の言語活動は、今度はもっと古い言語活動へと遡行していく象徴の

☆5　*Zur Begriffsbestimmung der Introjektion*, Zentralblatt für Psychoanalyse, 1912, II, 198-200.〔『投射の概念の定義への補遺』〕

☆6　*Hysterie und Pathoneurosen*, Intern. Psychan. Vrlg., Wien, 1919.〔『ヒステリーと疾病神経症』〕

全体と考えられよう、そして同じようなことが繰り返されていくだろう。そうだとすれば、有機体を種の歴史を通して蓄積された象形文字のテクストのように考えること、適切な方法で探求すれば解読可能なテクストとみなすのは、極めて理にかなったことに思えてくる。[☆7] 生物学的事実に対するそうしたこれまでにない検証方法こそ、立証可能でありながらこれまでにないまったく新しい仮説の領域を開く。ここに新しい科学＝学問が誕生する。諸起源の精神分析あるいはビオアナリーズ（生命分析）である。

諸起源の精神分析の歩み

新しい科学が生まれたのか。まだ言うのは時期尚早である。おそらく敬虔な願望か夢想家のユートピアのようなものだろう。一つの領域を画定したとしても、科学が構成されるわけではない。科学をうち立てるには、既に実績を証明済みの道具が必要である。精神分析的方法だろうか。しかし、その方法は言語と自由連想法を用いるものである。いったいどうやって器官や動物や古生物学上の遺跡に言語を語らせようというのか。この質問への答え方で、ビオアナリーズが実行可能な学問分野かどうかが決まってくる。

しばしのあいだ精神分析に戻ろう。精神分析はいかなる方法で進むのだろうか。（顕在内容である）自由連想の連鎖の背後に、分析家はこうした連鎖を統御する、いわばその理解可能性の法則とでも呼べるような情動的な姿勢を探求する。分析の状況においては、先行する経験の再活性化以外には、こうした姿勢を動機づけるものはないだろう。分析のセッションにおいて現われるこうした情動的な姿勢は、その中に（潜在内容である）欲望、恐れ、挫折、葛藤を含んでおり、そうしたものが個人史の歩みの中で情動的な姿勢を生み出したのである。もちろん潜在内容といえども、ひとたび明らかにされれば、さらに深層にある潜在内容の顕在化したものとして扱うことが可能であり、以下同じように遡行していく。後退的な歩み方で、個人の情動史を再構成するかのようにすべてが進行する。成人の患者が提供する素材をもとにして、フロイトが〈子ども〉における（生殖器的、男根的、肛門的、口唇的、さらには誕生以前のものと呼ばれる）情動の諸段階の個体発生的なモデルをいかに構成したかは知られている。そして少なくともそうしたモデルは成人においても引き続き残っている。〈子ども〉とは分析作業の基本的仮説の一つである。各個人はこのモデルを基点にして理解されるのであり、成熟を通じて〈子ども〉に課せられていく様々な生の諸条件の合力として理解される。

　これまでわれわれはフロイトの跡を追ってきた。しかし、フェレンツィにとっては、さらに先までいくことが、つまり種の幼年期、系統発生の幼年期まで遡ることが問題であった。そのために、彼はヘッケルの生物発生の法則に依拠することになる。彼はこう述べることになる。分析セッションにおいて個人史の一連の場面が繰り返される（そうした場面が個体発生のどの時期に対応するのか、再構成することができる）のとまったく同様に、また他方で「個体発生は系統発生を繰り返す」のとまったく同様に、分析のセッションについての適切な考察は、われわれを生体の最も古い過去にまで導いてくれるはずであろう、と。とはいえ、反復は常に象徴的であること、つまり、実際の出来事とは似たところもあるが、異なってもいるということを明確にしておかねばならないだろう。導きとなる問いは二重である。個体発生が象徴的に反復する原初の外傷状態とはどのようなものかという問いと、こうした象徴的反復を通じて現われる抑圧とはどのようなものかという問いである。

　もしわれわれの導きの問いに罠が潜んでいなければ、われわれの歩みが軌道に乗ることは確かであろう。実際、われわれは「個体発生」という用語の意味の根本的な変化に立ち会っている。つまり、フロイトにおいては、この言葉は内部から再構成される情動的展開のモデルを意味するのに対し、フェレンツィの見方においては、外部から記述されるこの展開の解剖学的－生理学的な契機をもまたこの語は含むものとされる。だがこの反論は見せかけにすぎない！と『タラッサ』の著者は答える。なぜなら、心理的な現実と有機体的な現実という二つの現実があるのではなく、様々な意味作用と象徴からなる唯一の現実があるだけなのだ。生命は本質的に分析用の寝椅子に座った分析患者のように雄弁なのだ。精神

☆7　こうした見解は必ずしも、獲得形質の遺伝に基づいたラマルク流の進化論を前提としているわけではない。確かにフェレンツィは、その理論を好んでいたとしても、前提とはならない。フェレンツィがその理論を選ぶのも、それがダーウィン主義の多様な形態よりも、精神分析学的精神の在り方に近いからである。

分析的な方法もまた外部と内部の絶えざる往復運動を通じて進んでいくものであり、分析患者の言語上の振る舞いも、障害物を前にしてのゾウリムシの試行錯誤も、激しい化学作用で組織が炎症反応を起こすことも、心筋の収縮（正常な場合をも含めて）も、そこには何の原則的な違いもないのだと付け加えることもできるだろう。

実際、こうした生命現象はすべて、外部と同時に内部から発生的次元を補なって考えることで完全な意味が分かってくる。客観主義的な研究が、そうすることで有効性を失うことは少しもない。そうした研究は諸起源についての精神分析の欠くべからざる部分をなす。まさにそれらの成果こそが連想材料の代わりを務めることが求められる。古典的科学のやり方で諸事実を観察し、精神分析的方法でそうした事実を解釈し、そのようにして得られた仮説を携えて事実へと回帰すること、それこそがビオアナリーズの探求方法の全体である。

われわれは正しく港に到着したのだろうか。最終的にわれわれの新しき科学の魅惑にみちた岸辺に上陸することになるのだろうか。まだ神人同形論という暗礁がわれわれを待ちかまえている。おめでたい人々がそこに閉じこめられたままでいる。そうした人々が漂流物にしがみつきながら、蟻の抑圧やミツバチの肛門性愛について滔々と論じている様子はよく見うけられる。いくつかの旧弊はあるものの、フェレンツィのビオアナリーズはこうした凡庸さに陥ることはまずない。確かにビオアナリーズは同じような危険、それ自体にとっての意味とわれわれにとっての意味の混同という危険のもとに進んでいく。そして必ず歩みを進めることを拒否する臆病者、小心者、興をそぐ者がいるものだ。しかしながら、こうした問題の執拗な抵抗そのものが、内部と外部、客観的なものと主観的なもの、われわれにとってのものと自己にとってのものとの照応関係を一挙に定義画定できないということが障害になるどころか、ビオアナリーズ的探求を本当に推し進める力となるように思われる。前もってこの問題が解決されていなければいけないなどというのは、「はっきり目が見えるようになったら、外に出るよ」と語る昔話のモグラをまねることになるだろう。

現実の象徴的本質

ほどなく読者も分かってくるにちがいないフェレンツィの生物学的ビジョンは、われわれのうちに深く、いわく言いがたい共鳴を呼び覚ます。『タラッサ』にどんな科学的有効性も認めない者でも、そこに詩《ポエジー》、神話、瞑想の対象は見出すことができる。精神分析から生まれた、この驚くべき宇宙創成論的叙事詩――その言葉をどうして文字通りに取らないでいられようか――は、創造的な思考の歩みに身を任せつつ、われわれのうちに民間伝承的神話や宗教的な神話がかつて果たしたのと同じ解放と癒しの効果を引き起こす。そしてそうであるのも、科学的真理と詩的真理が同じ本質のものであると判明したからだ。『タラッサ』を読むことで生まれる楽天的な悦びと高揚は、われわれの〈自我〉のうちで「合理的な」部分と「非合理的な」部分の接触を禁じていた壁が徐々に壊れていくことをまさに明らかにしている。

フェレンツィがわれわれに実感させようとしていることはこうだ。われわれは、われわれの本性とは無縁の、絶えまない偶然性が重なりあい、数十億年の時の流れを経て集約された原子の構成体ではなく、またその結果、生きものの世界や、その子孫であるホモ・サピエンスが形成されるのでもないということだ。だからといって、われわれの状況や目的論を説明するのに何か超越的な力に頼る必要などないこともまたフェレンツィが示唆している。彼によれば、われわれは原子、細胞から理想目標に至るまで、一貫して象徴によって織り上げられているのである。これらの象徴は、そのうちに自らの歴史と発生の意味を持っている。それらは一つひとつ独立しているが、二面性を持っている。象徴によって出現してくるものは、象徴がもはやそうではないものを隠している。しかしその象徴がもはやそうではないものこそが、象徴が現にそうであるものを明らかにできる唯一のものである。人間の状況がこうしたものであるなら、存在の構造自体も、そして〈宇宙〉の象徴的な整合性もこうしたものである。それゆえに諸起源の精神分析は一つの哲学であるとともに、探求の道具である。技術的機械論や神秘的な目的論の向こうに、われわれが精神分析的汎象徴主義と呼びうるようなものが、『タラッサ』から生まれ、そのうちに原因と意味を、身体と魂を、現象と超現象を結びつけることで、根源的に新しい科学的理解方法を予告しているのである。少なくとも、汎象徴主義の統一的ビジョンが今既に実を結びつつある領域が存在する。精神身体的な医学である。この学問領域はフェレンツィと彼の弟子たちにすべてを負っている。☆8 この領域において、ビオアナリーズは実験と治療行為に関する豊かな領野を見出した。しかし、新しいビジョンは一つの狭い学問分野の範囲には収まりきらない。フェレンツィは生化学にまでその射程が及ぶものと予想していた。おそらく有能な原子物理学者が汎象徴主義に属する考察に基づき、原子や原子内の現象に関する理論を構築する日もそれほど遠くないであろう。しかし、その前に、フェレンツィの考えがわれわれのうちに引き起こす究極的な問いを熟考する責務が哲学に回ってくる。つまり、いかにして象徴という観念は可能なのか？　最初の象徴の構造とはいかなるものか？　象徴に関する諸集合の位相学と生理学は構想できるのだろうか？　現象自体の超現象的《トランスフェノメナル》な［現象横断的な］意味とはどのようなものか？

しかし今こそ紹介者は姿を消し、読者が沸き起こる発想を自由に追っていく時であろう。進むごとに発見の悦びが生まれんことを。

パリ、一九六二年十月

N. A.

☆8　次を参照のこと。Fr. Alexander, *La médecine psycho-somatique*, Petite Bibliothèque Payot, n°11.［『心身医学』］

象徴　あるいは現象の彼岸

「反省は、狂気と同じく閉じられた思考体系である。ただし反省がそれ自体や狂人をも含めて理解するのに対し、狂人は反省を理解しないという違いがある。」

（メルロ＝ポンティ『知覚の現象学』、三一頁）

「根本的」とみなされるこの探求に着手するに際して、一抹の不安があるのは隠しようがない。精神分析的事実としての象徴を出発点とし、宇宙の構造としての象徴へと到達するまで、踏破されるべき道にはいくつもの落とし穴が仕掛けられている。それらの罠すべてをわれわれは回避することができたのだろうか。そう信じるとすれば、正気を欠いた虚ろな思い上がりとなるだろう。

　われわれの仕事は、フロイト、フッサール、フェレンツィという、われらの精神を導く師の影響のもとに構想された。われわれはこの三人の師にすべてを負っており、彼らの思考のさらに先を行こうとする勇気もそこには含まれている。現象が「発生してくる地平」を解明し、精神《プシュケー》の究極的源泉に遡行し、精神分析的方法を自然科学に拡張すること、このそれぞれが三人の師の究極的切望であった。そしてそれらは、われわれの三重のはるかな目的であった。

　本書の素描は、鈍重で欠落があり、今後とも長い時間をかけて練り上げるべきものである。だがまさにその理由ゆえにこそ、この素描を最初の段階から批評に供することが望まれたのである。読者にあっては、性急な理論の提示にありがちな曖昧さや省略的表現に起因する難解さを、どうかお許しいただきたい。本書を読むにあたって忍耐を示していただけるならば、われわれにとってそれは真の報いである。

第1章　現象の彼岸としての象徴の意味

1　象徴のテクスト

われわれにとっては、考古学者が未知の言語で書かれた資料をなんとか解読しようとするように、象徴に取り組むことが常である。与えられているのは、意味を担った或る「モノ［chose］」である。意味を「モノ」という、その基体に付け加え、意味論的な記号作用を神聖文字《ヒエログリフ》に付け加えるだけで、解読の成功を誇ることができるというお手軽な予断に安住している者もいる。だが、もしフロイトが「象徴の鍵」なるものを打ち立てるだけに終始していたならば、彼はただ、一つの記号の体系から他の体系への変形を行なったにすぎないのであり、しかもこの他の体系はさらにその秘密を担い続けるままになっていただろう。じつのところ、象徴的テクストの読解は、項と項のあいだの対応関係の観察に尽きるものではない。解読作業を完全なものにするためには、機能的な回路のすべてを復元しておかなければならないだろう。この回路には複数の主体が含まれており、その中ではモノとしての象徴は中継地点の役割しか持たない。重要なのは象徴に、伝達や表現といった言語的な地位以上のものを認めてやることである。そしてまた、人間存在の全体になくてはならない部分として、その強められた効果として象徴を研究することである。換言すれば、或る象徴を「理解する」ことは、もろもろの対象との関係においてそれが機能する働きのダイナミズムの中に象徴を再定位することを要求せずにはいないだろう。

それゆえここで最初の区別を立てておく必要がある。一方に、モノ－象徴［symbole-chose］がある。それは象形文字ないしは象徴的テクストとみなされるものだが、象徴としては死せる象徴である。他方には、機能作用［fonctionnement］の中に含まれた象徴、すなわち作用を行なう象徴［symbole opérant］がある。それは意味に賦活され、複数の具体的な主体を想定しているが、この複数の主体は機能しつつある一つの全体とみなされている。或る象徴を解釈するとは、モノとしての象徴から作用を行なう象徴への転換を成し遂げることにある。それゆえ、一つのモノが他のモノの象徴とみなされるべきではない。「蛇」が「ファルス」の象徴であると単に言うことは、象徴を物象化することである。それは精神分析を受ける患者にも見られることであり、それによって、象徴をその現実の作用の中で生きることから人はなんとか逃れようとしているのである。

2　象徴の操作

じつは象徴はそれ自体で象徴であるわけではなく、ただ或る主体が行なう作用としての限りで、その対象との関係においてそうなのである。この関係の主体の側の機能作用は、さしあたり、一連の欲望とその充足として特徴づけることができる。先の例で言えば、連想のコンテクストが明らかにするものは、子どもの抑圧された欲望である。それは「ファルス」を自分のものにしようとするファンタスムの中で、ファルスの等価物を探し求めるが、このファンタスムが今度は反-欲望によって（たとえば恐れによって、この恐れはイマーゴ的形象に結びつけられることも、結びつけられないこともあるが）阻止される。

欲望と反-欲望の、相反する二重の機能作用は、魅惑[fascination]の中での全面的な阻止状態を生み出しかねないものである。どちらもともに不可能となってしまったこの二つの機能に取って代わるのが象徴の操作であり、それは第三の機能作用を生じさせる。この第三のものは最初の二つのものに対して象徴的であり、葛藤を解除するものである。「蛇」というモノ-象徴の意味は、次のように述べられるだろう、「分かるだろう、私にとって蛇をつかまえることなんか、もってのほかなんだ」。より明確に言えば次の通りである。「私には、体から切り離された対象（ただ、それは体から切り離されているわけではない、というのもそれは自律的な存在だからである）を操りたいという欲望がある。ところがあなたが禁止するので、私の運動は止められ、私に「蛇」が浮かんでくる。それはあらゆる点で私の欲望の対象に似ているが、ただそれが恐怖と嫌悪を私にもたらすことだけが違っている」。以上が解釈の最初のレベルにあがってくるものだろう。むろん「ファルス」を自分のものにしようという願望が今度は、一つのファンタスム、つまり或る種の言葉づかい《ランガージュ》ないし「幼児期の性理論」であることが明らかになるだろうし、さらにその底に隠された葛藤する欲望に関係づけられていくだろう。二つのレベルの違いは次の点にある。「蛇」が或る言説のドラマ化された表象であるのに対し、「ファルス」をわがものにしようとする身振りが依拠する言語活動《ランガージュ》は非言語的なものであり、それによって運動の次元でドラマを実現するものなのである。
ヒステリー的な転換において（目が見えなくなったり、耳が聞こえなくなったり、ヒステリー性の麻痺を起こしたり）、象徴の機能作用が恐怖症の象徴性と区別されるのは、ただ次の点においてである。すなわち、身振りによる行動から言語記号のレベルにここで移行するのは、葛藤する欲望ではないのであって、むしろ禁止のパロール［言葉 parole］こそが、欲望の出現において達成されているのである。取り込みの欲望はこの時、パロールとしての禁止を取り込むことの中に等価物を見出す。

言葉を実際に用いるにせよ用いないにせよ、言語化としてあるファンタスムは、また表象されたり演じられたドラマとしてあるファンタスムは、自己の加工のうちになんらかの欠落を残しながら、根本的に異なる性質の葛藤に送り返される。その葛藤および欠落において、最終的にすべての象徴化が構成されていく。説明を簡略化するために、われわれは取り込みの葛藤という、そもそも核心にある問題を、一時的に棚上げしておく。じつはこの取り込みの葛藤を解除することが、欲望と呼ばれるものの究極の目標なのであり、もろもろのファンタスムはその偶発的な形態を構成しているにすぎない。

3　象徴化の二つの契機

象徴化が、両立不可能な複数の機能作用からより高次のレベルの新たな機能作用へと置き換えを行なうことを意味するなら、象徴作用をその昇格が生じるレベルそのものに位置づけ直すことが、やはり重要であるように思われる。

先の例で言えば、この昇格は葛藤のダイナミズムによって動機づけられているのが分かる。解決は必ずや新たなものをもたらすのであり、この新しさがどこにあるのかを示しておかなければならない。

まず始めに見てとることができるのは、最初は身体運動のレベルで作用していた機能作用が表象のレベルに昇格することである。ここで表象とは、欲望の直接的で情動的《アフェクティヴ》な幻覚としてではなく、目に見える形で舞台化［上演］されることにより言語的記号が賦活されることとして理解されるべきものである。言葉となった言語活動こそは表象の出発点をなす。ここでは、駆り立てられて起きる運動性のレベルと言語的な運動性のレベルが区別されなければならない。そうすることで、次のことが理解されよう。葛藤を生む対象の操作が危険を伴わない単語-イメージの操作に場を譲るがゆえに、単語、そしてそれが吹き込むイメージは葛藤なき機能作用へと道を開くことができるのである。

ここで分かるように、象徴は、「蛇」と「ファルス」をイコールで結ぶことにあるのではない。そうではなく、「蛇」という単語が視覚化をもたらすことにより、或る誰か（すなわちイマーゴ）に向けて、ファルスに触れる時に感じるであろう恐れを舞台化する一方で、このようにドラマ化された言説が禁じられた身体の運動の身振りと等しくなる、ということに象徴は存している。運動レベルと言語レベルの違いは、行為化〔acting-out〕と言語化のあいだで分析者が行なわねばならない区別と同じ次元にある。ここで象徴は、禁じられた行動に代えて、欲望とイマーゴの双方を満足させる言説を置くのである。

ここから、象徴化の第二の側面、つまり、もっともな理由を掲げ敵対する機能作用に対して、象徴化が非-規定化であるという点が理解される。象徴化されなければ、葛藤は運動次元に固着したままになってしまうだろう。さて、それが言語次元に昇格することで、いくつもの解決が見えてくる。それを口外するために、人は「〝蛇〟恐怖」とイマーゴに言うかもしれないし、また「接近不可能なもののノスタルジー」と言ってもよければ、また「天使かカストラートの愛」と言ってもよい。これらの解決はすべて、阻止された運動の身振りの実現に迂回路を提供するものだが、そのためには、不可能な身振りの運動上の代理物として言語によるコミュニケーションを創案する必要があったのである。この機能において、身振りよりもパロールの新しさは、それが二面的であること、つまり一方はイマーゴに、他方は欲望に向けられているということである。いうなれば、葛藤の諸要素は非-規定という状態が存在したのである。明確であった身振りは語になり、身振りの同じく明確な意味は、言語の意味作用となる。語や意味作用は、欲望によって目指された知覚次元を喚起するための、いくつもの価値を持つ手段となる。一つのレベルから他のレベルへの移行という事実そのものによって、機能作用はまず非-規定となり、ついでなにか偶然的な仕方で（たとえば蛇恐怖によって）再-規定されていく。他方で、「蛇」が今度は、同じ類の他の意味作用、たとえば「ネズミ」「ハツカネズミ」「コガネムシ」（「私が恐いのはじつはネズミだ」）などに並ぶ一つの意味作用となる。じつのところ象徴化は、一つの「モノ」を他のものに置き換えることにあるのではなく、規定された葛藤を別の次元に移し入れることによって解決することにある。この新たな次元においては、もともと両立不可能だった項と項が非‐規定なものにいったん引き戻され、そうして新たな規定を受けた新しい機能作用の中で調和させられるようになる。だからこそ、いまだ事物主義的な言い方ではあるが、上位のものが下位のものを象徴化するとか、無限に多様な象徴的なテクストに、限られた数の象徴化されたものが対応する、という指摘がなされたのである（ジョーンズ『象徴研究』、一九一五年を参照）。

　非‐規定化と再‐規定化は象徴化の本質的契機として現われる。前者は常に機能作用の昇格を含んでおり、後者は、非‐規定化によって可能になるあり方すべての中から、或る特定のあり方を選択する可能性を含んでいる。

4　超‐現象学と精神分析

　先に見たのは、或る葛藤が象徴の機能作用へと移行することであった。われわれが目的とするのは、精神分析的な象徴を根源的なモデルとして把握することであるが、それに向けての一歩を踏み出すのにまず必要に思われるのは、次のことを明らかにすることである。いかなる象徴も現実的ないし潜在的な機能作用であり、他の、両立不可能ないし制止された機能作用の代理であるが、さらにこれら他の機能作用そのものが、今度はより低次の象徴化のあり方から必然的に生じてくる。この認識に達するためには、精神分析の対象たる象徴に固有の地位が、認識論的な独自性を持つことを述べておくことが不可欠である。

　精神分析的なやり方は、象徴をモノとして疎外したり主観的な「体験」へと還元したりするのを拒む限りで、象徴に固有の次元への通路を開くことになる。精神分析は、主観主義や客観主義にまつわる欠陥から解放されるにいたり、うまい言い方ではないかもしれないがイマーゴ的［imaginale］とでも名づけうるようなパースペクティヴをあえて自分のものにする。このような呼び方で意味しようとしているのは、意識が、つまりデカルト的自我《エゴ》や、さらには現象学的自我《エゴ》が、その座を追われることから生じてくる特徴である。そこでは、意識や自我《エゴ》は、或る共働作用体《シネルジー》の部分的側面として把握されるのであり、この共働作用体においては、じつは心の内部の複数の人物が作動し合っているのである。精神分析は抑圧するものと抑圧されるものの融合（「抑圧されたものの回帰」）として象徴を捉えるのであるが、まさにこの精神分析的な象徴観念こそは、新たな展望から得られる様々なものを要約している。象徴の意味作用は、抑圧というまさにその理由からして、主体には近づくことのできないものである。いわんやそれが客観的に、たとえば行動主義心理学に、与えられることもない。というのも、象徴の意味作用がその共鳴［résonance］を見出すためには、観察者の側でも、自分自身のイマーゴ的構造の参与が必要だからである。ついでの指摘にとどめるが、この共鳴という概念は、いまだ主観主義に染まっている感情移入［Einfühlung］からも、またまったく客観的な観察からも、根本的に区別される。それは、聴取において受けとめられた意識にのぼる内容から出発して、〈無意識〉を揺さぶることによって起きる。あるいはむしろ、意識の内容が出会うことで、そこに含まれている特殊性を通して、それを補完する無意識――つまりイマーゴ的構造――がわれわれのうちに引き出されてくる時に、共鳴が生じるのである。☆1 客観性にも主観性にも与えられることがないとしても、象徴の意味作用は反対に、精神分析の聴取に特有の共鳴によって、ちょうど転移的な関係において生じるような仕方で、把握される。この時象徴の意味作用は、主体のイマーゴ的機能作用の一契機として明らかになる。この契機を露わにするのは分析者の「参入せずにいること［non-engagement］」（むろんそれは「共鳴せずにいること」ではない）である。さてまさに、共鳴によってもたらされた無意識こそは、象徴による解決の意識的側面を生み出したイマーゴ的葛藤を、われわれに明かしてくれるのである。分析の特権的な状況の中で、かくして象徴の意味作用は、そこを起点に象徴が発生してくる葛藤への暗示として躍り出てくる。精神分析の独特の次元が存在するのは、まさにこのやり方での発生の「解読」においてである。この解読は対象―横断的［超―対象的 trans-objectif］である（象徴のテクストは客観的に与えられていても、或る機能作用の生成として内側から「解読される」）と同時に、主体―横断的［超―主体的

☆1　一九六二年九月における「芸術と精神分析」をめぐるコロキウムの際に、スリジー＝ラ＝サルで行なわれた発表で、この共鳴なるものは美的経験の基礎として記述されたものである。［本書一〇〇頁以下を参照］。

trans-subjectif〕である（「解読」は主体自身ではなく他者によって生じる）。「意識化された自己知覚がもたらす情報だけでは〔…〕多様で複雑な心的現象をわれわれに理解させてくれることができないし、またそれらのつながりを発見させてくれることも、病的な現象の決定要因を見出させてくれることもない」（フロイト『精神分析学概説』第八章）。そこから判明するのは、精神分析的状況が象徴をそのイマーゴ的作用の現働態〔actualité〕に置き直す仕方である。精神分析に特有の対象が持つ超現象的〔現象-横断的、現象-超越的〕な性質は、精神分析の対象が——その独特の地位を厳密に規定することがなされずに——或る仕方で神学化されてしまう原因ともなっている。これはじつに安易なやり方なのだが、そんなことをすれば、まったくの主観主義的な定式やまったくの客観主義的な定式のばかばかしさを、臨床経験につきもののパラドックスの中に投げ込んで炸裂させ、なにか魔術的で神秘的で秘儀的な知識の方を指さしながら、分析家が儀式をつかさどる司祭となることもできるだろう。だがそうしたやり方がフロイトの意図であったとは思われない。フロイトは何度も、少なくともその科学性の主張において、メタ心理学を物理学になぞらえたのである。われわれの側からすれば、望みは共鳴の経験を神学化することではなく、それを主題化することである。精神分析における神秘主義的な立場は、根源的に新しいもの——それはフロイトのアプローチに書き込まれており、文化の革命的な変容において実現されるべきものだ——の到来に対する「抵抗」を作り上げているのであり、その点では純然たる技術主義的な立場と同断である。

5　あらゆる機能作用は象徴的である
超-現象的な諸学の問い

超-現象なるものの特徴（すなわち作用とみなされた象徴が、主観-横断的〔超-主体的〕であると同時に対象-横断的〔超-対象的〕であるという特徴）をめぐる迂回を経たのちに、根源的モデルとして象徴を把握するという、先に立てておいた問題に戻ることにしよう。もしもあらゆる象徴が機能作用であり、つまり非-規定に戻す行為の現働的あるいは潜在的な反復〔異他的反復、変容しつつ反復すること itération〕によって葛藤を解決するものであるとするならば、逆に次のことも言えるのではないだろうか。すなわち、なんらかの葛藤を解決しないような機能作用はなく、なんらかの両立不可能性に対して、いうなれば象徴的ではないようなものに対して、それらを非‐規定化しようとしないような機能作用もない、と。

　このような問題の立て方に対して、次のような反論があるかもしれないが、それももっともなことである。象徴を精神分析的に記述するにあたってわれわれが出発点にした例が、葛藤面から解決面へと創造的に移行していく革新的な昇格という特徴を見せているとしても、それはただ見かけのことにすぎない。人間の子どもにおいて、こうした移行の潜在的可能性はあらかじめ決められてしまっているのではないだろうか。子どもは、決められた順序に従って、運動を統括する能力の発達後まもなく、実現してくる言語能力をもって生まれてくるのではないだろうか。すべてを考え合わせると、象徴化とはつまるところ機能作用の一ケースにすぎないのであって、なるほど一つの面から他の面への移行を含んではいるが、この移行は前もって決められている子どもの生育の発達プログラムに従うものなのではないだろうか。本当の革新など存在しない、あるいは別の言い方をすれば、あるのは革新への能力［aptitude］であり、これもまた、潜在的なものではあっても一つの機能作用に留まるのではないか。結局のところ、象徴化は、あらゆる機能作用の起源にあるどころか、それ自体が或る特定の機能作用の一つなのではないか、という反論である。

　この機能作用を記述するにあたって、フロイトは次の問いに答えなければならなかった。象徴化の現象がそもそも可能となるために、われわれはどのような存在でなければならないのだろうか。そこから生じてきたのは心的装置の概念（まず第一局所論、次いで第二局所論によって）であり、象徴を生産する能力を備えたまぎれもない装置である。フロイトによる提言を受けてわれわれが立てる問いは、象徴を産み出す機能作用がどのようなものかということであるよりも、このような機能作用の可能性の条件とは何かを解明することにあるだろう。換言すれば、問題となる心的装置が象徴化を行なう機能作用の範例となるならば、この象徴の働きの最初の成立、つまりその原発生は、どのような葛藤から出発して考えられるのだろうか、という問題である。

　象徴されたものは常に、より下位の象徴されたものの象徴である。そこからわれわれが垣間見ることができるのは、いかなる象徴の作用ももろもろの他の象徴の作用を基礎として前提しているという、必然性である。

　いかなる象徴も他のもろもろの象徴の機能作用から派

生するとすれば、いったいどのような範囲で、すべての機能作用が一般に象徴的な性格を持っているのかを明らかにしなければならない。機能作用という観念そのものには、現働的ないし潜在的反復が前提として含まれている。では或る機能作用を構成するとは、つまり反復しつつ変容していくもの［un itérable］を構成するとは、何を意味するのだろうか。それは次のこと、すなわち反復がそれによって生じることができるようになるもの、いいかえれば反復の道具であり、その必要条件であるものを構成することを意味する。さてまさに、新たな機能作用が（それは常に制止された機能作用から生じてくることが知られている）定立されうるようになるためには、その反復の道具となるものがなんらかの仕方で当初の葛藤を含んでいることが必要である。そうはいっても反復の道具となるものは、その葛藤そのものではなく、葛藤の代わりとなるのである。それはまた、新たな機能作用の全体となるものではなく、その可能性の条件ないし充足的な動因であるにすぎない。以上の分析は手短なものであるが、なんであれいかなる機能性によって要請される反復の手段もすべて象徴的な特徴を持つことを、十分に明らかにしてくれるものである。

こうした結論には既に、対話的な［dialogique］学のプログラムが含まれている。或る「モノ」や「体験」が与えられると（象徴のテクスト）、それらが前提としている機能作用やそれらが送り返される起源を復元してやることが問題になる。答えなければならない根本的な問題とは次のものである。主観的あるいは客観的諸事実が、発生時点で見ても完全で象徴的な操作として、私に明らかにされるためには、私はどの観点に立たなければならないのだろうか。あるいは次のように言ってもよい。或る現象を、その下にある動機づけられた象徴性に戻してやるには、いったいどうしたらよいのか。

第2章　象徴の考古学

6　象徴の原-論理［archi-logie］あるいはフロイトの精神分析

これまでの展開において、象徴の発生を他の象徴を起点にして考察してきたが、それは無限後退に陥るのではないかという、もっともな疑惑を招くかもしれない。それを回避するためには、初源にある象徴性という観念が必ずや要請されるということを明確にしておく必要があるだろう。始源《アルケー》の問題設定は、「常に既に」という記述的な形相主義によっては解明されえないだろう。現象は、その分析をどこまで押し進めていっても、その現象性を保ち続けるだろう。「出現〔亡霊 apparition〕」としての現象、現象学的主体それ自体の中の他者性の記号〔合図、表徴 signe〕としての現象は、それを経験する自我を必ず主題化されることのないままにしておくからである。現象学的領野のこの制限は、謎めいた概念である「非活動的活動」、「受動的綜合」、「向こうにいる私としての他者」などによって確認されずにはいないものなのである。現象が発生してくる地平を明らかにすることは、現象学の外に出ることなしには不可能であるのだが、それは思考をして、超越論的な諸事実の不毛な昆虫採集〔entomologisme〕へと運命づけるものであるかに見える。ところが、始源の問いはまさに、超越論主義のもろもろの謎を解き、超越論的な現象にいまだ残留する事実性の根拠を発見しようとするものである。それに加えて、現象がなぜあらゆる発生論的な考察を逃れてしまうのか、またそうでありながら現象はその起源の隠蔽であると同時にその顕現であるのはどうしてか、ということを示すところまでいかなければならないだろう。当然ながら、発生の概念は、それによって産み出されるはずの時間を前提にすることはできず、時間遡行的な指向は隠喩的たらざるをえないという発生の性質は、後々の正当化を待たなければならない。無限後退を拒否することは、現象学の「常に既に」を拒否することとイコールである。

ここで思い起こされるのは、象徴が象徴されるものに対して、常にまた必ず、或るプラスを含んでいることだ。このプラスは、新たな機能作用に内在する制止が出現したことにまさに由来するものである。与えられた或る象徴から出発して、その背後に遡行していくと、われわれはそれに先立ち下位にある象徴の中にマイナスを見出さずにはいない。ここにあるのは、複雑なものから単純なものに遡る古典的な道筋のようなものである。

この減少していく複雑性に反比例する形で、この同じ道を遡行していくなかで、下位にある象徴性は増大する規定性を持つようになる（第三節を参照）。最初にある象徴、つまり〈始源〉は、それゆえ最大の単純性と最小の非規定性を示すはずである。

象徴の構造の排他的かつ普遍的な性質から、われわれは、最初の象徴である〈始源〉に関する問いかけが持つ存在論的な射程のすべてを見通すことができる。当然のことだが、人間が行なう方法のいずれにも、或る存在論が前提として含まれていると言いうるならば、われわれは精神分析的な出発点から、精神分析に潜在している存在論を取り出すことへと必ずや導かれるだろう。それゆえ次のことを確認したとしても驚くにはあたらない。フロイトは、いかなる哲学的な野心もないと明言していたにもかかわらず、〈始源〉の問題に触れる寸前であった（『快感原則の彼岸』を参照）のである。彼がフッサールの著作を知らず、また当時の科学主義的偏見に影響されていたために、この問題についての満足のいく明快な解決を持つことができなかったのは、残念であるとするしかない。

　われわれの念頭にあるのは、とりわけ反復強迫の概念から得られることのできたはずのものである。反復強迫は、一種の「生ける素材の弾力性」によるかのように、原初のトラウマを再生産する。量的な側面を度外視すれば、トラウマと葛藤が同じ構造――或る機能作用の制止――を持つのは明らかである。同様に、トラウマが不在であるところでこのトラウマの諸効果を再生産するためには、反復の道具を作り上げることが必要である。ここにはまさに、象徴の構造そのものがあるのであり、それについてフロイトは、幾度にもわたって、夢の中の表象をめぐって、また症状についての精神分析的な考え方をめぐって記述している。そしてフロイトによって引用されたあらゆる事例（外傷神経症、「いないいない／ばー[forr-da]」遊び、宿命神経症）について、反復強迫が常に象徴の反復であることを示すことができる。

　つまり反復強迫が象徴としての性格を持つことを見逃したがために、生の機能作用の考古学を極めようとするフロイトの探求は、精神についての見解に留まってしまったのである。それでもなお、その見解は彼の全著作を支配する直観に基づいていた。この直観とは、彼が最後の最後に、「生の本能」と「死の本能」のあいだの緊張として記述することになる葛藤についてのものである。こうした概念が擬人的なものだという非難を免れえないとしても、二つの極のあいだに根源的な緊張があるということを反駁するのは、さほど容易ではないだろう。ただし、この「二重性」、「極」、「緊張」を形而上的な神話学であると非難するのであれば別だが。だがどうすれば始まりよりも前にあるものを現象的な用語で特徴づけられよう。神話ということに関しては、この「緊張」を〈根源的不安〉という言葉で指し示すことは、精神分析の学説の筋道に完全に沿ったものであるだろう。また〈根源的不安〉の「両極」に、エロスとタナトスの名を与えることを妨げるものは何もない。具体的な生が、神話的な二つの敵対者のどちらにも、それればかりかその両者にも還元されはしないこと、生は象徴という欠くことのできない要素をさらに含んでいることを思い起こせば、さしあたりは十分であろう。

7 根源的不安そして〈始源〉の二元構造

いかなる基体も欠いている〈根源的不安〉を厳密な用語でどのように特徴づけるのか。新たな神話というのではないにせよ、少なくとも或る隠喩的な表現が問題になるのであり、この表現は、アナロジー〔類比、ロゴス〈論理〉遡行性〕によって、存在することの不可能性を、あるいはむしろ、存在へと向かおうとしている能動的な非-存在を隠喩的に表わそうとするものである。そもそも、この〈根源的不安〉がまったくのフィクションなのかもしれず、ちょうど数学におけるゼロのようにそれ自体の現実存在を欠いてはいるものの、演算には不可欠であるような限界-観念としてのみ思念されうるのかもしれないのである。

とはいえ、ここでフロイトとともに言っておかなければならないが、「存在の核」をなす〈エス〉は不安を知らないのであり、あるいはさらに〈フロイトとともにこの断定を緩和させながら〉「不安の感覚的な諸要素を産み出すことは可能だが、エスはそれを使用することができないでいる」のである。実際、人間において、不安が媒介を踏み越えて真の中核に到達するような時には、人間は人間としては消滅してしまう――あるいは「突然変異」が出現する瞬間となるであろう。

存在することの不可能性である〈根源的不安〉は、思考することもできなければ言語化されるものでもない。だがそれは存在や思考の根拠である。存在とは同じもの〔自同なるもの le même〕、同一的なもの、反復可能なもの〔l'itérable〕である。存在は或る構成作用から「帰結する」のであり、この構成する働きは〈不安〉の中に出現したものである。この根源的な創設行為は、〈不安〉それ自体と同様に到達不可能なものである。われわれにとって、始まりである〈始源〉は、〈不安〉でも〈創造的な行為〉でもなく、〈最初の存在〉であるだろう。ところで、存在あるいは同一的なものの到来は、象徴的なあり方においてのみ可能である。形式的な用語を用いれば、「AがAである」と言うことができるのは、ただ、なんらかの仕方でAがBを否という様態において前提として含み持っており、つまりAがBと片割れとして象徴的に釣り合う［symbolise avec］場合のみである。（それに加え、Bと片割れとして象徴的に釣り合いつつ、Aはまさに〈根源的不安〉を象徴する。この不安において二つの「極」は、存在に向かおうとする「緊張」にありながら、いまだなお結び合わされていたのである。ここに見て取れるように、単独の象徴は、ただそれ自体では、存在するためには十分ではない。それが自らそうであるところのものでありながらも同時に自らがそうではないところのものを含み持っているとするならば、その分節が恒常的となるためには、自らがそうではないところのものが今度は恒常性に、つまり同一性(B)にならねばならない）。

以上で記述された構造に、補足的な解明をしておかなければならないだろう。AがBに送り返されるということは、Aがそれ自体へと閉じられていないことを、そしてAがなんらかの仕方でBと通じていることを意味している。AがまさにAであってBではないためには、Aそれ自体が差別化の行為を達成しなければならない。これぞまさしく、その象徴化の作用である。さて、差別化するためには少なくとも二者が必要である。つまりAの内部に非－Bの特徴が（すなわちBの特徴が否定的様態のもとに）与えられていなければならない。AとBを否定の様態のもとに結びつける審級、すなわちBを否定的に指し示すAの極は、〈自我〉の最も古い形である。〈自我〉の機能はそれゆえ、自らがそうではないものを自己のうちに形象化し、分裂を行ないつつ維持しつつ、存在を〈根源的不安〉から引き離そうとすることにある。換言すれば、〈始源－自我〉は、〈不安〉の象徴であると同時に、自分がいわばその否定項であるような〈他者〉と片割れとして象徴的に釣り合うのである。〈自我〉の根本行為は〈他者〉から自己を差別化することにある。〈自我〉の存在は他者性を際限なく繰り返して肯定することにある。まさにそのことによって、自分自身の存在は主題化されないままに留まる。

これまでわれわれが行なってきた〈始源－自我〉の構造についての考察は、超越論的観念論の枠組みにほぼ収まるものであった。ここで、われわれに固有のパースペクティヴである、発生論的かつ超現象的な実在論の展望に移行するべき時がきた。そこではもはや、〈自我〉にとっての他者性の意味作用だけに注目することはない。逆に〈他者〉自体が今度は〈自我〉として考察され、その内在的な特徴が探求されるだろう。

実際、〈自我〉が〈他者〉から自己を差別化することなしにはありえないなら、〈他者〉の方でも、〈根源的不安〉の分裂から生じながら、否定的な様態において、〈他者〉の〈他者〉に対して自らを肯定できなければならないだろう。換言すれば、〈他者〉は、自らの〈他者〉と同じ〈根源的不安〉を象徴しつつ、自らの〈他者〉と象徴的に釣り合うことができなければならない。それゆえ〈他者〉が今度は〈自我〉となるだろう。それはつまり、〈自我〉が「相互-主体〔主観〕的なもの」の中に、いわば〈二元性〉〔対概念 Dyade〕の補完的な項として、一挙に生起することを意味している。（フッサールの観念論は、根本において「モナド論的」に留まっているということを、後に見るであろう。）

8 〈始源〉の作用

根源的な〈二元性〉の補完的な機能作用をどのように理解すべきなのか。〈二元性〉の二つの項は「瞬間ごとに」、融合し〈不安〉の中に退行してしまう「おそれがある」。融合が始まろうとすると〈象徴的融合〉、すぐさま、二つの役者は双方で根源的な分裂の行為を反復しつつ——それもまた象徴的様態においてだが——、この分裂行為を確認する。この象徴的な融合と脱融合の拍動〔pulsation fusion-défusion〕こそは、原初的な時間を、いまだ主題化されていない最初の継起を、すなわち交替〔alternance〕を成立させる。

ここに理解されるように、〈自我〉へと〈他者〉を内包することは、融合の象徴を、すなわち〈不安〉の象徴を構成している。象徴が出現することによって〈不安〉が克服されるようになる限りにおいて、融合が実際に生じてしまうのを予防するという目的に役立つ、道具としての役割を象徴の出現に与えてやることも可能だろう。だがやはり、象徴の構成の行為そのものの中に目的論的ないかなる要素も導入しないことが、より厳密であるように思われる。そして、象徴の構成によって〈不安〉を潜在化するという効果を確認するに留めておくのが望ましい。これとは反対に、主体の機能作用は、現象次元で、それが〈時間〉について行なう分節ということに限っても、明白に目的論的なものとして現われなければならない。拍動の各位相は、自らの直接的な目的として、その次に来る位相を先取りしているように思われ、そしてそれは、融合を象徴によって置き換えることで、融合を回避するためである。また、象徴に内在する要請とは、自己を完成させることなく作用すること、すなわち根源的な融合に決して溶解されないままに、また実際の分裂に到達しないままに働くことであるのが理解されるのである。

9 〈始源〉についての対話的な超－現象学的理論の独創性

先に見たように、象徴の到来は〈自我〉や〈時間〉や〈他者〉の到来と同時的である。それゆえ象徴の観念は常にこの三重の分節を必然的に含んでいる。このことは、〈自我〉や〈時間〉や〈他者〉の観念についても同様である。いかなる現象も、自我の観点からであれ、時間性の観点からであれ、〈世界〉の観点からであれ、それを記述することは確かに可能である。しかし、そのどの観点も部分的な側面しか明らかにしてくれないのである。反対に、これらすべての側面を集約してくれるのが、象徴とその作用の対話的概念である。

この新たな象徴の理論は、それに着想を与えた現象学や精神分析に対してどのように位置づけられるのだろうか。この理論の中には、フッサールが記述した志向性の最も基礎的な構造が見出される。現実態を通して、基礎的主体は潜在態に向かいつつ、それを先取りする。とはいっても、こうした現象学的な言い方では、志向性の〈超－現象的－対話的〉意味はいまだ明らかにされない。すなわち志向性の根源的な意味とは〈不安〉の象徴化にあるのである。さらにまた、われわれの象徴の理論の中に、抑圧とその産物である精神分析的象徴についてのフロイトによる図式が見出されることにもなる。「抑圧されたものの象徴的な回帰」こそは、われわれが提唱するモデルの、かなり満足のいく定義となるだろう。だが〈超－現象的－対話的という〉観点の独創性は、その点に求められるのではない。むしろその独創性は、その最も根源的な形態である〈始源〉において既に、象徴の操作が〈相互－主体的な〉二元構造をとることを、明示的に示すところにある。

或る存在論の素描ではありながらも、以上の考察には作業仮説を立てて発見をもたらすという目的がないわけではない。基礎的な存在のモデルを構築することは、それによってわれわれが世界やわれわれ自身についてのよりよい認識に到達する場合にのみ正当化される。作業仮説的でもあろうとする存在論の目的は、決定的な解決をもたらすことにではなく、探求の絶えざる導き手として役立つことにある。

以下の章はこの課題の素描にあてられることになる。

第3章　象徴の諸構造の発生

1　統合する象徴性

10　病理《パトー》－論理《ロジー》［病理－学］の概念
出会いの原理

われわれが今や、〈始源〉から出発して「二十世紀の人間」たるわれわれにまで至る発生論的な道程を踏破できる位置にあると思ったとしたら、それは思い違いだろう。せいぜいでも、いくつかの目印と方向を指し示すぐらいが関の山である。ただわれわれにとって、具体的な発生場面を再構成するという果てしない課題にもまして重要なのは、基底に横たわる象徴の作用を「現象」ないし「体験」の背後に探るという、どうしても避けて通ることのできない任務である。それに加えて、象徴の作用それ自体が、象徴が発生してくる場面そのものの中に含まれていなければならないだろう。またさらに、象徴は、それが象徴化する葛藤（両立不可能性）を起点として、つまり象徴のレベルに出現した不安を起点として発生してくるからである。

葛藤は機能作用の核心にいかにして生じるのか。確実なのは、一度生じた葛藤が、問題となっている機能作用に対して、或る触発［変様 affection］を構成するということである。そうすると、機能作用の一定のレベルで可能な触発のもろもろの様態について、体系的な仕方で研究することが可能である。それこそまさしく、超－現象的な病理－論理［patho-logie］の課題となるものだろう。それは発生学の補助的学問であり、その目的は病理［受動・受苦・情動 pathies］を規定し、病理が生じうる場となる象徴的な作用のシステムに対して病理がどのような結果をもたらすかを規定することにある。

根源的な〈二元性〉から出発して象徴化の上位形態を考察するにあたっては、病理－論理を避けては通れないだろう。

病理－論理の要となる原理は次のように述べられる。

或る象徴体系は、それ自身のレベルにおいてのみ、他の象徴体系と出会うことができる。この原則は、〈始源〉からそのすぐ上位の象徴化のレベルへの移行についての仮説を提唱しようという試みにおいて、われわれを導いてくれるだろう。（フロイト『精神分析学概説』第八章参照）「われわれは、通常の心的組織について、その障害の研究を通して概念化するに至った。もしもこれらの病的状態——神経症や精神病——が、外的病原体のように作用する特定の病因を持っていたとするならば、このような結果に至ることはありえなかっただろう」。いいかえれば、心的外傷を被るためには、触発されうるものでなければならず、障害の研究はまさにこの触発可能なものの構造を明らかにするのである。人間が触発されるのは、それも運動系の病気によってであれ、触発されるのは、ただ人間的なレベルにおいてである。／この見解はまた、倫理の基礎づけについての超現象学的見直しをも導いてくれるものだろう。／）

　出会いの原理に従えば、〈二元性〉という根源的な象徴体系は、また別の〈二元性〉との出会い以外の触発を受ける可能性はない。機能作用の恒常性（生理−論理的［生理−学的］な反復）について述べたからには、構成する行為が何であるかを解明するために触発という概念を導入することに、それ以上の正当化は必要ない。機能作用のどのような変化も、動機づけられていなければならないからである。

11　始源《アルカイ》の複数性

〈二元性《ディヤード》〉［対概念］は、その出発点からして複数存在し、相互に類似しており、また互いに「出会う」ことができるという、そのあり方について説明しておかなければならない。それには、われわれの存在論が操作的な性質を持っていることを喚起するだけで十分だろう。さしあたりは次のことを示しておくにとどめよう。われわれが求めている目的からして、複数性という観念はごく自然に必要とされるものであって、この仮説が豊かな考察をもたらすことだけがわれわれの要求する唯一のものであり続けている。ただはっきりさせておくが、ここで作業仮説という体裁をとる理由はただ一つであって、それは、われわれが用いている超−現象学的方法をわざわざ提示するという、本題からはずれた仕事を免除してくれるからである。事実、複数性という観念はここでは主体−横断的［超−主体的］な仕方で理解されているのであり、実在論であれ観念論であれ哲学者の抱く観念ではない。主観的には、複数性という観念は、〈二元性〉を形作る項のそれぞれの生そのものの中に、現実的なものと潜在的なもののあいだの区別として（主題化されていない仕方ではあるが）前提として含まれている。客観的には、二つの項の明確で相補的な二元構造は、われわれの感官に少なくとも原則としては捉えられる現象として、確実なものとみなされうる。（象徴は一つの実在である。）だが主体–横断的〔超–主体的〕な観点からすると、問題となるのはまさに、（現実的と潜在的という）二つのタイプの「体験」でもなければ、適切な手段によって明らかにされうる二つの現象でもなく、そうではなくて生理–論理的な相互作用にある二つの主体のことなのである。（主体〔患者、従属者 sujet〕という言葉の本書での用法においては、それが指すのは〈他者〉への隷従[sujetion]、すなわち定義からして現象的で不完全な現実である。）

〈二元性〉の十全な生はその二つの項の一方だけに与えられることもなければ、また「科学的」観察者に与えられることもない。それはただ超–現象学にのみ明らかになるのであり、一挙にそして同時に、主体の二元構造の、さらに後に見るように主体の複数性の、それぞれの項の内部に位置づけられるのである。主体にとって触発は〈異者《よそもの》〉や〈他者〉構成の出発点となるとすれば、超–現象学的展望においては、触発より前にもう一つ別の主体が存在しているのであり、それら行為主が（生理–論理的）機能面で補完しあうなかでどのように出会うかが研究される。

超越論的観念論から出発した超–現象学は、〈始源〉への遡行を行なうことによって、相互主体的な生理–論理の全体の中に身を置くことができるようになる。

この展望においては、触発を言うことは行為者を言うこと、すなわちもう一つの主体を言うことに帰着する。触発を前提とする発生の観念は、また複数性の観念を前提に含んでいることになる。

12　統合する象徴性の発生、四元性

病理–論理の基本原則に従えば、根源的な〈二元性《ディヤード》〉は、もう一つの根源的〈二元性〉としか出会うことはできない。こうした事態の病理的な可能性とはいかなるものであろうか。触発は機能作用の制止を意味する。先の問いは、したがってより厳密な次の言い方で立てること

ができる。（現象学的観点からしての）行為主のうちの一人に生じるこれこれの触発に対して、（超－現象学的観点からして）どのような相互－主体的な共働が対応しているのか。先ほど見たように、〈二元性〉のそれぞれの分肢がその個別性を獲得したのは、或る象徴性（象徴的な機能作用）が（象徴の実現によって）〈他者〉との融合を先取りしつつ、まさにそのことによって根源的な分裂の行為を反復することによってであった。先取りと現実化［実効化］のあいだの、象徴論的な（すなわち象徴的な機能作用に依存する）拍動は、それゆえ、〈二元性〉のそれぞれの項に内在する時間性を構成している。触発がこの時間性の直中に生じうるためには、〈二元性〉のそれぞれの主体的な契機が他の契機に対していわば位相がずれた時に、二つの〈二元性〉の出会いが生じなければならない。二つの〈二元性〉《ディヤード》、D_1、D_2を考えてみよう。D_1が二つの行為主A_1、B_1によって構成され、D_2がA_2、B_2によって構成されている。そしてこのそれぞれの項が、さらに補完項の象徴性を含み持っている。すなわち$D_1=(A_1b_1, B_1a_1)$、$D_2=(A_2b_2, B_2a_2)$となる。$-$《マイナス》によって第一の位相（先取り）を、$+$《プラス》によって第二の位相（現実化）を表わすことにしよう。D_1^-とD_2^+の出会いが不意に生じ、行為項のA_1、A_2、B_1、B_2のどれによっても先取りされていないとしよう。D_1^-がD_2^+と出会う時には、二元性の内部状況は次のようになる。$(A_1b_1^-)$と$(B_1a_1^-)$が分裂しつつある一方で、$(A_2b_2^+)$と$(B_2a_2^+)$が融合しつつある。そこから必然的に生じてくるのは、象徴的操作の完全な阻止であり、構成された象徴性の解消、つまり〈根源的不安〉への退行が切迫しつつあるということである。この退行はすぐには起こらないこともありうる。そうであるのは、行為主がただそれぞれの象徴を通してのみ出会うということに起因する。

いいかえれば、a_1^-はb_2^+と出会い、a_2^+は同時にb_1^-と出会う。こうして生まれた緊張は〈根源的不安〉とは別のものである。それは象徴の機能作用のレベルで生じており、その起源を突きとめることは可能であり、発生論的研究によっても近づきうるものである。それを象徴論的不安、あるいは単に不安と呼んでおこう。一方ではa_1^-とb_2^+のあいだに、他方ではa_2^+とb_1^-のあいだにある二重の葛藤は、どのようにして解消されうるのだろうか。ここで分裂のモデルが提起されるとしても、なにも驚くにはあたらないだろう。この分裂は、分裂なくしては相互に他を制止し合ってしまうと思われる、対立したままの記号象徴のあいだに生じてこなければならないことが知られている。さてこの分裂が行なわれるのはまさに――最初の〈二元性〉において既に見たように――その補完項を象徴的に内包することによってである。こうした原則に従って、位相のずれた二つの〈二元性〉の出会いから生じる〈四元性〉についての展開図式は次のようになるだろう：［図式参照］

〈四元性〉図式

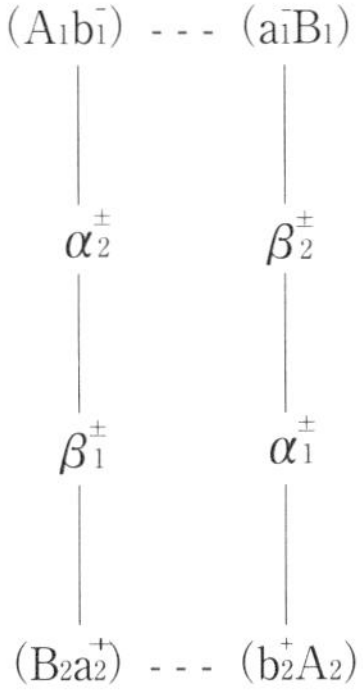

位相のずれた〈二元性〉図式

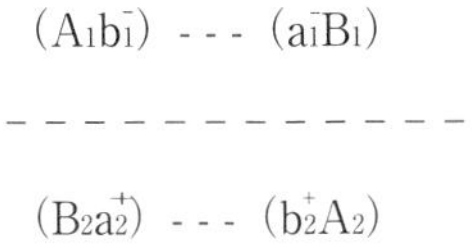

α_1、α_2、β_1、β_2は、分裂から生じた新たな象徴性を指す。〈四元性〉図式を検討してまず最初に言えるのは、反対の記号象徴（それらは破線によって縦に結ばれている）がもはや直接接触することはなく、ギリシア文字で表された象徴によって媒介されていることである。いいかえれば、A_1が存在しうるためには、つまり非‐B_1（＝b_1）であることができるためには、A_1はまず非‐a_2（＝α_2）であることを肯定しなければならない。だがα_2とはA_1それ自体の一様態でしかないのであり、それ自体は、まさにB_1においてA_1が否定されてある様態である。新たな象徴化（α_2）によって、A_1^-は〈他者〉から自分を取り戻し、象徴的な様態のもとに、その存在（A_1）を自己のうちに統合する。だがそれだけではない。A_1の機能作用の中には、b_1^-とb_1^+という連続する契機が、α_2によって、いわば同時化されて見出される。b_1^-がa_2^+と出会うことによって「価値あるもの」でなくなる場合や、b_1^+がa_2^-によって無効にされる場合（位相のずれた拍動の第二の契機）、$\alpha_2^{\pm}$は、それが非‐規定化することにおいて、b_1に備わる二つの連続する様態（すなわちb_1^-、b_1^+）を潜在化させる。ここに認められるのは、象徴的操作の本質的契機としての自己‐非‐規定（§3で問題となったよう

な）の働きである。$\alpha_{\pm 2}$はしたがって二度にわたって有効である。それが含み持つ二重の潜在性は、それが続いて分節されていくなかで、自己を再－規定していく。

例を示そう。再－規定された象徴性であるα_2は——それは、レベルを別とすれば、「蛇」象徴の構造に対応するものである——a_{+2}に否と言う一つの仕方である。その一方で人はb_{-1}であり、a_{-1}を先取りしつつある。α_{-2}という再－規定された象徴を理解するためには、それをまず非－規定の形態に戻してやり、ついでこの二つの形態を生み出した葛藤へと立ち返っていくのが望ましい。ここに記述したばかりのものは、まさに或る象徴性の機能作用の発生である。つまり、第二次の、統合の象徴性の発生である。

この発生論的飛躍から得られるものについて、長々と解明することもできよう。ここではただ一点だけ強調しておきたい。象徴化は機械論的でも目的論的でもなく、超－現象的な性質を持つことである。実際、新たな象徴性の創出において何か機械的な部分があるのだろうか。この創出を主宰する容赦ない強制の中に目的論的なものがあるのだろうか。われわれがここに見るのは、機能作用の法則の創出であり、諸目的の創出であり、時間の創出であり、自己－非－規定性の創出であり、一言でいえば「自由」の創出である。だがこの創出自体は「自由」ではない。それは構成の普遍的法則に従っており、これら法則は、あらゆる可能な象徴の集合の発生を統制しているのである。

2　反省的象徴性

13　継起の主題化　自由の度合い

象徴の集合についての理論が作られなければならない。われわれがこれまで行なってきたのは、そのいくつかの基本的な事柄を示し、そうした探求が行なわれるに際しての考え方を示唆したに留まる。なるほど、われわれはいまだ、統合を行なう象徴性の生がどのような感覚的現象に対応しているのかを知らないのであり、この象徴性と微視的物理学の所与とのあいだになんらかの関係を打ち立てていかなければならないだろう。だがいつの日か、現象が基底にある象徴性と出会う時、自然科学全体にとって転換点が刻まれるとわれわれは確信している。

さしあたり、二つの道が探求に開かれている。一つは象徴の集合についての理論を完成させていくことであり、もう一つは上位にある象徴性の精神分析を行なうことである。以下の考察は、これら二つの両極にある領域が具体的な発生の連続性の中でいつの日か合流すればどうなるかを、先取りするものにすぎない。

統合的な象徴性の病理‐論理はいまだ仕上げられてはいないが、われわれは既に十分な理由をもっていくつかの確認をしておくことができる。〈二元性〉同士の、あるいは他の統合的な象徴性との出会いが生じると、〈四元性〉はその相対的な非‐規定性のおかげで、それらを統合し、より複層的な集合を構成することができるようになる。その際、より上位の象徴化のレベルに必ずしも移行する必要はない。複層的な統合的集合の直中で触発［変様］〈不安を生み出す葛藤〉が引き起こされるのは――容易に見抜くことができるように――、統合を行なう象徴性（先にギリシア文字で表記された）に固有の、共働的な機能作用の連係を欠いてしまうからである。実際、それらの出会いがより多くなるにつれて、二価的な非規定性（＋二）ではもう十分と言えないだろう。

統合的な葛藤から生じた新たな象徴性は、統合機能それ自体を非規定化する分裂によってこれら葛藤を象徴するだろう。それは統合機能の中に一つの側面を、すなわち継起（－＋）を現在化する側面を主題化するだろう。それゆえ必然的に、新たな象徴性は、既に生じた統合的な葛藤の継起を現在に転換するような仕方で構成されるだろう。かくして新たな象徴は、なんらかの要素の出現を起点にして複層的な配置を先取りする「ことができるだろう」。このレベルから既に、機能作用はあからさまな志向的構造を呈示し、その非‐規定性の中で既に「フィードバック」編集にも似たものを示しながら、試行錯誤を行なっていく能力を持つだろう。そのことによって、反省性の原初的形態を含み持つことになる。

注意しなければならないのは、反省的象徴性は、作業仮説として立てた〈始源〉に既に含まれている特徴を主題化したものにすぎないということである。ところがいったんそれが生じると、始源からは予想もできなかった新しいことが生じずにはいないのである。超‐現象学の豊かさは、主に次の二つの基準に由来している。〈始源〉が二元的に定式化されていることと、発生において〈始源〉からより上位の象徴形態へと移行するという考え方である。

　反省的象徴性の素描を終える前に、注意を喚起しておくべき重要な点がある。つまり、ここで問題とされているのは、複層的な相互‐主体的全体であり、それが機能するのは反省レベルとでも類比的に呼ぶことのできるようなレベルにおいてである、ということである。全体を形作る個々の象徴はじつに密接に共働しあっているので、その全体そのものが上位のレベルでは一個の個体とみなされなければならない。反省的な共働に主体の性格を賦与するものは、全体そのものの主題的な（「意識的な」）機能作用である。それは、これこれの「道」に参入することの（主題化されない選択を含んだ）再‐規定に関するものである。このような主体は、それゆえ、或る程度の自由を、すなわち主題化の程度を、あるいは「意識領野」を持つ。この特質は、主体がなしうる「先取り」の多様性を尺度にして、また主体が自らのレベルを離れずに新たな情勢を自分のものにする能力を尺度にして測定される。統合レベルにおいては、二元性の可能な組み合わせが産み出すことができたのは、限られた数の変異体（これらの変異体を、象徴の集合の理論は定義しなければならない）である。反省的なレベルにおいては、同じにはならない。そこでは自由の度合いがあるために、ほぼ無限の数の変異体が許容されている。

14　目的の超‐現象学的意味と象徴性の核構造

　反省的象徴性の機能作用については、もろもろの明白な理由により、その考察を深めることはできなかったのであるが、そこからわれわれが取り出したいくつかの特徴は、このレベルでの発生にまつわる病理‐論理を考察するのに十分なものである。先に見たように、反省的象徴性はただ一つの実現を先取りするものではなく、一連の継起する実現を先取りするものであり、そのため、諸実現の共働的連鎖の或る時期に出現するかもしれない両立不可能性は、操作的な現働態《アクチュアリテ》の中に前もって形象化されている。

　それゆえ、現在に与えられている先取り的象徴性と、未来に生じるべき諸実現の連鎖（それは反復手段として構成されていたものであるが）とのあいだには、等価性がある。この等価性があるために、反省的なシステム同士が出会うような場合に、両立不可能性は、葛藤が諸実現の中に現実化されてしまう以前にもう、先取り的な象徴性の中に明示化されるのである。かくして葛藤は、

「前もって」という仕方で展開するのであり、主題的なレベルでそこから直接生じてくるべき新たな象徴性は、かつて一度も生じたことのない葛藤を予防する目的に定められた、目的論的な創出という性格をすべて備えている。もっとも、だからといって、これこれの葛藤がまず最初に、主題より下位のレベルに実際に生じることがないわけではない。ただ、こうした葛藤は主題的なレベルに必然的に反映されることになるだろう。このレベルで初めて、葛藤を解消する新たな象徴性が誕生してくるのであり、そして当然ながら、下位レベルに加えられるべき変様をもたらすことになる。こうしてすべては、あたかも適切な［ad hoc］解決が、すなわち主題的なレベルそのものに厳密に限られた真の象徴化が、主題的に見通されていたかのように生じる。そしてそこから生じてくるところの、未来の実現の連鎖における変様が既に必然的な帰結として［ipso facto］前提されて見出される。目的論は一つの幻影として考えられねばならない。この幻影は、上位の象徴化が諸実現の全体を含みこみ、それをなんらかの仕方で前もって現実化するという事実に由来するものである。上位の象徴化は諸実現の全体から生じてくるものであり、またその反復を規定し、可能にするものである。目的論から象徴への移行は、現象的なものから超-現象的なものへの移行である。

主題的な象徴性が中核的な機能を持つという理由から、われわれは主題的な象徴性を核［noyau］という名で指し示すことにしたい。これからは、象徴システムの核構造が問題となるだろう。それに相関して、主題的なものの下位にある（諸実現の連鎖の）レベルの全体を地平［horizon］と呼ぶことにしよう。核は常に現働的《アクチュエル》なものであるのに対し、地平はシステムの機能の要請に応じながら自己を現働化《アクチュアリズ》するものである。先に展開したことを新たな用語法で表現するなら、最終的には、あらゆる葛藤が核のレベルに移動する（求心的活動の原理）。その結果、いかなる新たな象徴化も核から生じてくる。最後に、核のあらゆる変様はそれに適合した地平の変様を含んでいる（遠心的活動の原理）。この二つの原理は、象徴的全体が持つ全体化的な性質を言い当てている。

最後になるが、考えをはっきりさせるために、次のことを記しておこう。核は自己-非-規定化の拠点であり、さらに再-規定化とは地平における再-現働化に他ならないものである。

3　複製化する象徴性

「[…]　精神分析を確立しようと努めながら、われわれはまた生物学においても重要な発見を実現してきた。生物学に関しても、いくつかの仮説を立てることは避けられなかったのである。」（フロイト『精神分析学概説』第八章）

15　複製化する象徴性の発生と操作

発生のどの段階でもそうであるように、ここでもまた病理-論理に依拠しなければならない。反省的構造の直中に生じうる数多くの触発［変様］の中から、とくに注目に値するものを一つだけ取りあげてみよう。それは、核がその潜在性の地平の全体ないし部分からいわば切り離されているような場合である。核の機能作用がこのように制止されることによって、不安が切り離された核の直中に生まれ、〈始源〉への退行を生じさせたり、新たな象徴化を産み出したりする。むろん、このように孤立した核はより下位レベルにある他の象徴的集合と出会うこともありうる。この場合、次の二つのうちの一つになる。核が出会った象徴性と両立可能であれば、核の潜在的地平に体内化《アンコルポレ》することによってこの出会った象徴性を核の要請に同化してしまい、かくして核の全体性を再構成することができる。あるいはまた、両立不可能性が生じて、新たな構造の産出が可能であるような新たな象徴化を核は実現しなければならなくなる。だが、孤立した核が再構成をもたらす出会いを果たす前に何が起こっているのか。核のどの要素も、地平においてそれに対応するもろもろの実現の連鎖と象徴的に釣り合わなければならないようなまさにその時に、その補完項から言ってみれば孤絶してあり、自らの機能のサイクルを達成することもそれを始めることもできない状態に置かれている。問題となっている核の要素が、〈根源的不安〉から逃れることができるのは、ただその核心で分裂を行なうことによってでしかない。一切の地平を欠いてしまっているので、分裂は必然的に核の諸要素のそれぞれに及び、一種の象徴による自己-包装［auto-enveloppement］を形成するようになる。こうして二重化された自己関係の中での機能作用は、結局のところ、一つの完全かつ対称的な核に等しい。この新たな象徴性が構成されるなかで繰り返されているのは、根源的な〈二元性〉を産み出す最初の行為であろう。だがこのレベルにあっては、分裂は異なる効果を示す。まず第一に、ここで問題となるのは、〈二元性〉においてそうであったような、〈自我〉の二重機能と〈他〉［もう一人のもの、第二のもの Alter］の二重機能という、互いに補完しあう二つの機能の同時的な出現ではない。そうではなくて、自己から出発して〈他〉を創造し、切り離された機能を〈他〉で置き換えることである。次に、鏡像的とでも言いたくなるような対称的象徴性同士の関係は、ここではもはや補完的なものではじつはなく、ただ単に――こうした言い方が許容されるならば――ナルシシズム的なものである。実際、〈二重化〉は核の構造を根本的に変化させたのではない。核は自分のまわりに――適切な出会いさえあれば――その潜在態の地平を再構成する能力を失ってはいない。ただ、先にそうであったようなたった一つの核である代わりに、それはまさに二部の「複製見本」において、二つの補完的な機能において現われる。すなわち地平であることがそれ自体の核であり、また核であることがそれ自体の地平となる。かくして、生理-論理の完全なサイクルは次のように記述される。第一段階。〈分裂〉によって二重化された核は二重の地平を再形成し、この二重の地平は、完全で、それぞれが単純な核を含む二つの個体の分離を規定する。ただし、ここで注目したいのは、このように形成された二部の複製見本は、象徴的な自己-包装に特有の二重の機能に見られる相補性の要請に対応していることである。第二段階。複製化に続いて、二つの核はさらなる機能の要請を、すなわち対称的な補完項との関係において機能するという要請を自分のものとする。したがってここに生じるであろうものは、地平に働きかける要請と地平から切り離されて二重化を再び始めるしかないという逆の要請のあいだの、真の葛藤なのである。この葛藤は暫定的な自己-分割の象徴性を構成することによって解決される。この自己-切断の象徴性は、地平との機能的な接触を一時的に中断する結果をもたらすものである。第三段階。象徴の孤立は核の再-二重化を開始させる。この再-複製がいったん完成されれば、われわれは第一段階の状況を再び見出すことになる。

複製化の機能作用によって、かくして、下位にある諸機能――そこから複製化の機能作用が「培われる」――を組織化しながら拡張することができるようになる。

（以下を参照）

今まで記述されてきた象徴性と比べると、複製化する象徴性は根本的に新しい側面を示していることが観察されるだろう。つまり、その機能作用の帰結として、個体の複数化が含まれるのである。

16 超-現象学と生物学 生命と性

われわれの超-現象学的仮説が正しいとすると、これまで素描してきた発生論的な構成は、素朴な自然主義の次元で「生命現象」の出現として示されているものに対応する。実際、先に提案した構成のモデルは「生命」についての二つの古典的な基準、すなわち「同化」と「再生産［再生、生殖、複製 reproduction］」の存在を含んでいる。そして現象の次元に留まりながらも、それに加えて「生命」は「生ける」主体の二重性によって始まる、ということができるだろう。さらに、それら主体の機能要素が相互に厳密に相同性を持っているとはいえ、二つの主体は同一ではなく、或る点で補完的であるとされるだろう。

ここまで見てきたのは、おのおのの〈核〉の操作が自己-包装の要請によって二重化される仕方であり、その結果、こうして二重化された補完的な地平が、さらに余-計な〈核〉を引き出してしまう仕方である。複製化が行なわれるたびに、或る〈核〉によって引き出された地平と、その地平によって引き出される一つの〈核〉を前にすることになる。したがってそこには類似の操作性が含まれているのであるが、ただ反対方向の、換言すれば対称的な操作性があるのである。

このような確認が重要性を持つのは、そこに性的二重性の先触れのようなものを認めるべきであると思うからである。ただ超-現象学のみが、生命と性［sexualité］が同時的であるという仮説を正当化してくれるものであり、そのことによって実験研究に広大な領野が開かれていくことになるだろう。同様に生物学的な形態発生——これは極めつけの現象の学であるが——の面でも、放射状の対称性や左右対称といった数多くの現象が、また有糸分裂の有形成分に見られるような或る種の非対称や他の形態的な構造が、超-現象学的な解明の中に統一化されることもあるだろう。またその見返りに、形態発生論そのものが発生論的な生理学や病理-論理の完成に寄与することもあるだろう。経験的な知と超-現象的な構築が互いに他を豊かなものにしつつ、真の認識の中で、少なくとも生物学の領域の中で合体するであろう時代に、われわれはもしかしたら、思っているよりも遠くないところにいるのかもしれない。

17 潜伏と睡眠
本質的な生命的潜在態

原生物相の本質的な特徴として認められたばかりの、二元性内部の補完性（性《セクシュアリテ》）に加え、もう一つの、やはり注目に値する特徴を強調しておくのがよいだろう。それは、核が自らの地平から自分を切り離し、潜伏状態に入る能力のことである。このような分断が複製化を行なうのに必要な段階を構成すること、さらにそれは複製化のレベルにおける原-トラウマ、すなわち地平の切断を再生産するしかないことは、既に見た。生命における潜伏の現象は何であれ、核に対する地平の一時的な分断を行なう自律的な操作をその構造としている。凝集的な象徴性の規模にあっては、発生をもたらす核の潜伏現象（後述）によって、成熟のサイクルが可能になるだろう。同様に、睡眠と冬眠は主題的なレベルからの分断とみなすことが可能である。このレベル［意識］からの分断は、結局のところ、原初の複製化と同時にあり本質をともにする原-潜伏から派生してきたものなのである。

時間化という視角からみると、核-地平が連結したり分断したりする交替は（潜伏にあって核-地平の関係は内的なものであり、睡眠にあっては外的なものとなるが）、主題的な時間経験の超現象的な基礎を構成する。実際、超現象的な次元において、連結は分断を先取りし、また逆も真であって、それは連結も分断も同じ全体的な象徴の操作に属しているからである。ところで、先に見たように、原-複製化の三つの位相のうちの一つは、地平との分離における核の自己-補完であった。換言すれば、性的な原-融合は原-潜伏ないし原-睡眠と対をなしている。この位相をオルガスム的と形容するのが許されるならば、オルガスムと睡眠のあいだにフェレンツィが認めた類似性の究極の意味が、両者の原初に存在する等-本質性に根付くものであることに驚かされることにもなるだろう。

18 偶然に左右される補完項と外的地平の概念

さしあたり、われわれは、複製化を行なう象徴性について概括的な解明をするだけにしておこう。「生命現象」の本質的特徴とは、欠如の不安であるように思われる。この不安は自己複製化によって象徴される。まさにこのことからして、この再補完化は、必要なものでありつつも、それ自体が、不安を生み出すものとなる。ここにあるのは、最初の〈欲望〉の両義的な構造である。この欲望を満足させつつ、同時にトラウマの不安を象徴化することは避けられない。(核が自己を産み出しつつ、地平から孤絶するありさまを参照)。以前の象徴性の中では、核と地平は不動の作用構造において不可分に結びつけられていた。ところがここに至って、再補完化の要請に伴い、補完項との偶然まかせの出会いという概念が導入されてくる。複製化の完全なサイクルが繰り返されなければならない場合、適切な補完項によって恒常的に支えられることが必要となる。これらの糧の欠如はすべて、核の中で象徴化されるのであり、核は、遠心的効果の原理に従って、地平の再-構造化を規定する。

たとえば次のように考えてみよう。或る糧が欠けてしまうと、一つの要素が核から切り離されるという〈分裂〉を引き起こし、或る結果を適当な時期にもたらす。この結果とは、現象的には「保留されること[mise en réserve]」として現われるものである。超-生物学の使命とは、まさに、生命の諸現象を動機づけられた象徴的な機能作用へと立ち戻らせることにある。そして、途方もない可変性に富んだ生命の構造は具体的な欠如や心的外傷をそのつど適切な仕方で象徴化することから生じてくると言っても、さほど的はずれではないだろう。かくして、主体の中で象徴化されるそれぞれの欠如や心的外傷に対して、再補完化と脱補完化のそれぞれの潜在態が対応することが理解される。この二つの潜在態は合わさって、鏡像におけるように、主体の外的な地平を、一言でいえばその生命世界を形成する。

さて、この生命世界においては、複製化から生じたもろもろの他の主体が中心的な役割を果たす。それら他の主体は、欠如の場ないし補完の場として、互いに他に対して危険ないし糧として構成される。

生命世界との象徴的釣り合いを保つことの中には、複製化を行なう他の隣接する諸システムに対する主体の関係が含まれている。複製化が行なわれるがゆえに、新たに構成された象徴性はいずれも、複製体に伝え渡されるのであり、かくして個体の複数化は系統発生の株が分かれていくことと相即である。

19　外的地平の内部化

複製化を行なう象徴性の発生およびその機能作用の学である超-生物学とは、それが成立した暁にはどのようなものでありうるかを予測するのは、本論の意図ではない。さしあたりは、先に展開した論に含まれているいくつかの概念を取り出すに留めよう。特に、反省的象徴性からここまでには飛躍が生じていることを強調しておくべきである。反省的象徴性には、両立可能な継起を象徴によって（準）現前化する［présentification］ことが含まれており、踏破不可能な「道」を「予見する」という結果を伴っていた。さて、その外的地平は偶然に左右される性質を持っており、そのため複製を作る象徴性には、確実な未来のみならず偶発的な未来をも（準）現前化する能力が与えられる。再補完的、脱補完的、欠如的のいずれであれ、未来はこれら三つの様態において同時に先取りされるのであり、そのうちの一つへと踏み込むことは、他の二つの様態を排除するものではなく、それらを現実ならざるものの中で保つことである。ただここで分かるのは、外的地平は欠如に陥りやすい（先述の「保留されること」を参照）ということからして、外的地平の内部化に向かう傾向があることである。同様に、核における脱補完化の象徴性は、先取りされた自己－脱補完化として（たとえば「膜形成」として）内的地平において、表現されるのであり、目的に向かう行為たる「保護膜の形成」としてではない。それは、「保留されること」同様、目的論的なものではなく、ただ単に、トラウマを核において象徴することから出てくる一つの結果であるにすぎない。☆2

20　遡行的－発生［palin-génèse］の中での未来展望的な繰り返し

複製化の第二の側面に注意を喚起しておきたい。それは、内的地平を再構成していくなかで系列化［sériation］が必ず生じることである。これこれの欠如や心的外傷の象徴化は地平の中で既に何が構成されているかで決まるものであり、核の複製の際に、個体発生は系統発生のいくつもの段階を決まった順序で必ずや再生産しなければならない。そうはいっても、核のレベルには、すべての段階が前もって与えられているということも事実である。それゆえ「系統発生を繰り返すこと」は、現在の中に結びつけられた、核の両立可能性の要請に従って、必然的に組織化される。個体発生において展開する時間は、新たな象徴性が発生してくるたびに再構造化される

☆2　「パランテーム」『「子性本能」の導入にあたって』（本書三七一頁）参照。

核の反映にすぎない。変化は必ずや核全体に及ぶものとしてあるがために、時間の次元上に核を投射しても、核の構成の全段階が明らかになるのは、ただその最終段階を通してでしかない。個体発生の各段階が、それに先立つ段階のみならず、また最終段階との関係においても理解されるという事実を、われわれは未来展望的な繰り返しと呼ぶことにする。この言葉によって、象徴性の生理学の中に新たな次元が導入される。すなわち、或る複製化を行なう象徴が、その反復の或る段階で考察された時、それはただ発生論的な考察によって理解されるものではなく、さらに補助的な視点を、すなわち遡行的－発生に関わる未来展望性［prospectivité palin-génétique］の視点を必要とする。

　最後に、複製を行なう象徴性の第三の側面がその二重の性質に結びつく。それは、複層的な時間を展開する一方で、偶然に左右される外的地平を持つという側面である。この側面は、外的地平に対して、またそれと並行して内的地平の中での系列に従っての実現に対して、もろもろの要求が継起的に覚醒することによって与えられる。こうした要求それ自体は、その対象との関係において考察すれば、通常欲求という語によって指し示されるものに対応し、内的地平の中に系列化された象徴化の様態としては、本能という語の意味するものに重なり合う。欲求と本能はそれゆえ核レベルに前もって刻まれており、それらが複製化の中で伝達されるのを見ても驚くにはあたらないだろう。

4　凝集的象徴性

21　「後成説」の基礎

複製化から生じてくるものに、複製されたもの同士の近接性がある。どの個体も、他の諸個体との多様な近接性の関係の中にある。これらの関係が少しでも葛藤を帯びてくると、その関係は核の中で（不測の事態として）象徴化される。

　さらに、凝集体の或る一つの要素が外的地平にまつわる葛藤を抱くと、その葛藤はどんなものであれ、なるほど多様な仕方ではあるかもしれないが、象徴化される……それは各々の核において象徴化されるのであり、それゆえに、（遠心的また求心的）効果の相互性の原則に従って、凝集体から人為的に切り離された一要素は、自分のすぐあとに続く末裔に、そのそれぞれの拠点［situs］に対して相同的な象徴性の様態をもたらすことができる。かくして、その要素が先に切り離されてしまったもとの全体構造の遡行的－発生を実現することができるようになる。（ヒドロ虫目の群体のポリプを参照。）

　こうした考え方は「後成説＝付帯的発生」と呼ばれる経験的理論［épigénèse 生物の形態が発生の過程を通じて漸次に確立、分化していくという説。前成説に対立する］を裏づけ、根拠づけ、肉づけするものであることが分かる。事実や経験の観察を要約する域を出ない後成説の理論は、物理－化学的基礎のもとで考えようとする限り、理解不可能なものに留まるのであり、またそこに目的論の働きを見ようとすれば奇跡をもってくるしかないものなのである。そうではなく、この理論がいつの日か解明されるとすれば、それはただ、あらゆる機能作用にみられる象徴的構造の、特殊だが必然的な事例として後成説を考察する場合だけである。

22　概観的中心の発生と凝集体の核構造　運動－感覚性

　凝集的象徴の解明を続けていこう。

　個々の核は、その内的地平を延長する隣接の個体との関係を象徴化する。個体間のすべての葛藤が象徴化されてしまい、また新たな局地的葛藤はすべて各個体に必ず反響するということからして、凝集体はあたかも上位にある一個の個体性として現われてくる。ただ必ずしもそうとは言えないのであり、それが本当に上位の個体性となるのは、じつはそれ自体がその総体的な規模において、核－地平構造を呈示するようになる場合のみである。換言すれば、この凝集体が外的な地平と、一つの全体が他の全体に対するように、象徴的に釣り合う場合のみである。ところで、位相的な研究が明らかにするのは、凝集体の直中に特権的な拠点［situs］が生じてくる可能性である。この拠点とは一種の結節点であり、何度も、またいくつもの側から同じ局地的な葛藤を被り、もろもろの個体の全体に波及していくものである。

　このような拠点は、葛藤を、ただ一つの葛藤としてではなく、それと連動するいくつもの葛藤の継起として象徴化するものである。かかる拠点は、この継起を象徴的に（準）現前化することによって、凝集体全体の構造についての「パノラマ的なビジョン」のようなものを獲得する。

　このビジョンは、類比的な葛藤が凝集体の様々な地点で誕生し、そうすることで異なる継起を次々にもたらす場合に、完全なものとなる。このような条件において、結節点は真の局地化の中心となる。だがそれだけではない。以後、或る葛藤が一定の地点で生じるたびに、まだ象徴化されもしないうちに、葛藤は局地化されることになるだろう。かくして結節点は、遠心的な効果の原理によって、それと関連があって現に存在している潜在態を呼び集める出発点となることもできるだろう。あるいは、そうした呼び集めに失敗した場合には、新たな象徴性を、それも一つの領域全体に関わり、既に組織化の統一を備えた象徴性を構成していくための出発点となるだろう。かくしてまた、これこれの触発の場とこれこれの行動の場のあいだの潜在的な連合経路（「反射的な」接続《モンタージュ》［組み上げ］）が構成される。そしてさらに、これらの経路が次第に非−規定化されることによって、触発と行動のあいだの動的な接続（「条件反射」のレベル）を実行する能力が構成される。「連合」や「受動的綜合」などの基本モデルとなるものは、或る場所［locus］と或る葛藤とのあいだに成立する結びつきである。さらに続いて、全体を見渡す概観性［共観性 synopsis］のおかげで、葛藤の解決は、葛藤が告げられた場（たとえば運動−感覚的な現象）があったところから場所を移動されることもありうる。

　この象徴化において注目すべきは、いくつもの共働している象徴性が一つの中心を起点に連係しているような印象を与え、その場に適った目的論的な機能を果たしているような幻影を与えることである。

　発生に関する推定をこれ以上押し進めなくても、われわれは、或る凝集的象徴性が凝集体のレベルそのものにおいて、どのようにして一つの核構造を呈示するのかを垣間見ているわけである。それと並んで、或る中心的な象徴性を起点にして、個々の問題に対処していく真の周辺的「器官」を作り出す可能性が見えてくる。こうした条件のもとで、以下のことが明らかである。いかなる周縁的な象徴性も孤立した形で構成されることはないし、それは「概観的な」中心によって同時に「連係を与えられ」ずにはいない。いいかえれば、象徴化は諸個体の規模においてのみならず、一個の全体とみなされた凝集体の規模においても行なわれる。

23　凝集体の発生的中心と遡行的−発生

以上で、凝集的象徴性の核構造の可能性が確立されたわけだが、さらに、凝集体の核がそれより下位にある核構造に対してどのような地位にあるのかを、以下ではっきりさせておかなければならない。

確実に言えるのは、或る凝集体の概観的中心が、核的象徴性たるべき諸基準にかなうものならば、その中心の構造とは、一連の非‐規定性から生じ、その内的外的地平の中で自らを再‐規定しなくてはならない一つの構造である、ということだ。とはいえ、中心（凝集体の核）が一つの個体（単一のものであれ複数的なものであれ）であり、その内的地平として他のいくつもの個体を含み持っているとしても、他のそれぞれの個体もまた、中心的なものであれ周縁的なものであれ、自らの個体性を、すなわち自分固有の内的な、核‐地平構造を保持しているのである。ただ概観的中心の核に関しては、その地位は逆説的である。事実、この中心が、それより下位にある諸個体のレベルで高度に再‐規定されている限りにおいてのみ、凝集体のレベルで自己‐非規定化の機能を果たすことができるのである。他方からすれば、自らを再‐規定する能力は、個体のレベルからして、既に非‐規定の象徴性があらかじめ存在していることを前提としている。結局のところ、概観的中心が非‐規定化する機能を持つことには、その許容条件として、個体の側の非‐規定性がどこかで対応していなければならない。つまりそれは、或る概観的中心によって連係された凝集体の機能作用は、凝集体を構成するもろもろの個体のうちの、少なくとも一つの個体の中に象徴化されなければならない、ということである。そして、その個体の複製化は結果的に凝集体全体の分身を再構成することに等しいのである。この個体を、われわれは凝集体の発生的中心と名づけよう。概観的中心が凝集体に対して核であるとすれば、発生的中心は概観的中心自体の核を構成する。概観的中心は発生的中心の内的地平である。「[…] われわれの存在の中核は闇に包まれたエスによって構成されており、エスは外界と直接つながっているわけではなく、われわれがそれを知るのは、ただ他の心的審級を介在させることによってでしかない」。（フロイト『精神分析学概説』第八章）

人間のレベルで言えば、エスの機能は発生に関わる核の機能に対応する。だが発生に関わる核と概観的中心（エスと自己）のはっきり主題化された最初の区別は、凝集的象徴性のレベルからして既に生じている。人間においては自己がさらに自己差異化を行ない、イマーゴ的な自己-触発によって自我と超自我に分かれる。われわれの言い方では、エスの内的地平が自己なのである。

自我がエスの表層から発展したと述べるフロイト（『同前』）によれば、概観的中心には二次的な核の地位が与えられることになる。こうしてフロイトは、一度ならず、超現象学の体系的な考察を先取りしている。

とはいえ、これらの二つの核構造のあいだの原則的な差異も観察されるだろう。概観的中心は既に形成された凝集体の直中における機能作用の中心であるのに対し、発生的中心は、遡行的-発生の連続的な諸段階に見られる時間的地平の全体を、条件的な潜在態として集約している。この差異は、出発点では実際に存在している。だが核には、葛藤をもたらす諸要素を適切な象徴性の力を借りて地平の中に押しやろうとする傾向があるために、系統発生を重ねていくうちに、凝集体の未来をあらかじめ形成する発生的中心の能力が、徐々にその概観的地平に、そして概観的中心が主宰する連係機能へと伝えられるのである。実際、発生的中心は、ただ概観的器官を通してのみ、凝集体とつながる。発生をもたらす核がこのようにますます非規定的となっていくがゆえに、凝集体のレベルでの再-規定の可能性はますます増大する。かかる可能性は樹形図によって表示される。その幹は自己-非規定化された全-形成能［toti-potence］を表し、末梢枝は逆に完全に再-規定された状態を表す。凝集体の遡行的-発生の当面の時点において、すべての個体はお互いの地平の中で再-規定されて見出される。ここには次のような新たな事実がある。一つの個体が一定のコンテクストの中で機能的にいったん再-規定されると、それはもう、遡行的-発生上は可逆的な仕方で自己-非規定化することはできなくなる。その複製化は、制止されてはいないものの、その現在の状態に及ぶだけになる。換言すれば、或る個体が、その拠点の要請に従っていったん再-規定されてしまうと、それが複製されても、その個体が現にあるものに適合した個体しか与えることはないのである。ところが、個体が複数化されるたびごとに、位相的な変様が生じなければならない。この変様は新たな再-規定をもたらすのであり、そうして、凝集体の最終形態が遡行的-発生に則して生起するまでそれが続くのである。

24　系統発生と発生的中心

凝集体の機能作用は相互-個体的であり、その発生は内-個体的である。この発生に関して、次の仮説を立てることができる。概観的中心を備えた凝集体の直中に解決不可能な葛藤が生じたとしてみよう。機能的な諸個体は不可逆的な仕方で相互に再-規定された状態にあるために、葛藤は波及していき、いまだ非-規定のままの個体にまで到達する。こうした非-規定性にある個体の直中で、そしてそこにおいてのみ、葛藤は今までにない象徴化の中に解決を見出だすチャンスをえる。この場合、凝集体はなるほど解体されてしまうだろうが、非-規定の諸個体は、葛藤を解決された部分として持ちつつ、解体に抵抗し、葛藤なき新たな象徴性を備えた新たな凝集体を再構成するだろう。

ここでもそうなのだが、今はこの発生の詳細に入る時ではない。押さえておかなければならないのは次のことである。われわれの仮説によれば、「獲得形質」の遺伝は真の意味では存在しない。或る世代の中に生じた葛藤が解決されたものとして伝達可能な仕方で現われるのは、その当の世代においてでは決してなく、ただ後の世代の中においてのみである。いいかえれば、或る凝集体の葛藤の解決は個体発生的なものではなく、系統発生的なものである。実際、個体発生的な解決が起こりうるのだとすると、発生的中心に到達することもなければ、そこで象徴化されることもないことになり、この解決なるものには自己を伝達するいかなる手段も残されてはいないだろう。☆3

25 象徴化の間接的な実効性

われわれの仮説のもう一つの側面、すなわち発生的中心に成立した象徴化が、遠くにあっても間接的な実効性を持つことについても、敷衍しておかなければならない。この実効性をどのように理解するのか。

一つの凝集体には二つの異なる中心が共存していることをこれまで見た。一つはその末裔を徐々に再-規定することによって、個体発生の成熟を規制する（垂直的共働）。もう一つの中心は、機能的な再-規定によって、凝集体の外的地平に対する機能作用全体を瞬間ごとに規制する（水平的共働）。してみると、発生的中心と概観

☆3　ここで次のことが明らかになる。われわれの用語法で言うところの発生的中心は、生物学者にとっての「生殖細胞［germen］」であり、発生的中心の外的地平は「体細胞［soma］」のことであり、概観的中心は「神経組織」に対応している。

的中心という二つのものを兼ね備えた或る存在が示す可能性のある系統発生的病理は、必然的に二-次元的なものである。あたかも機能の諸サイクルが、自らを実現してその輪を閉じてしまう代わりに、さらにもう一歩踏み出して螺旋を描いて発展するかのようである。この螺旋の或る一点に定位する葛藤の各々は、二重の次元によって規定されている。(1)垂直の次元は成熟化の葛藤として同定されるものであり、遡行的-発生のプロセスに関わる葛藤である。(2)水平の次元は機能作用の葛藤としてあり、外的地平あるいは「生命世界」(=生ける象徴性が持つ偶然的な妨害や補完物の全体)との関係にある。垂直的側面は時系列的であり、成熟のサイクルが展開していくなかでの葛藤の時機を規定する。他方、水平的側面は場所記述的であり、葛藤が関係する内的地平の場を(外的地平との補完的な関係において)定位する。次世代において葛藤が解決されたものとして現われると、この葛藤は新たな螺旋における相同的な地点においても解決されているだろう(垂直的な葛藤から生まれた象徴性の通時的挿入の法則)。

　したがって、あたかも発生的中心が概観的中心の要請を不思議にも前もって知っているかのように事が運ぶのである。まるで発生的中心が、或る決まった時に、普通に考えればそれについてのいかなる直接的な経験も持たない外的地平に適合する本能的な接続を実行しようとしているかのように。じつは、そこにそのつど生じていたのは、発生的中心における新たな非-規定化であり、それは必然的に概観的中心の新たな象徴化に対応しているのである。かくして、感覚的な差別化と運動的な適応は、ますます豊かになる多重-潜在性の中に、概観的中心が機能的に次第に非-規定化されていくのを翻訳している。この非規定化それ自体が、発生的中心によって実現される究極的な非-規定化に流れ込んでいくのである。発生的中心が様々な地平を直接あるいは間接に象徴化することから結果するのであれば、発生的中心から同心円上に広がる様々な地平が一致符合するとしても驚くにはあたらない。発生的中心に構成された象徴性と概観的中心として自己を再-規定していく象徴性とのあいだには、さらにこれら二つの中心と凝集体の外的地平のあいだには、はっきりした照応がなければならない。こうしていくつもの層をなす照応は、生物の根本的な特徴の一つであり、なにか目的論的な力が働いているかのような見かけを与える。しかも、遡行的-

発生の過程で、そのつど適当な象徴性が通時的な挿入の法則に則ってちょうどいい時に設定されることによっても、こうした目的論が働いているという印象が強められる。二つの中心を備えた生物において、二－次元的な葛藤を発生的中心の中に象徴化するに至らないような「特性」もなければ、「器官」も「機能」もないのである。発生的中心への象徴化は、或る構造の直中に生起した葛藤を起点に行なわれるものであり、不変の法則に従うものである。とりわけ、いかなる葛藤も象徴化によって解決されるものだという前提に従うものである。

自らが生まれてきた葛藤を解決する象徴性の実効性は、だから、その本質そのものに由来する。上位の組織が幾重にも核的な構造を持つこと、発生をもたらす核（現実的であれ潜在的であれ）のまわりにいくつもの内的－外的地平が同心円的に折り畳まれていること、さらには概観性の媒介によって伝達された葛藤を起点に発生をもたらす核が構成されること、これらはみな、象徴化のあらゆるレベルが持つ、重層性と一貫性を合わせ持つ実効性がどのように生じてくるかを十分に例証する。何であれ象徴性は、その操作が媒介されたものであれ無媒介のものであれ、同時的な生命世界との厳密な相補性の中に留まる。目的《テロス》＝終焉があるとしても、なんらかの超越によって定義されることもなければ、自らが超越として定義されることもない。それは象徴性の本質そのものの中に書き込まれている。というのも、葛藤解決的でないような象徴など存在しないからである。

それに、象徴ではないようななにものも存在しない。

5 社会象徴性

26 学習能力の発生

この象徴性にしてこの葛藤あり、この葛藤にしてこの解決あり。このことは、運動感覚的な連合《アソシアシオン》の象徴性が作用するレベルについても等しくあてはまる。可能なもろもろの派生構造の発生は必然的な仕方で規定されてしまっている。自己－非規定化への道を辿っている発生は、連合的な様態という、ここでは最も高次のレベルを表すものにまで及んでいかなければならない。連合ないし綜合は、既に出来上がった接続に従って、受動的に行なわれる。たとえば知覚においては、「射映《プロフィル》」の綜合は、フッサールによって見事に記述されたものだが、それはいわば制度化されてしまっているかもしれない。実際、感覚の二側面化によって、異なりつつも同時的な射映のあいだの自動的な葛藤が実現される。この葛藤は、既に構成された象徴化の一様態（綜合の方途）を覚醒させる（再‐規定する）。同様に、外的地平と接触することで時宜に適ったかたちで本能的な行動が次々に自動連鎖的に覚醒してくるように、継起も、先天的で系統発生的な連合接続《モンタージュ》の対象となりうるものである（ユクスキュル［ヤーコプ・フォン・ユクスキュル（一八六四―一九四四）ドイツの動物生理学者で比較心理学者。環境世界論を提唱した］によって引用された、犬に寄生するマダニのサイクルを参照）。系統発生的な連合接続が葛藤を孕んだものとなり、発生的中心にまでそれが及ぶに至って、まさに、連合の様々な道筋が葛藤を象徴化するようになり、同時にますます自らを非‐規定化するのである。葛藤において問題となるのがいくつもの射映の同時性であれ、運動感覚的な継起であれ、非‐規定化によってもたらされる結果は、現在については知覚的であり未来については系列化的である潜在性が複数化されることである。このプロセスは後成説の場合と同じである。すなわちもろもろの潜在性が樹形化し、それに伴い制約的な再‐規定性が生じる。ところで、今度は、しかもそれがこの象徴化の独創性なのであるが――接続はもはや系統発生的ではない。それが実現されるのは、逆に（しかも場合によっては可逆的な仕方で、すなわち自らを無効化しながら）個体の個体発生そのものの中においてである。この非‐規定化は次のような帰結をもたらす。それまで発生的中心の不安の中で生起してきたものが、以後、ただ擬似‐不安とともに、概観的中心において生じるようになる。かくしてわれわれは、連合の道筋を非‐規定化することによって「学習」能力が可能的に生成するあり方を、その大筋において記述したことになる。

27　記号化

学習ができるとは、葛藤を象徴化する術を知っているということである。ここにはいかなる創造もなく、それゆえ不安もない。自らを犠牲にしてであれ、自らの利のためであれ、学習するとは一つの機能を働かせることであり、既に一般的に知っていることを特殊な場合に適用することである。たとえば、或る知覚が別の知覚を「告げる」ことを、また満足や危険はこれこれの特殊な知覚内容の中にあらかじめ「読みとる」ことができることを知るのである。この知は、或る個体の「生命世界」を規定する（「これが存在する時は、あれをしなければならない」）。外的地平の中で構成されている欲望や恐れの象徴は、かくして差し迫った満足の記号［signes］となり、個体を脅かす不便さを告げるものとなる。むろん最初にあっては、単に潜在的な意味生成性を持つ過去でしかなかったものが、意味作用《シニフィアン》を行なう現在に結びつけられ、この結びつきが反復されることによって、似たような現在がやってくることの前触れとなるのである。かくして過去は、現在との関係を持ちうるものとして把持される。この両者の連合を主宰するのは、情動［affect］である。すなわち欠如や恐れの状態、また乗り越えられた不安（快感）の状態等々である。それを通して「生命世界」が意味作用《シニフィアン》を行なうものとなり、何かを予示する記号の全体となるのである。この世界がますます分節されたものとなるのは、どの葛藤状態に対しても、それに対応する情動の代理となるであろう予知的な記号が回顧的に選ばれるだろうからである。記号化［signition］は象徴を本当に創造することではなくて、象徴化のただの一手順なのである。とはいえそれが実効的でないわけではない。記号化は、情動的な葛藤を予防しつつ、それを取り除き、生命世界を目印や意味生成性で豊かなものにすることができる。

28 系統発生の学習

以上を受けて、さらに次のような問いを立てることができる。記号化の能力、すなわち個体－系統発生的に完成に向かうことのできる能力の或る一定の度合いに達した組織体は、そこからさらに新たな発生の飛躍を達成する機会を持つのだろうか、ないしその原理的な可能性を持つのだろうか。換言すれば、組織体の「適応可能性」がこのように獲得されると、そのために発生的中心は不安から決定的に逃れることができるのであろうか。発生の諸可能性や、上位の組織体の生理－論理的構造についてわれわれが既に知っていることを概括しておこう。発生的中心の直中に構成された象徴性が概観的中心の中に手順という資格で移ることができるためには、発生的中心の直中に新たな様態の象徴化が生まれなければならない。この新たな様態の象徴化は、発生的中心から概観的中心への移行を可能にするものであり、それゆえますますもって非－規定化されている。発生的中心が機能するのは、必ずや、概観的中心の水準よりも「一段階だけ」

上の非‐規定の水準においてなのである。そこから、固有な意味での発生的不安を持つことのない、多様な「適応的」再‐規定化の可能性を無理なく思い描くことができる。それは、発生的中心が以後、どうやって「生命世界」との対話を続けていかなければならないかを知っている限りにおいてである。さて、ただ知っているだけでは、それ自体は創造することはできない。より上位の組織体の生理‐論理的構造をいま取り上げてみるならば、同じ結論に辿りつく。発生的中心は、実際、（その内的地平である）概観的中心と象徴的に釣り合っている。この概観的中心は、さらに、一方では組織の残余部分と、他方では「生命世界」ないしは外的地平と、二重の象徴的補完性の中に生きている。これら同心円的な補完性は共働的な仕方で機能する。これらの組織体を触発することのできる葛藤のタイプはこれら組織体にとって予測可能なものであり、あらかじめ分類されてでもいるかのようである。かくして「完成された」組織体のシステムは、すなわちその概観的中心から自己を再組織化すること（自己造形）のできるシステムは、自己を変様する動機とは言わないまでも、少なくとも発生における新たな飛躍を達成するようないかなる動機も持ちようがないかもしれない。

29　発生的飛躍としての〈第三者〉の象徴性

とはいえ、どれほど説明しがたく思われようと、この飛躍は存在するのであり、それを否定することなど誰にもできないだろう。この飛躍という事実は、われわれ人間の生命の中にも、また人間社会一般の中にも現われている。社会的なものは、なんらかの、組織化されようがされまいが、集団をなすという事実そのものにその独自性があるのではない。もろもろの「他者」は、低位の多くの組織体の外的地平をなしているが、これら「他者」との関係が、先天的な仕方で「適応」の要請に従って規制されているということを理論的に禁じるものはなにもない。これらの場合ではすべて、「他者との」関係は本能によって統制されており、発生的中心のレベルで「組み上げられ［接続され montés］」ている（動物の「社会」を参照）。同様に、性的パートナーや親族、子孫の機能的な補完性は、社会性の基礎的形態として、諸動物においては、先天的に前もって定められたものとして見出される。フッサールによれば、人間社会の独自性は、コミュニケーションより成る環境世界［kommunikative Umwelt］の中に存するとされる。ところが、仔細に検討してみると、記号化に基づく間接的な媒介関係は「適応可能性」の枠組から出ることはなく、蜜蜂社会において——そう思われるのだが——、いずれにせよ高等脊椎動物において見ることができる。同じくフッサールによるもう一つの人間社会の基準は、社会性の必要十分条件である感情移入［Einfühlung］の能力であるとされている。しかし、ここでもまた、人間だけの特権に関わっているわけではない。数多くの動物種において感情内化［intropathie］の効果が見出されるのであり、それは子孫保護の複層的な手段から始まって、敵を欺く策略を経て、動物同士の戦いにおける擬態にまで及んでいる。

それに反して、人間における社会的なものを決定的な仕方で区別しているように思われるのは、個体同士のいかなる関係も、関係の第三項への参照なしには構想できないという事実である。この第三者は、現実のものであれ想像的であれ、常に実際的には不在である。フロイトは『精神分析入門（続）』において、彼が「心理学的群衆」と呼ぶものについて、自分の結論をまとめている。この群衆とは、「自分たちの超自我の中に同一人物を打ち立てている多様な個人の統合」でありうる。社会的なものの原‐発生の問題は、それゆえ、〈自我〉‐〈エス〉‐〈超自我〉の三角形にまつわる問題と一致する。この三角関係の祖型はエディプス的な布置に対応するものである。

〈第三者〉を共有するこの関係を、E・デュプレエルは既に古典となった業績の中で、補完的な社会関係と名づけた。それをさらに精神分析家らは三角的関係と呼んでいる。いかなる社会的行為も〈第三者〉（あるいはその代理物）への参照なしに考えることができないとしても、ではこの〈第三者〉はどのように呈示されるのであろうか。本質的に注目されるのは、その強制力であり、その尊厳や価値、その記号のもとに結集した諸個体のそれぞれの特質をはるかに超え出る性格である。恐れられ、奉られ、あがめられる〈第三者〉は遍在し、全能である。欲望にとってそれは障害であったり促進者であったりする。恐れにとってはその対象であったり癒すものであったりする。だがその目覚ましい役割は、もろもろの葛藤を断ち切ることにある。それは裁判官の中の〈裁判官〉であり、恩赦や刑罰を下す。その実効性には普遍的なものがある。〈第三者〉はあらゆる使用に役立つ。ところが不在ないし想像的であるこの〈第三者〉は、すべてを考え合わせてみても、諸個体自身から生じてきたものとしてしか確認されないのである。

個体から生じたものである〈第三者〉は、それゆえわれわれがこれまで研究してきたあらゆる象徴性と同じ資格で、自己－制御的な象徴性である。あらゆる象徴性同様、それには指示的な同一性があり、機能の多数性が見られ、葛藤を解決することのできる実効性が備わっており、それにもちろん起源に葛藤を抱えている。最後に、この〈第三者〉は、自分に従属している下位の象徴性の全体を命令し、方向づける。その効果によって、個体は「人格」へと昇格するのであり、生命世界は文化的世界に高まる。この〈第三者〉の現実性に異議を唱えようにも、この現実性を反駁の行為そのものの中で前提とすることなしには、誰もそうすることができないだろう。（なるほど問題の現実性とは物的なものではなく、内在的なものであるのだが――あるいはむしろ一種の方向づけであり、それだけが現実性である――、この内在性は相関的な超越性に向かっているのであり、この超越性は肯定的な存在－神論の真の対象であり、精神分析がその道を描いてみせたものである。）ここで、いかなる独我論的な試みも、次の究極的な矛盾に突き当たることに注目しておこう。人は同時に単独［solus］かつ自己［ipse］であることはできない。私が世界で一人であると言うためには、対話の相手が必要である。

〈第三者〉の現実性は、諸個体が内在的に極性を帯びることとしてあるのであって、超越者の現実性としてではないのであり、かくしてそれは社会的現実の基礎そのものとして現われる。個体が〈第三者〉と象徴的に釣り合う仕方を、社会象徴性と呼ぶことにする。

以上の考察を解明したり、すべての人間文化が、〈第三者〉の補完的な社会象徴化の様々な様態に基づいていることの確認をすることは、読者の手に委ねよう。

30　社会象徴性の系統発生について

ここでは、社会象徴性の系統発生について解明を与えてくれる方法について考察しなければならない。この方法とは、精神分析における象徴解釈のやり方そのものであるだろう。それは、互いに連動している四つの問いによって行なわれる。⑴象徴化される前に、葛藤はどのようなものであるか。⑵この同じ葛藤が、研究された象徴性の中に、潜在的な仕方でどのように含まれているか。⑶象徴化とは何であり、どのような効果をもたらすのか。(4) 遡行的‐発生の螺旋上で、葛藤はいかなる共時的また通時的な座標を占めるか。

　これらの問いの最後のものから答えを試みてみよう。二つの個体が〈第三者〉へと参照づけられるのは、言語を通してである。初歩的な言語の発明を、〈第三者〉への依拠なしに構想することは確かに可能である。だがこの初歩的な言語が人間言語の形態をとるようになるためには、〈第三者〉への指示を欠かすことができない。さて、これは注目すべき事実だが、なんらかの偶発的な理由によって、五、六歳まで言葉を習得しなかった人間の子どもは、その後言葉を獲得する能力を取り返しのつかない形で失ってしまう。そこから次の結論が出てくる。言語の系統発生的な創出をもたらした葛藤は、精神分析で言う「肛門期」に対応する遡行的‐発生の時期に位置づけられるべきである。こうした断定は、先に問題にした通時的挿入の法則を適用することから生じてくる。また同様に、遺伝によって伝えられるいかなる象徴化も、発生的中心が成熟する前に生じなければならない、ということも分かる。このことは、系統発生的な葛藤が早期の年齢に位置づけられていることを確証する。

　われわれの探求は、かくして、決まった年齢において可能な葛藤に限定されるものである。「肛門期」にその芽生えを位置づけておいた言語能力は、より一般的な本能の組み立て《モンタージュ》［接続］の一側面にすぎないものとされるべきであり、さらには〈第三者〉に依拠しようとする本能、その手段がまさに言語であるような本能についての仮説を立てるまでに進むこともできる。われわれの問題はこのように若干絞られてくるのであり、それを定義するならば、〈第三者〉の本能ないし社会的本能の発生論的探求ということになる。

　〈第三者〉の本能が形成される時期において考察するならば、この本能が直接的にもたらす帰結とは何か。始めから断言できるのは、その帰結が他者に関わるものであり、その手段は対象化にあるということである。〈第三者〉の最初の対象化は（最も一般的な意味での）「名」でしかありえず、この名の喚起は相手方に対して魔術的効果を生み出す。「名」（たとえば不安をもたらす状況に対応する音素）は、それがこの状況外で喚起される時にも、他者において実際の行動を規定せずにはいない。それに子どもでなければ、いったい誰が音素をその意味作用から分離することができただろうか。とはいってもその時点から、この〈名〉は子どもにとって一つの補完的な意味を持つようになったのである。その意味とはまさしく社会的なもので、〈第三者〉を喚起することによって他者に働きかけるものである。この根源的な〈名〉の様々な様態化［modalisation］のプロセスを云々せずとも、そこに諸文化の言語の到来についての、かなり簡略なものではあるが、一つの図式を認めることは容易である。言語のおかげで、相互－個体的な関係の中に一つの分裂が作動し、この分裂は、これこれの様態において〈第三者〉を適時に喚起することによって、主体同士の適切な相互行為を可能にする。最後にもう一つの言語の効果を記しておこう。言語によって、他者の変様が、離れたところから、直接的な運動行為に訴えることなく行なわれるようになる。

この最後の点から、さらに⑵の問題、すなわち〈第三者〉の象徴化は、それを生み出した葛藤をどのように含んでいるかという問題に取り組んでみよう。それは確かに他者への働きかけだが、しかし離れたところからの働きかけである。他者を引き寄せたり追い払ったり、征服したり救済したり、他者から満足を得たり他者を道具のように利用したりしながら、しかも運動的な行為を避けつつそうすること、結果として起きるこれらは、運動性それ自体を葛藤的な契機として指し示さずにはいない。ここで思い至るのは、不可能となった運動性は別の縮減された運動性によって、すなわち表面的には運動性ではないような運動性によって、取って代わられている、ということである。

或る象徴を解釈するには、またその「顕在内容」を、この場合で言えば〈第三者の名〉を考慮に入れることが望ましい。というのも、それによって象徴は他者との関係において実効性を持つからである。関係における実効性に関して、ここで問題となりうるものは、〈名〉の喚起によって他者に引き起こされる効果のことでしかありえない。それに訴えるために、子どもは自らの運動レベルでの葛藤と〈第三者〉に対する大人の関係を連合《アソシエ》させなければならない。子どもにとって、大人は、子どもが自分の運動的欲望に不安を抱くのと同じ仕方で、〈第三者〉を生きているはずのものである。いいかえれば、子どもは自分の不可能な欲望を、〈第三者〉との関係に自分も置かれているような規定された様態として解釈する。そして子どもはまさに〈第三者〉の〈名〉を口に出して言うことによって、そのことを実現するのである。かくして子どもは二重の特典を手に入れる。まず自分の不安を克服するという直接的な特典があり、さらに大人に働きかけるという側面的な特典がある。

さらに、子どもにおいて、矛盾を孕み実現不可能な運動的欲望を引き起こす出来事が、いかなるものかを考えなければならない。この運動的欲望は、〈第三者〉を喚起する音声的な運動性の中で、否定されると同時に実現されるものである。こうして立てられた問題は――そもそもそれをこれ以外の仕方で立てることができようか――既に一義的な仕方で答えを含んでいる。この出来事とは、大人同士の体の接触でしかありえず、それこそが子どもの運動的な同一化を制止し、性交に対するまだ未熟な本能的運動性を早すぎる段階で目覚めさせるものである。次のことをはっきりさせておこう。子どもが立ち会う光景は、必ずしも性交の場面ではなく、それはまた喧嘩の場面であってもよい。だが、体と体の接触は、それが何であれ、同じ効果を持つ。すなわち、ちょうど性的行為の運動的合成《モンタージュ》がそうであるように、同一化の図式を混沌としたものにしてしまうのである。

さらに大人の観点から見ると、子どもの叫び声は大人にとって二つの次元の帰結をもたらす。それは、性的行為を中断させる場合には有害なものであり、喧嘩を終わらせる場合には有益なものである。世代から世代へと、かつて子どもであった大人たちは、〈第三者〉の〈名〉が相互-個体的な関係において有効性を持つことを自覚しており、第三者が不在の時にそれを操る術を知っている。有害かつ有益であるというその二重の性格は、象徴操作の対象となり、儀式化された義務や禁止を生み出す。最も原初的な禁止が性に関するものであり、全能であった子どもが、共同体の中に認められるために象徴的去勢（イニシエーション）を受けなければならないということを知ったとしても、驚くにはあたらない。社会集団はかくして〈第三者〉の名=記号《シーニュ》のもとに形成されたのであり、外在的な葛藤（他の集団との接触、戦争、天変地異）や内在的な葛藤（世代間の葛藤や集団の拡張など）に従って、自らを創造し続けている。集団が変様していくに従って、それを統治するイマーゴ的な項の姿も変様する。〈第三者〉の超越性のおかげで、集団はそれをますます多様な象徴化の様態のもとに好きなように補完することができるのであるが、その際にこの〈第三者〉も変化しないではいられない。われわれがこれまでその発生仮説を素描してきた社会象徴性は、かなり高い度合いの自由を示している。この象徴性は具体的な要請に従って自らを再‐規定することができるばかりでなく、さらに自己をますます非‐規定化する術を知っている。あたかもこの象徴性には可能な自己‐非‐規定性のすべての段階が潜在的に備わっており、何世紀にもわたってその段階を一段一段登りつめてきたかのようである。人間の機能作用は、生物の象徴性の二‐次元的な螺旋構造に重ねて、この螺旋を限定されない開放性となす新たな次元を備える。この新たな次元は集団に固有のものではないが、諸個人を触発するあらゆる葛藤を位置づける補完的な座標を構成するのである。

31　第三者の個体発生
「原光景」と「根源的場面」

われわれの考え方は、系統発生の途上にある子どもによって体験された根源的場面から社会象徴性を派生させるものであったが、その裏付けとして、アポステリオリな推定をも同様に引き合いに出すことができる。

　精神分析臨床によって或る一つの事実が知られており、それを〈第三者〉の病理学から由来するあらゆる症例の中で明らかにすることができる。ここで言いたいのは「原光景」と呼ばれる情動のことである。この情動は神経症患者において存在するが、患者たちの経歴からしてそのような光景に立ち会うことなど不可能である場合にも見られる。そこから推測されるのは、これらの情動が、一種の先天的な葛藤であり社会化の必要条件を成すような、根源的場面の本能的な組み立て《モンタージュ》に対応しているということである。この葛藤の組み立ては、機能的な〈第三者〉（たとえば父）の要請――それは本能にとってなくてはならない糧のようなものを構成する――を受け入れることによって解決される。象徴化が満足をもたらすものであった場合には、「原光景」の葛藤は二重の葛藤不在的な関係――〈第三者〉への関係と〈他者〉への関係――に分裂する。ただこの条件においてのみ、一価的な同一化が可能となり、社会的な統合が開始される。病理学的な症例においては何が起きているのだろう。〈第三者〉の本能が適切な瞬間に充たされなかったり、充たされても矛盾した仕方や一貫性を欠いた仕方で糧を与えられた場合である。この時、先天的な葛藤に本能の欲求不満が加わり、さらに補足的な葛藤をもたらす。それをわれわれは成熟化の葛藤と呼ぶことにする。こうした事実の中で関心を呼ぶのは、すべての神経症患者が「原光景」の葛藤を呈しており、そしてそのすべてが社会統合に障害をきたしているということである。それは複層的な神経症の形成における一側面にすぎないとはいえ、多くの精神分析家は「原光景」の不安を乗り超えることに治療基準としての価値を与えることに同意しているのである。

32　最終的な註記
社会象徴性の病理—論理と治療

社会病理‐論理は、二つの、異なってはいるが補完的なアプローチの仕方を許すものである。第一の社会学的なアプローチは、或る集団を、それが単純なものであれ複層的なものであれ、〈第三者〉との関係の中で考察する。そして社会機能作用を制止してしまうような病理の本性が、内在的であれ外在的であれ、どのようなものであるかを問う。ここで社会機能作用は、単なる反復に終始するのではなく、自己‐非規定化（自己‐超出）への能力を、新たに更新するような仕方で行使するものである。静態的な社会は病んだ社会であることは間違いない。大きな痙攣を起こしている社会も病んでいる。或る社会の健康状態は、絶えまない自己‐超出の道が制度的にどれほど整えられているかによって分かる。こうした社会について、われわれが完全なモデルを持っているわけではない。それでもやはり、その要請は、願望という形で肯定的に、あるいは拒否という形で否定的に、すべての社会的な言動＝身振りの中に予示されている。

　社会病理‐論理の第二のアプローチの仕方は、精神分析的なもので、個体にその中心が置かれている。ここで個体は、〈第三者〉にも〈他者〉にも同時に関心を向ける、二重の関係論的な極性の中で考察されている。精神分析家が注意を向ける病理は必ずしも葛藤を引き起こすものではないが、しかしそれは社会性のレベルでの葛藤の象徴化を妨げる病理である。このレベルで象徴化することは、反復的な解決を意味するのではなく、開かれた、創造的な解決を意味している。ここにあるのは、かなり厳密な意味での、精神分析で言うところの昇華であるだろう。社会的自我の個体発生は、昇華する本能が[☆4]——ちょうどいいところで生じる内発的な、また外発的な葛藤に関して——徐々に目覚めることによって達成される。昇華することは適応することではない。適応の強制に従わせられたがために、大部分の人間は人間特有の本能に対して欲求不満の状態にある。もう一つ別の仕方でも昇華の本能を眠らせることができる。それは成熟をもたらす不可欠の葛藤を体系的に廃棄することである。そこからは欲求不満が生じてくるが、この欲求不満は自らに対してありとあらゆる部品からなる葛藤を作り上げずにはいない。昇華が行なわれないこの二つのいずれの場合においても、障害が生じることによって、社会象徴性の覚醒や開花に対立する状況に帰着することになる。こうして、発達のこれこれの段階において本能の完成に生じた欠陥は、無能力について不安を抱きつつも先回りすることになる。それのみが成熟化の葛藤を象徴化する唯一のやり方であるからである。〈他者〉との関係において、この状態は、接近の欲望の罪悪感として、またこの罪悪感に対する防衛の態度として表わされる。

　精神分析治療の目的は、昇華の本能を再確立することである。社会学的治療も同じ目的を、すなわち昇華の最善の条件を制度化することを目指すべきである。どちらの場合においても、どのような道のりを辿るべきかについて議論の余地がある。とはいえ、善き意図を持った人間なら誰でも、この最終的な目的を疑問に付すことはないであろう。

N. A.

パリ、一九六一年四月－九月
未刊草稿

☆4　昇華しようとする態度が本能と呼ばれうるのは、この態度が発生的中心から行なわれる非‐規定化に由来し、またこの態度が（社会集団という）外的地平から生じてくる補助（制止）を要求する限りにおいてである。そもそも昇華は、われわれの仮説によれば性的発達の中に介入してくるものであり、そのため性的本能と切り離すことはできないのであり、まさに昇華こそは性的本能の流れを非規定化の方向に変えていくであろうものなのである。

構造および発生に関して精神分析が含意する事柄についての現象学的省察

私の発表はもっぱら、先行する議論に対していっそう具体的な諸要素をもたらすことで、その議論をさらに先へと進めることを目指している。発想の源泉から言えば、この発表は現象学と精神分析の交差する地点に位置する。それが目指すのは、後期フッサールのいくつかの指摘を解明することである。つまり、それらの指摘によって、超越論的なレベルで精神分析の経験的な問題系を扱うことが可能となる限りにおいてである。

1 構造についての現象学的概念

誤解を防ぐため、手始めに私がはっきりと遠ざけておきたいのは、構造についてのあらゆる物象化的な定義である。そうした定義においては、構造はなんらかの心的な構築作用の結果であるとされ、諸要素の集合の中に、「内的で」さえあるような諸関係を打ち立てるものとみなされる。そして一つの「理解可能な全体」を形成するとされる。結局のところ、どのような構造もそうであるが、「心的構造」とは、様々な事象〔モノ choses〕の集合からなるのではなく、様々な意味〔sens〕の集合から形成される。なおも心的構造について物理学至上主義的なモデルを使い続けたいなら、こう言うべきであろう。つまり、プシュケー〔精神、魂、姿見 psyché〕とは一つの装置であり、その装置は動機づけを燃料とし、構成された〈自我〉を機械装置として、現勢態にある志向性を機能作用として、意味を所産として持つと。こうした機械を思考するには、現在と同様にその歴史＝来歴においても考察された全体的人間を検証する必要があることが分かる。心的構造を口にすることは、具体的かつ独異で深く根を張った目的論を口にすることである。直観の様々な概念的道具を用いて発生的構造を再構成すること、これが現象学の究極の課題の一つであり、またこれは精神分析を理論化する際の直接的な課題でもある。

2　志向的機能作用あるいは超越論的発生？

この前置きを踏まえたうえで、発生についての現象学的問題に着手していく。フッサールは純粋自我《エゴ》の普遍的な本質構造を記述した際に、存在論的な問題をエポケー［括弧入れ、遮断］するが、エポケーの後で省察が立ち止まった地点で、私はその省察を改めて取り上げることにする。私はこの自我《エゴ》を、その様々な記述的な特徴においてではなく、発生的な地平において検証してみたい。たとえば、『デカルト的省察』の第四論文☆1の極めて特筆すべきテクストで指摘されているように、実際、発生は超越論的自我の本質そのものに属する。確かに、超越論的自我の有する本質は、時間的であると同時に時間化する［temporalisante］ものである。この自我は、先行する構成物の助けを得て、また後から来る構成物を目指して自己を構成するのではないだろうか。そしてそうすることで、自我はまさしく時間そのものを作りなすのではないだろうか。

ところで、初期フッサールの用語法で言うなら、超越性に向けて自己を構成することは、超越論的自我の本質そのものに属する、そしてそれゆえに、その自我の発生の研究は、その超越的な構成物を歴史的に再構成することへと端的に引き戻されるであろう。さて、問題はまさしく、この歴史が、あらかじめ存在する志向的「能力［aptitude］」の展開として把握されるべきか、それともあるいは、この「能力」自体の漸進的な発生として把握されるべきかという点にある。この問いへの答えは、超越論的発生論の可能性の試金石となるだろう。この発表の中で私が努めて証明したいのは、発生という観念が志向性の観念自体の中に巻き込まれる際の分節化であり、またそれと相関して、発生的な「能力」の純然たる機能作用から生じる所産の擬似－発生的な性格である。

3　超越性の基底としての情動《アフェクト》

超越的な意味の構成に必ずしも到達しないような志向的行為の存在を、私はこの省察の出発点として選ぶことにする。不条理なものを経験する場合がそうであるように、超越的な意味が構成されるに至らない時には、実際、何が起きているのだろうか。「四角い円」というものは、超越的な対象として直観することはできない。ところが、それにもかかわらずそうしたものは一つの体験を含んでいる。他でもないここで問題なのは、いまだ超越的ではなく、また決して超越的なものとはならないであろう一つの体験である。

超越性へと構成されない体験が原理的に可能であることをわれわれはちょうどはっきりと理解したのだ。この不条理なものの経験は、超越作用の挫折という結果に終わるが、あらゆる超越作用の基底そのものであることが判明する。それは一つの体験であり、既に行為［現働性 acte］であるが、いまだ超越性の行為ではないもの――情動［affect］――である。実際、或る形式の情動が、あらゆる志向的行為の中に――その志向的行為がどのような

☆1 「明らかにわたしは、いま行なった、また行ないうる理論的なはたらきを、わたしの生の統一の中へ任意に移し入れられたものと考えることはできない。そして、このできないということもまた、形相的領域に移されるわけである。わたしの幼時の生と、その生の持つ構成の諸可能性との形相的把握が、次のような類型を明らかにする。それは、「学問的な理論的なはたらき」という類型は、わたしの生の発達につれて現われてくるが、幼時の生そのものの連関のうちにおいては現われることができない、という類型である。

そのような制限は、その根拠を、一つのアプリオリな普遍的構造の中に、すなわち自我の時間性のうちでの共存および継起の普遍的な本質法則の中にもっている。なぜなら、わたしの自我の中で現われるもの、また形相的にいえば、自我一般の中で現われるものはいかなるものでも、指向体験でも、構成された統一体でも、自我の習性でも、それぞれの時間性をもっており、この点においてそれらは、普遍的な時間性の形式体系に関与しているからである。およそ可能なあらゆる自我は、その普遍的な時間性の形式体系を持って、自己を自己自身に対して構成するのである。」［フッサール『デカルト的省察』［世界の名著、中央公論新社、二五八頁］］

「最初に形成される現象学は、単に静態的な現象学であり、それの記述は個々の類型を追い、せいぜいそれらを秩序づけて体系化する博物学の記述に似ている。そこでは、普遍的発生の問題と、時間的形成を超えている自我一般の発生の構造とは、まだ触れられていない。しかし、それらの問題は、まさしく高次の問題なのである。実際それらの問題が提出されるさいでさえ、それは、或る制約のもとで行なわれるのである。というのは、最初は、本質考察でさえ、自我に対して、既に一つの構成された世界が存在しているという制約のもとで、自我一般に固執するからである。

しかしながら、これも必要な段階なのである。われわれはその段階から出発して、その段階に属する発生の法則形式を開示することによって初めて、最も普遍的な形相的現象学の可能性を洞察することができるのである。」［同上［二六〇・二六一頁］］

ものであれ――現前している。現働的な［現在的な、活動的な actuelle］与件を非現働的な与件へと結びつける予期的な緊張として現前しているのだ。対象を志向するなかで現働的なものと非現働的なものとが緊張関係にあること、これこそ後期のフッサールが志向性について与えている定義そのものである。この意味において、前超越的な情動は、それ自身また志向的な構造を示す。それは、いかなる対象も明確にされるはずのないままに、何かへと定位する一つの様態、何かから方向を逸らす一つの様態である。

4 情動の構成

情動的な予期の中で、まず第一に、現働的であるのは、感覚的、知覚的与件もしくは、フッサールの用語法にならえば、ヒュレー的な与件の（受動的な）個別的統握［appréhension］である。情動的構成は、一つの現働性《アクチュアリテ》を非現働的な諸内容と対照させることで前進するが、この対照は、究極の場合には、現働的な非‐同一性の事実を明らかにするだけでなく、さらには、この非‐同一性の様態をも明らかにする。別の言い方をすれば、新たな情動は、或る感覚能の（いまだ予期されていない）新たな存在様式である。新たな情動は、他の諸情動と比較して、まさしく自らがそれではないものをすべて、自身のうちに取り集める。したがって、情動は、感覚的な核を中心とした総合の中に結集された様々な識別の結果として生じる。

他方で、既に構成済みの感覚的情動は、たとえ非現働的であっても、その非現働性に固有の或る一定の生を保持している。このかつて存在したということが持つ生き生きとした特徴によってまさしく、その生は再現働化されたり、さきほど記述したような識別的総合への参加が可能とされる。私が今聞いている音は、かつて聞いた音のようではない、またそれはこれこれの仕方でそうではないのだ。われわれはここでまさに新たな音の構成に立ち会っている。そのうえ、このように構成された新奇さは、回顧的に、先だって構成された音響物を変様させずにはいないだろう。一般的に言えば、どの構成行為も、多かれ少なかれ直接的に、同一の様式の構成物の集合を作動させ、新たなものへの準拠する体制を創設することでこの集合を変様させる。

5　情動的予期の基底としての利害関心とその自我的構造

情動的総合は予期的であると先に述べた。それはまず、この総合が差異化しつつ反復可能［itérable］であることを意味する。つまり、主体の永続的な変様が前提とされる。この主体が創設したばかりの情動は、以後、主体の永続的な遺産の一部をなすことになる。

だが情動的総合が予期的であると述べることの意味は、とりわけ、この総合が、前もって与えられた利害関心との関連で、いいかえれば、より本源的な［originels］様々な核を中心とした諸情動の収束化との関連で実効化されるという点にある。それ自体、先行する様々な総合を起点にして既に構成されたそれらの利害関心は、新たな総合の「ありかた［どのように comment］」を編成することになる。いうまでもなく、あらゆる総合は相関的な自我《エゴ》の同一性ないし永続性を前提とする、そして自我はまさしく、現働的な、また非現働的な感覚的に多様なものを一つの利害関心の統一性の中に統合する。構成された情動の「ありかた」は、したがって、本質的には利害関心の「ありかた」に基礎を置く。他方で、利害関心それ自体は、暫定的に統一性を保ちはしても、自らに呈示される様々な満足の様態によって変様させられることがある。或るレベルにおいて、暫定的に土台をなすものとみなされた利害関心も、その出発点とは異なった派生的利害関心として構成されることもありうる。そこで分かるように、基盤をなす唯一の利害関心が、樹木のような仕方で一つの共通の幹から発して自己を展開させ、多種多様な派生的利害関心を産み出しうる。樹木の統一性――これは後ほど見ることになるが――は強力なものであり、利害関心の研究は記述的な観点だけには還元しえないであろう。そう、この研究は発生的な解明を要求している。

派生的な諸利害関心の多様性にはまず、収束点の多様性が照応する、つまり、それと同数の潜在的で孤立した自我が照応する。これらの自我は、様々な種類の同一性の核ともいうべきものを構成する。継起的に出現するこれらの自我的な核は、自身の永続性を保持する。だが、そうした核それぞれの孤立した永続性は、それらの全体としての統一性をまさしく先行的に形象化する。

このような統一性は、反省的性格や、二次的な反省的性格を中に持ち込むことで、より上位の操作から生じることになるだろう。けれども、自我的な核は本質的に永続的である。しかも、補足的な構成物つまり情動が反復可能《イテラブル》である範囲においてそうなのであり、また情動が反復可能であるという同じ意味においてである。このことはまた、前－超越的な［pré-transcendant］情動のレベルの自我的核にあてはまる。しかしながら、これら情動的自我ないし先－自我［pré-ego, Vor-Ich］は、或る上位の統一性へと準拠するほかに、或る本源的な統一性、つまり感覚的な原－自我《プロト・エゴ》［proto-ego, Ur-Ich］［反省以前の、いつも既に原受動的に生起している状態の自我］へと同様に送り返される。

6　両立可能性の法則と諸レベルの葛藤

いうまでもなく、ここで問題なのは、反省的ではなく機能的［関数的］な下位の統一性であり、これは少なくとも、或る法則に則して編成されている。その法則は形相的《エイデティック》な明証性をもって導き出すことが可能である。つまり両立可能性という法則である。心得ておくべき重要なことは、諸々の利害関心の進展は、不可逆的な仕方で、それらの利害関心が既に自由に処理しうるものとして持っている構成物に依存するということだ。原－自我のいわゆる「機能的な」統一性は、その構成物の各々が生き生きしたままに留まっているという事実に由来する。その反対にまさしく、この自我それ自体は、統合化の中心としては、潜在的な状態へと移行し、いわば「眠りに陥って」いる。その様々な構成物の生は、それにもかかわらず、両立可能性の要請の中で自己を明らかにする。構成の新たな試みはどれもが、それらの構成物を問いに付すのだが、構成物の方はそうした新たな試みに対し両立可能性の要請を課すのである。

　ところで、両立可能性の法則が、構成の任意のレベルにおいて有効なことが判明するとしても、別のレベルに移行した場合には、必ずしも同じようにはいかない。深層の情動的な利害関心は、相互主観的な起源を持った、超越性のレベルで明らかになる利害関心とはわれわれには両立不可能に見える。また同様に、諸々の感覚能の構成をつかさどった利害関心と、これこれの特殊な情動を規定した利害関心とは両立不可能に思えることが時折ある。ここで問題なのは、病理学的な症状（「神経症的」、「心－身的」障害）において時折現われるレベル間の葛藤である。あたかも、どのレベルも利害関心について自律性を所有しているかのように万事進行する。ところが、事実上、また権利上においても、上位の利害関心は下位の利害関心から派生する。諸々の構成物が階段状に積み重なって配置されていることから、利害関心は多様化する。この段状の配置のおかげで、それ自体ますます間接的となる道具を介して間接的な満足を予期することが可能なのである。一見して逆説的と思えるこの状況の前にわれわれは居合わせている。理論的には、或る任意のレベルの諸々の利害関心のあいだには、また多岐に渡るレベルのあいだの利害関心のあいだにも、葛藤は存在しえない。ところが、実際には、諸々の利害関心のあいだの葛藤は避けがたい。相互主観性の中への自我《エゴ》の挿入という要請から、レベル間の葛藤が余儀のないものとなる。まぎれもなくこの場所において、治療学としての精神分析の存在理由が出現する。満足の諸様態はそれ自体、利用された様々な道具のあいだでの媒介作用の度合いの関数でそれに依存する。そのために、われわれ自身の現働的な派生的利害関心の中に、われわれは、それら派生的利害関心が送り返される下位の利害関心を一挙に再発見することはできないであろう。私の諸々の利害関心の歴史には不透明性が存在する。私の様々な利害関心は、どのようなものか分からない仕方で、構成されている。それらはまさに、あるがままにあるのだ。諸々の起源に遡行するには、再活性化の努力が必要である。

7　水平的な自律性と垂直的な両立可能性

今浮き彫りになった逆説は、精神分析から着想を得た、厳密な現象学的発生論において、おのずと解決するにちがいないであろう。そしてこうした発生論は、予想される通り、諸レベルのあいだの葛藤を、文化的進化の典型的な手段として呈示することができるであろう。それを期待しつつ、われわれに確認できるのは、諸々の構造における水平的な自律性への要請が、垂直的な両立不可能性の存在を動機づけるものであるということだけだ。実際、水平的な自律性は、垂直的な両立可能性の要請といういっそう深遠な要請に対する補足的な要請として姿を現わす。或る意味で重要なのは、垂直的な両立可能性という発生的な要請と、水平的な両立可能性という適応に関わる要請の双方を和解させることだ。上位のレベルの構成作用のうちで、下位のすべてのレベルでの共働作用による構成作用に依拠しないものはありえないであろう。上位の総合は、それに対応する下位のレベルの総合によって基礎づけられるのであり、それは次のような仕方で、一つの有機的な統一性の中で機能する。つまり、下位の構成物を再現働化させたり、下位の構成物を何から何まで完全に創造しながら、それら下位の構成物を利用するのである。

　諸々の構成物の多様なレベルのあいだには垂直的な活動の相互性のようなものが存在する。このような理由から、上位の総合の挫折が、共働作用を行なう下位の構成物の確立済みの機能作用に対し妨害的な影響を引き起こしうるとも考えられる。たとえば、社会文化的なレベルでの葛藤が、頭痛を引き起こすこともありうる。したがって、存在しているのは、ただ単にレベル間の並行関係だけではなく、上位の構成作用のレベルでの要請に対して、下位の機能作用をあらかじめ適応させるということであり、その逆も存在している。たとえば、人間は食べるために生きるのではなく、反対に、人間としての生を生きるために食べるのだという事実は、動物の消化過程に比べて人間の消化過程の意味作用と、またそれゆえにその機能作用を根底的に変様させる。

8　ヒュレーの発生論を含意するものとしての超越論的自我の発生

　この点に関して強調しておくべきなのは、個体の具体的な発生は、超越論的自我の発生ときっちり一対一で対応しえないだろうということだ。実際、個体的な発生は、自己の絶えまのない構成ではない。すなわち、萌芽状態の原-自我を基点として実現されるような構成ではない。個体的な発生は、先行する様々な構成物の諸体系を繰り返し再構成することである。加えて、この再構成の諸局面は、本源的な［起源的な originelles］構成的局面との関係で変様されることがある。なぜなら、再構成の諸局面は既に、潜在性という理由から、後に来る局面の編成を含意するからだ。再構成を行ないながらのこうした先行的形成は、本能の経験的概念に照応する。

　現象学的な省察によってわれわれが近づきうる最も下位のレベルの構成とはどのようなものであろうか。フッサールにとって、ヒュレー［意味が生成するための素材。知覚があれば感覚与件がそれにあたる。］は現象学的に還元不可能なものであった。事実、感覚能は既に限界-概念であった。というのも、それはそれ自体において体験されえないのであり、単に永続性の直中に突如到来する変化として体験されるにすぎない。ところで、われわれは次のような二つの問題を提起することが可能だ。志向的ではないような体験［生きられたもの vécu］、それゆえ構成されたのではないような体験とは可能なのであろうか、あるいは、単純に、そうした体験を概念把握することは意味を持つのだろうか。答えが否定的な場合、いいかえれば、ヒュレーが志向的な構成物であると認めた場合、ヒュレー的な体験が、ヒュレー的なレベルの現働的な利害関心に照応しないことがありうるということが、どのようにして生じるのだろうか。たった一つの答えだけが可能なように思える。つまり、具体的な体験の中に現われるようなヒュレーは、構成されたものではなく、再構成されたものなのだ。それゆえに、どのような感覚能も、個体に先行する構成行為へと送り返され、遡行的‐感覚能［palin-esthésie］として把握されうるかもしれない。以上から、現象学者にとって極めて重要な結論が引き出される。現在なるものの純粋な流れの諸特徴に関して言えば、そうした流れは、現実には、完全に仮説的な純粋性を持つようなものとして、われわれには与えられていない。実行される還元の程度がどのようであれ、われわれの現在は、ありとあらゆる還元を望むだけ行なった後でも、現働性《アクチュアリテ》の流れではなく、予持の様々な総合、再構成されたものの受動的現働化の様々な総合の流れ、したがって既に志向的である流れのままに留まるのだ。確かに、この志向性の意味は、いわゆる「原初的な」［構成の秩序において最初の］現象学的主体の反省的な能力からは逃れ去る。ヒュレーの志向的意味は、反対に、精神分析によって打ち立てられるような相互主観性についての独創的な経験の中に出現するにちがいないと思われる。フッサールが願望を込めて追求した発生的現象学は、精神分析的な様々な与件についての適切な反省のおかげで具体的な内容を受け取ることができるかもしれない。

9 発生と遡行的発生［palingénèse］諸本能の展開

ここで一つの区別をしておくべきだろう、そうすることで発生という問題系の弱点のうちいくつかを減らせるにちがいないと思われる。この区別の狙いは、外見上は類似しているが現実には互いに還元不可能な二つの次元の事実を切り離すことにある。つまり、一方には真の発生がある、いいかえれば、先行する構成物を基点とした創造的構成がある。これは或る構成行為のおかげであるが、この構成行為は予見不可能で、アポステリオリにしか理解しえないものだ。もう一方には遡行的発生があり、これは記憶の彼方の太古の行為の本能的な再構成であり、かつて意味作用を有した発生つまり本能を不透明な仕方で差異化しつつ異他的に反復すること[réitération]である。

この新たな展望によって、以下の解明が可能になる。本能[instinct]は、その反復的な歩みにおいて、欲求[besoins]と呼ばれる様々な要請を掲げる。これらの欲求が満たされない時には葛藤が生じる。これらがまさしく成熟化の葛藤である。精神分析の考察によれば、あらゆる成熟化の葛藤はトラウマ[心的外傷]を構成する、換言すれば、遡行的発生プロセスの挫折を構成し、その際に、後の発展に対して影響を及ぼしかねない帰結がすべて随伴する。発展における反復的プロセスの多様な局面がフロイトにより再構成されるのは、彼が発展における口唇的段階、肛門的段階、性器的段階を区別した時である。現象学的に言えば、これらの局面は自我の再構成のレベルに照応する。そうしたレベルは、必然的な段階に則して、原-自我、前反省的自我、反省的で次に統合的な自我に分節することが可能である（最後の自我とは、他の自我を、この他の自我自体が第三の自我にとって或る何かである限りにおいて、直観する能力を意味する）。再構成のこれらの局面は、遡行的発生の、いわば先行的に形成された、時間的鋳型である。この鋳型は個体的なレベルにおいて、系統発生的な構成のプロセスを再構成するのだが、系統発生的な構成のプロセスについての精神分析的な探求はまだ開始されて間もない。☆2 いずれにせよ、超越論的〈自我〉の発生論（すなわち、遡行的発生の様々なアプリオリの発生そのものを主宰するアプリオリな諸要請の研究）は、精神分析の経験的な概念形成に対し、判断基準に関わる根拠と原理をもたらしうることが分かる。

10　主体の自己-超越に向けて

現象学においては、精神分析とまったく同様に、反省の努力は構成物へと向かう。一般的には、発生的かつ構造的な研究は、事後的な言表[postdictive]としてのみ把握可能である。いいかえれば、既に生じた構成作用についてのみ把握可能である。同じように、真に構成的な行為についての予測的言表［prédictive］としての研究は、定義上、概念把握不可能であり、矛盾していると考えられる。

反対に、構成物の研究はそれ自体、構成的な様態であり、問い直し、もしくは少なくとも、問い質しである。問う者は、新たな意味の方へと自己自身の意味を超え出ようと努力をする。こうした超出は、あらゆる認識行為に含まれる。したがって、或る構成物への問い質しは、回顧的であると同時に未来予測的な狙いを含む。物理学者、精神分析学者、現象学者ないし労働組合運動の活動家となった人間は、自らの構成的な諸利害から提起される様々な問いの解決を目指す。もたらされた解決を特徴づけるのは、水平的統一性と垂直的両立可能性という二重の要請の管轄下にあって、それらに照応する動機づけだけである。だがこうした主張を擁護することは即座に、この主張にまず含まれる相対主義を乗り越えることを意味する。そして、主体の自己－超越（*Selbstbesinnung*［自己省察、自己意識化］）に向かう道程を辿ること、人間にとって自身の暫定的な絶対者を構成する高度に統合的な自我の審級へと至る道程を辿ることを意味する。

構造と遡行的発生、これこそ人間に割り当てられた運命、人間の様々な動機である、だがそれは人間の限界ではない。他でもない、人間を規定してきた記憶の彼方の太古の様々な意味作用を意識することによって、人間は、完結されることなく常に更新される人間性＝人類《ユマニテ》へと自己を再創造する能力を持ったものとなるのだ。

N. A.

一九五九年にスリジー＝ラ＝サルで行なわれた発表。*Entretien sur les notions de genèse et de structure*, Paris, Mouton, 1968 (vol. collectif)［『発生と構造の観念についての対話』］に掲載。

☆2　Cf. S. Ferenczi, *Versuch einer Genitaltheorie*, Wien, 1924.　仏訳は、Sandor Ferenczi, *Thalassa, psychanalyse des origines de la vie sexuelle*, Petite Bibliothèque Payot, n°28, 1962.［S・フェレンツィ『タラッサ　性生活の起源をめぐる精神分析』（小島俊明訳『タラッサ』、澁澤龍彦編『性の深淵　全集・現代世界文学の発見7』、學藝書林、一九七〇年）所収）］、N・アブラハム編、註、序文。

時間、リズム、および無意識——精神分析的美学のための省察

　今から十年前（一九六二年九月）に、スリジー＝ラ＝サルで、芸術と精神分析というテーマについて記念すべき討論会《コロキウム》が開催された。同じ表題のもとに出版された重厚な一巻（一九六八年、ムートン社）には、そこでの発表の大部分と、発表から触発された様々な議論が収録されている。かなり削除された形で収録されていたこの論文の完全版をここに再録する。
　本質的な点に関して、著者の姿勢はほとんど変わっていないとしても、発表という形式にはその当時の制約の痕跡がやはり残っている。表明された考えは、あいかわらず今日的意義を保ったままに維持されている。つまり、分析用の寝椅子に芸術作品を（芸術家ではない！）横たわらせることにより、芸術作品の効果の源泉そのものへと接近する、すなわち、創造者と受取人＝名宛人が一体となる領域、芸術作品の中に記載された領域へと接近するという考えだ。というのも、創造者と受取人は、そこにおいて、象徴化という行為の直接的な直観のうちに渾然一体となるからだ。作品に含まれる無意識を起点にして作品を語ること、無意識を作品自体の具体的なパラダイムとして打ち立てるような仕方で作品を語ること、こうした言説だけを起点にして、作品が、ぎりぎりにおいて、留保なく再構成されうるような仕方で作品を語ること——以上が、芸術を対象とする学問の理念上の課題として残る。この無限ではあるが、いささかも無益ではない課題に対して、著者は最初の礎を据えようとしていたのだ。

パリ、一九七二年九月二〇日

N. A.

1　予備的な註記

様々な考察の結果、私は、もしも精神分析的美学がいつか存在するにちがいないとすれば、それは以下の三つの命題の上に築かれるべきであろうと想定するに至った。

(1) あらゆる芸術作品は、必然的に二重の面を含む、すなわち、意識的な面と無意識的な面、顕在的な面と潜在的な面である。

(2) あらゆる芸術作品は、様々の範例的な葛藤の範例的な解決である。

(3) あらゆる芸術作品は、象徴化作用そのものの普遍的な弁証法を象徴化する。

こうした中枢をなす三つの命題を解明したり例証することは、この発表の目的ではありえない。しかしながら、これらの命題はこの発表の暗黙の前提である。本発表が扱うのは、より限定された問題の精神分析的なアプローチのみである。つまり、純粋状態において考察されたリズム〔韻律〕の中で生じるような芸術的な時間化〔時間化作用、時熟作用 temporalisation〕の問題である。

この研究の最初の契機として、今世紀の二つの決定的な思考の歩みのあいだを接合する必要があるだろう。つまり、精神分析の歩みと現象学の歩みである。精神分析は一度も時間化〔時熟 temporéisation〕の問題を提起したことがなく、現象学は、無意識や象徴的発生という極めて重要な観念を無視したまま、多様な時間的構造の生起を記述するに留まっている。

精神分析の観点から時間化の問題が構造化されることになって初めて、本研究の第二の契機において、こうした明確にされた概念に依拠しつつ、リズムを産み出す芸術的時間化の様態を精密な検証に委ねることが可能となろう。

私が今日あえて提示する考察はやむをえず簡略なものであり不備もあるのだが、少なくともこの考察により、本当の精神分析的美学が将来どのように機能しうるのかを瞥見することになればと願っている。

2　リズムの法則を精神分析することは可能か？

私の企図の争点をあらかじめ明らかにすることなく、みなさまを私とともに時間化の精神分析の中に引き込むつもりはない。問題は他でもなく次のことを知ることにある、つまり、適切な分析により、リズムのアプリオリな法則、またそれゆえに、時間的な布置〔共同形象化 configurations〕一般の法則を還元することは可能なのか、そうでないのか。こうした問題は、より射程の長い他の諸問題へと延長され、その解決には他の諸問題の解決が不可欠となる。要約すれば、以下のような諸問題である。精神分析は、芸術の神秘的な内容〔étoffes 素材、織物〕を、またそれらの相互的な適合性ないし非両立性の謎を、理解可能なものに、いいかえれば、言説《ディスクール》に対し開かれたものとなしうるのかどうか。精神分析は、美学的宇宙を拘束する統一性をなすものの鍵をわれわれに手渡してくれるのかどうか。最後に、精神分析によって、正真正銘の霊感と巧妙なトリック、適切な翻訳と裏切り＝誤訳、芸術の知的理解とスノビズム、これらが識別可能となるのかどうかである。

だが、われわれの具体的な問題、つまりリズムに関するアプリオリに立ち戻り、そのいくつかの要素を明記することにしよう。リズムは一つの継起をなす様々な突発的出現〔émergence〕であり、これらはほぼ規則的な間隔を置いて、多かれ少なかれ反復的に産み出される。「ほぼ」および「多かれ少なかれ」とはここでは、現象主義的な〔phénoméniste〕無知に帰因する制限を示している。確実なことは、間隔の規則性は、それだけではリズムという現象をなさないということだ。列車のガタガタという音やメトロノームのチックタックという音がリズム的な或る編成となるためには、創造的な行為が不可欠である。その行為によって、われわれは、諸々の間隔の未加工のままの知覚を同化すると同時に変容させる。客観的には、この同化は、軽微な時間的不均衡〔時間の不同性 anisochronie〕や、或る一定の突発的出現の強度の変様、また多様な偶発事、省略、切分法〔不測の出来事、反時間〕、シンコペーション〔詩脚の短縮、語中音消失〕などの導入によって表わされる。（「チックタック」という語それ自身が、その母音上の対照によって、こうした同化的な変容を証言している。）ところで、諸々の間隔の内部でのリズム的布置の創造は恣意的ではない。つまり、私にはどうしてもリズム的と形容できないような時間的、反復的なゲシュタルト〔形態、形姿〕が存在する、つまり「失敗した」あるいは「挫折した」リズムが存在し、また「不可欠のものとして認められる」「安定したゲシュタルトをなす」リズムとは何であるのかを私は定義できないが、少なくともリズムをリズムとして再認することは確実にできる、また、間違いを犯すことなくリズムの欠陥を暴きうる。過つことなく、私は次のような短長脚の三詩脚の継起を、同化不能であるとして拒絶する。

ta-tam/ta-tam/ta-tam
∪ - /∪ - /∪ -

また次のような四詩脚もそうだ。

ta-tam/ta-tam/ta-tam/ta-tam
∪ - /∪ - /∪ - /∪ -

それに対して、逆方向の継起は満足感を覚えながら同化する。私の中には、疑いようもなく、オイリュトミー［リズムの調和］、「適切な」配列、継起についてのアプリオリな規範が存在する。そして確かに、こうした記述的次元の事実を自覚することは重要だ。ところで、われわれのリズム理論は本質的には、この転回点において先天説的《アプリオリスト》な選択をするか発生的な選択をするかに依存することになる。実際、美学的な先天説［演繹的推論］は、それがゲシュタルト主義的であれ現象学的であれ、経験主義に行きつくか不毛性に陥る。これこれの具体的なケースにおける拘束性を単に事実確認すること、或る場合には、この拘束性を「われわれがそうであるもの［われわれの本質］の反映」として、あるいは「われわれ自身を明確に示すもの」として、拘束性の持つ一般的な意味において提示すること、こうしたことをすることでいったい何をしていることになるのか、空虚な言辞を弄していることでないとすれば。われわれに提起される問いは、まったく異なる、すなわち、これこれの特殊なケースにおいて、確認される拘束性はどのようにして正当化されるのか？　どのようにして、拘束性の意味の根源に遡行しうるのか？　この根源をその現実的［実効的］かつ具体的な作用において明らかにしうるだろうか？

それはさておき、別の例を取り上げよう。かなり前の研究だが、私は、リズムの諸法則を時間性の現象学へと還元する機会があった。いまだに記述的なこの研究で確認されたのは、たとえば、偶数の反復は奇数の反復とは異なった「価値」を与えるということ、そして、偶数の二倍の反復（dp）は単に偶数の反復（sp）とは異なっているということであった。

(-U-U/-U-U/...).

sp　dp

同様に、或る特種な量によって変様が生じた突発的出現の直中に突然起きる或る偶発事は、新しい特種な「価値」を産み出す。たとえば、偶数脚の一部削除（カタレックス）は、それが奇数脚において起きた場合の同一の偶発事とは完全に比較不能である。

U-/U-/U-/U-//U-/U-/U-/U

1 2 3 4 5 6 7 8

またそれぞれに

U-/U-/U-//U-/U-/U-//U.

1 2 3 4 5 6 7

特に、奇数脚の一部削除によって事後的に不可避となる区切りの転位に注意しておこう。このように「価値」の変換はすべて、先行する「価値」の全体に「影響を及ぼす」、ちょうど、相互的に、先行する価値が、このような変換が可能かどうかを規定するのと同様に。一つの偶発事は、それに先行する全系列の反復を集束させることも私は示していた。それ以降、注意を向ける対象はこの偶発事そのものとなり、系列の反復はもはや、偶発事により規定されるテレウテー［終了部分］との関係において辿るべき行程という相対的な「価値」しか持たない。いいかえれば、行程の諸要素には様々な等価物が受け容れられるのに対し、テレウテーは厳密には決して等価物を受け容れない。つまり韻律学者には周知のように、ギリシアーラテン語の韻律法では、区切りの順守は極めて厳格な規則に従う。すなわち明確に定められた箇所では区切りが必要とされるのであり、少しでも規則が侵犯されると、慣れた耳には耐えがたい冒瀆と映るのだ。

　何がこれらすべての「価値」の帰属を動機づけるのか。先天的な時間的ゲシュタルトを備えた「人間本性」によって、この帰属は統括されると言うだけで十分なのだろうか。時間の機能の仕方に相応しい形相学や、期待、成就、落胆からなる一種の幾何学において、この「本性」を解明しうるのだろうか。確かに、そうした幾何学を引き出すことは、形相《エイドス》の現象学が抱く願望かもしれない。ところが、先に引用した私の試みによって、時間の機能の仕方だけに限定された研究の不十分さが明らかになった。この方法でリズムのアプリオリな法則のいくつかが規定されたとしても、文学的記述とは別の仕方でそのメカニズムを分節構造化する試みはすべて挫折に終わった。実際、非発生的な構造主義は必然的に次の三つのうちの一つなのである、つまり経験的か、現象主義的か、先天説的かである。いってみれば、厳密ではなく、皮相的あるいは実りのないものである。これらの難題を切り抜けるには、時間そのものの発生論へと敢然と踏み込むしかなかった。そうした発生論は、フッサールのレベルにおける現象学には禁じられたままのものである。正確には、一見したところ非哲学的な学科である精神分析こそが、発生的な視点から機能の仕方を研究するのである。[☆1]

提起された問いに答えるために、この考察では精神分析の理論が利用されるが、それはこの理論の新たな次元が現象学を超えるからであり、またこの理論には暗黙のうちに時間性に関する厳密な発生論が内包されていて、それによって、芸術の「特異なアプリオリ」について直観的に知覚される意味を、非芸術的な言語に翻訳することが可能となるからだ。

3　時間の発生と精神分析

精神分析学者たちは常に、時間性の問題系に対して一種の無関心を示してきた。[☆2] 彼らにとって、こうした哲学的カテゴリーは、形式主義や抽象化から来る混乱状態を含む。とにかく、時間について語ろう。だが誰の時間、何の時間についてなのか。時間の観念といったものを、夢の「一次過程」は知らないし、覚醒した自我の「二次過程」は時間の観念を社会的なものを介して受け継いでいる。精神分析学者にとって、時間は獲得すべき力や、

☆1　この発表全体を通して、« genèse［発生］» という語とその形容詞 « génétique［発生的］» は、「進化」や「発展」という経験論的な意味で理解されているのではなく、象徴的それゆえ精神分析的産出という超現象的な意味で理解されている。

☆2　とはいえ、*Revista Urug. Po.a.* における G.Koolhaas の研究は特筆すべきである。

操作すべき財産なのだ。明らかに、時間は、いかなる問いの対象、いかなる問題の対象でもない。つまり、時間の獲得は社会化の過程と並行している。しかしながら、精神分析的な臨床医学と理論は、時間性の次元へと回付される諸観念を常に使用している。実際、この時間性は、社会的なものに固有の客観的時間には関係づけられないし、またさらに、「生きられた体験」の主観的時間も指向してはいない。この時間性は独自の次元を持ち、精神分析の領野を特徴づけている。すなわち、それは内的発生において捉えられた時間であり、確かに、或る主体の時間であるのだが、それは自己に対して現われることはなく、他の主体にとってのみ現われうるような時間である。超現象的な［transphénoménal］という形容詞が似合うこの時間は、多くの精神分析概念に包含されている、そしてこの時間の資格の独自性は誤認されてはならない。「リビドーの展開」であれ、「退行」であれ、「情動の加工」であれ、さらには「分離」や「投射」であれ、すべて時間の系譜学に関係する概念をわれわれは相手にしているのだ。それら諸概念の内容の特異性は、この内容が純粋に客観的な理解から逃れると同様に、独我論的な主体の理解からも逃れるという点にある。この意味からすると、精神分析の概念は一つ残らず、なんらかの仕方で、時間の発生的次元を含み、時間化へと、時間の創造へと準拠し、またそれゆえに、真の起源へと準拠すると述べても過言ではないだろう。この起源の超現象的な領野は、現象としては確かに把握されえないが、精神分析全体を構成している。[☆3]

4　願望と反対願望
両者の補完的な永続性

しかしながら、精神分析の二つの主要概念であって、外見上は時間化からの独立を特徴とするものがある。それは、フロイトがその永続性を強調した（無意識的な）願望［vœu］と、願望と同様に、それ自身からは、いかなる変様も受け容れない（同じく無意識的な）反対願望である。無意識の中に住む願望が、時間の外にあるということ、これは実際、何を意味するのか。願望が永遠の現在であり、永遠に現働態にあるということ、そして本質上、成就されえないということでなければ、それは何を意味するのか。願望の本来の使命は、純然たる願望のままに留まることである。したがって、願望はそれだけでは時間を産み出さない。さらには、願望それだけでは概念把握すらされない。願望が必然的に成就から隔てられているのは、内的な障害を抱え、活動状態に置かれながらも同時に満たされないからである。以上が、まさしく、願望を補完する反対願望の機能である。両者は一緒に生まれるのであるから、どの願望にもその反対願望があるという発言は正しい。両者のそれぞれの具体的内容は厳密には分離しえないのだ。

5　象徴的欲望と現実　それらの補完的時間性

ところで、本当のところは永遠の望みに他ならない無意識的な願望と、ソレニ見合ッタ《アド・ホック》永遠の障害である反対願望は、必ずしも静態的な対立の中で身動きが取れないままではない。それどころか、両者の合力は、願望に対して象徴的である意識的欲望へと具体化される。この欲望こそが、われわれの企図＝投企を活性化し、欠如の意識と成就とのあいだの時間的行程を構成したのだ。欲望は、その無意識的な対応部分との関係において、様々な迂回、遅延差延〔differements〕、転位を内含する。欲望は外部世界の中に相関物を持つのだ。それこそ精神分析家が語る「現実」である、すなわち、願望が欲望として自らを表現する際に、欲望自身のうちに体内化した様々な行程や障害の全体である。「現実」の時間的構造は、欲望自体の時間的構造の忠実な反映であり、またその逆でもある。

6　時間化の基底＝根拠としての無意識的願望の幻滅

この簡略な記述上の注意によって、精神分析的次元における時間の発生というわれわれの取り組んでいる問題についての解明がもたらされるにちがいない。エス——超自我——意識的欲望——現実という機能的な連関（フロイトの最後の局所論に則して定式化されたもの）において、本来的に発生的な諸契機が考察されなければならない。この四極からなる作用連関の直中に、乗り越えがたい障害であるようななんらかの混乱——それを触発《アフェクション》〔状態変様 affection〕と呼ぶことにする——が起きたと仮定する。禁止の解除を求める望みとまったく同様に、意識的欲望は、抑圧を被るだろう、そしてエスの遺産を増大

☆3　精神分析の概念体系のこの側面をわれわれは後に「表皮と核」において、「アナセミー〔意味遡行性〕」というタイトルのもとに展開した（本書二二五 - 二四九頁を参照のこと）。

させるとともに、相関して、超自我の射程を増大させるだろう。ところで、「抑圧されたものの回帰」という原則のおかげで、必ずや新たな意識的欲望が古い欲望に取って代わることになり[☆4]、そのことにより、相関する現実を変様させることになる。

　退行を引き起こす病因性の抑圧を除外すれば、ここでわれわれの関心を惹くのは、新たな意識的欲望の構造の生起である。第一に、触発の受動性は象徴化の操作つまり同一化によって同化吸収されることになる。象徴的に、〈私は〉〈私を〉、たった今私が受動的に甘受したものとなす。第二段階では、この同一化の結果は、「外部世界」の中へ「投射」される、あるいは、より厳密に言えば、後になって不意に到来する受動性へと、志向的に、関係づけられる。それにより今や、私はそれらの受動性を把握理解し、それらを「意味の統一性」となすことができる。この「私は私を」なるものが、「他なる私を」の把握理解の道具となり、諸々の触発は、超自我の外的代表＝代理のようなものとして、外部に見出される。同一化の弁証法が続行されるのは、それゆえもはや或る触発との関係においてではなく、志向的に目指される或る対象との関係においてであり、この対象が触発の源泉として再認されることになる。そして、触発は「願望という背景」の上に必ず生じるので（なんらかの願望は「常に既にそこに」存在する）、それぞれの新たな代表＝代理は、単に意識的欲望の必然的な一契機を構成するだけでなく、抑圧された欲望つまり無意識的願望の無意識的な障害をも表現する。あらゆる欲望においては、その欲望の起因である障害もまた象徴化されるのであり、どの欲望も無意識的願望の否定であるからこそ、成就には必然的に不満という汚点が刻まれる。これこそ、意識的欲望の本質的な両義性である。この事実を確認しておくことは極めて重要である。意識的欲望のどの充足にも、基底に潜む無意識的願望の幻滅が対となっているのであれば、また、到来するものは常に、自己の深層において期待されたものとは「他のもの」であるならば[☆5]、「現在」の現働性＝現在性［actualité］は、なんらかの決定的成就の中には定着不可能であり、絶えず別の「現在」へと横滑りせざるをえないことになる、そしてこの別の「現在」もまた同じ両義性に汚染されている。実際、他のものという特徴、どのような成就であれ、成就の不適合という特徴それ自体が唯一、現象学者が過去化する脱現働化＝脱現在化［désactualisation passéisante］として記述する「志向的変様」を解明することができる。「志向的変様」は、精神分析的視点から見るなら、「現在」が必然的に「不適合で」、「拒絶すべき」ものであるという事実である。同様に、抑圧された欲望の永続性は、象徴的欲望を希望という形式のもとに維持するものとして再認されることになろう。希望というのは、「現在」の別の「志向的変様」であり、それには「成就すべき」、「適合する可能性のある」という意味が伴う。「現在」という概念自体を、なんらかの無意識的願望のユートピアと捉えることとさえできるかもしれない。

7　「過去把持的－未来予持的」道具としての抑圧

この見出しえない「現在《プレザン》」は、現在のこのユートピア〔非場所性〕は、どうなっているのか。

ここまで、われわれは、過去と将来という時間的超－出〔脱－自 ek-stases〕の検証に留めてきた。ところで、過去と将来は――フッサールとともにこう言えるだろう――、「現在」の外へと押し出されはするものの、それでもやはり、それぞれ「非適合性」や「可能なる適合性」という新たな様態において現在の一部をなしており、「現在」の直中に留まると思われる脱現働化＝脱現在化する活動性をもっぱら証言するのだ。

正確には、この活動性はどうなっているのか。それは確かに、願望に「適合しないもの」を、「既にもはや」および「いまだ～でない」という様態にあるものとして、現在の外へと押し出すことにあるのだが、しかし、そうすることで、この活動性はまさしく、「現在」それ自体のうちに途絶えることのない変様を導入する。「真の」現働性《アクチュアリテ》として予告されていたものが、象徴的な現働性（すなわち潜勢態《ポタンシアリテ》）と化して、象徴化すべき新たな変様を助長することもある。「現在」の勢位を高揚すること〔潜勢力を高揚すること potentialiser〕は、到来したもの――これは恒久的かつ使用可能な比較の道具である（フロイトの前意識を参照せよ）――、また将来――つまり、別な仕方で存在する可能性のあるもの――を創造することであり、しかもこれは願望の今現在の象徴的現実化、したがって未充足な現実化との関係においてなされ

☆4　ここでは、神経症的な症状に固有である、抑圧されたもののの退行的回帰を検証する必要はない。
☆5　当然の差異はさておき、このことは恐れの構造についても妥当する。

る。一方には、脱現働化すること、ないし勢位高揚すること、他方には、把持し予持すること、一言でいえば、反復することがあるのだが、これらは同じプロセスの両面に他ならない。すなわち、常に再生する葛藤について、際限なく象徴化作業を行なうことで、「現在」の本質的両義性を凌駕しようとする試み、中断することなく更新される試みなのである。ここで意味されていることは明らかに、何かを過去把持し未来予持しうる（反復する）には、その当然の帰結として、一定様式の抑圧を維持しなければならないであろうということだ。時間性のこの次元が、記述的現象学から完全に逃れ去ることは言うまでもない。

8 自我自身の発生へと送付するものとしての自我の機能作用

ところで、過去把持的－未来予持的な象徴化は、まさしく、エスと超自我が永続的な敵対関係にあることから生じる。両者は触発に関して抗争し、意識的かつ象徴的な欲望という形態のもとに時間を「分泌する」。様々な欲望の周りに構成される潜勢態の統一性、いいかえれば、象徴的な反復可能なもののシステムこそ、われわれが通常、自我と呼ぶものであり、自我はその相関物として、自我に固有の世界を持つ。本題から逸れるが、自我のこの統一性はいったんなんらかの仕方で形成されれば、純然たる機能作用に従う、つまり、或る対象から別の対象への移行、好奇心、探求、研究、延期、迂回、これらはそれぞれ単なる再現働化の活動であって、発生の活動ではない。ところで、一つの世界が全体として把握され機能する際の統一性は、継起する様々な抑圧のおかげで獲得されたのであった。したがって、この機能作用には抑圧の痕跡が、写真のネガのように刻まれている。だからこそ、どのような人間も、その自我の活動を通して、自らの様々な抑圧の歴史を暗黙裡に伝達する。もう一つ付随的な指摘をしておくと、文学的ないし芸術的宇宙の統一性は、一つの自我へと送付されるのだが、この統一性は、それとひとつに－結集された［片割れのような割符的、象徴的関係をなす sym-bolise］無意識的裏面を介して初めて、真正なものとなることが以上から理解される。

9 情動《アフェクト》：「心的装置」の内在的な極　それは時間性そのものである

諸々の反復可能なものを統一化するシステムを産み出

すプロセスとは、どのようなものなのか。出来事ないし触発《アフェクション》を、常に再開される循環的時間性へと変容するプロセスとは、どのようなものなのか。

どのようにして、経験的に取り出された精神分析的な概念構築によって、独創的に時間の展開を記述することが可能となるのかは、今見た通りだ。だが、この概念構築が狡猾で技巧的な構築となったり、問われるべき事象の存在そのものとわれわれとのあいだに挿入された遮蔽物とならないようにするには、この概念構築を、厳密に、それが翻訳＝表現すべく求められているものへと関係づけるべきである。とりわけ、正当にも内在性の幻影の名のもとに告発されている無反省な考えに身を委ねないことが重要である。われわれは、エス、超自我、自我あるいは現実といった記述的概念を脱対象化［脱客観化］する必要に迫られるであろう。その際には、これらの四概念がまさしく、相関関係にはあるが異なった四つの様相、とはいえ唯一の内在的現実の四つの様相を記述していることが明らかとなろう。別の事情などありえようか。というのも、精神分析自体は、その卓越した発生的視点のおかげで、これらの概念に対して自律性という資格を拒絶するのであって、それらを分離された状態で産出することは不可能であるからだ。このようにして、われわれは或る内在的な核の存在を措定することになった。エス、超自我、自我、現実はその核の志向的ないし機能的極性を翻訳＝表現する。この核に対し、われわれは情動という名を特別に割り当てたいと思う。そして、この概念の外延が、エモーション［喜怒哀楽などの感動］やエネルギー的負荷、意識的「感情」の外延をはみ出すことを明確にしておきたい。まぎれもなく、心的内在性という意味に理解されたこの情動にこそ、治療はかかっているのであり、またそれゆえに、同じく、精神分析的探求そのものもそれに依拠する。情動《アフェクト》という名は、それが触発《アフェクション》に由来するだけに、いっそう正当化される。だが、情動は操作を行なう活動であることに変わりはない。その活動により、まさしく、或る触発は象徴へと翻訳され、それ自身よりも生き延び、潜勢的力という資格で、「現在」の中に包含され、機能を継続する。この包含関係によって、意識的欲望に対する非適合性に見られる多様な様態の理解が可能となり、また場合によっては生起する適合性の予測が可能となる。けれども、この包含関係はまた、願望の取り逃がしによって、「現在」の横滑りを引き起こすこともある（第6節参照）。

それでは、どのようにして触発が、時間的構造へと翻訳され、情動を産み出すのかを見てみよう。

(A) 私がこれこれのことを期待し、そのことが実際に到来するとする。その場合、確かに意識的欲望に対する充足が生じるが、同時に、無意識的願望との関係では、「それだけのことにすぎない」という失望が生じる。それは、新たな触発が欠如したまま生じた触発の場合である。予測が何の驚きもなく成就されるにつれて、無意識的願望の実現への期待や将来は、徐々に閉じられる。新たな触発がなければ、自我の一体化の機能はその存在理由を失い、相関する現実とともに消滅する。そうなると、ぎりぎりの場合、自我は睡眠状態に陥り、願望と超自我の君臨する王国である夢が解き放たれる。願望が対象に対する絶対的な固執を目指している場合――そもそも願望は超自我の課す障壁と本質的な補完関係にあるために、絶対的に踏み越えられないのだが――、この状況から生まれる極度の緊張は、自分が自分自身の対象でありうるのだという幻影の中に象徴化されうる。そうなると、確かに、あらゆる予測が成就されることになろう、けれども、願望の方は、永遠に満たされないままであろう。以上が、カタトニー〔緊張病、精神運動性障害を特徴とする〕患者の自食的な自足性という究極的な解決法であり、ナルシスの描く夢幻すべてが持つ超現象学的な意味である。

(B) 今度は別の場合を考えよう。私がこれこれのことを期待し、これとは別のことが到来するとする。この場合もやはり、無意識的願望に対する失望ということになろう。だが、希望の方は活力を保ったままで、将来は開かれたままであろう。自我の統一化の機能や自我の警戒心〔覚醒〕に対して要求が投げかけられよう。ここでは、統一化する能力についての問いが提起されることになる。すなわち、不測の出来事が持つ雑多な性格は、(少なくともアポステリオリな) 予測可能な同一物というカテゴリーのもとに秩序づけうるのかどうか。これはまさに、自我の象徴化機能の有効性を問う試練である。この試練が首尾よく乗り越えられ、触発が同化可能なものと判明したならば、自己の充足や緊張緩和が生じる。その際に、願望に対する希望は危険にさらされない。つまり、密かに希望されている「他のもの」は、いつか或る日、確かに到来する可能性があると想定される。このことから、変化に富んだ多様性に対するあらゆる楽しみが生じる。人生や人間の冒険に対する嗜好は、揺るぎないオデュッセウスの静謐さのうちに、神話的で範例的な表現を見出す。

(C)反対に、不可欠な対象へと触発が関係づけられる以上、自我が被る様々な触発を、自我自身が同化できなければ、何が起きるだろうか。その場合には、不安あるいは退行である。そうでなければ、あらゆる反対を押しきって希望を保持するために、触発それ自体を否定することである。すなわち、悪いものは良いものであり、自我は超自我のうちに吸収され、願望は他者の欲望の中で象徴化される。触発はもはや象徴化されえない、なぜなら、触発は象徴そのものであるからだ。そして触発は願望の際限のない成就と混同される、すなわち、どのような現前であれ、対象－障害の現前と混同される。苦痛、障害、接近不可能なものを際限なく探求することは、この探求によって休みなく成就される願望と同じく、時間の外にある。自らを自己と感じることのできる唯一の方法、それは苦しみ被ること［pâtir］、挫折することである。これはカフカの逆説的探求である。

(D)最後に、第四の場合を検証しよう。無意識的願望そのものが、その実現に対して執拗に敵対するような場合である（死を望むこと――実質的な死）。時間の次元に願望が侵入すると、時間化する機能それ自体が壊され、照応する情動的構造の象徴化能力が無効となる。実質的な死――死の幻覚的喚起――を取り消して願望を再建しない限り、いかなる意識的欲望も可能ではない。けれども、それは永遠に願望を断念する仕方、決定的に希望を捨て去る仕方ではないのか。解決策はどうなっているのか。交霊術者の神秘的幻影、自殺、殺人。お気づきのように、ハムレットの憑依が問題なのだ。

基調をなすいくつかの情動は神話的名称で呼ばれるが、そこで集約されているのは、四極からなる機能の核として、これらの情動を理解することである。フロイトの概念構築はここで、その厳密さの全容と、傑出した豊穣さを明らかにしたのだ。というのは、われわれが様々な情動を記述してきたとしても、それはフロイト的な諸審級に依拠しなければ不可能であったのだ。フロイトの提示する超越的な四極を経ることなく、別のやり方で情動を的確に捉えることは、原理的に不可能であると、ここで言明しておかなければならない。それはわれわれにとって欠くことのできない精神分析的「ガイド」である。とはいえ、そうだとしても、情動という概念をまったく使わないほうが経済的ではないのか、という反論があるだろう。ところが、もしも審級というものが、他に置き換えのきかない探求手段であるならば、審級の回付先である情動についての直観だけが、諸審級の相関関係の明証性をわれわれに提供しうる。もしわれわれが、諸審級の連結を通して、核をなすそれぞれの情動を体験できなかったなら、われわれは真に先行する分析を理解できなかったであろう。精神分析にとって、情動こそが「真に問題をなす重要な事象」であり、この事象に規則的に回帰することが至上命令なのである。情動、それは、フロイトの「心的装置」全体の内在的極であり、不可能なる「現在」を操作する現働性《アクチュアリテ》、象徴的な反復可能性と将来の条件を現実化する現働性であって、時間性そのものである。

10　情動の発生的構造：その非規定性の豊穣さ

情動はただ単に機能するだけではないことは、われわれも既に知っている。情動は連続的な発生に従うのだ。この発生の道具は、既に見たように（第6節）、欲望の対象であるとともに障害である他者へと同一化することである。或る対象へと関係づけられる触発は、その対象に固有の時間‐存在の射映《プロフィル》に類したものである。この射映は、主体に固有の時間性との遭遇の中で姿を表す。このように、常に私自身の時間に則して把握された対象の時間によってまさに、私の新たな時間化の可能性が覚醒する。私は新たな時間‐存在へと覚醒するのだが、この時間‐存在は、他でもない、私の時間と対象の時間とのあいだに存在する緊張を象徴化する。対象の時間は、私の時間的な成熟度によって把握しうるような時間である。次のことを理解しておく必要がある。つまり、私は自分が創造したのではない時間を内化することによって、自分の時間性を作り出す。この内化は、先行する私の様々な時間を無効とするが、それらの時間によって分節される欲望が全面的に断念されるのではない。ここから、矛盾する二重の要請が生じる。対象の時間を同化することと、それでもやはり、願望の形式のもとに、欲望を維持することである。解決法の独創性（新たな時間的構造）は、先行する時間に対して同時にプラスでありマイナスでもある点にある。実際、新たな情動は、先行する諸情動に対して、（発生的観点からは）より豊かであると同時に、（その操作的な機能作用の観点からは）より非規定、つまり多様な価値を持つであろう。ちょうど、個々の多種多様な錠前から鋳造されたマスターキーのようなものだ。マスターキーである情動がうまく働くならば、それに先行する情動は事実上、抑圧されるが、それでもやはり新たな道具の様々な特徴のうちに統合される（『自我とエス』を参照のこと）。この場合、昇華が問題となろう。[☆6]抑圧と統合の結合である情動は（その固有の時間性と同じように）、その歴史を介して初めて理解しうる。情動の歴史が、情動の非規定性の構造自体の中に、またその抑圧された補完的内容の中に包含されるだけに、なおさらそうである。このようにして、反復の鍵（また人格性の核）である情動は、そのうちに、自らのあらゆる過去と将来を集約する。

11　生得的要請としての時間化

以上の考察では数多くの暗黙の問いが開かれたままであることから判断すると、これらの考察は確かに不完全ではあろう。だが、そこから一つの厳密な論点が、かなり明確に引き出される。つまり、情動の発生および操作として理解された時間化は、フロイト的な無意識の次元の外では記述しえないと思われる。さきほど見たように、真正な時間性、すなわち現実的葛藤から生じる時間性の創造はすべて、或る抑圧と対をなし、また、あらゆる時間的操作は、このような創造の反復により機能し、そうした抑圧へと送り返される。抑圧はこれほどまでにも人間にとって不可欠であり、われわれはあらゆる種類の抑圧的触発なしには済ますことはできない。抑圧的触発はどれも、超自我を養う原動力であり、願望を覚醒状態に保つ手段なのである。

願望を維持しながらも、もっぱら象徴的な充足により願望を欺かねばならないという人間に固有の要請の根拠＝基底はどのようなものであろうか。これは結局、時間性そのものの理由を問うことである。答えは、精神分析が当初からこの問題を局在化していた場所、すなわち子どもの性的未成熟さの中に探求すべきである。実際、子どもという存在において、その「現在」は、この究極的概念のユートピア的な［非場所的な］性格をこれ以上ないくらいに証明している。子どもの現在は、実際、その発生の歴史には還元できないし、その現在がそうと知らぬ間に準備している将来の諸要請と関係づけなければ、本

☆6　唯一、新たな情動が適切な仕方で非規定化されなかった場合にのみ、いいかえれば、葛藤の統合を実現しない場合にのみ、病因性の抑圧について語りうる。

当には理解できないだろう。幼年期の特別な本質は、その未来展望的性格［prospectivité］のうちに存する。難解な思想を過度なまでに単純化して言うならば、時間性の真の根拠は、未成熟さの避けがたい葛藤に結びついており、この葛藤により主体は、その発展の或る段階から別の段階へと前進させられる。どの新たな段階においても、充足の或る様態は抑圧され、充足の別の様態が優遇される。別の様態の方は、新たなものであると同時に先行する様態を象徴するものでもある（カール・アブラハムを参照のこと）。それと同時に、新たな対象‐障害は象徴的同一化によって内化される。自我のパレットはそれにつれて拡大する。「存在する《イリヤ》」、「誰か《オン》が私を」、「何か《エス》が私を」といった触発の多様な志向的諸形態は、もはやただ単に被られるのではない。フェレンツィの取り込み［introjection］の観念に対応する、象徴化する同一化によって、この諸形態は、それらに対応する「私は私を」つまり自我という極の諸機能へと変換される（第6節を参照のこと）。この光学において、或る触発を過去および将来という形態のもとに「現在に包含すること」は、抑圧されたものを象徴化することにより、受動性を反省性へと変換することに合致する。まさしく成熟それ自体が、太古的な欲望を無効にする、そして子どもの諸欲求の覚醒に則して、子どもの段階に適した抑圧と対象‐障害を設定する。子どもが自分のレベルの呼び求めに適合した超自我の代理［代表者］を欠くような場合には、「私は私を」という機能は、機能不全に陥ることになり、後続の時間化の様態すべてにおいて機能不全が刻印される。触発の不在は、したがって、未来展望的性格の活動域において、特にトラウマ的な触発となる。いずれにせよ、あたかも各段階に固有の充足様態は次々と時代遅れとなり、成熟化そのもの（無意識的願望の起源）によって抑圧される[☆7]、そして「私は私を」の様態で設定された、対応する象徴的充足に場を譲るかのように、万事は進行する。確かに、最初は「意識的な」欲望（たとえば、対象の永続的現前）は、対象の間歇的な不在によって初めて、象徴化された願望となりうると思われる（たとえば、「糸巻きの遊び」）。このようにして、なぜ或る無意識的願望を充足することが、対応する自我のレベルの解任を引き起こすのかが理解される（第9節D参照のこと）。また同様に、適切な超自我の代理が、成熟過程のしかるべき時期に現われないならば、子どもはその代理を発明しなければならないということも理解される。

この節を締め括るにあたって、以下のことを認めておきたい。すなわち、無意識的願望は不充足でなければならないという要請、それゆえに時間化の四極構造、また同じくあらゆる時間的発生のアプリオリな条件としての象徴化、これらは、その根拠を成熟に導く触発の未来展望的性格のうちに見出すのだ。静態的な先天説［先験主義］はしたがって一歩後退する。先天説はもはや時間性そのものとは関係なく、時間性の発生つまり成熟の或る段階と関係するのだ。以上のことから、質的な時間構造の無際限な多様性が導き出される。この多様な構造は、様々に異なる成熟化の時期に関係づけられ、個々の特異な触発と係争状態にある。

12　作品の無意識発生的批評の対象

別の観点から、今述べたことを次のように定式化できるだろう。或る段階から別の段階への象徴を介しての移行は、あらゆる象徴化、およびその帰結として、後に来るあらゆる時間化の基本的枠組として役立つ。象徴化と時間化を行なう成人の活動は、その成熟化という非主題的な時間性を主題化することに他ならないのであり、その早期の葛藤から生じる、具体的でアプリオリな諸形態の中に必然的に縛りつけられたままである。

ところで、アプリオリなるものは、単に具体的で特異なのではなく、普遍性をも主張する。様々な行為、言葉あるいは作品を介してわれわれに伝達される時間構造は、どの一人ひとりにとっても、その発生的な厚みを雄弁に物語る。この普遍性の根拠は、各人間が持っている成熟のための道具が類似していることにある。後で分かるように、この類似性は起源にある共通の触発へと送り返されるのだが、この触発はわれわれの誰しもが、幼年期において反復してきたものである。だからこそ、エンパシー［感情移入 Einfühlung］は、発生的意味、それゆえ精神分析的な意味において、単なる投射ではなく、比較対照を進んで受け容れる一種の認識なのである。そうであるがゆえに、たとえ直観的であれ、真正な作品と空虚な模倣とを識別する基準が存在しうる。以上から理解されるように、作品についての厳密な精神分析だけが、十全な仕方で、芸術の独異な性格を分節することができる。

☆7　ここで問題なのは、自我を形成する昇華的な抑圧であって、年齢の要請に適合しない触発から生じる病因性の抑圧ではない。

様々な本質についての、いまだに世間知らず《ナイーヴ》の（nativus 生得の、という語源的意味で）静態的な立場の論理は、様々な移行や激変といった発生的な立場の論理の中に溶解する。それによって、またそのことだけによって、「病理学的な」情動は理解可能となる。唯一この媒介を経ることで、作品のうちに記載された情動は、適切な言語の中に分節されうる。これは、作品を理解するには芸術家の過去を再構成しなければならないという意味ではまったくない。まさしくここに、発生的批評の難題の一つがある。一つの作品は、われわれに自足した情動を伝達する限り、自律的な存在である。ところが、この情動は――周知のように――、無意識的な二重の極を含んでいる、そして、芸術作品の場合には、情動は依然として或る発生へと送り返される。もっとも、この発生は作品自体の虚構の性質を帯びているのだが。作品とは、或るエスと或る超自我のこれこれの虚構的な葛藤を解消する一つの独自な象徴的方法以外の何ものでもない。そして或るエスと或る超自我とは、それ自体虚構的である発生の非時間的な産物である。したがって、厳密に言うなら、精神分析批評の対象をなすのは、過去の再構成ではなく――「若きパルク」［P・ヴァレリー作］ないし「ブランデンブルク協奏曲」［J・S・バッハ作］の過去とは何を意味するだろうか――、作品に住まう具体的情動に固有である無意識の発生的解明なのである。

13　触発可能なもの《アフェクタープル》の発生あるいは芸術＝技術［art］と様々な開始

発生論のアプリオリについてのわれわれの探求を、この箇所で止めておくこともできよう。われわれが到達した立場によって、われわれは今やすぐに、時間的構造を把握することができる。把握可能なのは、その「現在」の具体的な現働性《アクチュアリテ》の中で機能しているがままの時間的構造であり、しかもそれは、その到来を再構築することによって可能となる。ところで、そのことでわれわれがアプリオリという観念そのものに付き纏う無知の境界線を後退させたのであれば、われわれの努力によって、現時点に至るまで、総じてこの問題はより明確に浮き彫りにされたことになる。実際、触発があらゆる発生の条件として提起されてきた限りは、成熟レベルに見合ったこれこれの特種な触発へと身を委ねる発展途中の主体の発生的な「本性［nature］」が認められてきた。それでもやはり、主題的ではない内的時間性に則して進化する、この発生的「本性」、つまり運動状態にあるこの触発可能なものは、もしわれわれが今度はこの触発可能なものをその発生へと還元してしまわないならば、理解不可能なアプリオリのままに留まるであろう。

もし触発可能なものが反復的な機能作用であるなら、触発可能なものをいわば「養う」糧となるのは、様々な触発あるいは様々なタイプの触発であり、触発可能なものはこれらを既に同化する術、換言すれば象徴化する術を知っている。新たに触発されるというこの性向＝適性は、どのようにして触発可能なものに到来するのか。「最初の回」の意味はどうなっているのか。「最初の回」以前には、同一の触発可能なものも、同一の時間的構造も問題ではなかった。時間に激変をもたらす起源的《オリジネル》＝本源的な触発と同じく、この触発を被る能力のある触発可能なものは、決して直接には与えられない。どのようであれ、主体は、それ自身の時間的アプリオリの中で、それ自身の情動の中で、反復という様態において働く。過ぎ去ったり乗り越えられたりした情動は、しかしながら、主体には理解可能なものである。それゆえに、誰もが他者の情動を、自分自身の情動の遺産の虚構上の変異体として理解することができる。各人が知らないままに行なっていることを、精神分析は体系的に実現する。コミュニケーションを通して透けて現われる情動の無意識的な極（願望と超自我）はどうなっているのか、という問いに対し精神分析は応答を試みる。この問いに対しそのつど正当性の限りを尽くして応答するからこそ、分析家は、自分自身の自我の永続性に助けられつつ、こうした情動の激変に立ち会うことができる。分析家は、まさしく願望とその超自我を再構成することにより、病因性の触発——その象徴的反復が「病気」そのものであるような触発——を理解しうる。それは、ちょうど象徴が象徴されるものへと送り返されるように、反復は常にまた必然的に、触発の構造そのものへと送り返されるからだ。ところで、触発は今度は、触発可能なものの特徴を指し示し、触発可能なものを露わにする。最終的に、触発可能なものとは、相対的に第一の触発の起きる瞬間に、「既にそこに」ある情動として把握されうる。それが意味するのは、「最初の回」は常に相対的な開始であること、そして、同時にさらに「より最初の」「回」の反復でないような「最初の回」は存在しないということである。個体発生および系統発生の様々な契機の総体のどのような現働性《アクチュアリテ》の瞬間においても際限のないこの入れ子状況は、進化に関する意味＝方向《サンス》によって特徴づけられている。それは、マスターキーのような万能の情動によって獲得された諸能力の拡大延長である（第10節を参照のこと）。ところで、芸術＝技術［art］とは、情動の現勢態《アクト》の［現に活動中の］能力でなければ、何であろうか。したがって、どの作品も、こうした能力の獲得、個体発生的かつ系統発生的な獲得へと送り返される。どの創造も、われわれの自己創造［autocréation］の意味そのもの——最初の開始の濃密な夜の中に失われた意味——を少しだけわれわれに返還＝再現する［restitue］。

以上の省察から窺われる可能性は、アプリオリの限界を限りなく後退させること、そして上記の機能作用の領域からアプリオリの限界を除去することである。ただし、発生の領域に改めてアプリオリが見出されることもありうる。ついにわれわれは——フロイトの表現を敷衍するなら——存在の臍を垣間見たのだ、そして、そのことで本物の芸術と無意識についての臨床学に感謝すべきであろう。

14 単純なリズムに関する精神分析的素描——ゲーテの「魔法使いの弟子」

最後に、美学的な時間化の諸現象を実りあるような仕方で論じるためには、いくつかの単純な観念を整理しておく必要があった。ここで獲得された知識を美学の全領域に適用しようと計画すれば、一つの人生の全作品が要求されるだろう。とはいえ、たとえリズムの問題や、さらには韻律法のリズムだけに的を絞ったとしても、探求の領野は依然として驚異に満ちている。方策はなおも残されているのだ。つまり、いくつかの例証を手がかりに或る方法を示唆することである。

図1

これは単純なリズムである。最初の突発的出現［創発émergence］の後に、第二の突発的出現が現われるが、こちらは最初ほどの強度も長さもない。一種の落下、鎮静化のようなものが生じている。この二つの突発的出現が同一のまま繰り返されると、強拍－弱拍、強拍－弱拍（tam-ta/tam-ta 古代の韻律法の二重の長短脚）のように、予測に関する規則が手に入る。しかしながら、第二の時間は最初の時間とは異なる。それは私の予測の成就や、予測のアポステリオリな正当化を意味する。だからこそ、第二の弱拍は補足的な鎮静化をもたらす。それでは、今はどうなのか。私は単純に次の長短脚を予測するのではない、つまり、長短脚の次の対、いいかえれば、私の予測の対象は、予測と成就の不安定な揺らぎそのもの、あるいはそれ以上のもの、たとえば二重に偶数の長短脚のようなものとなるだろう。この予測の対象である長短脚の次の対が、二重の期待を満たしつつ到来するならば、この対は間違いなく、それが反復した鎮静化よりさらに鎮静的である。ところで、こうして獲得された新たな質は、新たな触発を構成することになる、そしてそれ以降、私の予測の対象をなすのは対の対となるだろう。八番目の弱拍はそのようにして三重の緊張緩和を特徴づけ、十六番目の弱拍では、四重の確証が生まれ、絶対的な安定性[☆8]が生じることになる（図1を参照のこと）。

　今や、新たな鎮静化の質に対してさらに後退して理解しようとする私の努力は根拠のないことが判明する。何ものも不意に到来するのではありえないであろう、私は確かにそう確信する。覚醒状態から睡眠状態へと、現実の予測から夢の幻覚へと移行するように私は誘われる。願望は、不測の出会いから身をかわして、想像界の領域で、充足に至る道を探すことができるかもしれない（「局所構造的な退行」を参照のこと）。

　以上が、範例的なものとして捉えられた、十六の長短脚の連鎖の現象学的な第一の意味である。だが、より深い別の意味も存在する。自我の努力は、客観的にはそのようなものがほとんど存在しないところに、時間的構造を導入することにあるのだが、この自我の努力によって乗り越えられる傾向のあるものがまさしく、この別の意味によって具現化される。具現化は、時間の象徴的発生の現働性《アクチュアリテ》の彼方においてなされる。基調をなすリズム、つまり長短脚の反復によってまさしく志向されるこの意味は、われわれに体験可能な最も原初的な時間的構造の

☆8　少なくとも或る限界までは、2のn乗のモーメントの特権的な位置が一般的に観察されるだろう。実際、32番目の弱拍は、もはや16番目の弱拍に応答するものとは捉えられないだろう（第15節、第2段落を参照のこと）。2の4乗を超えると、脚韻の人工性で維持されたり、挿入的出来事を被るのでない限り、構造は弱体化する。

中に、すなわち、緊張と緊張緩和、欲求と充足の分節化の中に探し求められなければならない。時間化のこの始原的構造を最も的確に形象化するのが、最初の関係づけの行為としての吸引に見られる二段階の拍子――強拍、弱拍――であろう。これこそ、偶数性からなる編成、および偶数の倍数からなる編成が、象徴的に、否定する役目を担ったものであった。つまり、かつてと同じように、誕生後の現実に対する最初の勝利によって、乳房への関係の取り込みによって、自己を満足させるそうした能力への願望である。しかしながら、観察されるように、願望の否定は部分的な成功にしか達しない、なぜなら、不測の事態を一切除外する結果、自我こそが、願望および現実双方の絶対的主人となるからだ。確かに、自我は自分の夢に身を委ねることができる、だが超自我はそれでもやはり、非‐現実化を保証するものとして現に存在する。したがって、願望は活動《アクト》＝現働態へと翻訳されるのではなく、睡眠状態の自我の直中において象徴化されることになる。大雑把ニ言ッテ、以上が、四重に偶数の長短脚の継起が持つ精神分析的な意味である。

それでは、諸審級のあいだの争いのこうした象徴的な演劇化「ドラマ化」が詩においてどのように利用されるのかを見てみよう。たった今分析したようなリズム、魔術的‐幻覚的な全能性の君臨に対する生まれたばかりの支配力を示唆するリズムは、たとえば、或る詩篇の四行詩を構成する。それは言及された情動帯に正確に関連する。フランス語の詩にはこのように単純なリズムは見られないので、「魔法使いの弟子」というゲーテの有名な詩篇を参照してみる。以下にその最初の詩節をそのリズム上の表現形式を保ったまま挙げておく、そしてできる限り同一のリズムを保ちつつ即興の翻訳を付けておく。

まさしく子守歌のリズムであってもおかしくないこのリズムは、全能の師から不意に解放された若者の独話をここで特徴づけている。内容から分かるように、このリズムが形象化しようとするのは、誕生直後の者の無邪気な支配や夢想者の幻覚ではなく、なおも実効的=現実的な行為に見られる夢幻的な性格である。つまり、実現されつつある全能性への子どもじみた願望である。普段は無意識や象徴化へと託される願望が今や解き放たれるのを目にして、読者は直ちに不安に囚われる。早くも冒頭から、破局の予感を覚える。さらには、リズムと脚韻のあいだの不調和が付け加わる。この不調和は非主題的な仕方で感じ取られる。こうしたリズム構造は、二倍かつ

ゲーテ「魔法使いの弟子」

Hat der alte Hexenmeister	Loin le vieux, le sorcier-maître,	-U/-U/-U/-U	a1		とうとう出かけたぞ
Sich doch einmal wegbegeben.	Je suis seul, le champ est libre,	-U/-U/-U/-U	b1		魔法使いの老先生！
Und nun sollen seine Geister	Hop, les esprits, hop, les êtres!				手下の霊ども今からは
Auch nach meinem Willen leben.	A mon gré vous faudra vivre.	-U/-U/-U/-U	a2		おれの言う通り動くんだぞ！
Seine Wort' und Werke	J'ai le mot, le geste,	-U/-U/-U/-U	b2		呪文も手ぶりもやり方も
Merkt'ich und den Brauch,	J'ai surpris la marche,				ちゃんと見習っておぼえてある
Und mit Geistesstärke	Servi d'esprits prestes,	-U/-U/-U	c		なに おれだって念力で
Tu'ich Wunder auch.	Qui n'est thaumaturge?	-U/-U/-	d		見事 奇蹟を現じて見せよう
《Walle, walle,	Passe, passe,	-U/-U/-U	c	cf. § 2	湧き出せ 湧き出せ
Manche Strecke,	Mainte sente,	-U/-U/-	d		どっどっど
Dass zum Zwecke	Puise et trempe	-U/-U	e		用だ
Wasser fliesse	Pour que l'eau	-U/-U	f		流れろ 水よ水
Und mit reichem	Verse et coule				そそげやそそげ
Vollem Schwalle	A pleine brasse	-U/-U	f		うんとこさ
Zu dem Bade	Jusqu'à tant et	-U/-U	g		たっぷり
Sich ergiesse.》	Où il faut.				水浴びできるまで
		-U/-U	x		
		-U/-U	e		
		-U/-U	x		
		-U/-U	g		

四倍の偶数の平板な脚韻を要請し、頃合の時に何の驚きもない成就を確定するように思われよう。ところが、最初の四行は、不意の繰り返し（a1のうちのa2の繰り返し）という形で、つまり、b2において確証される4の倍数への移行の瞬間に、交差した脚韻［交韻］によって区切られる。呪文を唱える悦びの基底に存在し、魔術表現の飛翔を可能にした秘かな計算が、このようにリズムの中に目立たないように現われる。反対に、恰好の瞬間に（三重に偶数のテレウテー［終了部分］と四重に偶数のテレウテーのあいだに）不意に現われる交差した偶数の脚韻は、じっくりと熟成した計画が順調に実行の途上にあることを意味する。

第二の四行詩のリズム分析は専門家に任せることにして、次の指摘だけをしておく、すなわち、これらのテレウテー――今度は奇数で（つまり不安定で）ある！――の裁断が表わしているのは、最初の四行詩における何の驚きもない魔法の宇宙から、何らの抵抗も受けず世界を「意のままに」操ることへの移行である。今まさに夢を駆動させているところだと、リズムとこの逸話は語る。結末に対するわれわれの不安はいよいよ募る。

特筆すべきことに、この詩篇はなおも六節にわたって同一のリズム形式で続いていく、そして多彩な意味論的実現を突き動かす。だが常に問題なのは、同一の基本的な情動的領域である。この領域に結びつく表象の多様性がどのようであれそうなのだ。リズムの多様な価値によってわれわれは、情動自体の価値の複数性へと引き戻される（第10節参照）。

ゲーテの詩節のリズム的図式は、読者にこの詩篇全体の基調をなす情動を産み出す、そして、この逸話の急激な展開によって惹起される感情的で表象的な変異体のすべてに対しマスターキーのように適合する。

この情動は厳密には、詩篇の外部には存在しないこと、この情動は、それ自身とは異なる他のもののコピーでも表出［expression］でもないことに注意しておこう。それは、その四つの超越的極と同じく、純然たる虚構である。まさしくこの四極の特異な相互依存を、この詩篇は範例的に示している。相互依存がなければ、詩篇など存在しないのだ。

この相互依存という必然的性格はそもそも、どの瞬間においても虚構的な変奏＝翻訳［variations fictives］という方法によって確証される。この方法は真の意味で詩の翻訳者である人たちには特に馴染みのものである。たとえば、今のリズムの中で一つのテレウテー［終了部分］の質を変えてみよう、そうすると、さきほどのわれわれの分析はその有効性の大半を失うことになろう。

　たとえば、呪文を即興に翻訳した中で、第四行と第八行は男性韻に変化する、いいかえれば、今のリズムにおいては、裁断された（行末の一音節を欠く欠節詩行の）長短脚となってしまうことに注意しておこう。三重に偶数の長短脚――三重の完成の場――を襲うこの偶発事は、恰好の幸福感の瞬間を享楽することによって、さらに覚醒した注意を自らに引き寄せ、また四重に偶数の瞬間において、甘美な堅固さを伴いつつ、反復にとって不可欠なものとなる。それにより、霊たちの抵抗を眠らせようとする、オリジナルにおけるリズムの単調な呪文の呟きは、前もって服従した存在たちに向かっての呼びかけとなり、はっきりと言明された命令と化す。この変形［翻訳］はおそらく大きな裏切りではないだろう。けれども、暗黙のうちに「霊たち」をあらかじめ意のままの存在として提示することは、新たな微妙な差異を導入することではないだろうか。弟子の無謀な行動は、確かにリズムのレベルだけに限れば、危険に対しては無意識的な子どもの無邪気な戯れへと引き戻されてしまっている。このことは、さきほど強調した秘かな計算を交えて誓い［呪い］を発することなしにはうまくいかない。そのうえ、子どもにおいては、現実の成就がないままに、遊びの中で願望が駆り立てられる。ところが、「魔法使いの弟子」の方は、他のものを志向している、つまり超自我に対抗しての協調的活動である。この活動には内的な懲戒が含まれるだろう、すなわち、危険を冒し損害を引き起こすのに加えて、最後の呪文を忘れたための致命的な自己去勢である。たった一つのリズム的要素に関わる虚構的な変奏＝翻訳は、それゆえに、一見すると快適な性格を帯びているのだが、この詩篇の宇宙の中に容易には挿入できない変様をもたらす。

　以上の分析の目的は、一方で、どのようにして、リズム上の些細な変奏＝翻訳が、暗黙の両立不可能性を巻き起こし、それが作品の統一性に跳ね返ってくるのかを例証するとともに、他方で、どのようにして、いかに微細な差異であっても精神分析的な分節化へと切り開きうるのかを例証することにあった。このタイプの分析は、リズムに限定されるどころか、詩篇および芸術作品一般の能記《シニフィアン》的かつ物質的側面の全体にも及びうることを付け加える必要があるだろうか。

15　エドガー・ポーの「大鴉」における リズム、情動および無意識

今度は、さきほどのリズムの変異体、たとえばエドガー・ポーの詩篇「大鴉」の驚くべき音楽的詩節の中で実現されているような変異体を想像してみよう。次はその第一詩節で、同一のリズムを保持しつつ大雑把に訳したものである。

« Once upon a midnignt dreary, while I pondered weak and weary
Over many a quaint and curious volume of forgotten lore,
While I nodded nearly napping, suddenly there came a tapping,
As of someone gently rapping, rapping at my chamber door.
« 'T is some visitor », I muttered, « Tapping at my chamber door »
Only this and nothing more. »

欠節詩行を伴う四重に偶数のシークエンス
-U/-U/-U/-U a1　U/-U/-U/-U a2
-U/-U/-U/-U x　U/-U/-U- b1

第二、繰り返し
-U/-U/-U/-U c1　U/-U/-U/-U c2
-U/-U/-U/-U c3　U/-U/-U/- b2

第三、予期される結末
-U/-U/-U/-U x　U/-U/-U/- b3
-U/-U/-U/- b4

« L'heure d'une minuit sourde, lorsque l'âme lasse et lourde,
J'eus fouillé dans maint bizarre et vieux volume aux morts trésors,
Tandis que je songe, inerte, brusquement se fait un heurt,
On eût dit :quelqu'un qui heurte, heurterait à l'huis dehors,
« C'est quelque hôte qui — soufflé-je — heurte à peine à l'huis dehors,
Oui, le reste est sans rapport. »

[日本語訳]
かつてもの寂しい真夜中に、人の忘れた古い科学を書きしるした、
数々の珍しい書物の上に眼を通し、心も弱く疲れはてて——
思わずもうとうととまどろみかけたその時に、ふと、こつこつと叩く音、

誰やらがそっとノックする音のよう、私の部屋の戸をひびかせて。
「ああ客か、」私は呟いた、「私の部屋の戸を叩くのは――
ただそれだけのこと、ほかにはない。」
〔『ポオ全集』第三巻、東京創元新社、一九七〇年〕

「魔法使いの弟子」の最初の四行とまったく同じように、このリズムを展開することから始めよう。ただ一つの違いとしては、十六番目に当たる最終の弱拍が予期に反して削除されることになる。理解済みのことであるが、この拍は並行する四つの予期の次元を同時に満たすものとされる。つまり、長短脚の単一の反復、対になったものの反復、ついで対の対、次に最初の四つの対を合わせたものという、それぞれの予期の次元である。この予期が、単一の調子を構造化する際に、末端に位置していることとも同様に周知のことである。この予期はいったん満たされれば徐々に消え去っていく。四重に偶数の平韻（a1 a2）は、適切な瞬間に音声上の反復を行なうことで、われわれの予期の正確さをまず実証する。二行目の結末あたりで、人は甘美な半睡状態に陥る感覚に襲われる。まさにこうした状況において、不意の出来事が突然に起きる。その結果、われわれは不意に覚醒させられる。さらに、この出来事は、誘導的な脚韻（x）への遡行と同じように、予期された平韻を廃棄することで、こう示唆する、つまり、自分がまどろんでいるあいだに、何かが知らぬ間に準備されていたのだと。ところが、突発事の後になっても、リズムは先行する流れを再び取り戻し、四倍の二重の偶数という新たな瞬間にまで到達する。ということは、何でもなかったのか。われわれは新たにリラックスできるのではと期待が募る。そうわれわれに確信させるために、平韻（c1 c2）が、適切な時期に補完的な残滓（c3）によって補強される。今度は、われわれはこの揺籃のような甘美な揺れによって安全な港へ辿り着くものと確信するはずだ。この準備の後にまさしく、脚韻（b2）が強調するように、改めて偶発事が、同一の偶発事が出現する。確かに、われわれはその偶発事をそういうものとして認識している、だが、十六脚の隔たりをおいて、それを予期することはほとんどできなかったであろう。おそらく、偶発事は、いまだ理解されていないなんらかの規則を構成するのだろうか。眠ることはもはや問題ではない。今回、偶発事（b3における）は、しかるべき時より前に、三重に偶数の瞬間に――これはこれまで相対的な緊張緩和を特徴づけていた――不意に起きる。結局のところ、偶発事は接近し、執拗に迫る。何がいったい到来するのだろうか。どうしようもなく必然的なものとして偶発事は起きる。私が息をつく暇もなく、まさにその前に、偶発事は私を襲い止めを刺す(b4)。

詩節のリズムは、詩篇の情動の全体運動のいくつかの様相を小規模な形でドラマ化する。つまり、眠りへの執拗な誘惑、突然の覚醒、容赦のない現実の最終的勝利である。ところで、リズムのこうした極めて一般的な意味を通して、より特殊な意味が具体化する。それは一般的な意味に付着する様々な意味作用のおかげである。そこで明らかになるものこそ、詩人の至高の芸術である。第一詩節の物語に十分に留意していただきたい。先行する説明の後、リズム上の偶発事と出来事――誰かが戸を叩くこと――とが符合するような予感に襲われたであろう。意味論的-リズム的な並行関係というレベルで実際に何が起きているのか。最初のリズム上の偶発事は意味論上、動機を持たないのに対して、意味論上の偶発事は、偶発事のない、まどろみを表わすリズム的シークエンスの中に位置づけられる(上記参照)。急激なリズム上の偶発事がその後で不意に出現する一方で、物語で語られているのは、改めて安全を確認する努力である。さて、まさしくこの意味論的-リズム的な不一致こそが、最高度に範例的なのである。何を範例的に示すのか。それは、夢の中に侵入する現実は外部の出来事ではないこと、そして、問題なのは不安を引き起こす願望であって、願望の亡霊が幻覚的-代理的な様態において意識へと浮上するということ、また、不安の急激な展開は、同一のリズムを取ったまま、その不安へと身を委ねまいとする拒否、ますます苛立ちを募らせる拒否へと転化するということである。物語においては、繰り返し安心させようとする試み、リズムにおいては、不安の増大。睡眠に対し、不安を掻き立てる障害があることを、リズムは言うに留める。リズム的-意味論的な落差は明言する、不安が存在するのだと、不眠症者の情動に似たものが存在するのだと、そして、その際には欲望-不安の投射が伴うのだが、これは醒めた警戒心がいくらか回帰することで制御されている。第一詩節の始まりから、われわれは悪夢の真只中にいるのだ。

ここまでわれわれは分析の比較的表層レベルになおも留まっている。確かにわれわれは、自我を不安に陥れる内容を持った無意識の存在を暴いてきた。だが、ただ単にリズムを検証するだけで、いかにしてこの内容に――たとえ一般的な観点だけからにせよ――迫りうるだろうか。この点に関しては次のことを想起しておこう（第11節、第12節）、つまり、成熟に関わる諸々の移行（これは後の象徴化すべての範型である）の中に願望の起源を探さねばならないこと、そして願望は必然的に、願望の様々な象徴的変身の中に、この場合はリズム構造の中に見出されるということだ。われわれの試みにおいて案内役となりうるのは、欠節詩行という偶発事の第一の意味作用である。この偶発事は、触発を「取り込み」、象徴化するために自己の身体が用いる道具だとみなされる。実際、葛藤の解消である限りにおいて、リズムは、もはや被られたものとして捉えられるのではなく、自己の身体の既存の機能によって能動的に産み出されるものとして捉えられねばならない。ところで、正確には、この欠節詩行という偶発事は、或る閉鎖や結句でないとすれば、何を意味するのか。そして、十六脚の継起を一つの時間的編成の中に包括するために極限まで押し進められた試みの後に、この閉鎖は介入する。それは大きく開いた開口部のようであり――この比較からは逃れられない――、すべての脚を一度に呑み込もうとする（図1も参照のこと）。より詳細に見れば、結句の継起は、体内化［incorporation］という蠕動運動を忠実に再現している。まず最初に最大限の穴の開きがあり、ついでこの反復があり、獲物が捕まった時には、内部に押し込むために、徐々に穴が狭まり、最後に、最終的に穴が塞がれる。子どもの自己の身体へとこのように無意識的かつ象徴的に準拠することは、悪夢の形象化と同一の厳密さを要求する。以上から、もはやこう結論する以外にない、つまり、範例的な悪夢は範例的な体内化の不安と範例的な仕方で結びついていると。この分析を先に進めることは正しいだろうか。最初にわれわれが気づきうるのは、外見上の不安にもかかわらず、体内化は最後まで続行されるということだ。これは願望の暴力を窺わせるものだ。だがまた、囮《ルアー》と手品の様相を帯びた象徴化の中で願望を実現させる能力、自我の持っている、倒錯的ともいえる能力をも窺わせる。最初の詩節をもう一度読んでもらえれば、E・ポーのかなりの作品を特徴づける悲痛さと官能性の神秘的な混淆を必ずや感じ取ることができよう。巧みなまでに形象化された「悪夢」は結局のところ、見せかけであり、超自我に対する模範演技である。なぜ、願望の強度はこれほどまでなのか、という問いが残る。体内化への強烈な欲望は、空虚についての苦痛に満ちた感情に照応することは理解される。ところで、精神分析的な臨床で明らかなように、空虚の感情は早期における対象の喪失と結びついている。あたかも子どもがこう考えるかのようだ、「この場に、自分の身体の中にこそ、対象を置き直して、確実にそれを所有し、自由に使えるようにする必要がある」と。だからこそ、こうした場合では、子どもは排泄物を放出する際に、自己に穴が空くような不安を感じ、排泄も外部からの圧力、また生体の圧力なしにはなされない。再体内化のファンタスムは、保存と同じような不安を不可避的に引き起こすであろう。

これこそ詩篇の有するヤヌス［双面の神］的な形象を説明する。すなわち、対象の喪失はその顕在的内容であり、対象の体内化はその潜在的内容である。不眠症者の不安をわれわれに信じ込ませたがっているのは誰なのか。自分の演戯を隠蔽する屍体愛好者の享楽［jouissance］が問題であることは今や明らかである。また、どれほどこの演戯は屍体愛好者にとって重要なことか！　われわれの最深部に至るまで衝撃を与えるのは、欺きたいという欲求そのものが正真正銘のものであるということだ。

このリズムの二重性がどのように物語の中に具体化するのかを認識しておくのも面白いことだ。古えの黒い鴉が飛び来たって大きく開かれた戸から入ってくる、永遠に失われた愛する女性の使者である鳥、「もはやない［Nevermore］」というその名、意味作用に満ち溢れた名を自身で声高に名乗る鳥だ。もはや決して、おまえは彼女を見ることはない、私は絶望そのものである、もはや決して私はおまえから立ち去りはしない。愛する女性が戻らないこと、および、この絶望は、願望の実現そのものを隠蔽しているにすぎない。すなわち、排泄物的な〈鴉〉が部屋の中に導き入れられる、しかもそれは、そのまま居座り続け、最後には、真の忠誠心の誓約を交すためである。これは何なのか、不幸と絶望という巧妙な偽装のもとでの、失われた対象の再体内化でなければ？

分析をその極限まで押し進めたわけだが、もう一度繰り返し言っておこう。「大鴉」のリズムが範例的に示すのは、これらすべての層の総体であり、このリズムが媒介する情動は、その四つの極の必然的な連結によって正真正銘のものとなる。両立不可能な場合には、範例的な性格は消え失せ、意味を欠いた人工物のままに留まるであろう。

以上がこの驚嘆すべき詩篇であり、その現実の創造者の心理学などは、われわれにはさほど重要ではない。しかしながら、あらゆる作品には、その作品を、その虚構の作者と関係づける或る次元が含まれる。今やわれわれは、詩篇によって誘導される作者とはどのようなものなのか、という究極の問いに答えることが可能である。作者にとって詩篇を創造したということは何を意味するのか。それは疑いなく、不壊の、魔術的で決定的なあの対象を実現することである。この対象は、改めて読解されるたびに、その忠誠さのメッセージを発する。そしてこのメッセージは、常に同じもの、常に完全なもの、永遠の「もはやない」、「もはや決して私はおまえから立ち去りはしない」というメッセージ、芸術の中で再発見された幸福の発するメッセージだ。永劫に死に至らしめつつも、永劫に生命を付与する、悲痛で奇怪なる〈鴉〉という対象である。この傑作の比類のない特質は、その主題系自体の中に、それ自身の存在理由を包含していることにある。

16　簡略な結論

われわれの省察をさらに進めるだけの時間はなかった。しかしながら、これから先、いくつか正確な要点を押さえておく必要がある。

(1) 或る作品の無意識は、美学的な分節構造には不可欠の次元をなすものとして現われた。

(2) 作品は、この語のフロイト的な意味で、一つの症状［徴候、不意の出来事、同時に生起すること symptôme］として捉えられねばならない。だがそれは、それ自身の症状であり、自足していると同時に、精神の四極——願望とその超自我、自我とその現実——の統一性を範例的に示すのに必要である。

(3) 本当のものでない作品は無意識を持たない。それは、そうした作品に内在するいかなる問題も範例的に解決するものではない。そういう作品は、プシタシズム［オウム症状、機械的な口真似］や猿真似に属する。ただし、囮《ルアー》や魅惑に関する様々な手法の開発でないとしてであるが。

これからは、精神分析的美学の方法は正確なものとなり、それによって、厳密な芸術批評の理論的道具となりうるであろう。さしあたりは、依然として、そうしたことが可能であると仮定する信仰告白にすぎないかもしれない、かといって、そうした可能性をにべもなく拒絶するのは、井戸の縁にいながら喉の渇きでむざむざ死んでいくのと大差ないであろう。

N. A.

一九六二年九月

Revue Française de Psychanalyse, t.XXXVI, n°4, juillet 1972.

[『フランス精神分析雑誌』]

第Ⅱ部

取り込み的関係にある〈触れる－触れられる〉ことしての「私は－私を」

取り込みの「罪」　閑談

1　「罪」

われわれは、分析において、いつもなんらかの形で罪悪感〔culpabilité〕の観念につきあたる。なんらかの断言であろうと――いいかえれば、過失を過度に強調したり、なんらかの言い訳による隠蔽や、否定、あるいは潔白を主張する抗議であろうと――遅かれ早かれわれわれは、確実に、患者のうちに深く秘め隠された罪体〔犯罪構成事実〕を伴った想像上の罪を同定せざるをえなくなる。例証として、或る女性患者の告白を引用しよう。分析時に典型的な告白である。

「夢を見ました。誰か女の人を殺して、埋めて、バラバラにしたのではとひどい不安を感じていました。その女が誰かは分かりません。分からないのです。それはまるで罪を埋めて隠したようなものです。母を前にすると、私はいつも自分が謎めいた〔隠し事をする mystérieuse〕人間であるように思え、母に対する敵意を彼女には隠していました。私がそんなことを考えているとは誰も疑っていませんでした。私だけがこの恨みを知っていました……。……死体は私の罪を表わしていました。何か、子どもの時に私が隠さなければならなかったこと。父の墓で、私は一人になりたいと思いました。父と二人きりでいたいと思いました。」

別の女性患者は、巧妙にも、朝、昼、晩と、死ぬまで、自分の父の死体を強制的に食らわなければならないという夢を見ている。

隠蔽記憶から隠蔽記憶へと、分析を遡れる限り遡ると、このような「罪」はいわば常に既に犯されてしまったものであることが判明する。

2 被胞化した快楽《ヴォリュプテ》

確かにこの「罪」は想像的なものであるけれども、しかし、それは単純なファンタスムに還元されるのだろうか？　一個のファンタスムは、それだけで、時には悲劇的なまでの重みをもって、われわれの生の上にのしかかりうるものなのだろうか？　あるいは逆に、われわれのなすべきことは、とどのつまり一個の言語でしかないもの、一つの語り方にすぎないものの背後に、ファンタスムがただ述べているだけの事柄について、その理由を解明させてくれる、さらに深層にあるなんらかの現実を探ることであるのだろうか？　もしも、ここで私が主張するように、ファンタスムが、いかなるファンタスムであれ、言語の領域に属するのなら、対話者たちに仮託される要請や属性がどれほど想像的なるものに見えようとも、ファンタスムの標的となる対話者たち自体はもう一つ別の現実の領域、まさに言語やファンタスムを可能ならしめるところのあの現実の領域に属することは確かだと私には思える。罪悪感のファンタスムはイマーゴに関する言説に属すると主張することは常に可能だろうが、それではなんらかのファンタスム、なかんずく処罰のファンタスム群に結びついたその罪悪感を、どこに位置づければいいのだろうか？　たとえば先の女性患者を見るとよい、彼女は自分のマゾヒズム的ファンタスムを公言できない。「夜ならそれを考えてもいいけれど、昼間に考えたらスキャンダルになってしまいますわ」。あるいはレーモン・クノーの主人公を見るがいい〔レーモン・クノーはフランスの小説家（一九〇三〜七六年）。ここで言及されているのは『青い花』〕。彼は、毎晩、住居兼用の自分の平底船のドアに、自分の罪を聖痕化する語を書きなぐっては、翌朝にはそれを消すことを、その巧妙な駆引きがばれるまでずっと続けるのである。罪悪感についての無益な言説が無用のものとなるためには、昼と夜とが一つになるだけで十分なのだろう。無益な言説！まさか！　罪の、死体の、殺人の背後には、快楽〔volupté〕の記憶が見出されることになるのだ。それはただ甦りの時を待ちながらそこに被胞化されて〔膜で包まれて enkysté〕いるのだ。主体は、それによって死ぬことになるかも知れないが、それでも復活への期待は永遠に続く。

3　偽りの楽園、あるいは真の快感《プレジール》

つまり、想像上の罪のうちに被胞化されているのは快楽である。われわれは、ではなぜいつも罪が問題になるのか、なぜ罪悪感が問題になるのか、という問いに答えなければならないだろう。確かに失われた〈楽園〉の神話が――一つならず――存在する。それらの神話の教えるところによれば、原罪以前には至福の状態が支配していたという。同じく精神分析家の中にも、次のように主張する人たちがいる。つまり、われわれの孤独な遺棄状態、われわれの未成熟さ、およびこの世界の生存条件の厳しさに内属する欲求不満や苦痛を被る以前、すなわち心的外傷を被る以前、かつて、〈母胎〉において、われわれは至福を、至上の幸福を、永遠に続くオルガスムを味わっていて、郷愁に満ちたその記憶を今でも持っているのだ、というのだ。しかも、そこでは至福は無垢と、無知は恩寵と、本質をともにしていた。そこには聖書的神話の宗教色がほとんど残ったままの置換が認められる。ところで、あらゆる神話がそうであるように――それが臨床の教えるところであり、また精神分析理論が教えるところでもあるのだが――この神話もまた一個の欲望をカムフラージュし、それを実現させるのに役立っている。なぜいつも罪が問題になるのか、なぜ罪悪感が問題になるのかという問いに答えるためには、この範例的な神話を分析するだけで十分だろう。では、神話は何を語るのか？　悲しいかな、罪はなされた、われわれは禁断の果実を口にし、知恵［学問・技術 science］を得たかわりにやさしい父を失ったのだ。あるいはもう一つのバージョン。悲しいかな、誕生はなされた、人は生きる苦しみを得、神意の賜物たる〈母胎〉を失ってしまった。いずれにおいても巧みに回避されているのは、この生気のない楽園の幸福の外、この冷暖房完備の水槽の外で生きる歓びである。それはあの知恵のリンゴの実をかじることの快楽、自己と世界への覚醒という、文字通りオルガスムをもたらす快感であり、子どもであったころにわれわれが誰しも経験し、耐えがたいような経験と言われるものであっても、それがわれわれの出会いを可能にしてくれたという意味で、われわれが生きた快感である。ここまでことが明らかになれば、罪悪感の起源の問題のとる方向は明確である。そこから今や、この問題にいくつかの光を当てようと試みることも可能になるだろう。

4　無垢性の喪失

罪悪感は快楽の中で生まれる。そうかもしれない。しかし、後者は前者の説明にはならないだろう。分析そのものは最終的には、裁判官も犯罪もない罪悪感という観念に行き着く。そこで問題を別の経路から検討しよう。罪悪感に対立するのは罪なきことである。この語〔innocence 罪なきこと、無罪性、無垢性〕は、その究極の意味において理解されなければならない、たとえば、村の幼子〔innocent〕というような意味においてである。けがれなき幼子、それはそれ一つで全体をなすもの、裏表を知らず、極言すれば、言語〔言語活動 langage〕自体を知らない〔子どもenfantは言葉を話さぬものinfansであるから〕。裏表の二重性から逃れなかった者、言語を用いる者こそが罪ある者であるということになろう。今や、われわれの問題はその倫理的-神話的な影響から自由になって、本来の意味での精神分析的な探求のきっかけをなすことになる。二重性と言語の起源を考察することが問題になるであろう。ところで、周知のように、二重性を不可避にするのは、まず子どもを母に結びつけている共生状態の断絶である。あらゆる理論とは逆に、私はこの断絶が、放棄＝遺棄や、欲求不満、スカンシヨン〔切り離し〕、離乳の事実ではなく、取り込みのプロセスの自然な結果である、つまり、始めは無垢の関係であった母への関係の内化の自然な結果であることは既定の事実と考える。この取り込みの結果、罪なき関係における対象の極は、内在的対象と外在的対象へと二重化される。二重性とその手下である言語は、まさにこのようにして生じるのだ。一次的罪悪感は、こうして、〈自我〉の構成における最も太古的な段階に書き込まれている。これに加えて、取り込みそれ自体が、オルガスム的快楽のうちになされるとすれば、われわれが、自分たちの二重性に相互に非難の矢を向けるのも、いっそう良くお分かりいただけるだろう。とすると、「罪」のファンタスムは、取り込みの行為そのもののうちに本来内属する罪悪感の遡及的な合理化に他ならないということになるであろう。

5　一次的罪悪感

これでわれわれは一歩前進した。われわれは、裁判官も犯罪もない罪悪感について述べた、そしてそれを主体

－対象の二項対立に本来内属する二重性へと帰着させた。今や、より明確に述べるべきだろう。二重性が人間学的かつ本質的な現実であるとするなら、一次的罪悪感の方は純粋に想像的なものであるということを厳密に述べるべきであろう。分析の結果それには裁判官もなければ犯罪もないということが明らかになったとするなら、それは罪悪感や犯罪がまさに取り込みのその瞬間にその場面を離れたからである。しかし、無意識のイマーゴもまた、この罪の犠牲者であるとともに匿名の糾弾者であって、この言語を絶する罪についてやはり「知って」いる。というのも、それがまさに強引に取り込まれたからである。その時から、外部にあるそれに対応する等価物は、主体のうちに取っかかりを見出し、糾弾を加え懲罰を課す。子どもは教育可能であるが、それはしつけによって教育可能だということではなく、子どもが始めから罪ある者であるからだ。ところが、あらゆる分析が見逃しているのは――そう見えるのだが――、いかに想像的であろうと、まさにこの罪悪感であるのだ。われわれは、ここまで、その限界について思索することによってそれを再構成したに留まる。以下においては、この議論をさらに徹底するなら、どのような新たな飛躍が準備されるかを見ていくことにする。

6　取り込みと罪悪感

ここまで、取り込みという用語については、われわれはその意味作用をおぼろげに感じている語にすぎなかった。しかし、考察を深めていくなら、このプロセスの最も基本的な構造を抽出し、その究極的な意味作用に関してなんらかの提案をすることも可能になる。一つの関係を内化すること、外的な対象を把握するための目印となるような一個の対象を自己自身のうちに設置すること、そのためには事実、われわれが生まれつきわれわれ自身に対して主体にして対象となる能力を有していることが前提となる。私は私の口蓋に私の舌でふれる。私は私の出す音を聞く。私は私が動かしている私の手の動きを見る、――たちどころに、私は一なる者のうちにおいて二つとなる。乳幼児にとっては、この根本的な二重性の一方の極が対象の象徴《シンボル》［片割・割符］的等価物となるだろう。二重性が彼の取り込みの道具である。彼にとって、自己のうちに対象を設置することが、それを食べること、それを飲み込むことに等しいものとなることが分かる。詳細には立ち入らないが、このような見方が臨床においてどれだけ重要であるかをわれわれは見逃すべきではない。それゆえ、われわれはもろもろの観念連合の背後に、まさに取り込みがなされるもととなった触れること－触れられることの場そのものを探ることになる。フロイトは、性感帯［エロスを生み出す帯域］の重要性をいち早く認めた。われわれは、さらに、性感帯は取り込みの中枢部であるからこそエロスを生み出すのだと付言できるだろう。取り込みは、しつけ、条件づけではない、ということも言っておこう。根本的に違うのだ。その違いを実によく示す例が、かのユニークな犬の逸話である。その犬は、絨毯に糞をし、糞の中に鼻を突っ込んだのち窓から飛び出していく。というのも――物語によれば――、この犬の飼い主は、しつけと称して、犬の鼻面を糞の中に突っ込んでは、窓から蹴り出していたからだったという。そう、このおかしな犬はもはや飼い主を必要としていない。飼い主を自分の中に据えてしまったからだ。礼儀作法を叩き込まれる子どももまた同じように、括約筋の開閉を命じる人物を自分の中に据えなければならない。そして肛門期に特有のエロス的な契機もまさにここに位置する。ところで、取り込みと結びついたエロティスムの究極の意味作用はいかなるものであろうか？　フェレンツィの卓抜な論考、「現実感覚の発展諸段階」に拠れば、そしてまたわれわれの臨床経験を拠り所とするなら、取り込みの行為そのものが性交を類比的に先取りすると主張することができる。内的な対象は何よりもエロス的な行為によって内部に据えられるのであり、同様にエロス的な行為によって、取り込まれたものと外的なその等価物とのあいだの適合性が繰り返し実証されるのである。おそらくは、あれほど多くの思弁＝投機を引き起こした〈*fort*［いない］－*da*［いる］〉の遊戯の最も単純な意味はこのようなものであるだろう。それに、この遊戯は、こういった遊戯の第一のものでないどころか「隠れんぼ」の遊びの一変形にすぎない。この遊びはたちどころに出現するのだが、それによって、内的な対象のうちに刻み込まれた期待、つまり現実におけるその等価物が代わりに出現してくれるようにという期待が直接かつ端的に成就される。ここに、取り込まれたものに固有の連接点を見ることができる。取り込まれたものは無垢なる関係から派生し、対象の二重化を実現し、その後その二重性において、無垢ならざる関係を先取りする道具となる。現実の試練が介入するのはまさにこの時点である。それがうまくいかないと、そこから産み出された葛藤ゆえに、内的な対象は再度調整されなければならない。取り込みのプロセスは――それ自体は快感をもたらすものであるのに――、このような時には、苦痛をもたらす要因によって変質してしまう。それがイマーゴとの関係に刻み込まれた本質的な罪悪感をさらに強める。取り込みの目的も起源もエロス的な次元に属し、それ自体快感の中で産み出されるのならば、取り込みが罪悪感へと辿り着くような運命は、取り込みが成就した際の快感の本当の意味を疎外することしかできないだろう。愛と死が対になるということの謎の説明は、おそらくはこのようなところにあるだろう。分析の仕事もまた、そこを目指さなければならないだろう。

7 イマーゴ、言語、ヒステリー

取り込まれるイマーゴには、根本的に二種類しかない、つまり男性と女性のものしかないと私自身は考えている。それらイマーゴには固有の欲望と要請、固有の罪悪感がある。そのうえ、それら同士で関係を持ち、また主体とも関係を持つ。言うならばそれは三極的である、いいかえれば主体と、それら自身と、そして他のイマーゴと関係を持つのである。ただ太古的なイマーゴのみがこのような三角関係を持ちえない。しかしながら、少なくとも隠蔽された形で二種の性別を有するイマーゴを持たないような主体は存在しえないように思われる。これは臨床にとって重要な主張である。というのもイマーゴの一つが隠蔽されているならば、分析においてはそれに市民権を与える、あるいは取り戻してやることが問題になると思われるからだ。イマーゴは、先にも述べたように、三つの極から構成されている。ということはイマーゴと主体が言語を用いてコミュニケーションを行なっているということだ。イマーゴが語る事柄、主体がイマーゴに語る事柄が、それらを互いに存在させているのだ。ところで、まさにこの三角形において、言葉が発音不可能となり、動作も抑えられてしまうということが起きる。良性のケースでは、イマーゴのうちの一つが欠けるだけで、他のものとのあいだのコミュニケーションが成立するには十分である。そして、一つのイマーゴを追い払ったり、その注意をそらすための魔法のようなやり方は一つならずある。恐怖症患者における「危機に及ぶと砂の中に頭を突っ込んでやり過ごすとされるダチョウのように状況から目をそらしてやり過ごす」ダチョウの戦略から強迫症患者における遡及的取消しと孤立に至るまで、イマーゴ間の葛藤の裏をかき、二つのイマーゴのうちの少なくともどちらかとつながりを保つためのトリックや計略は数多くある。ヒステリー的転換もまたイマーゴ的言説に属する。しかし、それは言い表わすことができないものであるから、言葉にされない言説であるという点がその特殊性である。とはいえ、それが転換に関わる言語に翻訳されうるには、少なくとも一度は言葉にされなければならないということはまったく自明のことである。

症状がイマーゴの言説を翻訳するということは知られている。「お前は足を踏みはずした［失敗した］のだから、足が罰せられなければならない」のだ。病気という限りでの症状はイマーゴによる判決の、呪詛の、悪しき祈りの実現のようなものである。私がこれまで経験しえた転換のケースから、以下の点がいつも確認された。すなわち、イマーゴに問題の言葉を本当に発言させせようとすることは、強制的に主体にイマーゴを罷免させてしまうことになるであろうということだ。ところが、主体は、このような喪失を償うべきものを、対立するイマーゴの側に見出すことさえできないだろう。

8 再取り込みと躁鬱

分析に関する文献においては取り込みと同一化が少々混同される傾向が多く見られる。確かに、取り込みの過程の中には同一化が含まれている。しかし、だからといって二つのメカニズムを混同して良いわけではない。取り込みの結果は内的な対象との関係である。それに対して、同一化の結果は主体が一時的にその住処として選んだ場所を指し示すのである。事実、主体は外的な対象とも、一人物とも同一化しうる、つまりそれらのものが主体についてかくあれかしと望んでいるところのものと同一化しうる。このような同一化が、イマーゴに仮託された〈理想〉を実現している外的主体に対して注がれる時、われわれはいわゆるナルシシズム的同一化を相手にしている。後者は取り込みの領域に属するというよりは投射に属する。それは目標となるイマーゴとの関係において同一である物同士の一種の同盟、あるいはイマーゴとの関係においてしばしば役割分担を行なうような一種の同盟である。同一化が関係の取り込みの役に立たない場合には、それは常に防衛とみなされるべきであり、とりわけ一つのイマーゴへの同一化はそうみなされるべきである。ところで、イマーゴへと同一化すること、あるいはその理想的な補完物へと同一化することは、確実にイマーゴ的な進化の要請に、つまりわれわれ自身であるという要請に対立する。今夜は、自律的な〈自我〉の到来、その力もしくは弱さ、その肯定もしくは断念といった問題に関して議論を展開する余裕はほとんどない。ただ、結論を述べる前に、われわれが一致して〈自我〉の疎外とみなすようなケースについて、つまり躁鬱に関して少し詳しく述べておきたい。事実、躁においては、鬱においてと同様に、〈自我〉が完全に姿を隠してしまったように見える。残存するのはイマーゴのうちの一つ、太古的で全能なる母のイマーゴだけである。主体は、躁か鬱かによって――躁的な同一化のうちとも言うべきイマーゴそのもののうちに住処を選ぶか、あるいは鬱的な自責のうちとも言うべきイマーゴの理想的な補完物のうちに住処を選ぶのである。いったい何が、数あるイマーゴの中で、一つのイマーゴに対してこのような権能を授けるのか？　一度それが取り込まれたからではないことは確かである。それよりもむしろ現実の試練に耐えられなかったからである。イマーゴに対応する外部の等価物の死や、悪意や、不安定な変わり易さによって、くだんのイマーゴの再取り込みが、ということは主体それ自身を起点とする理想化された再構成が規定されてしまったのだ。ところで、躁鬱は、外在的な対象の喪失によってではなく、なくてはならない内的な対象が喪失の危険にさらされることによって発症する。いずれの場合も、最終的には、対象を取り込んでしまったという「罪」を否定することが重要である。問題のイマーゴを除いて他の誰も、罪悪感がいくら強調されようと欺かれはしない。イマーゴが快感のうちに取り込まれたということを隠蔽しなければならないのだ。同様に、否定、勝ち誇るような軽蔑、全能の支配力といった躁の三位一体は――それがくだんのイマーゴそれ自体への同一化に起因するものであるだけに――取り込みの「罪」は決して知られることはないことを見事に保証する。

N. A.

未完草稿
一九六三年

女性における「ペニス羨望」の意味

I

女性の分析においては、常に、ある時期、男性の器官とその象徴的等価物に対する羨望に満ちた渇望が必ず出現する。人によってはごく一過性のものに留まるが、或る女性たちにおいてはこの「ペニス羨望」が治療の中心をなす。運命が——あるいは母が——授けなかったと彼女が信じるこのものを所有したいという激しい欲望は、それがつまりは女性の置かれた条件だといって済ますことなど誰もできないような根本的な不満を表明している。なるほど、自分たちにだけ何かが欠けていて、裏返せば他者がそれを享受しているという思い込みは、男性女性いずれの患者にも、またあらゆる分析においても見られる。嫉妬と権利回復の主張、悔しさと絶望、制止と不安、賞賛と理想化、内部の空虚と抑鬱、これら多様で変化に富む症状は、いずれもこういった欠如状態の症状である。ところで、男性と女性とのうちで、このような欠如状態を自己の性の本性そのものへと帰着させるのは、女性のみであるということは注目に値する。つまり、「それは私が女だからだわ」というわけである。これはどういう意味かといえば、私にはペニスがない、それが私の弱さの、私の無気力の、知性の欠如の、他者への依存の、要するに私の様々な病気の原因なのだわ、ということである。

「結局、女はみんな私と同じよ、だから私は、私自身に対してと同様、彼女たちには軽蔑しか感じられない。」「価値あるものはすべて彼ら、男たちが握っている、男たちを愛され、賞賛されるに値するものとしているものはすべて……」

これほど心底自分の性を見下すということが考えられるだろうか？　ひょっとするとその根源は生物学的に見て実際に劣っているということにあるのか？　治療の障害となる、この本性上達成不可能な対象への渇望を、何とか緩和しようと無益な試みを行なった末に、フロイトは最後にはそういう思いを強くしていった。こんな無駄な企て、つまりペニスを手に入れたいというような子どもじみた欲望を患者に心底断念させようとしてへとへとになるよりは――フロイトの比喩に富んだ表現を用いるなら――「魚に説法をしに」行く方がまだましだろう。これほど多くの挫折を前にするなら、結局のところ「ペニス羨望」になにがしかの正当性を認めることは諦めて、ことの本来の性質のせいにする、つまり「女性の性の生物学的な劣性」のせいにしてしまうべきではなかったのか？　別の観点、すなわち子どもの情動的発達という観点を考慮した結果、フロイトは同趣旨の結論に達している。肛門期と性器期とのあいだに、中間的な段階として男根期を挟み込むべきであると考えるに至ったフロイトは、男根期は両性いずれにおいても同様のものであり、完全に男性器に捧げられたものであると考える。この時期、子どもが知っている性はただ一つ、つまり男性の性であるとするなら、女の子がそれを奪われてしまったことに嫉妬に満ちた悔しさを抱くのは無理からぬことだ。女の子における去勢状態と男の子の性の高い評価に関する仮説は、すべてここに発するだろう。それは男根期そのものにもともと内属する心理学的‐生物学的な男根中心主義によるものであるだろう。フロイトの分析的なパースペクティヴにおいて、女性における「ペニス羨望」も、それを断念させようとする努力も袋小路に入り込まざるをえなかったのはそのせいである。ところが、男根期に帰属するファンタスムの数々において、常に男根期の性的単一性という命題が確認されるのなら、この事実については固有の精神分析的説明がありうるように見えるし、他方、生物学を引き合いに出して自らの非力を告白するだけで満足すべきではないようにも見える。

「私にあれをくれることができないのだったら、分析を続けることにどんな意味があるの？」と言われたフロイトの激しい怒りは理解できる。しかし、同様に、自分にとってそれほど大切な欲望を断念するよう言われる女性患者の側の絶望も分かる。それに、どんな欲望であれ、欲望を葬り去るのをよしとするのは、分析家の役目の中にないということは、フロイトも真っ先に認めたであろう。

また、分析において、女性の「ペニスを所有したい」という欲望、つまり「男性」でありたいという欲望それ自体が、羨望という性格ゆえに、分析において、逃げ口上であることが暴露されるというのも真実である。欲望は満たされうるが、羨望は決して満たされない。羨望は羨望と破壊しか生み出しえない。確かに羨望によって宣言された偽の欲望が、充足の模造物を手にすることもないわけではない。他なる性を模倣することへと完全に疎外された或る種の女性における、少なくとも彼女たちの他なる性についての想像に従ってなされる「男根的」と言われる態度などがそうである。彼女たちが築き上げるこの脆弱な構築物は、空虚と、不安と、欲求不満しか宿していない。分析の問題はまさに、羨望という外観のもとに埋葬されたまま横たわる、禁止の刻印を打たれた真正の欲望を明るみに出すことである。ここでも、他の場合と同様に、被分析者の抗議を字義通りに受けること は、分析への扉を閉ざすことになるだろう。この効果を逃さないための一つのやり方は、確かに、女性における「ペニス羨望」を、女性の宿命であり、系統発生に帰因するとされるいわゆる去勢状態によって、正当化することであろう。これに劣らず確実な、分析に失敗しないもう一つのやり方は、くだんの権利回復の要求を分析外の要因に帰することであろう。たとえば、現代女性は、実際に、自らの社会-文化的実現というレベルで男性よりも劣る立場に置かれているといった要因である。

「ペニス羨望」という治療にとっての「骨のような難物」にあえて真っ向から挑む分析家にとって、問題は何よりもまずこのように絶望的な解決策を生み出す葛藤の本性を明らかにすることだろう。分析家はさらにはこの羨望が、そうは言ってももたらさずにはいない利益の価値を正当に評価する必要があるだろうし、また宿命のように、この羨望によって女性患者が閉じ込められているこれらの苦痛に満ちた自己矛盾を治療のために利用しなければならないだろう。

フロイト以降の論者の中では、ジョーンズとメラニー・クラインが、比類のない功績を挙げた。つまり彼らは、「ペニス羨望」を還元不可能なものとはもはやみなさなかった。事実、彼らはいずれも母の〈乳房〉との最初の関係の性質が決定的であると考える。分析が〈乳房〉の取り込みを葛藤状態から解放することによって）母との最初の関係を改善するやいなや、羨望一般、なかんずく「ペニス羨望」はその存在理由を失う。

　これらの論者に続いて、以下のことを強調しておくことは無駄ではない。分析家にとって対象―事物は意識的であれ無意識的であれ、欲望や恐れの記号であり、いいかえれば、それは主体がそうした記号を設定する起点となった主体的な瞬間＝契機を想起させるものであるのだ。フロイトにとって対象は、大文字の〈対象〉でさえ、個々人の経済においては、欲動の目標地点つまり充足へと向かう単なる媒介物としての価値しか持たない。もちろん対象―事物は独自の名前と空間性を持っており、それだからまた客体的でもある。誰にとっても同じようなものであるため、それらは交換可能なものとなる。しかしまたそれゆえ欲望の隠蔽にも適している。分析の使命は、事物の背後に、それが否定すると同時に実現している欲望を再発見することではないだろうか？　同様に、たとえ分析者の事物《モノ》であろうと、こういった羨望を抱く病人が渇望している「ペニス」や「乳房」といった事物を用いて分析するということは、生き生きとした欲望の充足の前提にある内的な葛藤を出現させる（あるいはそれと同時に消滅させる）ことによって、それらの対象（あるいは〈対象〉）に作用する矛盾を除去する代わりに、矛盾をさらに悪化させることになりはしないだろうか？　欲望の実現は客観的＝対象的現実とは無関係である。それはわれわれが自らを充足させる能力、あるいは充足へのわれわれの権利に依存する。つまり人間関係においてわれわれの身体がなす行為を実行＝作品化する自由に依存するということである。欠落と渇望の対象として――一般に到達不可能な対象として――口実として引き合いに出されている客観的な諸現実は、これらの行為に内属する制止を隠蔽する（ということは維持する）ために治療に対して仕掛けられた罠でもある。このような罠が――どれほどしばしば！――欲望を終生囚われの状態に保ち続けることだろうか。

　「ペニス羨望」を扱うこの研究において、事物としてのペニスそのもの、生物学的あるいは社会―文化的な客観的現実としてのペニスそのものが、当然そこから排除されるのはそのためである。というのも、一見すると逆説的に見えるかもしれないが、「ペニス羨望」においては、ペニスそれ自体はまったく問題にならないからだ。この「部分対象」は、欲望をカムフラージュするために特別に発明されたものであり、制止された行為の解放に向かって全体が一致する途上に立ちはだかる人工的な障害であると、われわれの眼には映るからである。このような人工物はいったい何の役に立つのか？　そして何から守ろうとするものなのか？　それを暴く前にまず理解しなければならない。

たとえどれほど歪められ、疎外されてはいても、「ペニス羨望」の下部にある欲望はどうしても表に出て来ざるをえない。その意味で、この症状は、われわれにとって、他のあらゆる症状同様、尊重し注意を払うに値する。もし、運良く、われわれの分析の仕事が「ペニス羨望」の起源にまで遡り、そうすることでそれを厄介払いするに至るとしても、それは決してそれを断念する代わりに何かを手に入れるということにはならないだろう。「ペニス羨望」は、それを生み出した苦痛に満ちた欠如状態が治まってしまえば、自然に消えてしまうだろう。

II

羨望の対象である「ペニス」について客観主義的な視点を捨て、この羨望の社会-文化的な正当性をめぐるあらゆる問いを一旦棚上げにすることで、精神分析固有の思考方法への道が開かれる。分析家にとって「ペニス羨望」は一個の「病気」の症状ではなく、一種の欲望の状態、おそらく相反する要請のゆえに実現されない欲望の症状である。この観点からこの症状への問いかけを行うなら、分析的態度から離れない限りは、こうした問いかけだけで、当の現象の一般的な意味作用がわれわれの前に明らかにできるということ、つまり、この現象が解決しようとする葛藤の性質そのものと葛藤の解決に向けてとるべき方策が明らかにできるということ、このことをわれわれはいささか驚きを抱きつつ確認することになろう。

最初に思い浮かぶのはフロイトの考え方である。彼は女の子における男の子の性器の発見はそれだけでペニス羨望を、ひいては母への憎悪を引き起こすに十分な理由となるとした。女の子の立てる仮説の中では、母こそがその「去勢」状態の元凶である。そして、確かに、「ペニス羨望」はその内容——いいかえれば口実——を経験の中にしか求めることはできないだろう。しかし、問題が一つ残る。一生解決できない羨望へと至る、このような経験が生じるべき豊穣な瞬間＝契機はいかなるものであるかという問題である。というのも、人はいつだって出会う準備のできているものにしか出会わないからだ。

「北極熊と鯨とは［…］それぞれ固有の環境に閉じ込められているため［…］出会うことができないのだ」とフロイトは言っている。女の子と男の子とのあいだに決定的な出会いが起きるとしても、それは互いに異なるものとしてではなく、むしろ同類のものとしてである。いいかえれば、性を刻印されたものとしてである。女の子による男の子の性［性器］の発見は、女の子としての固有の性の探索の途上に起きると考えていい。ペニスの発見は、まさに最も時宜に適った瞬間に到来するべきものであって、それは幼児期の生活の単なる一事件として片づけられない。女の子が「お母さんはこれを私にくれなかった、だからお母さんが嫌いなの」と心のうちでつぶやく時、彼女は一つの使いやすい口実を手にしているのだが、その憎悪をおよそいかなる説明もなしにただ表明しているにすぎない。

「ペニス羨望」と、意識的なものであれ、無意識的なものであれ、母に向けられる憎悪との結びつきは、ごく普通に観察される事実である。しかし、同じくらい注目に値し、それを検討することがこの憎悪の深い動機を位置づけることを可能にするようなもう一つの臨床的事実がある。この事実は、臨床的にはかなり恒常的に見られ非常に大きな意味を持つのだが、「ペニス」の理想化と呼ぶことができよう。多くの女性は、男性器について卓越した性質を持つものであるという空想的な観念を抱く。良きにつけ悪しきにつけ、無限の権能を持ったもの、それを所有する者に絶対の安全と自由を保証するもの、あらゆる不安と罪悪感から免れさせてくれるもの、快感と愛とあらゆる願望を得させてくれるものであるという空想的観念である。「ペニス」羨望はい常に理想化されたペニスへの羨望である。

「あれ（「ペニス」）があれば――とイーダは言う――すべてを持っていることになるし、防護され、誰にもあなたを攻撃することはできないという感じがする……。まさにあるべき自分であり、他人はあなたに追随し、あなたを仰ぎ見るだけ……。それは絶対の力なの。彼ら（男たち）は決して愛の必要性とか愛の欠如に陥ることなどありえない。女はどうかですって？　不完全性、絶えざる依存性、「かまどの」火を守るウェスタの巫女の役目。聖処女の話はよく聞かされたけれど無駄なこと……でも、父なる神は男じゃないですか！　純潔《ピュルテ》という言葉はピューレ［貧窮、金欠の意味もある］という言葉を思い出させる……。私はいつも何となく女を軽蔑してきたわ。」

「どうしてそんなふうに感じるのかは分かりません――とアニェスは言う――これは現実の何かに対応しているわけではまったくないのだけれど、私にはずっとこんなふうなんです。まるでもともと男だけが自己実現し、意見を持ち、一人前になり、一歩先を行くようにできているとでもいうように。男には生まれつき何でも簡単に見える……、何をもっても止められないような力……やろうと思えば何でもできるような力。私はといえば、私は足踏み状態で、迷っているの、まるで前に壁でもあるように……。私はいつでも自分が未完成だと思っていた。まるで、彫刻家がついに腕をつくることを決心するのを待っている彫像のようなものだと。」

幼い少女イヴォンヌは男の子は「何でもやれるの……。すぐにどんな言葉でも話せるようになるの。教会では蠟燭を全部取ってもいいいし、そうしても誰も止めない。いつか何か障害物にぶつかっても、当然それを跳びこえてしまう」といつも思っていた……。

これ以上に雄弁に理想化されたペニスを描写はできないだろう。ここで問題なのは明らかに、制度のように慣例化した意味作用、「何であれ、人が自分自身では持たないもの」という意味作用である。ところで、このような死活に関わる欠如は自然的なものではなく、ひとえに剝奪の、あるいはやむをえない断念の結果であろう。そこで疑問が出てくる。人は自分自身のこれほど貴重な一部をどうして奪われることになるのか、それも、到達不可能で、もともと――女性の被分析者自身の告白によれば――明らかに存在しないと思われる外的な「対象」に利点を見出すのはどうしてかという疑問である。とりあえずは当の事実を確認するにとどめておこう。その事実は「抑圧」と呼ばれる。あらゆる理想化に対しては、その代償＝対部として抑圧が照応する。しかし、この抑圧は誰の利益であるのか？　もちろん、〈母〉の利益である。〈母〉に向けられた憎悪がそれを証拠立てている。事実、理想化されたペニスが現実にはまったく存在しないとしても、主体にとっての代償、すなわち抑鬱、自己卑下、激怒は現実に、それも極めてリアルに存在する。

これほどの強度の情動的な状態が何かたまたま遭遇した対象に関して抱かれた観念から生じうるとは、とても考えられないだろう。女の子が自分の中に生きている〈母〉に対して、「私はあなたが私に与えなかったもののせいであなたを憎んでいるのよ」と言う時、彼女はまた次のように言っているのだ。「このものを私が持っていないということははっきりしているのだから、この私の憎悪は正当なものだ。でも、安心して、私は、あなたが私の欲望に対して強制する抑圧のゆえに、私の中に生きている本当の憎悪については、不当なものとみなしているわ」と。

　この抑圧とは何であろう。主体が失ったはずとされる諸価値を備給されるのがペニス——女の子には解剖学的に欠けているもの——であるというのは明らかに偶然ではないだろう。自分が持っていない性器、それは自分固有の身体が体験することとは本来異質のものであるだけに、到達不能なるものを形象化するのにこれ以上適したものはない。これこそまさに自分固有の性に関わるような、身体的経験に課された禁止を見事に象徴化するものである。要するに、渇望の対象として到達不可能な事物を特定＝指名するということは、越えがたい障壁上で屈折させられた欲望が主体内にあることを明らかにしている。渇望の対象である事物の過剰備給は、断念された欲望に本来内属する価値の重要性の証拠である。抑圧の責任者である審級、この匿名の顔を持つ迫害者については、女性はあくまでもそれを彼女自身のうちに認めようとしない。それを暴くには、愛情の対象以外の何物でもないであろう〈対象〉に対する憎悪や攻撃性がはぐくまれる暗い領域に向き合わざるをえなくなるだろうからだ。

　「ペニス羨望」の中には、無意識的な複合的言説、母のイマーゴに差し向けられた言説が凝縮されている。それらを明確化するなら以下のような命題となるだろう。

(1)「ご覧の通り、私が奪われたものを探し求めているのは、一つの事物の中にであって、私のうちにではないわ。」

(2)「私の探求は、自分の所有にはできないものについてだから、無益なものよ。あなたは私のうちにある欲望を糾弾するけれど、私の探求は明らかに無益だから、欲望に対する決定的な断念も保証済みなの。」

(3)「私はこの到達不可能なものの価値を強調したい。私が自分の欲望をやむなく諦めることによってどれほど大きな犠牲を払っているか、あなたに分かるように。」

(4)「私はあなたを責め、こんどは私があなたから奪わなければならないのかもしれないけれど、それこそまさに私が避けたい、否定したい、無視したいことなの。なぜなら、私はあなたの愛を必要としているのだから。」

(5)「要するに、ペニスを理想化し、そうすることでペニスをさらに渇望することは、私が決して私の中でそれと一体になることも、それを手に入れることもないだろうということをあなたに示すことで、あなたを安心させることなの。あなたに言いたい。それは身体を取り替えるのと同じくらい不可能なことではないかしら。」

「ペニス羨望」がはっきり自分のものと署名する忠誠の誓いとはこのようなものだ。

イマーゴに関する女の子の言説において「ペニス」と対をなしているこの禁じられた自己の部分とは、抑圧を被った自分自身の性器以外の何ものでもないだろう。

これは実に驚くべき主張だ。それはまるで女の子が生きる性［性器］は男の子のものであるペニスという事物の中に、いいかえるならペニスの肛門的把握の中に象徴化されうると言いたげであるからだ。実際にはこのような象徴化には発生的連鎖の輪が一つ欠けている。まさしく母との肛門的関係が問題なのだ。到達可能であったり不可能であったり、許容されたり禁止されたりする事物という観念が、それを明らかに示唆している。女の子がその探求において呼びかけているのは〈母〉に対してである。「この事物［モノ］を、私はそれを欲する［*Cette chose je la veux*］」というわけだ。しかし、このような要求が、形式的にも内容においても無益であるのは、それが〈母〉に対して惜しみなく再保険［保険をさらに保障する保険］をかけているということだ。母の特権はそのままに保たれるだろう。事実、注目すべきことには、〈母〉の権威、支配力は、彼女に「属する」「事物」の方というよりは、括約筋のコントロールという行為そのもの、彼女が意のままに統御すると称する行為そのものに関わるのである。そこから、イマーゴ的審級を経ずには、この行為を引き受けることが、子どもにとって、また後には大人にとって、困難であるという事態が生じる。「ペニス羨望」はこのような文脈内に挿入されなければならない。するとただちにご理解いただけるだろうが、ここで渇望されているのは「事物」ではなく、「様々の事物」一般のコントロールを可能にする行為の方である。一つの事物を渇望するということは、まさに、様々の行為の断念をイマーゴに対して表明することである。それゆえ、肛門的関係の途中において、子どもは、自分の括約筋を意のままにする行為を、〈母〉の利益となるように、疎外してしまうだろう。その結果、この括約筋のコントロールに対する前例のない攻撃性が生じる。以下のようなプロセスを考えてみよう。〈母〉が行使する支配は、子どもから見れば、それらの物質［糞便］の所有に対する彼女の関心の表明としか解釈されない、しかもそれらの物質が身体の内部に滞留した時から既にそうなのだ。その結果何が生じるか。身体の内部もまた母の支配下に落ちてしまう。このような至上の［主権的］力から逃れるためには、どうすればいいのか。関係を逆転するしかないだろう。ここに、母の腹を引き裂くこと、母の身体の内容物を排泄すること、彼女の支配の場所とその機能を破壊することという殺人的ファンタスムが生じるのである。

だから〈母〉を安心させる必要がある。ペニス－事物――それは第一、到達不可能である――に対するこれ見よがしの渇望が、見事にこの役目を果たしてくれることは、今や望むべくもないほど明らかである。

究極の疑問に立ち返ろう。この選択の特種性を動機づけるものはいったい何か？　なぜまさに「ペニス」なのか？

問題の輪郭をさらに明確にするため、くだんの症状について問いかけるもう一つの補完的な方法を援用することにする。ここまで行なってきたように、症状の発生を遡及的に［後方を配視する］再構成する試みに加えて、今や問題になるのは症状の別の次元、同様に極めて本質的な次元を考察することである。すなわち、その予知的［前方を配視する］次元である。この見方は、おそらく、翻って症状の発生そのものにもなんらかの光明を投じることになるだろう。

症状とその根底をなす葛藤の予知的次元という言葉によってわれわれが意味するのは、本来は症状の陰画にあたる側面である。つまり、問題にとってはまるで解決にもならず、いまだ存在せず、到来していない何ものかによってしか定義されえないものであり、症状に妨げられて踏み出されなかった前進の一歩を意味する。しかしながら、抑圧に力動的性格をもたらすのもまさにこの予知的モーメントである。情動的成熟の諸段階は進行を阻まればその成就を要求する。確かに、それらの諸段階はそれらを遮断した抑圧を通して予感されるが、症状の予知的側面はイマーゴの言説として言明されることはない。事実、女の子は、無意識的にであれ、彼女の〈イマーゴ〉に対して以下のような言葉を発することはできないだろう。「私はペニス-事物を渇望し、それを自分のものにしたい、男の子になりたいと思っているとあなたに言うことができるとしても、私が感じることさえできないのは、私自身の性の運命のうちにあらかじめ書き込まれているように、ひとりの女［成熟した女］のするように、ペニスでもって享楽を味わいたいという欲望が挫折していることなの」。ところで、まさにこの生殖器を入手することとの不可能性こそが、抑圧を引き起こす禁止の正体解明の道へとわれわれを導くにちがいない。事実、問題なのは本来なら性器に関する構想［前方投企］と同一化を準備し加工したはずのその経験自体でしかありえない。それは、明らかに、自らの抑圧された「大切な部分」に関わる経験である。

上に見たように、この「大切な部分」は肛門的〈母〉の特権となった諸々の行為の総体である。とはいえ、女の子は自分から奪われたものを、間接的な仕方で、再び取り戻す手だてを持ってはいた。それは権能を備えた主権者のごとき〈母〉に同一化することであった。しかし、いずれ分かるように、この同一化そのものに欠落がある。「ペニス羨望」が何よりもはっきりと証明しているのは、この欠落である。結論を言えば、原因があるとわれわれが考えるに至ったものとは、前性器的な肛門的葛藤であり、それに加えて、自慰とオルガスムおよびそれらに付随するファンタスム的な活動性に対する、全面的ないし部分的な、特殊な制止である。そこでは「ペニス羨望」は隠された権利回復要求——ただし、自分以外の性の器官とその付属物に対するものではなく——、すなわち、オルガスムの経験と同一化の経験とが結合する中で自己に遭遇することを通じて成熟と自己加工についての彼女自身の欲望に対する権利回復要求として出現する。以上が、語のフロイト的な意味における症状だとみなされる「ペニス羨望」の一般的な意味として、引き出しうると思われる最初の結論である。

Ⅲ

メラニー・クライン、ジョーンズ、K・ホーナイ、

J・ミューラーらは、既にわれわれ以前に、膣感覚の発見と抑圧の早熟性を指摘している。われわれはわれわれで、自分以外の性との出会いは、常に、自分に固有の性を想起させ、それに目覚める機会であることを見てきた。臨床的には、「ペニス羨望」つまり男の子の性器を発見することは、しばしばオルガスム的経験の記憶が抑圧されているということと頻繁に結びついている。

数回の診療を通じて、マルトは、激しい涙と笑いの発作を示す。少しずつ彼女の感情の高ぶりの中身が見えてくる。幼い頃、彼女は、プールで男の子たちと出会ったのだ。それ以来、彼女はしばしば同一の以下のような言葉を繰り返す。「私はこんなふうに生きてはいけないわ」。分析のあいだずっと、抑鬱の最も激しい瞬間に繰り返されるのはこの言葉であった。「こんなふうに」という言葉は、意識的には、ペニス無くしては、という意味である。しかし、われわれは彼女とともに理解しているが、その時彼女は「腿をぎゅっと絞めて」「水着の端を内側に食い込ませていた」のであり、「感覚の波」のようなものを強く感じていたのだ。涙まじりの笑い（歓喜と罪悪感の混合）は次のような考えに帰着するものであった、つまり、私が「こんなふう」であるなら（「その波」を感じながら）、「家でも、あの男の子たちは私に関心を持つだろうか？」この同じ患者は、思春期に達した時、あまりにも強い罪悪感を母に対して感じていたので、一年間、母に、性器段階に達したしるしである月経があったことを知らせなかった。

自分自身の性〔性器〕は、見過ごされるどころか、実際には、常に潜在的な気がかりの的であった。つまり、その当時は、母の気に入られたいという思いが、オルガスムの快感を凌駕していたのだ。しかしながら、数回の診療において、オルガスムへの欲望は、笑いの発作で表現されていた。にもかかわらず、その欲望は抑圧されたままでなければならず、その手段がまさに「ペニス羨望」であった。最初は、「言いしれない歓び」、「途方もない希望」があった。それから、彼女にはどうしてかは分からないが、一つの確信が居座ったのだ。つまり、私の中にではなく、向こうに、私の身体の中にではなく、一つの対象の中に、限りなく欲望をそそり、けれども絶対に到達不可能な何かがある、という確信である。矛盾に注意しよう。すなわち「限りなく良い〔快適な〕感覚の波」を感じることで、少女は周囲から「良い〔善良な〕存在である」と思われているという感覚を失うのだ。ここでは「ペニス」は、後で分かるように、それを持つ者が罪悪感なしに享楽を味わうことを可能にする「良い」性器として体験されている。それは自慰的な動作や罪悪感を伴う体内化には結びつけられていない。それは完璧な調和の諸条件を兼ね備えている。すなわち、自分にとっての快感と周囲との調和である。「あの波」を感じることは他者に対して攻撃的なことであり、敵意を抱くことである。その場合、この「良いもの」は外的な一個の対象、つまり理想化されたペニスを優遇する形で遺棄されてしまう。こうして主体の中に生まれた空虚は、悲しみや、苦衷や、嫉妬で満たされる。しかし、成熟に向けて漸進的かつ官能を伴いつつ覚醒していくべきところを失敗し挫折したとしても、密かにはぐくまれている攻撃性によって挫折が癒されるということはありえないだろう。ただ分析治療のみが覚醒の諸手段を解放することによって覚醒を促すことができるだろう。

　成熟への覚醒がもたらすこの歓びは、直接的な満足を越えて続く。それは、主体にとっては、思いがけず未来へと開放されることを意味する。それは大きな発見がもたらす歓び、「ああ、分かったわ！」「そうか、こうして私〔*je*〕は私〔*moi*〕に、大人に、なるのね。私は、私が私になることでこんなふうに感じる歓びによって私の価値を手に入れるのね」というわけだ。（J・ミューラーは小児期の性的活動をめぐる自由な遊戯が自己の評価〔自負心〕を保証するとはっきり指摘している。）事実、幼少期におけるオルガスム的歓喜は、生殖に関わる性とその結果としてあらゆる形成途上の人格とが予感され練り上げられる真の手段である。オルガスムへの道程で何が発見されるのだろう？ 自分の同一性を両親に即してファンタスム化する能力、そして、自分が接した〈原光景〉の種々のレベルに即して、〈原光景〉のあらゆる位置にある自分自身を想像する能力である。獲得されたオルガスムは真に実証の価値＝効果を持つのである。ファンタスムには価値＝効果がある、なぜならそれは享楽を「もたらした」のだから。このような自己の自己との遭遇の制止はどれも、主体にとって死活問題である同一化のまさにその代わりに欠落を残すということは理解できる。その結果、不完全な「自己の身体」が生まれ（〈身体イメージ〉と呼ぶ人もいるだろう）、それと相関して、数々の断片的な現実からなる世界が生まれる☆1。

　未来への悦ばしき開放という価値＝効果は、オルガスム的経験に意味を与えるが、或る種の夢の中ではっきりとそうした価値＝効果は喚起されている。

　アニェスはこのように自分の早熟なオルガスム体験の記憶と強烈な感情を再発見する。それは「言いしれない歓び」から始まりやがて抑鬱へと転じる夢である。海辺。彼女は待っている。興奮した群衆が彼女の周囲に押し寄せる（オルガスムの期待）。彼女の背後には水洗トイレ（自慰の光景の想起）。彼女は座っている。拡げたスカートの上に、突然素敵な、柔らかく、なでると絹のような手触りの動物が出現する。彼女は大きく息を吸い込み、腕を伸ばし、それを愛撫する。うっとりとして、群衆も、彼女と一緒に震える。すべては「そんなにも満たされており」「そんなにも素晴らしい。」この瞬間は——彼女の言うところによれば——すべてを、私がそうであったすべてを、そしてまた私がそうなるだろうものすべてを凝縮していた。まるで、どこか美しい国に行きたい、何としてでもそうしたい、と思うやいなや、たちまちもうそこにいる、とでもいうように。

　ところで、抑圧されたオルガスム的ファンタスムは——上記の夢がよく示しているように——オルガスムの発生機として欲動的機能を持つペニスの体内化に関わっている。この同じ患者は自分の身体が未完成であると感じていて、「彫刻家」が来て彼女に「腕を作ってくれること」を願っていた。手は根本的には膣に対するペニスというファンタスム上の機能を果たすものだが、彼女の両手は自慰行為の際には自由を奪われていて極めて限定的な用い方しかできなかった。

　フェレンツィは、自慰は主体の二重化と軌を一にするということを教えてくれた。主体はカップルの両項に同一化し、同時に自足的なやり方で交合を実現する。付け

☆1　確かに、自慰は、後にはこれとは異なるレベルのファンタスム的内容を伴って再出現することになるだろう。しかし、それに先だって抑圧されたものはその否定性のしるしを後の人格全体に刻み込むことになる。

加えるなら、この二重化、自らに-触れること〔触れられること se-toucher〕、オルガスムによって認証されたこの「私は-私を」経験〔l'expérience « je-me »〕は、さらに以下のような事柄を意味する。「私は自分だけでこれをすることができるのだから、これまで意のままに快感を授けたり禁じてきた人々から自由になるのだ」。自慰によって、文字通り自分に-触れることによって、そしてまたファンタスムに特有の再帰性〔反射＝反省的性格〕としての自分に-触れることによって、子どもは母との依存関係から自律的になったのだ。そこから子どもは母のイマーゴをも、同様に自律的なものとして打ち立てたことになるだろう、いいかえれば、子どもとともにではなく、別の場所で母自身の快楽を味わうことのできる者としてである。とすると、母のイマーゴが自慰を禁止する時には、このような進展が生じる可能性は欠落するだろうということは理解できる。このようなイマーゴは、過剰なあるいはあまりにも早期の肛門的しつけによって、それも同様のあらゆる領域に専制的支配力を及ぼすようなしつけによって形成されたのである。あまりにも口やかましい母は嫉妬深く、空虚で、満たされない母のイマーゴを与えるだろう。子どもを支配することにしか満足を覚えないとしたら、彼女が自分自身に満足することなどありえようか？そのような母は成熟の過程で自分の手から逃れ去っていく子どもを見て、嫉妬したり気分を害したりしないでいられようか？　結果として自慰の禁止は、子どもを母の身体に縛り付け、子ども固有の生の《ヴィタル》〔死活に関わる〕構想〔前方への投企〕を妨害してしまう。患者たちはこのような状況をしばしば以下のように表現する。

「私の身体の一部（手、ペニス、排泄物、など）が母の中に残っている。でも、それを取り出すなんてことできない。だって、彼女はあれほどそれを必要としているんだもの。それは母のたった一つの快感なんだから。」

「〈母〉に帰属する」手は、〈母〉が自分自身に禁じているものを女性患者に対して象徴化することはできないだろう。この手は、ペニスのあらゆる形象化〔比喩化〕に逆らうであろう。[☆2]〈父〉への道はこのようにして遮断され、〈母〉との依存関係は永続化されてしまうにちがいないであろう。娘は、出口のないジレンマを生きることになるだろう。価値を欠いた母、危険なまでに攻撃的で、所有というやり方で自分を完全化しようとする母に同一化するか、それとも、不完全な身体の無意味な付属物であり続けるのか、というジレンマだ。彼女は、配偶者との関係においても、この二つの立場を反復する危険がある。そこで、分析によって、存在と所有とのこの呪縛にかかった円環を断ち切る手立てを得ることが問題となる。確かに、一個の付属器官としてのペニスが付与されるわけではないだろう。アニェスが取り戻したばかりの「腕」は、補完物としてのペニスの等価物であって、これは、存在と所有を超えたところに、行動し生成変化する権利を形象化［比喩化］する。「付属器官としてのペニス羨望」によって、補完物としてのペニスへの欲望が隠蔽されないのであれば、〈父〉に対する接近は、もはやペニスにとって危険な身体を所有しているという感情で躓くことはないはずである。これは同時に、もはや自慰は（そして同一化も）〈母〉を破壊するものとして体験されることはないということである。

分析時におけるオルガスムの制止の解除は、常に力の感情を伴う。肛門的葛藤をその下に隠した「ペニス羨望」を解決することなしに、分析が女性を性的な成熟に導けるとは考えがたい。とりわけ、「ペニス羨望」が直接的に「〈父〉の子を生みたいという欲望」に変身するとは考えられない。事実、もしも子どもが、渇望されるペニス－対象の役割を演じなければならず、それまで欠陥のあった完全性をもたらさなければならないならば、子どもなしには苦衷と羨望の中に再び落ち込んでしまうような〈母〉が、子どもの進化を受け容れたり、子どもが自らの構想［前方への投企］において開花してゆくことを願ったり奨励したりするだろうか。このような〈母〉の願うことはただ一つだ。幻影ながら彼女の充溢性［完全性］を保証するペニスとしての子どもを永遠に付属物の状態に保つことである。

「ペニス羨望」が抑圧に基礎を置くものであり、前－性器期的不安の回帰から守ってくれる限りでは、それは性的な成熟の道程における障害であり、いかようにしても成熟へと到達させてはくれないだろう。「ペニス羨望」から性的成熟に至る道程は必然的に中間的な一段階を経なければならない。ファンタスムが許容されることによって、望まれた子どもはもはや誰かが所有するものと

☆2　〈原光景〉の取り込みの手段としての手は、反対の性の生殖器官を常に形象化するという点は注目に値する。

いう意味を失い、生の生成変化そのもののうちにたまた
ま統合されるようなものという意味を獲得することにな
ろう。

Ⅳ

性器的体制への到達を止められて、「ペニス羨望」に苦しむ女性は、その性質が自分でもほとんど分からない欲求不満の感情をもって生きる。性器的オルガスムの完全性がどういうものでありうるかに関して、彼女はおよそ外面的な観念しか抱いていない。いずれにせよ、抑圧が残る限り、彼女はそれに到達できないだろう。

既に見たように、この症状は、ペニスを理想化し、自分にとって手に入れる希望が消え失せたものすべて、つまり彼女自身の生の構造、性器的成熟をペニスに備給することにあった。なぜなら、子どもにとっては、これこそが完成というものなのだ、というのも、依然としてペニスこそが欠けているものであるからだ。確かに、欲望は永続しており、断念を知らないし、「空転する」か、さもなければ何か型通りのイメージ上に固着するしかない。充溢したオルガスム的融合の中で男性と出会い、真正の活動において自己を実現すること、それが「ペニス羨望」に苦しむ女性の最も深い欲望であり、そしてまたそれこそが彼女が何としても回避しようとする当のものであるのだ。女性たちが女性性の完成の道具である補完物としてのペニスに飛びつき、脅迫的で嫉妬深いイマーゴと闘争してまでもそれを見つけようとするのは、日常的な臨床体験で見られる。理想化されたペニスへの羨望と、そうしたペニスの保有者とされる者への憎悪が出現するのは、この時点においてである。この直後から、失望が愛を、欲求不満が充足を凌駕してしまう。

普通われわれが性器態勢と呼ぶものへの移行は、常に〝私はもはや「去勢」されていない〟、なぜなら〝私にはできるからだ〟という感情と対をなしている。これは第一に自慰行為と自慰に関するもろもろのファンタスムについての制止の解除を意味するのであり、それなくしては、分析のプロセス自体が行き詰まってしまうだろう。ここにおいて、抑圧が〈自我〉内部の欠落と等しく、もろもろの力と〈自我〉自体の価値の制限に等しいのであるとすれば、抑圧の除去の方は、能力［精力］を、自信を、そして何よりも自らの力と将来への信頼をもたらすのである。

「あなたの言葉が私に残した印象を、どう言ったらいいのかしら」、とオルガは言う。「私はまだ驚きから覚めていないのですが……。まるで、あなたから何かの力を受け取ったような感じなの。とはいえこのあいだは、すっかり落ちこんでいたのに。それなのに、ここを出たとたん、あなたのおっしゃったことをもう一度自分に言い聞かせたの。そうしたら、あの不安がすっかり消えてしまった。この週みたいに泣いた週はあまりないわ……。それはまるで突然光が射してきたみたいで……。そして昨夕は私、……いいえ、そういうことについては誰にも話したことはないの。要するに、目覚めたかのようなの。快感を感じたの……。」「今や、私は自分の力を試してみたくなって、あらゆる男性に微笑みかけるようになったし、そうすると男の人たちはやさしく微笑み返してくれるの。それに、驚くことには、みんながお愛想を言ってくれる！」

さて、前回の診療で、われわれは同時に、彼女がどのように理想化によって到達可能な現実を自らに禁じているかを理解し、さらには、実際上この禁止には、彼女の父の男性性へと接近することを母が禁止するという意味をいかに多く含んでいるかを理解してきた。イマーゴを権力の座から降ろすことによって、問題の核心、つまり自慰へと至る道が開けた。何回か治療を重ねた後、オルガは、まるでその手が彼女の手ではないかのように、「片方の手が冷え切ったまま」、やってきた。ここで問題になっているのは、彼女の母が以前触れることを禁じていた対象すべて、なかんずく彼女自身の性器である。この「冷え切った」手は、禁止する母の〈イマーゴ〉への服従の証拠に他ならなかった。

「ペニス」の理想化こそが自慰の抑圧の原因だと考えることで、エネルギーが解放され、また、見て分かるように、自分自身の性の力への信頼がもたらされる。それは子どもから奪われていた——そして今や回復された——力であって、各段階に固有の〈原光景〉の登場人物に同一化し、その同一化によって得られたオルガスムの享楽によって同一化の一時的な正確さを実証する力である。[☆3☆4]

これらの命題について、より具体的に直観していただくために、短めの一続きの或る分析治療（二十回ほどのもの）を読者にご紹介するのが適当だと思われた。ハンガリー出身の若い女性、イーダは、情動面および職業面での数多くの困難から解放されようとして精神分析の助けを求めていた。

「私は、ジャックが皿洗いするのを見てショックだったんです。まるで私の隠していた部分を露わにされたみたいで恥ずかしかったのです。私は裁縫ができないんです、繕い物とか、縫い物とか。私は女性の身体を持っていることが恥ずかしいんです。私は、ジャックが……どう言ったらいいか……女性になるのを見るのが恥ずかしかったのです。もちろん、彼が女性であるのはそのためではないのだけど、でもあれがどうしてあんなに不安だったのかしら？」それはつまり「女性」という言葉があなたにとって通常の意味を持っていないからです。「女性」であるとは、あなたにとっては「性［性器］を持たない」ということなのです。あなたを不安がらせたのは、ジャックが「性［性器］のない存在」になるかもしれないという考えだったのではないか。「分からないわ。頭がごちゃごちゃになっていて。どうして私は松明（ペニスに対する名称）を持てば、すべてが手に入れられる、それは素晴らしいことだなんて考えたのかしら？　どうして私はそんな強大な力を男性のものだと考えたのかしら？　男は本当にそうなのかしら？　違うわね、そんなことはないもの！」いずれにしてもあなたにとっての男たちは、あなたが描いたような存在だとしたら、あなたが松明をうらやましがる気持ちは分かります。「ジャックはそんなふうじゃない。私の父も、祖父も、誰もそんなじゃない。それは私が勝手に考えたことなの。母にとっては女はみんな敵だったわ。オリヴィエは、彼は、ちがう。オリヴィエ、私の兄弟のオリヴィエは、彼は友だちでいられた。彼は他の男たちに向かって、ほらこれが僕の母だ、彼女は素晴らしいんだって言えた。母自身が、自分の母に捨てられたのだった。母は子どもはへそから生まれるんだって信じていた。去年私たちが言ったのとすっかり同じ。子どもは母に「下半身」を与えなかった。私にとって、子どもは、「下の方」の生命、下の方にあるものすべて、下から生えてくることのできるものすべてなの。それに、彼女は黄疸になった、母は。

結局、私も母のようになる定めだった。(彼女が黄色でかつオレンジ色をした子どもを産んだ夢の想起)。結局、私は彼女にとっていくらか敵のような者になる定めだった。だけどまた私は友だちでもあった。どうして母は私に、お前は決して美しくはならない、シュザンヌほどには繊細にも敏感にもならないだろう、なんて言ったのかしら? 母は私を守ってくれたことがなかったし、本当の意味で私を支えてくれたことなんて一度もなかった。私のものなんて何一つなかった。何もとっておかなかった。自分のものはいつも人にあげてしまった。」

イーダにとって「女性」は明らかに「去勢された男性」に等しい。男性を去勢しようとすることは、唯一の性である男性の性を、それが含み持つあらゆる「利得」とともに獲得したいという欲望によって正当化される。解釈は二重の意識化を目指している、(1)渇望されるペニスの理想化された性格、(2)この理想化の主観的性格である。

イーダは既に「女性」とか「ペニス」が彼女にとって何を意味するかということの根源に自分がいることに気づいており、それゆえ重要なのは外的な事実、絶対的で揺るがしがたい事実ではないということも理解しているのであるから、彼女は今やそれらの意味作用を超えたと

☆3 このことは真実すぎるほどに真実なのであって、それゆえ、去勢者への同一化、「自体愛」の禁止者への同一化さえも自慰のファンタスムを経ずにはなされないのだ。この同一化がなければ——たとえそれがどれほど逆説的で神経症的なものであっても——禁止は現実の去勢に等しくなってしまい、それは急激な発作[全生活機能の突然の崩壊 sidération]や極度の緊張といった状態となって現われることになる。精神病的な自己去勢は、同じくらい致死的な制止を除去するために、窮余の一策として、これもまた致死的な同一化を試みるという意味しか持たない。

☆4 子どもに成熟をもたらす同一化を危うくする二種類のやり方がある。(1)子どもが行なう加工作業の試みの有効性を確認させてしまうオルガスムを禁止すること。(2)ファンタスムを、対象指向的な現実(誘惑)に置き換えることで、消滅させてしまうこと、である。後者の場合、ファンタスム的同一化は、一足跳びに、未熟なまま実際に現実化されてしまう。この心的外傷から生じる制止の麻痺的効果は、あらゆる点においてもう一方の過剰から派生する効果に匹敵する。自慰を制止された女性が暴行場面を述べる虚言症にまで及ぶようなファンタスムを抱いたり、早熟状態で強姦された女性がオルガスムを制止された者のように振る舞ったりするのはこのせいである。

ころまで、意味作用の発生つまり「私の母」の方へと行くことができる。母がこんなふうに私の中に生き続けているから、私にとって「女」は「去勢された者」、「下半身のない者」、「化け物」を意味するにちがいない、またelse だからこそ、私はペニスを羨望し理想化しなければならない。不完全で、空虚で、欲求不満であるがゆえに、〈母〉は、イーダの価値を貶しめ、彼女の生成変化までも去勢するのだ。彼女が自分のものをとっておくことができないのは――彼女には分かっているのだが――そのせいである。

「かわいそうなお母さん、彼女は完全に見捨てられたと感じている。母は、私がもう自分の赤ん坊のことしか構わないと思っている。私は蛇の夢を見たわ。蛇は私の乳房から出てきて、他の人々を噛みそうになった。産婆が、赤ん坊はもう出かかっていると私に言った。かわいそうなお母さん。今日電話をしてきたんだけれど、それはジャックとしゃべりたいだけだった。きっとすごく寂しいんだと思う。児童養護施設には女の子しかいなかった。それから、あの親切なお医者さん、年寄りでお人好しの。私は彼が大好きだった。お医者さんは私に注射をしてくれた。学校には男の子もいた。母は私を時間通りに学校にやってくれたためしがなかった。いつだって、少しでも長く母と一緒にいられるように、遅れて登校しなければならなかった。休暇もできるだけ延ばそうとした。母は学校が嫌いだった。でも、学校というのは力、権威、規則正しさ、安全。私は学校が好き。(イーダには大学での勉学を続けることについて強い制止が働いている。)」

イーダは、彼女と母との関係の意味をさらに深く掘り下げ続けている。今や彼女は、もしも彼女に赤ん坊ができたら、母は「かわいそうな」状態になると理解している。娘と母は分かちがたく結ばれ合っており、一方が他方の空虚を補完している。

毒牙を突き刺す蛇-赤ん坊と注射針を刺すお人好しで年寄りの医者とのあいだの等価性。それらはイーダにとっての快感-対象である。それらは母にとっては危険である。彼女自身感じていることだが、これらの快感-対象のおかげで、彼女は自己解放できるかもしれない。彼女にとっては、そのことがなぜ〈母〉が彼女を学校という「力」、「権威」と接触させまいとするかを説明してくれる。イーダは同様の理由から診療にも遅れてやってくる。「空虚」で「下半身のない」〈母〉は、――彼女の空虚を埋めるために――イーダを自身のための快感‐対象として自分の身辺に置いておかなければならないのだ。要するに、自律してペニスを用いて快感を享楽するか、それとも〈母〉に属する付属品となるか、これが彼女のジレンマである。もしも私が自分の快感を得るならば、〈母〉は快感を欠き、空虚になるだろう、こう考えるのは私には耐えがたいのだ。

「私は私たちが母に子犬を飼ってほしいと要求する夢を見た。私がではなく、私の夫が。子どもの頃、私はおしっこを我慢するのが好きだった。アイロン屋のおばあさんは、私が片足を交互にあげるのを見ると、すぐにトイレに行くようにと言うのだった。おかしなことね、セックスをした後も私はトイレに行く……。女の子には何もないって、いつもみんなが私に信じさせようとした。いろんなものが出てくる穴があるだけ。それは何も中に留めておくことができないにちがいない。あの小さな熊ちゃんは私を笑わせる。私はそれを赤ちゃんのために買ったのだけれど、今のところは私のものにしている。私は処女のように狭くきつい。私はペッサリーをつけることができない。血が出るし。トイレに落ちてしまう。今日はあなたに「治療代を」お支払いしますわ。」

〈母〉に要求しなければならない何かがある。遊ぶため、それを使って享楽を味わうために、「おしっこ」を我慢する自由である。こういったことすべてを話すことは、もう既に鬱的な絆の解消の糸口である。イーダは〈母〉を安心させなければならない。彼女は母をかわいそうな「貧しい」状態に陥れないように努める。それどころか、彼女は母に報いる「支払う」のであり、いずれにせよ、彼女の内部は、どんなものであれ何かを留めておくにはあまりにも狭い。「だから、自分ひとりで満足するなんてことは論外だし、あなたにとって危険はない、あなたはいつまでだって私を付属物として自分のものにしておける」。ここでは、出さずに我慢できるということは、自分自身で快感を得ることができる、それゆえ自立することができると主張することだ。今や、イーダ自身の「下半身」が話題の中に入り始めていることに注目しよう。

「ああ、出産した時には子どもをお腹から出すのにすごく苦労しました。それから、突然、私はここで私がお話ししたことを思い出して、あなたの名前をすごく大声で呼んだんです。大声で、そしたらうまくいったんです。不安な気持ちが落ち着いて。私は、料理のせいで遅刻したところだったのです。それから、ご存じのように、仕事を辞めました。そしたら、突然、私は本当の女になったんだ、と思ったのです。」本当の女？　それってあなたにとってどういう意味なの？「そうね、洋服を何着か持っていること、パーマ屋さんに行くこと、時々五分ぐらい休憩をとること、牛肉の赤ワイン煮込みを上手に作れること。でも、あなたの言う通りね、何か変なの。ジャックが机に向かっているのを見たの。彼は何か書いていた。私も同じようにしてみたかった。私はまるで……うらやましくてたまらないみたいに。私の勉強……それがまだ私の心配の種なのね。まだまだいくつもの山を越えなければならない。（これは彼女が母と一緒にいくつもの山を越えるという彼女の見た夢についての喚起である。下は谷底で「それは恐ろしい」、それはカニの箱、大きな赤いカニの箱である。）母がこの台所にいる……恐ろしい台所。その日私は私に母が二人いるような気持ちになった。一方はいつもの母、やさしく微笑み、話もでき、いろんなことができる母。もう一方は知らない女、把えようがなくて、不可解（台所で見た光景への暗示。或る日彼女の母は父と激しく言い争って、父を傷つけた）。そうそう、私は小間物屋がでてくる夢を見た。そこではボタンを売っているの。私は裁縫箱を一つ買いたいと思っていた。」

イーダは私を安心させる。私は彼女にとって良き存在であり、私の力で彼女はその子どもを生み出すことができたというわけだ。彼女が自立していると主張することにもう危険はない。しかし、私は果たして彼女にもう一つの快感、真の快感、まさに彼女の〈母〉が禁止した快感を許していただろうか、つまり彼女の就学を？　それは問題外だ——と彼女は言う——、なぜなら彼女は今や「本当の女」、いいかえれば真の去勢された存在であると感じているからだ。しかし、それよりも母に所属する関係から解き放たれることの方がずっと良い。傷つけられ、補完も破綻すれば、〈母〉は、台所の光景のように危険な存在になるだろう。それに、イーダが「本当の女」であると主張する時と同じように、自分自身の完全性を断念することも、同一の危険を孕んでいる。つまり、不満に起因する攻撃性である。したがって、完全な制止以外にはいかなる解決策もない。ちょうどまた「おしっこを我慢する」時のように、学ぶこと、我慢［保留］することをとるか、それとも性交において享楽するか、これらは禁じられた領域である。空虚な〈母〉はイーダを離さない。彼女は、イーダが遠ざかり、あの「力」の方に行くことを妨げる。

「時間通りに来ることができない。私はいつも遅刻する。」学校でもそうだったわね。「それでいつかあなたを怒らせてしまった。今ではもう赤ん坊をうまく扱える。母が私を学校にやってくれなかった時は、面白くなかったし、怒りたかったけれど、結局最後には私が折れてしまった。また勉強をやり直すと思うと不安になる。例の山の夢についての話だったわね。私は母と一緒に、彼女の後ろにいた。すごく怖かった。下の方はひどい状態だった。」ちょうど、この〝下半身の〟生活すべてと同じだわね。「それから私はすごく怖かった、落ちるのが。そうね、昨夜、私は夢を見たの。私は何か砂か粘土のようなものの中にいる。穴がえぐれていって、私はだんだん中に落ち込んでいく。助かるには何かの動作を、何かの動きをしなければならない気がした。抵抗もできずなるがままに任せなければならなかった……何かの動作、どんな動作かは分からないけれど、それも決定的な動作をしなければならなかった。穴の縁には、誰かはっきりしない男の人が一人いる、顔が見えなかった、誰かは分からなかった。中立的な無関心な人（分析家）。私は彼が私を救い出そうとしているような気がしたけれど、同時に彼には力はなく、全然私の役には立たないという気がした。そして、相変わらず例の動作は模索しながら、私はますます落ち込んでいったわ、どうしてもその動作を探し出さなければならなかった。でも、最後にはそれはもうそんなに悪いことでもなくなった、私はそれでも何とか救われることになるだろうと思っていた。後はもう分からない、後はもう分からない。それはまるで出産みたいでもあった。」

「登山の夢」(彼女は母とともに頂上にいて、下には谷底とカニ)の記憶は今や彼女にもっと最近の別の夢を思い出させる。今度は彼女は「下の方に」しかも一人の男性とともに、それも谷そのものの中にいる。今や彼女は谷を探索しようという気になっているのだ。彼女は自分自身を谷の内部に導き入れる(自分の体内の赤ん坊のように)。彼女は今や彼女を貫くであろうペニスと同一化しようとしている。彼女は安心している。ペニスは危険を冒しはしないだろうし、享楽を味わいさえするだろう。自慰における二重化におけるように自らを貫くこと[貫かれること]、「内部」に自ら引き込まれるがままになること、それは既に、男性との関係を企てることが可能だということであり、それゆえ「山の高み」からの解放、すなわち、「下の方」を「カニのいる谷底」にしてしまっている母との関係からの解放が可能であるということである。夢のオルガスム的側面は数回後の診療で明確になる。子どもが母から離れる時、「それはまるで出産みたいだった」のである。この分離は挿入によるオルガスムのおかげで生じる。つまり、この時点でイーダは、かつて〈母〉にとって自分がそうであったところの人形を自分のものとして手に入れている。そして今や彼女は自分で人形を操り、新たな問題、すなわち性器的関係という問題に取り組むことが可能になっている。

「ジャックに抱かれると、私はパニックに陥る!　私はあなたの言う内部の廊下のことを考えた。私は婦人科医のところにいた。今度は全然怖くなかった。私は完全にリラックスしていた。ジャックに抱かれる時、私はふりほどくことができなくて、足をばたばたさせる。私は誰かが私を縛り付けようとするのが嫌いなの。でも、彼に愛撫されると、いい気持ちなのに、ひどいパニックを起こしてしまう。それから別のことを考える(彼の生まれた町、今でも彼の母が住んでいる町のことなど)。子どもの時私は醜くかった。それは私がそう望んだから。私はよく思ったわ。私は自分の意志で、仕事の能力でこれを乗り超えてみせるって。間断なくバゲットを食べていたものだから、太っていた。それは許されていた快感だった。」別の禁じられた快感の代わりってわけ？（イーダは笑う）「おっしゃることは分かるわ。いずれにせよ、あなたは私がジャックと同じくらいあなたのことも怖がっていると言いたいんでしょう。私がいつも遅れてくるのはそのせいかしら？」

〈母〉は今や「内部の廊下」を付与されている。彼女の身体はもはや空虚ではない。それによって、イーダの方は、自分自身の内部について語ることができる。「下半身なき女性」はもはや彼女を自分に縛り付ける恐れはない。今や彼女は性行為を前にしてのパニックを転移の中で加工し練成しようと企てるつもりだ。

「母にとって私は着せ替え人形だった。私は森の中を、その土地を（彼の父の土地を）裸で歩き回ったことを思うと恥ずかしい。ジャックも、あなたと同じように、私は彼を避けているって言う。でも、彼はやさしいし、それなのに、私は彼に対して発作を起こしてしまう……。私は彼と離れて絨毯の上で寝た。そしたら、そこに彼が来て、結局絨毯の上で一緒に寝た。ここに来ると、いろいろな物が見えるわね。子どもの時には、ベッドの中にじっとしていられなかった。それは退屈だと思っていた。それで部屋の中のいろんな物をずっと眺めていた……。母にとって……おかしなことね、私は人形だった。時には母は私が彼女の母になることを望むの。彼女の側にいる時、私は消え去ってしまったものだわ、私は私としては存在してはいけないの。母は私が世話をするのを、それも彼女の世話しかしないことを本当に望んでいるわ。母が電話をしてきた時、私は病気だし、疲れている、子宮筋層炎だと言った。よく考えると、私の赤ん坊って面白い。ほとんどカゴの中にはいってしまうし。赤ん坊っておかしい。今ではペッサリーをうまく使えるけれど、まだ少し怖い。私はジャックに血が出るのよって言ったわ。」……それで内部の方が良くないと。「昨夜、夢を見た。そうね、その夢の話はしないでおくわ。あなたにとっては、退屈でしょうし、そんなことで時間を取らせるのは嫌だし。ギャルリ・ラファイエット［パリにある百貨店］でのことだった。ジャックと一緒にカーテンを買いに行ったの。六階にいた。突然火事になった、炎と煙。ジャックは七階まで上がった。降りるよりは上がる方がよかった。ある日、彼は本当に火事になっている家で消防士のようにふるまったことがあるの。セックスをすると燃えるって言っていた女友だちがいる。彼がどうして上がっていったか、私はいくつか理由を考えたのではないかしら？　私は下の階に残った。そして、気を失ったの。砂の中に落ち込んでいく夢と完全に同じ感じだった。どうしてこんな夢を見たのかしら？　ジャックは時々私にアカンベーをする、それは恐ろしい。（われわれはここにフェラチオに関する問題があると分析する。）このことを話せるっていうのはいいことだわ。あなたは火が怖くないでしょう。」

「それは同じ感じだった」。しかし、もはや同じ象徴ではない。「谷底」の夢ではイーダは自分を自分自身の中に挿入しているとすると、「火事」の夢では彼女は自分の中に男性の舌（ペニス的機能）を挿入することを企てているのであり、彼女は、「火」（「松明」というのが彼女が子どもの時にペニスに与えていた呼び名だった）を恐れないし、それはここで父的なイマーゴを代理表象している分析家が、イーダの「内部の火」を恐れないのと同様であるというのだ。

「私はもうあなたと一緒にいるわけにいかない、もう帰るわ！　第一、ＳＮＣＦ〔フランス国鉄〕の割引〔縮小〕が手に入ったし。」自己の縮小。私からあなたへと手渡せるものを、私が何一つ持たないように。だって、パパからは何も取ってはいけないといつも言われたわね！「夢を見たわ。ブリジット・バルドー〔フランスの女優〕と一緒だった。私はだだをこねて、足をばたばたさせた。それが欲しい！　それが欲しいのよって。欲しいのはワンピースだった。私は海水浴場の父のことを考えた。父はパンツの中に何か持っていて、そのせいで私と遊ぶことができなかった。」パンツの中のＢＢ《べべ》〔ブリジット・バルドーのイニシアルで、赤ん坊（bébé）と同音、ペニスの意味もある〕もやはり問題外なの？「そうそう、或る時こんなことがあったわ……小鳥を買って、家に持ち帰ったの。その鳥はすぐ死んでしまった。ひどいわね。そう、海水浴場で、私は思った。父と遊ぶためには父はパンツの中にあれを持っていてはいけないって。いつもみんなが言うには、離婚話がもちあがると父は私を連れ去ろうとしたので、私を祖父母の家に隠さなければならなかったんですって。祖父母が私を守ってくれるだろうって。あの小鳥、かわいそうな小鳥、私は十分に暖かな小さな巣を作ってあげたかったのに。」あなたは、何としてもその「小鳥」をあなたの中に暖かく迎えてあげたかったわけね。でも小鳥にとっては内部は快適ではないだろうとあなたには思われる。それだったら小鳥に近づくよりも、出ていってしまった方がまし。第一、みんなはあなたがパパから遠ざかるようにって忠告してくれたじゃない。この出会いはあなたにとっても彼にとっても危険を意味していたのではないかしら？

しかし、欲望が明確化するその瞬間に、母の方からの禁止もまた露わになる。「お前がBB《べべ》〔赤ん坊〕を持つなんて問題外だ」。イーダはそれゆえ、〈父〉のペニスの効力を無化すべく、それを「縮小」する。――こうして彼女はそれをつかまえて彼女の中に挿入したいという欲望から保護される。危険という考えと、禁止を課す〈母〉という考えが、同時に出現している。解釈は、この運動をめぐってなされる。

「私は母の家に引きこもった。病気だった。吐いた。母は、料理の秘訣を決して教えてくれようとしなかった。ただタマネギとパセリを刻ませただけ。料理法そのものは絶対教えなかった。」ちょうどお父さんに近づく術を教えてくれなかったようにね。「昨夜夢を見たわ。それは映画みたいだった。それはまた、出勤するところみたいだった。うんざりするようでいて快適。円形競技場があった……中にはライオンがいるはずだったんだけれど、実際には外にいた。それは円形競技場のまわりを走りまわっていた……。私は男友だちと一緒で、彼に私を守ってと言った。私は彼の隣にいて、私たちもやっぱり走っていた。ライオンも私たちと同じ方向に走っていた。ライオンは男の人みたいだった。変ね。私は振り返って、それがダンサーのような跳躍をするのを見た。それは空中で大股開き《グラン・テカール》をした……。私は指名〔辞令〕を受けるために出頭した。五十人もの人を前にして話さなければならないというのは緊張する。でもそれをやってのけた。今月はいくらお払いしなければいけないのかしら？　その場では私はすっかりあがってしまって、話す勇気が出なかったの。あなたに言いたいことがあるのだけれど……。分かるかしら、私はずっとそれは私の中では死んでしまったものと、完全に死んだものと思っていたわ。それから、今、私は何かを感じた……私の膣は感じやすいってことを。それはびっくりすることだわ。私は快感を感じることができるかもしれないって感じたの。以前はとても怖かった。今や「それ」が来るの。もう恐がることはできない。そう。それはもうそこまで来ているって感じる。それはもうそこに来ている。分からないわ。ジャックとはそのことを話さないの。彼が恐がっているような気がするから。それが解決しなかったら、今度は彼が分析を受けるべきかもね。おかしいわね、まるであなたがそこにいないみたいにあなたに話している。まるで、ちょっと、何も言うことなんかなかったみたいに。」おそらくあなたの快感を私が恐れるだろうとあなたは思ったのではない？「どうして突然パパとママのこと、ドイツ人のことを考えたのかは分からない。彼が私に会いに来るとママは不機嫌だった。ママは嫉妬深かった。それから、パパが私の手をつかむと、いつもいろんな事が起きるかもしれないっていう風だった。みんな邪険だった。でも、パパはハンサムだった。でも、パパとママが離婚するってことは周知のことだった。私だって、母と父が一緒にいなくても、そういう二人から生まれることだってありうることは知っていた……。それから、私は母がどうにかなるんじゃないかって心配だった。不幸になるとか。私は自分が幸せだと感じている……。母が私に対してつらく当たるのじゃないかと思って、すごく怖かった。母が、パパにしたみたいに、怒ったり、叫んだり、ひどい悪態をついたりするところが目に浮かぶ。そうならずに済むものなら何だってしたでしょう。私が寄宿舎に入っていた時ほど母が幸せそうにしていたことはないわ。でも、今は分からない、もう母を怨んではいない。あの頃は、私は憎しみでいっぱいだった。それはだんだん小さくなってきているけれど。彼らのことは私の責任じゃないって思うの。馬鹿なことを考えたわ。私には可愛い赤ちゃんがいるけどあなたにはいない。たぶん、これは実のところは本当でないかもしれないけれど、それは全然分からない。でも、そんなふうに考えている、それに……ちょっとかわいそうだなって思う。馬鹿ね。いくらお支払いすればいいんでしたっけ［私は、どれほどあなたに負っているのかしら］?」赤ん坊の代金として?（イーダは笑う）「ううん、そういう意味で訊いたわけじゃないのよ。変ね、まるであなたから何かを取り上げるのが私にとっては快感であるみたいね。こんなのは馬鹿なことね……」

障害物が命名されたことで、体内化の欲望は表明されうるものとなった。「ライオン」という複合的な象徴（男性［人間］にして男性［人間］を捕食する者）はペニス（対象－快感）のイメージと男女の性愛の動作（「跳躍」と「大股開き」）を同時に凝縮している。ペニスを挿入することによってオルガスムを感じたいという欲望は、統合を求めるが（ライオンは彼女の「後から走ってくる」）、彼女はまだそれをすべて完全に受け入れることはしない。ライオンはいまだ「外に」留まっている。欲望（ペニスによって［をもって、とともに］享楽したいという）は明確になっているが、前回の診療で問題になっていたオルガスム的感覚を自分が感じ始めていることについてイーダは恐れを感じている。その感覚は母との関係の切断を意味するのだろう。欲求不満に陥り、傷ついた〈母〉は、かつて〈父〉を傷つけたように娘を傷つけるのではないだろうか? けれども、オルガスム的快感に向かう出口を垣間見ているということだけで、イーダは以前は制止されていた職業的活動の再開を企てうるのだ。

「私は不眠症になってしまった。夜、眠れなかった。眠るより他にしなければならないことがあるみたいに。でも、夢は見たの。プールの脇にまるで売春宿みたいなものがあった。そこには女がひとりいた、娼婦で、かなり感じのいい、全然意地悪な感じのしない人。暑かった。たまらなく泳ぎたかった。彼女の方は嫌がっていた。でも結局彼女の方が折れたわ。それから、四人男の人が現われて、ひどいことに、私に……掃除婦の仕事をさせたがっていた。私はもうぞっとしたわ、そしてみんなで出かけたの。次には私たちは列車に乗っていた。私は言ったわ、助けて下さい、ひどいことをさせられそうになっているんですって。そういう状況だったけれど、私はすごくうまくやった。兵隊さんに声をかけて、私のために一肌脱ぐのは彼の市民としての義務だって言ったわ。彼は電話番号をくれた。結局のところ失敗したっていう気がする。もう、ひどく眠くて、あんまり眠くてまわりに何があるか見えないの。いくら支払わなければならないんでしたっけ? 夫は、私は頭がいいって言うんだけれど。それは良いことだった、なぜって、まるで私を外側から安心させてくれたようなものだから。女なんて何の価値もないなんてどうして考えたのか分からないわ。それに、主導権を握って、いろんなことをするのは男の人たちの方だし。そうそう、私は指を切ったわ。昨日は一日血が止まらなかった。どうやって指を切ったのか全然分からないの。ナイフでかしら? すごく血が出たの。なぜかしら? どうやってこんなことをしてしまったのかしら? ああ、眠い。それに、身繕いをしようって気にならなかった、服を着る気になれなかった。でも、今月はいくらお支払いしなければならないことになるのかしら? それがいつも分からなくて、困ったことだわ。」今のところは、あなたは自分の内部で感じた快感の代償として指一本を私に負っていると考えているのよ。「故郷の海辺で、私はいつもひとりだった。他の子どもには多分親がいるのに、私はいつもひとりぼっちだった。」本当にそう思う?「ああ、おっしゃる通りね、確かにあの時はそうじゃなかった……。でも、あら、夢の中では同じ海岸だった、ほらあのパパを見た同じ海岸。」

イーダは、罪悪感から、先の動きを取り消そうとしている。彼女は私にこう言っているのだ。「ほら、私は何も挿入していないし、何もしていないわ、第一、女には何もない、女には「下半身」がないのだし、だからあなたは何も恐がることはないわ、私はあなたの人形のままよ。」ペニスと指のあいだに等価性が導入されている。彼女はどうやって指を切ったのだろう? 彼女は、〈母〉ならその傷について責任を負いうると確信している。イーダが指-ペニスを自らに挿入したり、母から解放されたりすることを妨げているのは母ではないのか? しかし、この「指」(彼女の対象-快感)は〈母〉によって引き留められているのだから、彼女は自分の指を切ることによって、自己攻撃的にではあるが、母への従属の絆を断ち切ろうという欲望を既に形象化[比喩化]しているのである。

「昨夜、パパが死んだ夢を見たわ。私たちはCにいた……。現実にはもうしばらく両親からは手紙を受け取っていない。父が死んだのだから両親から音沙汰がないのはあたりまえね。彼は車に乗っていた。ママが一緒だった。鎮魂碑の前に着かないうちにパパは具合が悪くなった。そして運転ができなくなった。ママは別の男に火を貸してもらおうとしていた。それはパパの調子がよくないというしるしだった。パパったら注意をしなきゃだめじゃないのって私は思った。そしたらパパは死んだ。心臓だった。でもちっとも悲しいことなんかなかった。それなりに感じることはあったけど、ちょうど祖母が亡くなった時と同じ。強い感情ではあるのだけれど、何かよそよそしいもの。いずれにしても、私には理解できるようなこととはまるで関係のない感情。それはむしろ恥ずかしいっていう感情だった。そして、夢の中では、私はその町を離れなければならなかった。私は母と一緒にいた。私は出発したかったたのに母が反対した。いつも同じ脅し、神経の発作……。いっそのこと言うことをきく方が良いだろうって私は思った。だって、それがいったいどんなことになるか、私に見当がついたためしはなかったから。パパが死んだって教えられた時には、もう疑う余地はなかった。私はママのことを考えて、パパはずいぶん苦しんだかもしれないけれど、もう大丈夫ね、って思った。死んだ人のことをあれこれ悩む必要はもうないから。だんだん死が怖くなってくる。私はまた仕事をし、読書をし、考えることを始めた……。それって大切なこと。それから、あの集まりに行った。私はぜひ発言したかったのだけれど、しなかった。私はいつも指名されるのを待っている。そうすれば勉強する時間ができるでしょうから。私の父は、かわいそうに、いつも母に脅されて、いつも捨てられそうになっていた。それから、いたるところが火事になる夢も見たわ。左も、右も、下も、上も、前も、後ろも。面白いわね。」

彼女は「母の火」である「父」を「死な」せる、つまり彼を〈母〉から切り離す。しかし、この〈父〉はまた、彼と同じように〈母〉に拘束され捨てられる脅威に苦しんだイーダ自身でもある。イーダの欲望は明確化されている。〈母〉から自分を奪い返すことである。しかし、今回は性愛のエディプス的快感の自律性を獲得することにおいてそうするのだ。しかしながら、罪悪感が再開し、夢の第二部はイーダが再び〈母〉の補完物になったことを示している。とはいえ、関係を断ち切ることへの彼女の恐れはますます緩和されてゆくだろう。彼女は様々な活動を再開しようと企てており、全空間に、ということは彼女の全身体に「火」を（「火は生命なのです」）備給するのである。

「また遅刻してしまった。昨日は私たちの結婚記念日だった。私は彼にパイプを贈った。去年は私の結婚についてあなたにはほとんど話さなかった。黙っている必要があった、言ってみればそれを盗む必要があったの。とても満足しているわ。もう前のようではないけれど、まだしなければならないことは残っている。それに、私はいつもあなたの決断を待っていた。今は、決断するのは私の方。昨夜はすごく変な夢を見た。家で一種の政治集会のようなものが開かれた。何か怪しかった。夫も家にいて、私の正面にいた。私は髪を梳こうと思って、鏡を探していた。浴室に行って、そして、何て恐ろしい、私は見たの……私には見えたの、私の頭蓋が。上にはまだいくらか髪の毛が残っていたけれど……ブラシ程度……毛髪が何本か。うなじの上の後ろの髪は、残っていたが、垂れ下がっていて、まるで焼けたみたいであった。それはおぞましく、醜かった……。私は助けを呼んだ。早くして！　すると、誰かが言うの。「そう、これは重症です、治療を急がなければ」って。それから私は夫のところに帰る……。私は彼に言うの、大変な危険なのよ、破滅だわ、でも、夫は分かろうとしてくれなかった……。十歳の時、私は思ったの。もし彼らが死んでしまったら、孤児になったら、どうなるんだろうって。私はいまだに両親にいてほしくてしかたがない……。夢の中で昔の女友だちに会った。私は彼女をぎゅっと抱きしめた。私と女性たちとの関係には隠されていることがたくさんある。あなたが火を恐がらないって考えるとうれしいわ、それはつまり私が生きられるようになるってことなの。世の中の人たちは、これは私には発見だったんだけれど、世の中の人たちは本当には生きてはいない。彼らには精気がない。夫はくすぶっている火ね。彼は私をすごく信頼しているの。私がどうしても言いたいのは、私は幸せだけれど、でもたちまち破滅のことを考えてしまうってこと。」

「髪を梳く」、「自分に触る」、これはつまり自慰するということであり、危険にさらされていること、脅威を及ぼすことを意味する。夢の意味は後で明らかになるだろう。イーダは或る光景の記憶を見つけようとしている。自慰という考えは、両親の死によって解放されたいという欲望を含んでいる。「集会〔結合〕」という語が意味するのは、性行為によって結ばれる両親の結合に似た自己対自己の結合を自分に触れることによって実現するということである。

「或る日男友だちが言った。君は、スタートは遅いけれど、いったんエンジンがかかると、猛進するね。私は汽車と、誘拐犯に狙われている子どもの夢を見た。列車は海岸と海水浴客のあいだを通る。線路を横切らなければならなかった。撫でた人の腕を咬んだライオンのことを思う……。私はジャックが怖い。私はいつもすごく手先が不器用だった。裁縫をすれば指を刺したり、指を切ったりした。ところで、いくらになるかしら？」何の支払いが？「分からないわ。借金を計算するけれど、うまくできた試しがないの。あなたから言ってほしいわ。お金に触るのは好きじゃないの。それは母の特権。金庫を自由にできるのは母。お金、引き出しを開けて、お金に触るのは……、私にとっては、火に触れるようなもの！」松明に？（イーダは笑う。）「変ね。前に、私が来なかった時も、あなたは待っていてくれたって考えるとうれしかった。たぶん、あなたは分を数えながら私を待っていてくれたのね、だって、その時間は私のものだし、私のための診療時間だし、誰も私の代わりには来れないんだもの。そして、あなたは……、あなたは私のことを考えた。でも、私が治ってしまったら……、私が言いたいのは、すべてがうまくいったら、また仕事を始めて勉強を再開したら、あなたはどうなるのかしら？」私の金庫は空っぽになるでしょうって？　私の部屋が空っぽになることが心配なの？「実を言うと、夫があなたのアドレスを他人にあげたの。それというのも、夫はあなたがいい人で、それはなかなかないことだと思ったからなの。私はそれを自分がどう考えているのか分からない。」それで私が満たされるだろうって思うの？　私は慰められるだろうって？「分からないわ。私にとっては、人生で本当に何かを自分のものにできたのはこれが初めてなんですもの。」

自律、自己の加工〔練成〕、そして同一化が生起するのは、彼女が自慰によって自分の性器と接触したおかげであるとしても、この接触はたちまち肛門的性格を持った、強烈な罪悪感の支配下に入る。「金庫」を操作できること、それを満たし、空にするのは再び〈母〉の仕事になる。イーダは、一時的に奪い取った指の力を、彼女に返さなければならない。そこから、彼女は完全にもとの姿に戻り、再び操作される対象になってしまう。

「おぞましい。赤ん坊の口にキスする人をどう思って？　私は思ったの、すぐにあなたに言わなければならないと。まるで、罰を、夢の中で罰を受けた時のよう。澱んだ水の流れがあって、その中に大きなミミズがいる。そのミミズを食べなければならないのだけれど、それを食べたら、死ぬのかしら？　それは祖父母の家でのことだった。恐ろしいという感じ。大きな、大きなミミズ。プラスティックの器に入れたままにしておいた肉のすり身を思い出す。それが腐って中にミミズがいた。私は、昔ながらの女の立場として、怖いってことを人に見せたくないと思った。夫も、私同様吐き気を催していたけれど、勇敢なところを見せた。ようやく、私は平静を取り戻した。私はその器を大きな容器に入れてごみ箱に捨てた。気を失うところだった。私はどうしても勇気のあるところを見せたかった。それから、馬鹿ね、考えてごらんなさい、その夢を解釈したの。私は精神分析については無知だし、よく考えてもみなかったのに、自然に浮かんで来たの。要するに、私は解釈したの。私は思ったの。きっと私は、性的関係の最中に人は死ぬかもしれないって考えて怖かったんだろうって。ほら、そういうことってあるのよ、新聞に書いてあったりする……誰か忘れたけれど、どこかの大統領か誰かがそんなふうにして死んだって。自分自身の夢を分析しようとするなんて馬鹿ね。」どうしてそれって馬鹿げたことなのかしら？「だって、私は精神分析のことにはまるで無知だし、それに、それはあなたの仕事だし……。結局は、ママとのことと同じ。ママはいつも私に言うの。あなたは馬鹿だって、まるで頭に棒が入っているみたい。いつもママが望んでいたのは、私がママを頼りにすること、完全に彼女を必要とすることだった。変ね、あの祖母の家での夢。台所ってすごく大切だって感じがする。私は祖父母の家にいた時、台所にいた祖父のことを考える……私はちょうど彼の……の高さにいた……私の顔がちょうどそこに……そうしたことは恐ろしい……」あなたの赤ちゃんとしたのと同じことを彼のペニスですることができたって考えること？「あら、それで思い出したんだけれど、私は赤ちゃんの夢を見た、それもとても小さな、ほとんど万年筆ぐらいの大きさしかない赤ちゃんの夢を。それは透明なケースに入っていて、私は赤ちゃんを自分の身体の至るところに入れたの。ポケットの中、引き出しの中、上、下、前、後ろ。それはとても面白かった。」

イーダの罪悪感はもはや単純な制止の形では表現されない。それはイマーゴに対する陽動作戦に限定されている。一見すると抑鬱的であるように見える夢にもかかわらず、彼女は自らを操作する――そしてそれを言明する――ことができる、つまり「髪を梳く」、「自分を解釈をする」、自分に「赤ん坊を挿入する」、「ミミズを食べる」といったように。このことは同時に分析家の機能の取り込みをも意味する。ここで人は母のイマーゴの重大な変様に立ち会っているのだ。

「(ここで話題になっているのは通りでの少女「誘拐」である。)それは奇妙な不快感を私に与えるの。それは台所にある何かのことを考えさせる。その台所が私の頭から離れない。私は夢を見た。みんなが踊っている、私も踊ることにするんだけれど、するとその会場は階段教室になっていて、そこに私は座っている。それから階段教室は台所に変わる。女の人が、カニを、何かほとんど嫌悪を催させるねとねとしたものを、食べるようにと私にさし出す。私はためらう。それから受け入れる。その一部を切り取って、残りは女の人に返す。実際には私は修道女たちと一緒に売春した。昨夜は夫婦喧嘩をしたの。

人々がぜひそうしたいなら、馬鹿でいる権利も残しておくべきだって主張したの。どうしてそんなことを言ったのかしら。誰もが父のことを悪く言っていた。私だけが父を愛していた。結局母は母の両親に影響されたにちがいない……。あの女……彼女が私の夫について言わなかった悪口がいったいあるかしら？　私には双子がいるという夢を見た、それから、私の赤ん坊が、取り外しのできる小さなペニスを持っていて、それは外すことも、また取り付けることも、手でもてあそぶこともできるという夢も。夫とだと決してそんなにうまくはいかなかったし、それでも私は、誰か他の女が私から彼を奪ってしまうのではないかと怖くてやきもちをやくの。」もしかするとむしろまさにあなたたちはうまくいっているからじゃないかしら？「それに家が火事になるのが怖い。夫を傷つけるのが怖い。そう、彼を傷つけるのが怖いの。」ママがパパを台所で傷つけたみたいにね。「あなたは私の夫を分析するべきだと思うわ。」

新たな困難が出現する。〈母〉が握っている肛門についての権能を自慰行為の中に取り込むことによって、彼女はファンタスムの中で〈母〉からの解放を既に実現できるとしても、今度は彼女は、自分のパートナーにとって危険なものとして体験されるこの肛門的権能を引き受けることに困難を感じている。〈イマーゴ〉の中には、一つの矛盾に似たものが存在する。それゆえ、イーダはカニを分け合うことによって部分的な取り込みしか行なわない。しかしながらカニを全部取り込むことだけが「ダンス」と「勉強」（対象的オルガスムと知的活動）に関する制止の除去を可能にするであろう。矛盾はまさにこのためには――彼女は同時に暴力的かつ欲求不満の〈母〉でなければならない、つまり確かに「切り取り」はするが、「それを食べることはしない」（自分に快感を与えることはできない）〈母〉でなければならない点にある。〈母〉に対する暴力は彼女の性器的対象の去勢を内包しているのではないか？

「人々のあいだにはお互いに何か隠れた電波みたいなものがある気がするの。私は他人の秘密を探す。彼らはどんな人間か？　何をしているのか？　あら、きっと私の靴がきちんと磨けてないとか、スカートがだらしないってことに人々が気づくかもしれない。若い時には、みんなに見られたい、みんなが私に恋したら良いって思った。見られること、見つめられること。こんなふうにして、女優になるのね。ここへ来るバスの中でロシア革命についての本を読んだわ。昨日、ジャックは家を出て、旅行に出かけたの、そしたら、私ははさみで指を怪我してしまった。ママは私の世話をするのが嫌いだった。お前は病気になっちゃだめよって言っていた。ハーブティーか紅茶が欲しいと思うの。夜、パパとママが寝る時になると、私はよくお腹が痛くなった。日曜日はパパと一緒にいられてうれしかった。ジャックのお母さんが病気なの。たぶん、子宮に何かすごく重い病気を抱えている。」

ジャックの出発は例の台所の光景と結びつけられている。今度は、まさしく彼女がはさみを使ってジャックを彼女の母から「切り」離そうとしたのであろう。そこから、罪悪感と、自傷行為と病気への不安が生じる。しかしながら、エディプス的運動は明確になる。

「何も飲み込めない。ダイエットしているの。きっと胃に潰瘍か何かができてるんだわ。エックス線写真を撮ってもらわなければならないわね。子どもの時には、絶対に泣き言を言わなかった。絶対に！」でも、子ども用ベッドに寝ていた頃は？「それはそう、実際は、よく泣いたわ。昨夜、夢を見た。山。その中には、すごい価値のあるものが、年代物の宝石がある、すごく固い固い山。ジャックはその中に入っていった。」

イーダは両親の夜の睦まじさを「飲み込む〔甘受する〕」ことができない。夢の山〈母〉は、その内部に大きな価値を秘めている。イーダにとって――彼女はそう暗示するのだが――、その中に入っていって、宝を奪うことが問題なのではない。ことは逆で、彼女はジャックを「山」に返したがっているように見える。しかし、実際には彼女は密かにジャックを自らの協力者としているのであり、彼がその「価値あるもの」を奪ってきて彼女に与えてくれることを密かに期待していることが分かる。

「胃のことで医者に行ったわ。それでここに来れなかったの。それに今月は手元が乏しくて。精神分析はいやだわ。」ここであなたが自分のために「価値あるもの」を奪い取らないといけないとはっきり考えることが嫌なのね。そのせいで、病気になったり、身体が弱ったり、お金がなくなったりする必要があるとあなたは考える。でも、もしあなたにお金がないなら、貧乏になるのは私の方、結局のところ、お金を払ってもらえないのは私の方だわ。「本当ね。自分に何が起きているのか分からないのよ。興奮して攻撃的だけれど、どうしてか知らない。でも、夫のことは、あなたも分かっているように、すごく愛しているのよ、それでも彼がいやでしかたがないのかしら。」自分で自分が嫌になると、あなたが自分にすることは、自分を刺したり、切ったり、傷つけたりね。そうやって、知的な糧や愛を自分から奪う。それって、ひょっとすると、嫌な気がした時に誰か他の人にやりたいって思っていることではないかしら。「修道女たちのところには……、まったく鏡がなかった。夜に私の姿を鏡に映してみることが全然できなかった。」夢の中ではそうしていたわね。「ああ、そうね。私の髪の毛が完全に焼けている夢のことね？」そう、その夢では、なにか〝怪しい〟感じがするっていうことだったわ。「よく覚えてるわ。修道女たちのところでは、全身を洗うことはできなかった。何を言いたいかって言うと、身体を一部分ずつ洗わなければならなかったってこと。それって滑稽よ。下の方を絶対に見なかった。変ね。自分の腕がベッドから壁とマットレスのあいだに落ち、腕が絨毯に触れると、下の方は、それでも、絹のような手触りで、やわらかで、誰かに自分の腕を切られるか咬まれるような感じがする。あんまり変な気持ちになったから、大急ぎで手を引っ込めることがよくあった。」下方にあるものは危険なのね。「思い出すわ。或る日修道女たちのところに来たあの兵隊さんのこと、彼はやってきて……私はあのドイツ人の姿がまざまざと目に浮かぶ。私は……していた……どっちにしても私は寝ていたし……私は……している最中だったと思う……。そしたら彼が言ったの、良い子にしないと、って」そして、あなたが下に手をやったら、と。「そうじゃないの、単に良い子にしないと手を切り取るぞって。それからあれはクリスマスのこと。何かプレゼントをもらえることになった。私は弟が欲しいって言った。私は三歳だった。そういうお願いをしても良いって自信があった。本当はぬいぐるみの熊をもらったけれど、そうじゃないのよね……。それは全然うれしくなかった。弟というのは生きてるものだし、一緒に遊べたし。それに、何よりも、弟がいれば、証拠ができたわけだし！」何の？「私の……私の両親がどこかにいるってことの、そして弟ができたってことは、彼らは存在するってことの。」その証拠というだけなら、妹でも良かったんじゃないかしら？　でも、それでもあなたは弟でなければならなかったってわけね。「弟って何かその先に延長していくものっていうようなもの。そう、弟にはおちんちんがあるし、実際、父のことは知らなかったし、修道院には、司祭と年寄りの医者の他には男がほとんどいなかったし……本当に、あのぬいぐるみの熊は……弟がいればそれは父に向かって延長していくようなものだったろうと思うの。本当を言うと、どうしてこんなことを考えるかって変だけど、それを知らないなんて恥ずかしいけれど……処女膜ってどこにあるのかしら？　入り口すぐってわけじゃないでしょう、むしろもっと上の方よね。ちっちゃい女の子はそれに指で触れることができるわね。そうそう、私は階段を下から上へ進みながら掃いた。始めは、掃くことなんか考えていなかった、ただ箒の柄を手にしていただけ。それを手で扱うことができた。子どものよじ登り方を考えているの。まず足を階段にかけて、それから別の足をそれにくっつける。昇りながら箒をいじるのが好きだった。それを足のあいだに挟むことができた……。」箒は指や腕の延長ね。それはお父さんの方に向かって行った。「分かってもらえるかしら、弟と遊べたかもしれないのよ。それに、小さな男の子って、やさしくって、おとなしくって、それは良いわ！」それは、いつかあなたが説明してくれたみたいに、ママにとっての敵っていうわけじゃないし。

〈母〉から「価値」を「除去して空虚にし」たいという自分の欲望の攻撃性を前にイーダは尻込みする。彼女は私を守るために私を避ける。彼女が、私から「奪い取り」、私を「切り離し」、私を「刺す」ように駆り立てるものを、彼女は自分の中に認めたがらない。彼女をそう駆り立てるものとは、私が自分のために「手離さずにいる」彼女の自律性を奪還したいという欲望なのである。この回の診療は、「ペニス羨望」に至る運動を、生まれたままの状態でわれわれに見せてくれる。そこでは、肛門的〈母〉との葛藤が激化するのが見られる。この種の葛藤は通常自慰に関する行為とファンタスムによって解消される。そして、事実、この点に関してイーダは、最終的には自慰に関係する記憶を思い出して語り、この解決法を彼女に対して断念させたトラウマ的瞬間を思い出すにまで至る。ところが、まさにその瞬間に万策尽き果てた彼女は、「弟」というユートピアの中に「ペニス羨望」を発明するのである。男の子と同じようにペニスを所有することは、女の子の気持ちの中では、数多くの利点をもたらすであろうと思われるのだが、それらの利点はすべて結局はただ一つの利点へと収斂する。〈母〉と調和のとれた関係を保つことができるという利点である。「ペニス」の魔術的な力は何によるのか？　この問いへの答えは三つの異なる次元に求めなければならないが、それを判別するのは常に容易なわけではない。本来の意味での肛門的次元では、身体から分離されていない排泄物の棒として認知されるペニスは、その所有者が自らの括約筋の自律性を奪われていないしるしであるように見える。それゆえその所有者は〈母〉に対して攻撃的になる理由はないし（「男の子って、やさしくって、おとなしくって、それは良いわ」）、罪悪感からも免れている。自己の加工形成の次元と比べて、性器の場所にペニスがあることは同様に興味をそそる。それは自慰に関わる葛藤（そこに指をあてがう必要はない、なぜならそこにはいつも「指」があるからだ）をすべて免れさせてくれるし、その結果、周囲との葛藤も引き起こさない。つまり男の子は快感を得ることができる上に、そのことで「悪い子」にならないですむ。未来は彼の前に開かれている。最後に未来を展望する次元、つまり生殖器に関する予感という次元においては、ペニスは、イーダも述べているように、父へと向かう延長であり、女の子に性器的対象を近づけさせてくれるものでもある。以上がイーダにおける「ペニス羨望」の下に隠された幼児期的な意味であり、この羨望は、見られるように、男性の生殖器官とはほとんど関係がないのである。それは肛門的〈母〉への同一化という自体愛的なファンタスムに対する抑圧の表現である。

「昨夜は奇妙な夢を見たけれど、忘れてしまった。でも、少しだけ思い出した……。その仕事は、私にとって嫌なものではないはずだった。それに、規則正しい生活となるはずだった……仕事のせいで、私はきちんとせざるをえなくなっただろうから。髪を整えたり、おめかしをしたり……そうね……私は歌う、私はパパのように無性に文句を言いたい。私は矛盾だらけのことをしている。仕事をしよう。ジャックのお母さんは元気だと思う。そっちの方は、大丈夫なんだけど……。変ね。私は働いたり勉強をすることが恥ずかしい。私にはその権利がないとでもいうように。子どもの時は、心安らかに勉強することができなかった。勉強って何か破廉恥な特権のようだった。私は自分の楽しみのために勉強をしてはいけなかった。母はよく言っていた。いいから、自分のことを考えるのは後にしなさいって。それに、勉強すればするほど楽しかったのに、そうすればするほど母は悲しそうになっていった、本当に悲しそうに。それは私の中に釘が刺さって抜けないままになっているみたい。彼女はあんなに私が必要だったのに、ところが、それが或る日突然、今度は一人でいても幸福でいられるようになるなんて！私をもう必要としていないなんて！……前は、私は完全に言いなりになっていたし、彼女には絶対に私が必要だったたし、そして私は、こう思ったわ。あなたは決して一人ぼっちにならないだろうって。私が子どもの時に、彼女はもういなくなった……。この依存状態には楽しい面もあるわ。それは神様に依存するようなもの。そうすれば一人で生きていかなくてもすむ。私と母は、時には友人同士、時には女学生同士みたい。でも、それは外観上のことみたいだった……。それに、パパは、かわいそうに、この奇妙な楽園から完全に閉め出されていた。それはむしろ地獄だった。それなのに、彼は私たちを怖いものでも見るように見ていた。女二人が手を組んだら、それは意地悪。彼女は私を味方につけたがった。時にはパパは私たちにすごく優しくしてくれ、そういう時は本当に胸が痛んだ。本当のところ私は彼が恥ずかしかった、パパが恥ずかしかった。」お父さんが恥ずかしい、勉強が恥ずかしい……。「パパはこれからは私は彼に手紙を書いて、ママには書かないと思っているの。それはショックだった。どうしてかしら?」

兵士の場面の想起はイーダに父への同一化の可能性を垣間見させる。そして、そこで新たな困難が生じるのが観察される。実際、同一化による解決は、〈母〉の支配力に、娘同様、屈した〈父〉の弱さゆえに挫折する。

「疲れたわ。昨日は例の仕事の件で出かけたの……。とてもうれしかった。私は、いっぺんに髪留めと、口紅なんかを買った。それが楽しいの。あなたへの支払いは少し遅れるわ……。始めのうちは、あなたに支払いができないと、耐えられない気がした。今では、こう思うの。結局、ちょっとはあなたも待ってくれるだろうと。それから、そうね、あなたはこんな職業を選びさえしなければ良かったと。あなたは他人の犠牲の上に［監視して］お金を稼いでいるのだから。こんなふうな職業に就くなんて破廉恥なことよ!」このあいだあなたは、働くこと、勉強することは、あなたにとっては一つの特権、「破廉恥な」快感だと言っていたわね。今日は、あなたは、まるでお母さんがあなたにしたように私に対しているみたいね。あなたは私の楽しみや、仕事や、キャリアや、お金を稼いでいることを責めているの……。(イーダは笑う)「そうね、……に対してと同じようにあなたを恨んでいるみたいに……。で、あの夢、あの悪夢の話だけど……。私はジャックと一緒に家にいた。彼を匿わなければならなかった。何か不法なことが関係していた。私たちは司法当局に追われていた。深刻なお話。兵隊が彼を捜索しに来るはずだった。私がジャックをベッドの中に、毛布の下に隠さないといけない、そうすれば見つからないだろうと彼が説明した。滑稽なことに、兵隊たちの上官［上級の権威］が、どうやったら当局の目から逃れられるかを私に説明してくれた。でも、ジャックは事態を甘く見すぎた。彼は動きまわり、出ようとした。彼らが来る、彼らが入ってくるって、私は思ったけれど、彼はじっとしていようとせず、絶えず動いていた。まるで中に赤ん坊でもいるみたいに……。私は見張りに立った。彼らは戻ってくるかもしれない。誰かがドアをノックする。私はジャックにじっとしていてって言うのに、でも、どうしようもない、彼は立ち上がり、ドアを開ける。すると、年とった女の人が入ってくる。そこにいたのね、――と、彼女は言う――こんにちは！　それから、彼女は戻っていって、兵隊たちと話すのが見えた。私たちは、裏切られたと思ったわ……。私から彼を取りあげ、彼を殺すんじゃないかと怖かった。昨夜……セックスしたの……私は、普通は……でも、今回は続けたいと思った。私はすごく敏感になっていた。（しかし、たまたま関係のないことが起きて、行為は中断される。）私はまるで手足を切り取られたように感じた。変ね。パパとは、何か私たちのあいだに秘密の奇妙な事柄でもあるみたいに、……パパとは一緒にいてはいけなかった。結局、毎日の生活って秘密がいっぱい。あのドイツ人兵士……鉄砲や機関銃をいっぱい持っていた兵士。彼は私に言ったわ。やあ、こんちはベイビー！　って。それで私も彼に、こんにちはアンドレ！　って言った。」こんにちは！　って、あの年とった女の人のように？

兵隊の味方のあの女の人のように？「そう、その通りよ。それに、夢の中で私は考えていた。何てこと、彼女は見てはいけないものを見たんだわ。それは裏切り行為だわ……。あのドイツ人たち、彼らはきっと、私の中に上手に隠されているＦＦＩ［ドイツ占領下におけるレジスタンスの兵士］か何かを捜しに来たんだわ。つまり、ベッドの下に。そこには私の腕が、たぶんその先には私の手があった。（イーダは笑う）こんなことを言うなんておかしいわね。だって、手はいつだって先端にあるんですもの。」たぶん、手が危険にさらされると、それは腕の先から切り離されるような感じがするんじゃないかしら。「寄宿舎は、ご承知の通り、何から何まで修道女風。寝る時にシーツの下に手を入れてはいけないの。変ね、私は通りでも人をじっと見たり、観察したりできない時があるの。ほかの人ってどんなふうなんだろうって？　前は、人に話しかける時でも、相手を見つめられなかった……。修道院長［上級の母 Mère Supérieure］のことを思い出すわ。あれは魔女だった。彼女が果物を盗んでいるってことはみんなが知っていた。それに、私は、どうして彼女が大きなベッドで寝ているのかしらと思ったわ。私たちには小さなベッドと、小さな毛布しかないのに……。」

イーダは、彼女の母の言葉自体によって、彼女の計画とその実現を取り消し続ける。しかしながら、夢は、イマーゴの要請の変様について、極めて注目すべき移行を示している。今度は、上官〔上級の権威〕そのものがその支配力からどうすれば逃れられるかを教えてくれる。したがって、彼女は、毛布の下に快感-対象（手、ペニス、夫）を隠したままで、「兵隊の場面」を想起することができる。思いがけず性行為を中断する外的な出来事は、イーダによって、彼女の罪に関するものとして解釈される――私は「手足を切り取られた」ように感じた、と彼女は言う。ついでに言えば、この「去勢」は器官に関わるのではなく、たまたま器官と結びついている行為や快感に結びついているのである。彼女の夢の中では、毛布の下に隠し持たれた快感-対象はまだ「盗まれた」ものとして、つまりいずれにしても攻撃的な行為に（彼女は迫害される）結びついたものとして出現している。迫害は次第に緩和されるにつれて（「だって、手はいつだって先端にあるんですもの」）、イーダは、快感-対象を自分のものとする権利を得るだろうし、それと並行して存在意義を失いつつある「ペニス羨望」は消滅の一途を辿るだろう。

イーダの分析はまだ続く。しかし、もう既に今から、多くの次元で解放の動きも確認できる。イーダは次第に自信の感情を深めているし、職業的な領域でも自分の価値を高め始めているのである。

V

われわれの研究の結論を述べるにあたり、今や、この作業を通じてこれまでずっと回避してきた問いを提示するべき時が来た。去勢の感情とその必然的帰結としての「ペニス羨望」は、なにゆえに女性の状況にとってほとんど普遍的な宿命となっているのかという問いである。女性はなにゆえにこれほど頻繁に活動を、創造性を、「世界を生み出す」ための固有の手段を持つことを断念し、婦人部屋に閉じ込もり、教会で口を閉ざすことを甘受しなければならないのか、要するに、依存的な立場を選択しなければならないのか？　問題は単純というには程遠いし、多様な領域に広がる研究と、現在われわれの手にはない多くの資料を渉猟することを要するであろう。しかしながら精神分析的観点からそれを検討し、手の届く範囲の与件をもとに、少なくとも一つの仮説を立てることは可能である。

精神分析的観点からするなら、或る制度が創設され存続するのは、制度によって個人間に生起したなんらかの問題が解決されるからだ。原理的に言って、制度による解決は、係争中の当事者に対してそれ以前の状況と比較してなんらかの利点をもたらす。女性および男性にとって、両性の制度的不平等から帰結するそれぞれの利得は、少なくとも精神分析的研究で扱いうる領域である情動的生活においてはどのようなものであるかを解明しなければならない。

何千年にも及ぶこのような既成事実の状態は、外見上は「ペニス羨望」によって女性がはっきりと示している抗議にも関わらず、女性の側からの共謀関係なしには成り立たないことが充分に想定されうる。いくつもの文明を通じてこれほど一貫して存続する生の様式を制度化してきたのは、男性も女性もなんらかの特種で補完的な情動的葛藤にさらされているからにちがいない。

女性に関しては以下の考察から出発しよう。肛門期の終わりに、女の子は、自慰に関するファンタスムにおいて、性器的存在としての両親への同時的な同一化を実現しなければならないであろう。ところが、この運動は二重の困難に必ず突き当たる。それはまず肛門的困難である。自慰的充足による自律は、必然的に、〈母〉から母の特権をサディズム的に剝奪することを意味するからである。次にエディプス的困難である。両親への同一化による〈原光景〉のファンタスム的実現は、〈母〉の排除を前提とするからである。この二重の困難が克服されない限り――そしてそれはごく稀にしか克服されないのだが――、それらの同一化には欠落が残存することになる。(1)その性器の特種性を備えた〈父〉への同一化、(2)〈父〉の性器的パートナーとしての〈母〉への同一化である。この根源的な欠落は、イマーゴにおける特殊な結合を伴う。すなわち、去勢され、嫉妬する気難しい〈母〉と、侮られると同時に過大評価される羨望の的としての〈父〉である。この同一化の袋小路から逃れる唯一の出口は、到達不可能な男根的理想の構成（理想化された〈父〉の神話的イメージ）しかない。この理想は、〈母〉に対しては彼女が特権を保持することを改めて保証し、それと同時に、性器の辿るべき運命にとっては致命的な欠落を補塡するノスタルジー［回帰への痛切な思い］を、つまり〈父〉への同一化を内包するのである。女性が、これらのイマーゴとともに結婚生活に臨む時、彼女の情動的生活は、肛門期の諸問題に支配されているために、異性愛的同一化を欠いて未成熟でありながらも、彼女は自らの潜在的な性器的欲望と不意に真っ正面から向き合うことになる。したがって、束の間のエディプス的希望は、「ペニス羨望」によって強化された母との肛門的関係の再現、しかも今度は配偶者とのあいだでの再現にやがてとって代わられる。このような立場をとる利点は、母の〈イマーゴ〉に正面から戦いを挑まずにすませられること、その支配下から脱出することで感じる深い不安を経験せずにすむことにある。

　娘が母と結ぶ特種な関係のドラマは、以下のような事実に具体化される。肛門的〈母〉から自由になるために、〈父〉に支えを求めようと試みる時、彼女は〈母〉の異性愛的対象と直面することになり、結果として、またしても利害において〈母〉と対立することになる。同時に二方面において攻撃された〈母〉は、際立って危険なものとして出現せずにはおかない。完全に破壊されつつある〈母〉は、すべてを破壊する危険がある。同一の対象内に支配とライヴァル関係が重なっているため、肛門期からの出口は閉ざされ、女の子は自らの欲望の否認を強いられる。女の子は〈母〉の肛門的付属物（「栓」、「人形」）となり、後には、配偶者の「男根」となる。間違いなくここで問題なのは女性の成長にとっての普遍的な困難であるように思われる。肛門的〈母〉のイマーゴ上の後継者である男性への依存的状況の甘受ということもこれでおおよそ説明がつく。女性が――運が良くて――自らに許すこともある、しかし偽りの性器的実現の代償がこれなのだ。

　まず以上からより容易に理解されるだろうことは、女性の罪悪感から生じるこの依存態勢から、男性側はもろもろの利益を引き出すということだ。ところが、もう少しよく考えれば分かることだが、女性に対するこのような支配関係を男性もまた当然のこととして願っているというのは必ずしもアプリオリに明白なことではない。このような関係に隠されている裏表のある態度や曖昧さ、そして同一化の拒絶は、男性の目から見ても、自分自身の真正で充実した自己実現に対する障害と映っていいはずだ。ところが、である……。ほとんど普遍的に男性は、自身のより高度な利益に反して、女性の依存状態の共犯者となり、それを宗教的、形而上学的あるいは人類学的原理にまで高めて悦に入っていることを疑うものはないだろう。このような女性という存在を自らの支配下に従えることにいったいどのような利益があるのだろう？　男性の方も、女性という存在を通して、自分自身を理解し、自分を理解してもらうことができるであろうのに。他の性を通して自己から自己への［自己－対－自己の］開示がなされること、それこそがわれわれ人類の成熟であると思われるのだが、われわれの大部分は気づかないのだ。

女性に次いで、男性の側において、成熟の妨げとなる特種な問題を明確にすべく試みよう。男の子は、肛門的〈母〉から自らを引き離そうとするその瞬間に、〈男根〉の所持者である〈父〉への同一化の上に支えを得ることが可能である。それによって、彼は母性的支配力から逃れる。男根的〈父〉は彼の盟友であり、〈母〉はまだ彼の性器的対象となっていない。こうして彼は次のような発達の不安な二つの瞬間を巧妙に回避し終えるだろう。第一に、とりわけ危険を伴なう同一化的体内化による肛門的母との彼の関係の解消の瞬間（そしてこれは母の支配力の罷免と同じくらい、反転したエディプスにおいて〈母〉を排除することでなされる）、そして第二に、本来の意味でのエディプス的瞬間であり、これは性的ライヴァルへの同一化とその排除の瞬間である。男の子の同一化におけるこの二重の欠落は、見られるように、女の子においてわれわれが指摘したものと完全な対称をなす。ここでも、先の場合と同様、到達［成熟化］への不可能な欲望は、同じ一個の幻影的な対象、つまり〈ペニス〉に対して、男女が並んで向ける羨望のうちに結晶化する。これらの羨望が本来の意味でのあらゆる性的区別の手前にあって、統合されざる肛門的関係へと送り返されるのは明らかだ。この段階で、もしも二つの性のあいだの差異が現われるとしても、それはペニス－事物《モノ》とその象徴的変異体の所有もしくは非－所有という、いずれ劣らず幻影的なものに関係する。この時点から、男根が囮《ルアー》となって、二つの性のあいだの制度的関係へと向かう道筋が切り拓かれる。挫折した同一化の問題はフェティッシュを用いて、能動的にして受動的なる魅惑の背後に隠蔽されてしまうだろう。フェティッシュの所有は羨望を掻き立てずにはおかないだろうし、羨望は今度はフェティッシュの価値を確証せずにはおかない。こうしてみると、男性が他の性における「ペニス羨望」を助長し、それを制度へと移行させようとする、そのことの持つ深い意味が理解される。当のフェティッシュの独占的な所有者が男性であると認められようとも、この［女性の］渇望だけがそれを生み出し、支えている［男性の］特権なるものは、それ自体羨望の一変種であり、女性へと投射された裏返しの羨望に他ならない。ペニス－紋章《エンブレム》は自らを羨望されるものとする一つの手段であることが明らかになる。これは、理の当然として、自分が嫉妬深いと思われないためである。男性は、到達［成熟化］における欠落を隠しながら、その欠落を一個のフェティッシュのうちに対象化しなければならない限り、嫉妬深い者とならざるをえない。この策略のおかげで彼は肛門的〈原光景〉における〈母〉にとって代わりたいという恐るべき欲望を無視し続けるのである。嫉妬深い者であり罪ある者である女性は、この欲望を投射するにはもってこいの支持体［support……絵画であれば絵を描くベースとなるキャンバスや板のこと。ここでは映像を投射するスクリーン］となるのである。女性は、男性が引き受けない「女性的部分」、そしていかなる手段を用いても彼が支配し統制しなければならないあの「女性的部分」となるのである。こうして、男性が、その創造性において完全に成熟したパートナーよりも、不完全な、依存的で嫉妬深い女性を好むように追い込まれるのは、以上のような理由からである。

　聖書に現われる最古の夫婦の神話は、この問題系を雄弁に物語る形象化［比喩化］である。アダムの人格から分離された部分であるイヴは、アダムが自らのうちに拒絶するものを表象することにより、原罪の罪をなすりつけられ、かたやアダムは全面的な責任を免れる。イヴは神の禁止を犯したことになるだろう、天上の〈父〉を「去勢し」たことになるだろう。そのせいで、彼女は二重の罪の重みの下に屈せざるをえなくなるだろう。彼女固有の罪と彼女に投射された男性の罪である。神（去勢された〈父〉）と、夫（去勢すべきではない〈母〉）に対して、彼女は二重の隷従を強いられることになるだろう。彼女は、「ペニス羨望」を制度化する〈蛇〉と仲良く生活をともにすることになるだろう。それが神の命令であるのだ。アダムの身体の一部であるイヴは彼の物（彼に仕える者）であり、彼の付属物である。統制と隷属のもとに置かれ、投射の支持体であるイヴは、――彼女とは異なる性のパートナーとともにではなく――肛門的母のイマーゴの暴君的な代理表象とともに、屈従の生を生きるべく強いられる。

　こうした制度は、依存性や受動性を「女性的なもの」として前提化し、女性に対して一つの紋章［ペニス］への羨望を押しつけ、結果として、女性の性の欲望を疎外するのだが、この制度が抱えている情動的側面に関する、われわれの精神分析的仮説は以上のようである。この仮説は数々の文化主義的かつ哲学的概念形成に対して、少なくとも以下の長所を有する。もともと臨床の経験から得られたこの仮説は、治療に役立つことを目指している。実際われわれの考えるところによれば、個人レベルにおいて、「ペニス羨望」の解消は、精神分析の扱う仕事である。ただし、そのためには、精神分析家は、彼自身この男根中心主義という人類と同じくらい古い偏見から自由でなければならない。

M. T.

La sexualité feminine, *Nouvelles recherches psychanalytiques*, Paris, Payot, 1964.［「女性のセクシュアリティについて」『新精神分析研究』誌、一九六四年］

…について

D・ジャシャンの「喪とノスタルジー」について

非常に興味深くD・ジャシャンのご発表を聞かせていただきました。それと申しますのも、私もこれまで個別の対話を通じて、同氏が引き出した概念の価値を感じてきたからです。そして私としても、ノスタルジー的関係というこの概念が規範的なものとなる運命であり、将来において欠かすことのできない重要な臨床的指標となることを確信しております。

ここで同氏の考えに、少し説明を加え、敷衍するのが有益かと思われます。

始めに、いってみればペニスへのノスタルジーを抱いた女性患者の典型的な夢を二つ紹介したいと思います。彼女はバルコニーにいます。前には、透明なナイロンの糸にかけられたすばらしいフルーツがあります。梨や桃です。ただ残念なことに、彼女の手の届かないところにあります。別の夢では、ショウウィンドーのガラスの向こうに、これまで想像したことのないようなケーキや砂糖菓子を見つけます。しかし店は閉まっています（そう彼女ははっきり言います）。彼女はこう叫びます、「今、絶食療法をしている最中だなんて、なんて恵まれているのでしょう。さもなければ、こんなおいしいお菓子を食べられなくて、どれほど苦しんだことでしょう」。この患者がバルコニーの突き出したところから手を伸ばしても、おいしそうな果実には届かないことに、そしてお菓子がしまい込まれた店は彼女自身の肉体を象徴していることに注意しましょう。

この後者の観点から、ノスタルジー的関係の根本的な意味作用について少し示唆してみたいと思っております。

ノスタルジー的な欲望は、自らをノスタルジー的なものであると知らないことがよくあるとはいえ、意識的なものです。そもそも遅かれ早かれ、その定めの中で決められた挫折により、意識される運命にあるのです。それと並行して、ノスタルジー的な欲望とは何の関係もなさそうに見えるファンタスムにマスターベーションに関するファンタスムがありますが、これも意識的なものです。こうして、この患者は高度な研究活動に憧れ、十分な勉強をしたにもかかわらず、試験に失敗してしまうのです。彼女は自分のファンタスムについてこう言っていました。「夜ならそういうこともあるかもしれませんが、昼でしたらとんでもないことでしょう」。昇華された活動からマスターベーション的なファンタスムをこのように切り離すことは、極めて特徴的なことに思われます。ただそうした分離にもかかわらず、ファンタスムと昇華は同じ源から出ています。違うのは、その後の運命です。夜なら、ファンタスムはうまくいくが、昼ならそれと等価の活動をしても失敗することになります。ここで厳密な意味でノスタルジー的なものは、社会的な成功、昼に成功を収めることです。しかしながら失敗も見事な分析家の手に掛かると、夜の欲望が昼の言葉に翻訳されることになります。それまで分断されていた二つの世界のあいだの交流が生まれるやいなや、新しいテーマである罪の主題が現われます。この女性患者にとっては、それは屋根裏部屋の戸口の所にある、蝿のたかるフェラン（ネコ科の野獣）の異臭を放つ腐った肉となります。同じような状況に置かれた、やはりノスタルジー的な別の女性患者は次のような告白をします。「夢を見ました。女性を殺して、その体を細かく切って埋めました。とても深く苦しみました。その女の人が誰だか分かりません。分からないのです。……私は罪を埋めたようなものでした。母に対して、自分が隠し立てをする子だと感じていました。母には敵意を隠していませんでした。誰も私がそんな気持ちを抱いているとは思っていませんでした。私だけはその遺恨が分かっていました……屍体は私の罪を表わしていました。本当はよく分からないのですが……

私の子ども時代には隠さなければならなかったある何か」。

この罪に対する執着は何を意味するのでしょうか。この喪の拒否は？　実際この埋められた屍体、腐っていく肉は、われわれにはとても貴重な罪体［罪を構成する物理的事実・対象］のように思われます。しかし何の罪なのでしょうか。この患者の隠蔽記憶にも示されているように、隠れて父の小瓶を飲むということでしょうか。いずれにせよ、フェレンツィ以降取り込みと呼ばれるものから生まれる様々な比喩《イマージュ》化された形象物を、飲んだり、貪ったり、吸収したり、消滅させたり、無化したりすることです。さらに取り込みは自体愛《オト・エロティスム》的次元の欲望を含んでいます。それにこのプロセスの連鎖を通じて、共生的な無実さは自己における二重性＝不誠実や距離化へと場所を譲るのです。それは最初の取り込みから対象の極が内的対象と外的対象に分裂したからであり、それ以後一方を通じなければ他方へはいけなくなるでしょう。そこで最初の罪悪感が生まれることになると思われます。いいかえれば、もし罪の状態、つまり無罪ではない状態が主体と本質を同じくするならば、罪自体は取り込みの行為そのものに他ならないでしょう。それこそが太古からの「記憶にない」犯罪の想起としてファンタスムのうちに現われるものです。内的対象に対して「罪」を語ることは、結局のところ根本的な事実を偽りながら、自体愛《オト・エロティスム》のために「に向かって」罪を告白することです。根本的な事実とは、対象を体内化《アンコルポレ》したということそのものです。状況は二次的な内的対象の取り込みとともに錯綜の度を深めるはずです。そのときまさにノスタルジー的関係の起源にあるにちがいない特殊なイマーゴ的布置が生まれることになるでしょう。今晩はそのことについて詳しく述べることはできません。次のようなことを言わせていただければ十分でしょう。つまり、性的なものと社会的なものとのあいだの分離がひとたびなくなると、自分は罪を犯したものであるという意識が現われるということです。それこそがノスタルジー的関係の解消に向けての最初の一歩なのです。そこから、このノスタルジー的関係こそ、過去の罪を、願望によって、ユートピア的な幸福の願望によってカムフラージュする役目を果たしてきたのであり、またこの問題となっている罪も、かつては叶えられたが、現在ではその名を言うことも憚られるような幸福に他ならないことが分かるでしょう。実際或る意味で、罪が重すぎた時（取り込みの際の外的対象を実際に喪失する時、あるいは取り込みにより自律性が得られるが、外的対象がそうした自律性を拒む時）、そうした場合は罪体、罪のある欲望の屍体は罪人の身体のうちに、一度起こったことはまた起こりうるという確かでしっかりとした希望の保証のもとに埋葬されたのです。ノスタルジー的関係は、いわば逆のことを繰り返し論証することに他ならないのです。失われた〈楽園〉の神話は他の意味を持つことはありません。その神話は知恵の木の実を食べるという妙なる悦びをカムフラージュする役を果たします。

もう一度D・ジャシャンの実り豊かなご研究を讃えるとともに、こうした考察を可能にしてくださった博士に感謝したいと思います。

N. A.

一九六六年六月二一日

Revue Française de Psychanalyse, Paris, P.U.F., t.I, 1968, p.64.『フランス精神分析雑誌』

イルス・バランドの「治療における見えるものと聞こえるもの」について

私は幸運にも事前にイルス・バランドの講演の原稿を読むことができました。原稿は軽快であるとともに濃密で、深みがあり、才気に溢れ、明快、簡明でいながら支点となる発想に満ちたものでした。同女史には、語ることで考えさせるとともに、言葉にしないことによっても考えさせるという妙技があります。「聞こえるもの」という驚くべき言葉に付与する意味を、省略によって明らかにします。ここで彼女から私に「聞こえ」たハーモニーを若干翻訳してみたいと思います。

始めに、「聞こえるものと見られるもの」です。なぜ「聞くことと見ること」ではないのか？　明らかに問題となるのは、感覚能力の分析ではありませんし、また精神分析的な理解において感覚が果たす役割の分析でもないからです。そしてこれまで以上に、知覚と、知覚されるもの、そして感覚器官といった概念自体がどれほどいきすぎた抽象化に陥っているかがよく分かるのです。「感覚《サンス》［意味］」は自分が知覚するものである対象と切り離すことができませんし、付け加えるなら、自己知覚の機能と切り離すこともできません。切り離すことは、感覚が取り込みの道具であるということを見損なうことになります。そうしたわけで聴覚は発声と解けない結合を形成するのです。それこそが、イルス・バランドのいう「聞こえるもの」なのです。

そうだとすれば、聞こえるものは他の感覚結合に比べてどんな特種性を持つのでしょうか。それは、私が発する音、文字通りの意味での「叫び」は、「私の耳小骨と私の同胞たちの耳小骨を震わせる」ということです。それこそが、聴覚－発声的な取り込みの方式の違いを鮮やかに示してくれます。対象を聞くのと同じように、また対象がわれわれを聞くのと同じようにして、自分の声を聞くのです。さらに「腹から出る」叫びは他者の腹をも震わせるのです。もともと聴覚－発声的なものは情動的伝染と融合の手段です。シニフィアンとシニフィエの統一のモデルそのものであります。つまり最も率直な誠実さのモデルなのです。いかにして、聞こえるもの、この直接的コミュニケーションが言葉、偽りの約束、隠蔽、嘘となるのでしょうか。

そのことを理解するためには、別の感覚結合である見る－示す関係、つまり「見えるもの」から考えていかねばならないでしょう。聞こえるものとは反対に、自らを示すものは、自分が感動しなくても、相手を感動させることができます。光景《スペクタクル》を演じる者の情動性とそれを見る人の情動性とのあいだの分離は、少なくとも潜在的な分離は、見る－示す関係の本質自体の中にあるのです。動物界では、この関係が第二次性徴として誘惑、隠蔽、囮《ルアー》の機能を果たしていることはよく知られています。しかし動物は、目を欺くことができるとしても、耳を欺くことはできないようになっています。というのも実際のところ、もし逆の場合であったら、どうやって動物は自分自身の嘘の効果から逃れることができるのでしょうか。

その気もなく、叫ぶこと、それが言語活動《ランガージュ》と文明の諸起源の問題を巻き込んだ根本的な問題です。今日はこの問題に深入りしませんが、音声的シニフィアンと情動的なシニフィエの分離の手段とは、いわば後者のシニフィエを視覚化することだと考えられます。たとえば性的欲望を表わす叫びにおいてシニフィエたる欲望自体をその欲望の視覚効果によって、この場合は勃起するファルスによって置き換えることがあります。さてもし勃起が実際に目に見えるものであるならば、そこに偽りはないでしょう。欲望を偽るためには、視覚的な支えであるファルスが隠蔽されねばなりません。

そこで性器を隠す布という人工物がわれわれを別の問題へと導くことになります。その問題こそイルス・バランドによって実に適切に扱われているファンタスムの問題です。実際、欲望の叫びは――この模範的な例に話を限定すると――ファルスが隠されている場合には、幻覚という形でしか勃起を示すことはないでしょう。それが、一次的ファンタスム、原－ファンタスムなのでしょうか。いずれにしろ、こうして音素の視覚的分身であるファンタスムは、イルス・バランドが強調するように、音素をその内臓的地盤から根こそぎにする役目を果たし、まさに抑圧の道具となることが理解されるでしょう。そうすることで「意識化」のもたらす有益な効果がよく分かるでしょう。性器を隠す布の後ろで、ファルスが勃起しないこともありうるという系統発生的な不安を、言葉が示しかつ隠蔽するように思えるならば、有名な、*fort - da* 遊び［母親が不在の時、子どもが糸巻きを投げながら、遊ぶ際に、その糸巻きが行ったり、戻ってきたりする動きが自分の母親の帰還の動きと重ね合わされていたことを指す］や初期に見られるそれと似た遊びなどに関する注釈をもう一つ付け加えることもできるでしょう。実際、見たところ生得的な形でこうした遊びから生み出される絶えざる歓喜と際限のない反復の原因は次の点にあると言えるでしょう。つまり聞こえるものが本当は欲望の対象の示す-見るということと一致することもありうるということに対して、子どもが仰天して我が目と我が耳を疑うことにあると言えるでしょう。母の言葉（*fort*［いない］、*da*［いる］）を繰り返すだけで、糸巻きと一体化した子どもが消失したり帰還したりすることによって、欲望の対象の意味が客体化されるのであり、結局のところ、ファルスの名を唱えるだけでファルスそれ自体が「生身の形で」出現する用意が整うことに目と耳を奪われるのです。

　聴覚的なものを視覚的なものに変える魔法の変換、そして内臓の言葉を空疎なおしゃべりに変える変換は夢のプロセスに特有のものです。性的な欲望を負荷された言葉が光景=場面《セース》へと変換され、視覚的な幻像の背後に隠蔽されます。語られた夢は、再び言葉となっても、最初に演出［舞台=場面化］された言葉を表象=再現前化することはなく、異なった用語で光景を描写することでしょう。夢における視覚化は、ファンタスムにおける場合と同じく、まさに意味を負荷された言葉をカモフラージュし、その言葉の代わりに、或る光景を媒介として、別の重要でない言葉で置き換えようとするのです。実際視覚化は三つの項を含んでいます。つまり、示す者、その者によって示される光景、その受け手です。示すことというエレメントが最初はなくて、あとになって初めて解釈の効果のもとに出現するわけなので、無意識的なファンタスムという呼び方を使うことにイルス・バランドが反抗するのももっともなことです。こうして「原光景の無意識的ファンタスム」について言えば、はなはだ不適当な呼び方であります。というのも、まさに、この場合には光景は、ファンタスム化されているのではありません。多くの場合、現に存在しているのは、音や騒音であり、聴覚的なものの中に、欲望の発生を翻訳するのです。たとえば、他に言い方がないために、狼男の夢の「無意識的ファンタスム」と呼ばれうるようなものは性的な動揺であり、フロイトはそれを、貫通される欲望と同一視しています。それは欲望としては、光景の喚起と結びつくのではなく、音の喚起と結びつくのです。夢見る人は自分の夢とともに自分の姿を見るのであり、その夢は聴取から生まれ、聴取する人物によって表象されるのです。「突然窓がひとりでに開きます」。さてこの窓、欲望の効果のもとに開かれる体の穴の背後において、夢見る人は「木」の上に何を見るのでしょうか（木とは享楽の木です。*Nussbaum*［胡桃の木］-*Genussbaum*［享楽の木］）。夢見る人は、狐のような大きな尻尾をした狼を見ます。狼は耳が立っています。ここで視覚化されているのは、明らかに夢見る人自身の欲望状態であり、耳を立て、狼と化しており、ファルスを呑み込み、巧妙に狐のような大きな尻尾を獲得しているだけでなく、「何もしな」かった者のように、動かず、罪も犯していない潔白な様子です。夢が言葉を経由するということが正しいとしても、そうした言葉はもはや嘘、客体＝対象化、アリバイでしかないのです。こうした視覚化された言葉、それも一挙に視覚的であることが多い言葉の背後には、欲望の叫び、闘争の激しさ、勃起の悦びが隠蔽されています。

　以上の事が「聞こえるもの」という概念が示してくれると私に思えたことです。この概念により、最も豊かな多くの発展が可能となります。こうしたことすべてを考える機会をわれわれに与えてくれたイルス・バランドが今晩明らかにしたことは、そしてそのことで私は同女史に感謝したいのですが、分析家とは、言語、論理、ディスクール、様々な場面とその演出の騒々しいひしめき合いの背後で、自発的で静かな発声を聞き取ることのできる者であり、そしてこの発声こそ生命そのものに他ならないということであります。

N. A.

一九六六年十月十五日

Revue Française de Psychanalyse, Paris, P.U.F., t.I, 1968.
『フランス精神分析雑誌』

セルジュ・ヴィデルマンの「分析空間の構築」について

この会議《コロキウム》の対象となっている著者と彼の著作について抱く心からの親近感を隠すつもりはありません。われわれは互いにすぐにインスピレーションを受けて、そこで問題となっている重要なテーマについて語ることができれば幸せだったことでしょう。とはいえ、それはわれわれの視点に入ってこない若干の違いを改めて問題にするためでもなければ、湧き起こってきた激しい批判に対して著者を守るためでもなかったでしょう。そうしたことは既に、著者自らが、驚くべき技量をもって、分析家としての的確な距離感をもって行ないました。同氏のそうした態度は、取り上げられている主題とかけ離れた重苦しく感情的な雰囲気とは対照的なものでした。

こうした状況で何を語るべきなのでしょうか。そしてなぜ語るのでしょうか。

「悪しき霊」がただ一人いて、耳元で奇抜な考えを吹き込んでいました。聴衆のどこかに、ジークムント・フロイトなる人物がお忍びで来ていて、成り行きを密かに見守っているという考えです。ご安心ください。こうした死後の経験を通して想定されるフロイトの考察を引きあいに出そうというつもりはまったくありません。お願いしたいのは、ただフロイトが活躍した時代における彼のことを想像していただきたいということです。つまりまず初めは、彼がフリースとともに二人で「会議」を主催していた時代、その後、弟子たちとの「水曜日」ごとのささやかな集まりの時代、さらに病いにもかかわらず椅子に座るか机を前に立って、絶えず自分の精神分析の道具を作り直していた時代（道具がこれで万全となることはありませんでした）、そして最後は年老いて、ロンドンに亡命しても相変わらず落ち着きをもって、遺作となる『精神分析学概説』を執筆していた時代などのことです。そうです。生涯のいつの時期のフロイトでもいいですから、彼が今この会議の場にいると思ってみましょう。暗中模索し、変更を加え、再検証を繰り返すどの時期でもよい、そしていかなる偏見からも自由に解き放たれつつも同時に、研究対象に没頭した時期、また精神分析を教義としてではなく観念として伝え、盲従の精神ではなく、発見の精神を伝えた時期のフロイトを考えてみましょう。科学的要請の厳密さを凝らして、精神分析は、その固有の守護霊《ジェニー》に従い、一歩進むごとに、振り返り、前進していくことになるでしょう、いいかえれば自らを制御しつつ絶えず自己への適合を図りながら進んでいくことになるでしょう。そうです、いかなる時期のフロイトを想定するにせよ、この討論の場にジークムント・フロイトがずっといたと考えてみましょう…… どんな注釈も、こうした仮定の効果には及ばないでしょう……

死ぬ少し前の一九三八年八月二十二日に、老いたフロイトはノートにこう走り書きしていました。「空間性が心的装置の拡がりの投射であるという可能性はあるかもしれない。それ以外の方法で、空間性を生じさせることはもっともらしくないように思われる。カントのアプリオリな諸条件の代わりに、心的装置があるのだ。精神《プシュケー》「心」は延長であるが、それについては何も分かっていない」。

分析空間を打ち立てることは、第一に心的装置の空間的な類比物の実現が問題だと理解するということです。またこの装置をそのように外部化されたものとして機能させることでもあります。この患者用寝椅子ー肘掛け椅子という機能から、徐々に「延長」としての精神《プシュケー》の次元が現われてくるにちがいない。つまり或る種の継起的な秩序を通してのみ、通り抜けや、乗り越えが可能な道や障害からなる広大なネットワークのようなものが現われるにちがいないのです。この秩序は何でもよいわけではありませんし、恣意的な伝達手段でもありません。それぞれの場合に応じて、発見していくべきものです。

確かに精神《プシュケー》は延長ですが、そのことについてわれわれは何も知りません。知っているただ一つのことといえば、精神《プシュケー》が真に精神分析的な空間でのみ展開するであろうということです。セルジュ・ヴィデルマンが控えめではあるが、断固として告発した危険とはこの空間の直中で「構築」に着手し、そうすることで、心的な広がりの展開を変質させようとする誘惑であり、さらにそうする意図のことです。スーパー催眠術師としての分析家という危険があるわけです。

他にももっと深刻で赤面せずには言及できないような危険もあって、それは不手際や職権乱用といった範囲を越えています。つまりそれは信頼の悪用であって、われわれの心の一部を受け入れ、それを復旧すべくわれわれにより選ばれた外的な代表が行なう恐れのあることなのです。というのもこの極端な例、われわれとしてはそうした例が実際なければよかったと思うのですが、そうした例とははっきりとした区別をつけることで、分析という使命の本質的な面を定義したいと考えます。その使命とは、あらゆるナルシシズム的な考えや欲動の思惑を越えて、一人ひとりの独異な存在について理解され、認められ、取り込まれていく生の営みを通じて、過去、現在、未来に及ぶ人類全体との交流を実現すること、つまり自分自身の人類の中で自己を再認することなのです。

　セルジュ・ヴィデルマンの細やかで、慎重な認識論的懐疑主義は、先入観に満ちた構築物でわれわれを縛ろうとする強力な偏見がどれほど巨大であるかを教えてくれます。見る目を持つ者にとって、目にする光景は圧迫感がありますが、また気持ちをかき立てるものでもあります。そこから引き出される展望が二つの心的な「広がり」の出会いを整える中で、果てしなく続く精神分析的な空間の創造が垣間見られることになるのです。

N. A.と M. T.

Revue Française de Psychanalyse,［『フランス精神分析雑誌』］Paris, P.U.F., 2-3, 1974. 初出時のタイトルは「学会覚え書き、心的装置の「広がり」と精神分析的空間（Note pour ce colloque. L'"étendue" de l'appareil psychique et l'espace de la psychanalyse.）」

R・バランドの「清祓された誕生」について

友人のロベール・バランドの『清祓された誕生』[☆1]は明らかに論争的な書であります。それは一人ないし複数の敵を想定していると思われます。その書を読めば、対立する陣営がいかに厳しく攻撃されているとしても、それは著者自身の立場に他ならないことを確信するに至るのです。いわば、葛藤をドラマ化しているのであり、内的葛藤なのです。

　では、誰と何のあいだの葛藤なのでしょう。彼の言う純粋状態の人間の幼形成熟［幼形のまま性的成熟に達する現象］的な状況と——人類が人類自身について作り上げる観念に則した——人類の反幼形成熟的な方策とのあいだの葛藤です。その対立は根本的窮乏状態と窮乏状態を除去できるようなものが行なう執拗な否定との葛藤です。あるいは男根期的なトーテムと肛門期的なタブーとのあいだの葛藤と言うこともできるでしょう。簡単に、また平たく言ってしまえば、多形的な倒錯者である「子ども」と矯正された「大人」の葛藤と言えるでしょう。

　そこから出てくる不安こそ精神分析家がはっきりと確

認していることにちがいないと、実践を通じて遺産としてわれわれはみな知っていますし、明らかにフロイトの『文化の中の不安［居心地の悪さ］』を通じて分かっています。しかし「本源的な」葛藤が、幸福に到達するのではないにしても、少なくとも居心地の良さに遭遇しながらもなお活動的な状態のままであるということこそ、ロベール・バランドがわれわれに教えてくれることであります。われわれに教えてくれるといいましたが、そうでしょうか？　明らかにそうではありません……　彼はそのことを語るすべをわれわれに教えてくれるのです。むしろそうしたことがわれわれの中で語られる［自らを語る］ということを教えてくれるのです。彼の書くところを読み返してみてください（もしこれまでに読み返したことがないならば）、そうすればはっきりと分かってくるでしょう。

実際そこではこのように書かれています。ひとたび、この分裂のうちに生まれた人間の子どもは自ら、産みだす者である親たるべく準備《プレパル》する［あらかじめ回避する］。それゆえ、そのほかの分裂にも準備するわけです。この二つの時期のあいだで、お分かりのように、子どもは居心地良くやっていかねばなりません。どんな手段＝媒介を使うのでしょうか。子どもは何をするのでしょうか。遊ぶのです。何をして遊ぶのでしょうか。限りなく、無数のやり方で、自分を孤児にした始源にある心的外傷を反復《レ》＝練習《ペテ》するのです。その方法は？　考えてみてください。子どもは誰でも自分の排泄物を世に送り出すことによって、自らを生み出した破局を偽造する［対抗的に制作する］ことができるのではないでしょうか。そこから遊びが始まるのです。子どもは交互に、あるいは同時に容器と内容に同一化するようになるでしょう。こうしたことは、どの著者＝遊び手［auteurs］に則して見ても、快感の中でなされます。

さてこうした遊びは、清め祓う働きがあるといっても、やはり他にも目的があります。付け加えさせていただければ、この遊びにより新たな破局を、たとえ最終的に悪しき誕生に至るとしても、良き交接とともに準備することが可能になるのです。そこから快感が生まれます。確かに誕生から生まれるのではなく、誕生に先立つものから快感が生まれるのです。分離を反復＝練習し、

☆1　Robert Barande, *La naissance exorcisée*, Paris, Denoël, 1978.［ロベール・バランド『清祓された誕生』］

修復していこうとする清祓の作用から快感が生まれるのです。

　排泄物とそれを生み出す器官から作られないものがあるでしょうか？　鋳型、鋳造、転写画、複製機、計算機が作られます。様々な転位＝置換が起こります。また様々なアナロジーも現われます。耳‐聴覚的相互性のもとに数々の音と調子が「生み出され」、同様にして、別の手‐視覚的な共働作用において、対象が現われたり消えたりします。その他にも、まだあります。何でも生まれてきます。文明のすべての行為が出てきます。たとえば、読者の目に向けて、あるいは耳に向けて、苦痛と快感のうちで書くということです。……こうして私はロベール・バランドの著作の「清祓する誕生」を想像したのです。

　というのも、「肛門期」の快感は分娩の「苦痛」なくしては、まさに存在しえないでしょう。著者がわれわれに教えてくれているように、分娩の苦痛こそ、〈双数の〉孤児と化しつつある幸福な〈一者〉の苦痛に起因します。著者によれば、われわれに衝撃を与えるようなタブーとは、このように遊びながら、そうすることが快感であると、特にそうしたことを語ることが快感であると知ってしまうことであり、そうしながら、象徴化を行ない、そのことで快感を味わうということを知ってしまうことかもしれません。

＊＊＊

　精神分析のこうした視点においては、分析セッションの立場＝身分とその深遠な原動力と帰結をどう考えたらいいのでしょうか。もしそうした三重の問題がこの著作において明確に現われていないとしても、それらの問題を予感することは不可能ではありません。

　確かにこのように考えを展開しようとすれば、意味に逆行するものから逃れられるわけではありません。しかし、このような問題を考えることこそ、読者の時効のない権利ではないでしょうか。

　立場＝身分とは、二つの未完成の存在、同じことですが二人の子どものことです。彼らは次のような遊びをします。一方が他方を完成した大人とみなし、相手の方もまた同じようなことを相手に返す振りをするのです。とんでもない時に黙ったり、子どもじみたことをしゃべります。だんだんお互いの立場＝位置が同等になってきます、そこまでいくのに何年もかかります。そして二人が理解する時が来ることもあれば、来ないこともあります。……子どもなるものが勝利を収めたのです、自分が子どもであると言って臆面もなく楽しんでいたのです。このようにして二重性＝不誠実さの輪が断ち切られることになります。

状況を動かす原動力について言えば、遊びが創造する緊張関係が孕んでいる快感-苦痛であり、（分析の）完了のうちに、失われた未完性さを取り戻したいという長いあいだ隠されていた願望です。結局この願望は未熟さに至るまで成熟したいというものです。

帰結については（そうしたものがあればの話ですが）、切断以外にはありえません。二重性の輪の切断であり、そうした切断は最終的には本源的な葛藤のドラマ化として、（性的）行為《アクト》の快感としてみなされるものです。

それこそ、我が友人ロベールの激しい自己風刺的著作が鮮やかに自己を語りながら明らかにしているところです。

彼の著作を読むことで得られた一番貴重な教えとは、実際のところ、他の事象と同じく分析においても、人は自己自身に対抗すべく戦いに出るわけであり、その戦いこそ唯一の「良き戦い」であるということです。つまりエロスの華々しい戦いです！

N. A.

一九七五年六月十八日

（*Soirée de « Confrontation »*［『コンフロンタシオン』誌の夕べ］）

この最後の二つの発言については、今回も時間的な順序に従わず、「……について」の項に入れることにした。

M. T.

メラニー・クラインとは誰か?

フロイト以後の精神分析界最大の人物——信奉者から敵対者に至るまで、すべての精神分析家、もしくはそのほとんどがメラニー・クラインに対してそのような称号を認めることでは一致している。四十年にわたる凝縮された実り多い仕事が、思いがけない深層の数々を明るみに出した。熱狂的にして方法的、寛容にして妥協を許さない精神を持つ彼女は「遊びの技法」を編み出し、最も早期の幼児心理に見られる太古性の理論を立て、かくして何世代にもわたる精神分析の流れを決定づけた。師であるフェレンツィとアブラハムを模範として、クラインはフロイトの学説の中から或る一つの急速な学説展開の萌芽を見つけることができたのだが、それは急速過ぎるものですらあった。というのも、今日においてさえ、それは多くの人に、まさにめまいを感じさせるほどのものに見えるからだ。彼女の独創性、子どもを擁護する戦闘的な態度決定、精神分析の有する創造的精神への無条件の献身は、弟子と誹謗中傷者を生み出し、クラインの著作の坩堝であるあの熱狂的な風土を彼女の周囲に作り上げた。留意すべきは、彼女をめぐる熱狂と彼女の裡にある熱狂を分離するのではなく、それらの相互干渉、お互いの誘導作用においてそれらを理解することが重要だという点である。メラニー・クラインは精神分析運動と不可分である。というのも、かつては、精神分析運動が彼女にとって何であったのかということに応じて彼女が生み出されたのだが、いまや、彼女の方が精神分析運動にとってどういう存在になったのかということに応じて、この運動は彼女を担い持っているからだ。

＊＊＊

彼女に最初に分析を施したフェレンツィに勧められて、メラニー・クラインは一九一九年にブダペシュト精神分析協会で「子どもの心的発達」に関する所見を発表するのだが、この若い女性分析家が子どもについての、ということはつまり万人についての、思いがけない発見をもたらすだろうと、そのとき聴衆の誰もが予感したのであった。彼女の言葉は控えめだったが、精神分析の道具を確実かつ独創的な仕方で扱っていること、またそれ以上に、幼児期の問題についての豊かな直観に育まれた情熱が証明されていた。この所見の続きを彼女は二年後にベルリンで発表するのだが、それは始めの予感を裏づけるものであった。彼女はフロイトの方法をごく年少の子どもに応用することに成功しつつあった。それには、子どもの行為や身振りの連鎖を、自由連想法により大人から得られる材料と等価なものと考えるだけでよかった。この連鎖を、完全に仮説であるが、それを暗に支えているとされる潜在思想によって説明しようとすることで、クラインはそれまでほとんど思いつく人のなかった原初的なファンタスム的世界の全体を垣間見たのである。この探求に彼女は心を奪われた。知能と創造性を疎外する危険のある障害は、ごく早期に見極めることが可能であり必要である、と彼女は主張した。彼女の個人的な精神分析の体験がこの療法の効用を証明していたのではなかろうか。この療法は、極めて年少の時期から子どもに施すならば、その子の能力の開花にとって致命的であるような障害を取り除くことができるであろう。そして（一九二一年に既に！）精神分析を使った保育園の創設を強く提唱して論を結んでいる。

自身の創造力の可能性に長いあいだ不満を抱いていたメラニー・クラインにとって、この最初の仕事は子どものための、そして子どもによる大きな勝利を意味した。権威の濫用や理解の拒否、あらゆる種類の偏見が、自然に与えられた才能を永遠に圧殺するのが定めであるという考え方は、彼女には容認できなかった。J・フーク・ヘルムートがそのころ行なった研究発表（一九二一年）は啓示的なものだった。潜伏期にある子どもの表現障害を克服するために、この女性治療士はおもちゃという媒介に頼ることを思いついた。それは願ってもない手法だった。ごく年少の子どもにさえ、遊びをさせ絵を描かせることにより、客観的材料を集め解釈することができるのだ。それからは、「遊びのこのような連鎖はどのような潜在思想に支えられているのか」という古典的な質問を立て、厳密で検証可能な仮説を助けにしてそれに答えを出せばよかった。それはメラニー・クラインの手にかかると、驚異的な道具となった。それまで埋もれていたファンタスムの新しい世界が彼女に開かれ、様々な問題を突きつけ、いっそうの深化を求めるのであった。メラニー・クラインは決定的な段階を乗り越えようとしていた。

フェレンツィから刺戟を受けてブダペシュトで着想された子どもの精神分析は、カール・アブラハムの支援と補助により産声を上げた。アブラハムは一九二〇年には、ドイツの首都に腰を据えにくるようにとメラニー・クラインを招き、特別な関心を抱いて彼女の仕事を注目し続けていた。確かに多くの分析家が学齢期の子どもの障害に目を向けてはいたが、これほどの年少の子どもの研究はそれまで一切なされていなかった。さて、この探究は発達早期に目を向けさせるが、それはベルリンの精神科医［アブラハム］が精神病、すなわち躁鬱分裂病、パラノイアの原因を位置づけていた発達段階である。良き師を得て、彼の庇護を受けた女性がベルリンで従事した研究、とりわけ小児強迫神経症についての研究は新しい展望を約束するものであった。

メラニー・クラインの夢はついにかなえられたかに見えた。最初は平凡であったが、天職を発見したことで波乱含みとなった二十年の家庭生活の後、初めて彼女は自分の計画を実現するための手だてを手に入れたのだ。その計画とは、子どもが葛藤を克服するのを助け、子どもを自分自身へと引き戻してやり、自らの創造力のほとばしりを取り戻してやるというものである。遊びの技法が編み出されるずっと以前に、彼女は、最終的には後年のあらゆる不調の原因となる原初的障害を直観していた。この障害を彼女は一九二一年には母のイマーゴの「良い」形象と「悪い」形象への一種の分裂と定義していた（p.76-77）☆1。だから、後で括弧のニュアンスが付加されることを除けば、彼女の後の研究の主導的思想はこのとき定式化されている。すなわち、深層に悪い〈母〉が存在し、分析はそれを発見し弱体化しなければならない、というものである。分析の過程は、抑圧された攻撃性および、それと相関的な不安とから形成されるこの〈母〉のイマーゴを表層に浮かび上がらせるだろう。最も早期の不安に怯える状態は、悪い〈母〉によって去勢される、あるいは消滅させられてしまうというファンタスムとして現われる。そこから制止と強迫が生じ、愛と創造性の資源を心的生活から奪い取る。

攻撃性を前面に押し出すこのような考え方は、アブラハムの思想に限りなく近いものであった。彼らの精神と関心の親近性、さらにはお互いの尊敬の念は、メラニー・クラインの保護者にして師たるアブラハムをこの上ない役割に割り振った。既に彼女が子どもたちに惜しみなく与えることができていたものを、彼女自身が最終的に獲得できるように思われるのは、アブラハムの寝椅子の上でのことだった。彼女に読み書きを教えた姉のように、そして彼女に芸術と文学の手ほどきをした兄のように、カール・アブラハムもまた、この精神分析を施しているさなかに、早すぎる死に連れ去られてしまうだろうということを、彼女は予見できたのだろうか。この試練から立ち直るためには、同じ実験を一からやり直すことはもはや論外であった。「日々の厳密な自己分析」という不安定な手段しか残されていなかった。悪いイマーゴとの彼女の闘いは終わりにはほど遠かった。

しかしながら、外面的には成功は徐々に拡大しつつあった。その間出版された一連の論文が彼女を既に精神分析運動の指導者の中に位置づけていたのである。一九二四年にカール・アブラハムはヴュルツブルクの学会の演壇で「精神分析の未来は遊びによる分析と不可分である」と宣言していた。アーネスト・ジョーンズは一連の講演をしてもらうために彼女をロンドンに招く。彼女が与えた印象は大きく、アブラハムの死後、英国精神分析協会は彼女に、精神分析の教育と実践にわたる幅広く実り多い活動の場を提供する。自由な活動の場を与えられて、彼女は早くも自分のまわりに弟子のグループを結集させることになる。彼らは彼女の熱心さ、活力、そして *last but not least*（最後になるが、これも重要な）彼女の手法の実り多さに惹かれた人たちである。クライン学派が生まれようとしていた。

先入観に左右されない観察者［ジョーンズ］は、ロンドンへの定住がついにメラニー・クラインに彼女の闘いの終わり、彼女の願いの成就を告げる、と考えることができた。ところがジョーンズの庇護を受けている当人の精神状態は全然違っていた。事実、一九二三年以来精神分析運動の指導委員会のメンバーであったフロイトの実の娘アンナもまた、何年も前から子どもの精神分析に専念していることを、彼女は知らないわけではなかったのだ。それぞれのアプローチと目的の隔たりは大きかった。フロイトの或る種の関心の欠如の理由をそこに求めるべきなのか。彼女はそう信じたかった。クラインの方法とその成果に異議を唱えるアンナ・フロイトの最初の著作が一九二六年に出版されると、クラインはもはや我

☆1　ページ数はメラニー・クライン『精神分析論集』［Mélanie Klein, *Essais de Psychanalyse*, édition française］のもの。

慢できなくなり、ライバルとの激しい論争の火蓋を切った。読者は「子どもの分析をめぐる討議」(p.178-210)の題で発表された辛辣かつ精緻な論文にあたっていただきたい。正統的フロイト派の精神分析の基本綱領を踏まえた見地から、クラインはアンナ・フロイトの企てに逐一論駁を加えることに何の困難も感じなかった。なぜならアンナの企ては、精神分析を子どもの適応の問題に応用する、という、当時たったそれだけのこと以外を目論むものではなかったからだ。こうした宣戦布告は本当に避けられないものだったのだろうか。目的と手段の違いを確認し、そこで止めておけば十分だったのではなかろうか。確かなことは、四十年後もまだ終わっていないこの闘争において、永続しているように見えるのは、メラニー・クラインの内的ドラマである。彼女の戦闘的な熱意のいきすぎがその天分の暗部と考えるべきものであるにせよ、その必然の結果である子どもに対する彼女の鋭い共感は、精神分析の決定的な進歩の第一要因〔*primum movens*〕であったのだ。そして、その当時の情熱の執拗さが目的を見失っていなかったならば、われわれはそれを振り返ってみていささかも残念に思わないだろうに。争点と適切さを忘れさせてしまったのは、長びいた敵意なのだろうか。

　メラニー・クラインとしては、フロイトの手法の完全性に対して嫉妬深いほどの注意を払っていた。彼女はこの手法の助けにより、分析家たち自身のも含む、判断を麻痺させ不具にする偏見を打ち破っていった。知性の欠如、精神病、非行の三大欠陥は、もはや生まれつきの避けえないものと考えてはいけない。それらは幼児期に芽生えるもので、その時期に不治の病と断罪されるのではまったくなく、既に、新しい技法のおかげでそれらは精神分析の活動範囲に入ってきているのである(「正常な子どもにおける犯罪傾向」p.211など)。ところで、ハンス少年の分析以来、この分野における進歩は止まっていた。しかし低年齢の子どもの分析がいまや可能になった以上、それらの病気が取り返しのつかないものになるのを待つのではなく、まだ間に合ううちに、ほとんど病気の起源となる時点から素早くその病気を緩和することができるであろう。妄想、不安、加虐性《サディズム》は、無垢であってほしい年齢の宿命である。治療を施すには、病気に直面しなければならない。遊びの技法のおかげで、子どもの精神分析はその有効性を証明したのだ。それを疑い、その努力に対して支持を与えないことは、自分自身の子ども時代を拒絶することでもある。とはいえ、このような解放の能力を持つことが攻撃にさらされるのも当然の成りゆきである。ともあれ、このような抵抗の表明は、自分の見解の正しさを裏づける証拠以外のなにものでもない、と彼女は考えることができたのだった。

状況がそこまで進んだ時点は、ちょうど新しい思想が確実なものとなっていた。一九三二年に出版された『子どもの精神分析』はこの思想の集大成で、真の教科書となった。守るべき原則は、子どもに対しフロイトが定めた厳密な中立性を保つことだった。すべてはそこから生じた。どれほど幼くても、子どもの分析セッションのあいだに起こることは材料の価値を持つ。すなわち転移性の反復と加工という価値を持つのである。外的現実が実際に症状の原因となっている場合ですら、その外的現実を分析に持ち込むことは、分析の精神自体に反することになろう。子どもの「境遇」への一切の口出しやどんな教育的な意図をも禁止することが、技法上の帰結として生じる。さらには、技法に関する姿勢を正統なものとする主張は、理論的な概念の形成に影響を与えずにはいられない。かくして、外的現実の締め出しは、外的〈対象〉と内的〈対象〉の明確な区別へと導く。というのは、後者だけが分析に適しているのは明らかだからである。

重要さにおいて劣るものではないこの徹底化の精神のもう一つの帰結は、ファンタスムの概念に関わっていた。実際、内的〈対象〉とは何か、それはファンタスム、すなわちフロイトの定義によれば「欲動の心的代表」以外の何ものでもないのだ。より押し進めて、外的対象と直接の関係を持たない心的活動はすべて、つまるところファンタスムに関わると形容しなければならないとさえ言える。こうして、情動に至るまで、「防衛機制」に至るまで、そしてイマーゴに至るまで、分析の過程で現われるすべてのものは、ファンタスム、すなわち欲動の表現なのである。それゆえ一言で言えば、ファンタスムこそが精神分析の固有の対象なのだ。それは、背後には他に何も存在しないとか、ファンタスムは深層の過程を曖昧さなしに表現しているという意味ではない。良い〈対象〉とはリビドー性の欲動に適合したものであり、悪い〈対象〉とはそれと逆行するものである。引用符つきの「良い」「悪い」は、現実上の適合性をではなく、その適合性のファンタスム上の評価を翻訳していることになるだろう。いうまでもなく、ファンタスムと心的現実との隔たりは極めて大きいものでありうる。投射の結果、内的〈対象〉と外的現実とが混同されて見える時、内的〈対象〉に関して、見かけ上の曖昧さが同様に生じる。二つの場合とも、まずファンタスムと心的現実のずれを確認するためには、またファンタスムを内部性の、次に体内化のファンタスムとして認識するためには、そのファンタスムの起源それ自体まで遡る必要があるだろう。そういう理由により、諸イマーゴを形成する諸ファンタスムを再体験すること、すなわちイマーゴの取り込みが行なわれた時の相次ぐ諸契機を再体験することなしに、イマーゴを分析することはできないのだ。ファンタスムとは、より深層にある過程に接ぎ木された付帯的現象なのだろうか。おそらくはそうである、しかし、それでもファンタスムは無意識において現実に実効性のある活動を展開することに変わりはない、とメラニー・クラインは主張した。取り込みは〈対象〉とか〈自我〉を危険にさらすことができると考えることも潜在的には可能であり、そのことだけでも、一生を通じて自我の機能作用が阻まれることがあるのだ。遊びのセッション中に、いかに太古的なものであれ、ファンタスムを意識化させるならば、われわれは心の構造全体の、劇的ではあるが理解と予見が可能な変様の数々に立ち会うことができるだろう。こうしてメラニー・クラインは慣例化していた経験的方法からはるか隔たったところに到達した。彼女は内的生活の発生と機能作用を観察できると確信していた。これらの明白な事実が日々繰り返されることで、自分の考えが確認されていくと彼女が感じる以上、人々の批判や不信は重要性を持たなくなっていた。

そう、論証は簡単だった。次のことに留意していればよかったのだ。すなわち、ファンタスムは対象の取り込みの様態を明らかにし、このように定まった様態が、個人の歴史においてどの時期にそれが起こったかを割り出させてくれる。それゆえに、乳歯の生える年齢からすぐに、罪悪感、超自我、さらにはエディプス・コンプレックスの話をすることには根拠があるのだ。これは信じがたいことだったであろうか。事実は事実であり、誰もがその現実性をコントロールし、それらが導く結論を検証することができなければならなかった。確かに、そうした事実が理解しがたい特徴を持っていたため、そのことを疑ったり単純に拒絶を示したりすることに対して悪意を抱かせるものであった。だからこそ無条件の同意を要求する必要があったのだ。友と敵を区別する基準はそこにあった。

それは予期できたことであった。こうした非妥協性は、最後には目に余る不公正を招く。フロイト自身クラィン理論のいくつか、とりわけ自我とエディプス・コンプレックスの早期出現に異議を唱えていた。おそらくそれは単なる語彙に関する論争であった。しかもフロイトは、ランクの出生外傷に関する理論のような、別の意味で大胆な理論を自由に展開させておいたではないか。それは、フロイトの晩年を母性に溢れた心遣いで包んだアンナの肩を持つ振る舞いなのだ、と考えるものもいた。いずれにせよ、ほどなくして、それまで卓越した弟子であったE・グローヴァーは、メラニー・クラインのこの著書に対して、かなり批判的な書評を書き、クラインの概念装置全体の価値に疑義を差し挟んだ（一九三三年）。さらには、大陸から到着した亡命者の第一陣が敵の戦列を増強していた。緊張は高まっていった。

メラニー・クラインが生涯の傑作、クライン派の体系の要石となる論文の執筆を始めたのはこのような状況下においてであった。「躁鬱状態の心因論に関する寄与」(pp.311-340）は、表向きは限定された主題を扱っているが、実は、子どもの精神分析の成果に照らして、フロイトの概念装置をいっそう深めることを狙ったものだった。この論文により彼女には新しい弟子と新しい敵ができた。今度は何が問題だったのか。それは、一貫した理論的基盤の上に、遊びの技法により十年にわたって集められてきた臨床上の確認と部分的な理論の数々を据えることであった。それは集大成以上のもの、最深層に至るまでの心的生活全体を理解するための真の鍵でなければならなかった。それは幼児期、精神病、神経症に近づく道を開く唯一の鍵であった。フロイトはその探求をエディプス・コンプレックスおよび父との葛藤に集中させたが、メラニー・クラインの方は母子関係に関連して早期の葛藤の研究によってこれを補おうとしたのだ。問題のこうした徹底化は、大きな総合の作業へと彼女を導くことになろう。それは彼女の願望が呼び求めたものであり、さらには事態の成りゆきが招いた総合である。まずは悪いイマーゴに打ち勝たねばならなかったが、それ以上に、誹謗中傷者に真に打ち勝つ必要があったのだ。

さて、この新しい学説をその内的連関において検証してみると、最初の問題の位置どりの中で横滑りが起こっていることに驚かされる。それまでは、暗黙の構想は、自我を束縛から解き放ち、その創造力と生命力を解放することにあった。ところが、これ以後、関心の重心は、より対象に関する問題設定に位置づけられることになる。愛と攻撃性をいかに折り合わせるか、いいかえれば、「良い」〈対象〉と「悪い」〈対象〉が同一の人物形象の中に併存するようになった時、いかにして愛を守り抜けばいいのか。〈対象〉に対する配慮はそれゆえ自己に対する関心を凌ぐに至る。このようにして、内的〈対象〉に向けられた愛は、自我の成長に不可欠の条件と定められ、原初にある還元不可能な攻撃性は、主要な障害として定められる。動機のない生まれつきの攻撃性を要請として引き受けながら、自己を獲得するための闘いは、〈対象〉に対する倫理的態度の方へ向きを変えることになるが、この態度は道徳的な傾向の萌芽を既に含んでいる。

良い〈対象〉をわれわれ自身の攻撃性から守ること、新しい学説によれば、それが誕生以来の心的生活の原動力なのである。この問題に対する態勢の取り方がどうであったかということが、それぞれの人となりを決定することになる。分裂、投射、後悔、否定——生後十二ヶ月の不安状態が、こうした頼りなく不毛な解決策へと追いやる。古典的な諸段階は、それと同時期の自我を構成する特種なそれぞれの態勢を含んでいる。これら早期の態勢は、精神病と神経症のように構造化されている。不安に打ち勝つために、これらの太古的態勢に訴えることを余儀なくされることから、病気が生ずる。しかしながら、幸運な場合には、自然に発見される実り豊かな解決策が一つある。それは、われわれの敵意により、必要不可欠な良い〈対象〉が傷ついたり損なわれたりした時、良い〈対象〉を修復し、それが占めるべき場所に再設置する術を知ることであろう。

発達の過程で現われてくるすべての態勢の中で、転換点の役割を果たすものがある。というのも、後の発展すべてがその運命にかかっているのだから。抑鬱的と呼ばれるこの態勢は、或る特殊な結合から生じる。〈対象〉はもはや機能的一部分としてではなく、完全な一人格として捉えられる。だがまさにその時、発達に固有のいくつかの理由により、サディズムが最高潮に達している。そこから様々な恐ろしいイメージが生じる、それらは良い〈対象〉自体に投射され、考えうるどんな外的現実とも関係を持たないのだ。この早期のファンタスム形成は、メラニー・クラインのペンの下で強制力を持つようになった決まり文句によれば、「サディズムが考案することのできるあらゆる手段を使う」のだが、その黙示録的性格から、いかなる修復策も不可能なものにする。そのとき人は様々な解決を模索するのだが、それらは維持できないか矛盾するものであることがいずれ判明する。こうして人は、妄想的と呼ばれる太古的態勢におけるように、是が非でも「良いもの」と「悪いもの」の不安定な分裂を維持しようとすることになる。あるいはまた、この論文の題材である躁鬱病におけるように、否定と競り上げが交替する弁証法が採用することになる。躁的態勢が語る言葉は以下のようである。「〈対象〉を私は損ないはしなかった。私の意のままになるものとしてあるのに、どうしてそれを損なったりすることがあろうか。そもそもそんなものは私には何の価値もない」。そして或る場合には次のように付け加える。「それがどうした。いずれかの〈対象〉がなんらかの理由で死んだとしても、私は十分に強いのだから、いつでもそれを復活させられるのだ」。逆に鬱病患者は、罪悪感と自己非難の競り上げ、すなわち、攻撃性の源である自分自身を抹消することによってしか、破壊された良い〈対象〉を復活させることはできないと信じている。この両極端のあいだに位置する、本来の意味での抑鬱的態勢は、神経症の核を構成する。すると今度は、分析治療の目的が見事に単純な言葉で定義されよう。すなわち良い〈対象〉を修復する能力を発展させ、あわせて、それまで分裂し、投射され、あるいは抑圧されていた攻撃欲動を転移の中で加工することである。

以上が新しい学説である。堅牢で、厳密で、明快に輪郭を描かれたこの学説は、重要などんな疑問にも解答をもたらすものである。その万能性、確実性、概念的体系は或るものたちを強く引きつけ、また或るものたちを反発させることになる。堂々たる構築物に立てこもって、メラニー・クラインは英国精神分析協会の、ひいては精神分析運動全体の潜在的な分裂に立ち会った。

並行して、自分のイマーゴたちと戦っている子どもにかつては自己を同一化していたこの女性は、「良い〈対象〉」という議論の余地のある人物として振る舞うようになった。この良い〈対象〉が被分析者の中に決定的に根を下ろさなければならない、と彼女は言うことになる。そうすれば、たとえ外界では失われてしまっても、それは彼の中に生き残り、いつでも彼の過ちを赦し、喪に沈む彼を慰めてくれるだろう。四年後に彼女は次のように明言している。「内的諸〈対象〉は、現実の良い両親がそうするだろうように、喪に沈む人の苦しみを共有してくれる」のだと。確かにこれは詩的で、涙が出るほど感動的な話だ。しかしよく考えてみるとそれは、安堵の涙というよりは後悔の涙ではなかろうか。悪いイマーゴはいまだその罠を使い果たしてしまうにはほど遠いのだ。

第二次世界大戦が勃発した時、両陣営の準備は整っていた。歴史的対決は、一九四三年一月から一九四四年三月にかけて、ドイツ軍の爆撃のさなかに開かれた総会の場でなされる。支持者の列はかつてなかったほどの人波であったが、敵対者の列の中にはE・グローヴァーに追随する（意味深長な転向者と言わざるをえないが）メラニー・クラインの実の娘もいた。明らかに論争はこの対決からなんらかの科学的真理を導き出すことよりも、クライン派の人たちを偏向主義だと認めさせ、精神分析運動から彼らを端的に排除することを目的としていた。

どのような成りゆきでメラニー・クラインは被告人の立場を押しつけられるに至ったのだろうか。大陸から多くの亡命者が最近ロンドンに居を移したことに責任を帰すだけでは足るまい。メラニー・クラインが闘争をごく穏やかな態度で進めていたとしたなら、彼女の企ての厳密さと効用は外からの抵抗を弱めるのに十分だったに違いあるまい。フロイトは自らの運動を成功に導くために二重の有利な点を持っていた。つまり、反抑圧的な学説の持つ内在的な力と、決して抵抗勢力を正面から攻撃しない極度の慎重さとである。さて、メラニー・クラインは前者の利点を極限まで推し進めようと望んだのだが、第二の利点を実行に移すことは彼女にはできなかった。というのも、彼女が戦っている悪い〈母〉と、彼女の闘争が引き起こす偶発的あるいは致命的な出来事の両方からくる圧力の下で、彼女にはもはや敵対者としての顔を見せつけるしか手段はなかったのだ。もっとも、それによって当初の計画を破滅に追いやる危険を犯すことにもなるのだが。論争は互いに相手の言うことに耳を傾けない者同士の際限のない対話にすぎなかった。双方から引き合いに出される議論はいまや、それがどんなに激しいものであれ、敵対するイデオロギーの対決としてではなく、同じ悪しき霊が仕組んだ、同じ集団内の引き裂かんばかりの狂乱として現われた。四半世紀後になってみると、これらの手を抜いた議論、剝き出しの不公正、自殺的突撃は悪い〈母〉自身の仕業以外の何ものでもなかったと言いうる。

こうした事の次第を説明するために、それは観念論である、というような、比較的無害な一つの非難を取り上げてみよう。この主題については、メラニー・クラインは一九三〇年以来自分の考え方をはっきりと示していた。外的対象と内的〈対象〉との、自我と現実との――心的でも外部的でもある――明快な区別のほかに、彼女はそれらの相互干渉のメカニズムを記述し、外的現実の役割を明らかにしていた。すなわち、発達の過程自体から不安や攻撃性が生じる際に、外的現実がもたらす激昂や鎮静といったすべてのものの役割を明らかにしたのだった。だから、理論についてなんと思われようと、誤解があったなどというのは問題にならない。すると、敵に烙印を押そうとするだけの目的で、表面上人聞きの悪いこうした［観念論という］レッテルに頼ったということなのだろうか。そう考えることはできる。それでもなお、かくも明らかに不適切なこの［観念論という］語の選択は、精神状態全体によって多元的に決定されていなかったはずがない、ということに変わりはないのだ。「マザリング療法［乳児に対する母のような態度で患者を治療すること］」の長所を考慮に入れないまま、子どもの心的生活全体を諸本能の戯れに帰したという、表向きの――そして不当な――非難は、こちらは正当なものであるもう一つの非難を隠していた。すなわち、子どもは生まれつき悪いものだ、と言うことにより、〈母〉は無罪とされ、母としての自分も無罪となり、一言でいえば、他人に対して、あなた方はみんな悪い子です、と言っていたわけだ。ところが、注目すべきことに、それに対する反論は、「あなた方は良い〈母〉という資格を熱望しているが、そのことがあなた方が本当に良い母であることを不可能にしている」というものではなく、「手段も権利もないくせに、理論など作ろうとする気を起こしたあなた方こそ悪い子どもです」というものであった。この暗黙の対話は議論を当然想定はしているのだが、敵対者同士の間には、悪い〈母〉への言及を一切締め出すための暗黙の了解があったことは明らかである。〈母〉への無意識の憎しみとは切り離せない、〈母〉についての正真正銘のタブーを維持しようというこの秘密の共謀関係がなければ、おそらくこのような争いは決して起こらなかっただろう。事実、〈母〉は悪いものではありえないということを公準とすることで、誰もが〈母〉の立場から話していた。メラニー・クラインはまさしく、悪いイマーゴの精神分析を一般化することにより、戦争は回避できるだろう、と言っていた。彼女は、こうした痛ましい出来事［戦争］が彼女の考えの正しさを証明しているとは気づいていなかったのだ。

大戦は終わり、「サディズムが考案することのできるあらゆる手段を超えた」その残酷さは少しずつ消え去っていったが、メラニー・クラインの戦争は終結する気配を見せなかった。敵意は慢性のものとなり、クライン派イデオロギー――敵対者にとっては暗黙の軽蔑を含み、支持者にとっては賞賛の的となる――が何年にもわたって作り上げられていった。その柱となるいくつかの教義は、『羨望と感謝』(*Envy and Gratitude*) という意味深長な表題を持つ著作の中に要約されることになる。人はこう言うだろう。その破壊への熱狂の中で、死の本能の直接の派生物である羨望は、生後まもなくのうちから、「生命の源泉そのもの」である母の〈乳房〉の豊かさと創造性に攻撃を仕掛けるのだ、と。ところがそのうち、生の本能が優勢となり、悪いイマーゴ――荒れ狂う自らの羨望の投射――は、現実の対象の優しさに直面して、最後には力を失ってしまう。このことにより、自分にある破壊への欲望と罪悪感を認めて引き入れることができるのである。そのとき、そしてそのときになって初めて、悪者に仕立て上げようにも仕立て上げきれない〈対象〉に対して、新しい感情が生まれてくるのだ。この感情は、人が〈対象〉から勝ち取った独立について多くを語るものである。まさにそのことにより、〈対象〉は良い、そして根をしっかり下ろしたものになるのだ (« *the good object has taken root* »)。この感情はまた、〈対象〉の善良さそれ自体のおかげで、それに対する罪悪感すべてが除去されたことも示している。さて、この理論が一見どんなに誘惑的に見えようと、祓い清めるべき羨望の最終的な対象として、〈男根〉ではなく〈乳房〉を指定したことは、悪い〈母〉への固着を助長することにしかならないという確認がなされる、そして次のような疑問が生じる。つまり、内なる敵は、救いの手を差しのべる、愛他主義的ですらある友達に変身しなければならない、という要請は、これ以後希望のないものとなる闘いのユートピア的な解決策に他ならないのではないか、という疑問である。

このような体系の持つ暗黙の規範的性格が、分析家たちのあいだで持つ威嚇用の恐るべき武器になりうるのかその理由はよく理解される、またそもそも「羨望する者」、「裏切る者」そして「感謝する者」に向けられる断罪や無罪宣告を行間に読むことは、それほど困難ではない。こうした定式化によって、臨床的真実が、根底では尊重されていながらも、重大な歪曲を受けるにちがいない、という印象を禁じえないのである。確かに、分析の終結は、悪い内的〈対象〉との関係の清算によって、ということはつまり、攻撃的感情の後退によって刻印される。しかし、修復があるとすれば、それは決まった場所に設置された「良い」〈対象〉の修復ではなく、イマーゴの太古的状態から解放された自己自身の復旧なのである。そして、メラニー・クラインの最初の狙いはそのようなものであったことに疑いはない。

こうして、悪いイマーゴを追い払うための闘いを支えるべく用意された武器が、悪いイマーゴを守る要塞として役立つに至ったのだ。羨望の精神分析を行なって、羨望している対象への愛をそこに見分けないなどということがはたしてあるだろうか。攻撃欲動と共謀しないような感謝のメタ心理学を想像できるだろうか。メラニー・クラインにとって、見方が変化してしまったのだ。感謝は、われわれの悪意の投射を無効にすることから自然に生まれるのであり、そうなるのは、われわれの羨望から生じる攻撃を——これに反撃するどころか——それを受け入れ組み入れる対象にわれわれが感じる善良さによってこそ可能になるのだ——そのように言うことは、悪いイマーゴそれ自身の言い分に乗ることではなかろうか。そうなのだ、このイマーゴをクラインは外部と内部に永続させるしかなく、この厄介で望んでもいない生き残りの脅威に備えるために、愛想がよくもあれば怒り狂い、非難と報酬を振りまき、いつも寛大だがしばしば落胆しており、被った損害の回復を要求する、こうしたイマーゴの両義的な姿を彼女自ら体現せざるをえなかったのだ。こうしてメラニー・クラインは精神分析運動全体にとって、愛され恐れられる、もてはやされ憎まれる、そのスケールの大きさによって場所ふさぎでありながら、その与えるものによって必要不可欠な、一種の〈母〉となった。しかし、他者に対して彼女はこうした母性的形象となったのだが、この形象から、メラニー・クラインは自分自身が要求する一切の補償を受け取り続けたのだ。そのように考えると、クラインの著作のいくつかの矛盾点をよりよく理解することができる。メラニー・クラインの独創的で有効な手続きの多くが——完了するかほとんどそれに近いところまで行った後——取り消されたり、その元々の目的に逆らうように暗に方向を変えられたりする。どんな偏見をも棄却する彼女の実効性のある態度が、お説教くさい教条主義に堕してしまったり、悪いイマーゴの徹底的な分析が、結果的に人間に固有のサディズムの先天的な非合理性を露わにしたこと、前代未聞の大胆さでもって行なわれたイマーゴを撤廃する企てが、「良い」内的〈対象〉の形をとったイマーゴの

「復旧」に終わってしまったこと、これらは冒瀆とすら感じられる大胆さに対する内的制裁の兆候の数々ではなかっただろうか。

メラニー・クラインの闘いを振り返って見ると、悪いイマーゴの動かしがたい優位性を結論づけたくなる。こんなに豊かな才能、抜群の明晰さ、かくも大きな苦しみが、手の施しようのない緊張と対立の支配を再度打ち立て強化することに役立っただけなのだろうか。そう信じては、精神分析の思想［観念］に固有の運動についての理解は十分とは言えないだろう。

最初は拒絶されるが、無意識の中で道を開いていく精神分析の解釈と同様、精神分析の諸発見もまた成熟の期間を必要とするのだ。そのあいだに出会う抵抗が、結果として、或る著作の思想を歪めるとしても——それがクラインの仕事が辿った道のりにあてはまるのだが——、実際の葛藤に差し出される真の解決策は、時間とともに最後には勝利を収めるのだ。極端な思想の残存物を前にして、分析家は態度決定を迫られる。彼にとって、メラニー・クラインの企て全体は、彼女の反抗心・激しさ・鋭敏さから、その敗北・「補償」・行き詰まりに至るまで、範例の価値を持つことになるだろう。彼はまた次のことも理解するだろう。すなわち、或る人々がクラインの最終的な立場を、未完の喪から引き継いだ、教条的かつ教訓的な超自我として取り入れることも十分ありうるだろうし、同様に他の人々が、同じような理由から、革新的な精神の劇的努力から彼ら自身が引き出した大きな利益を否定し、十把ひとからげに貶めようとあくまでこだわることもある、ということを。ともあれ、メラニー・クラインという偉大な人物は、その「影」とその「輝き」を精神分析運動になお長いあいだ投げかけることは確かだろう。だが、彼女の後に生きるわれわれは、肯定的でもあり否定的でもある偶像崇拝について喪をうまくやり遂げて、彼女の果敢な挑戦の意味そのものを理解した時、そして彼女を一から十までわれわれ自身の仕事の推進力に同化しおおせて初めて、真に彼女をわれわれのものとしたことになるのであろう。

N. A.とM. T.

パリ、一九六六年十月。

Mélanie Klein, *Essais de Psychanalyse*, édition française, traduits par Marguerite Derrida, Paris, Payot, 1967.［メラニー・クライン『精神分析論集』、フランス語版、マルグリット・デリダ訳、一九六七年の解説］

第Ⅲ部

精神分析の概念構成再構築に向けての
アナセミー的大文字

表皮と核

語の表皮

精神分析にも今後「ラランド」〔『専門的・批判的哲学用語辞典』のこと。一般に監修者のアンドレ・ラランドの名をとってこう呼ばれる〕が備わることになる。誕生以来たっぷり七十年を経たこの科学に初めてもたらされた『精神分析用語辞典』〔邦訳、村上仁監訳、みすず書房〕は、専門的、批判的であるばかりか、歴史的側面にも目配りがなされている。この辞典は、日増しに普及し続けているにもかかわらず、これまでなお秘教的で捉えどころのないものであった精神分析用語の、意味、用法、誤用、濫用に関して、定義、探査、規定、禁止を与えようとするものである。著者たちは、八年の探究と熟考を捧げて強力に明解化を押し進めた。その結果、コード化への意志に対する挑戦という点に独自性があった〔精神分析という〕知と実践の総体をめぐって、その語彙上の問題に留まらず、ラガーシュが言うところの「概念的編制」、ラプランシュとポンタリスの用語を借りれば「概念装置」に狙いが定められている。精神分析の用いる概念一つひとつがこうむった浮沈変遷を、フロイトおよびそれ以後の著作を通して跡づけつつ、それらの概念の学際的また学内的位置づけを規定すること、と同時に、その外延、内包、含意、相互干渉に関してきめ細かな批評を加えること、企てと賭けはそこにある。

争点の大きさは、大規模な作業となってはねかえった。五千頁にわたるフロイト全集の（三ヶ国語での）読み直しと精査を行ない、さらに同じ作業をフェレンツィ、カール・アブラハム、メラニー・クライン、その他の決して簡単ではないテクストにも施し、少なくとも四百の見出しと数えきれない参考箇所を含む膨大な数のカードを作成し、このカードを使っての綿密精緻な比較研究を、メタセミー〔超意味性〕、矛盾、アポリア〔出口のない難題」、未解決のままの問題などを容赦なく暴くことにより進めていく。そしてまた、検討の末に抽出された結果を充実した大部の調書に記録し、そしてこの長い準備作業の仕上げとして、三百以上の概念定義の完成を目指している。これらの定義は太文字で印刷され、科学者、哲学者、法律家、あるいは精神分析家まで含め、誰もが抱くであろうもっともな疑問、すなわち、いったい「転移」とは、「欲望の幻覚的充足」とは、「リビドー」とは、「欲動」とは、「自我」とは何なのかという問いへ、信ずるに足る答えを与えられるようにしようというのである。

仕上がりは企図に見合うものとなっている。八つ折ロイヤル判にぎっしり印刷された五一五頁の中に、五ヶ国語で用語を記載し、歴史的批判的議論の定義を引用や原典の指示とともに配置しているこの著作は、一見したところ、精神分析を思考するための公認の道具の説明付リストのように映る。そして、われわれがこの『用語辞典』に長らく親しんでいるうちに、この第一印象に変更が生じざるをえないけれども、それでもやはりその第一印象はこの著作に与えられている次のような役目を反映しているのである。すなわち、法としての効力を持ち、そして今後知らないとは誰にも言わせない一つの法典[corpus juris]を制定するという役目である。こうした法の制定の根拠がいかなるものであれ、その当否を議論することは、ここでのわれわれの任務ではない。それがフロイトの著作をめぐる注解であれ、あるいは、或る実践の有効性または認識論的考察の有効性を扱っているにせよ(実際これら三つの事項が言及されている)、その結果は、外部世界との関係においてと同時にそれ自身との関係において捉えられた、精神分析的「事象[chose]」の規約を定めようという並大抵ではない試みとして現われていることに変わりはないのである。

それゆえこれは、精神分析全体にとって、フロイトが〈自我〉という栄誉ある呼び名を与えたあの審級が持つ機能を果たすよう定められたものの具体化なのである。さて、この比較によってフロイト理論そのものに言及することで、われわれとしては次のような二方面において戦っている〈自我〉の姿を喚起したい。すなわち〈自我〉は、外部に向かっては、刺戟や攻撃を緩和し、内部に向かっては、いき過ぎた場違いの躍動に道筋をつけて誘導するのである。フロイトはこの[〈自我〉という]審級を防御層のようなものとして、外胚葉、大脳皮質、

〈表皮〉として考えた。内部と外部とに対する二重の防御を行なうこの皮質としての役目が『用語辞典』そのものにもあることはたやすく認められる。この役目は、考えれば分かるように、守るべきものそれ自体に一定のカムフラージュを施さなければ、果たすことができない。とはいえ、表皮は、それが安全に保護しているものによって刻印を受ける、また表皮によって、表皮の中に隠されていながら、姿を現すものによって刻印を打たれるのだが。そして、精神分析の核そのものが『用語辞典』の中に姿を現す必要はないとしても、隠されており捉えどころのない核の振る舞いは、それでもなお、百科事典的な分類体系に従うまいとする抵抗によって、一歩一歩確認できるのである。著者たちのめざましい功績は、彼らの仕事に内在する困難を決して隠そうとはせず、そのことにより次のことを理解させてくれたことにある。すなわち、精神分析の概念的編制が存在しなければならないとすれば、それは古典的な思考形態によってはその統一的な姿を現すことはなく、またこの概念的編制を理解することは、今後発見しなければならない新しい次元の獲得を要求するということだ。

釈義の第一段階

精密な精神分析理論に加えられるありきたりの反対論がいかなるものであれ、その臨床上の現実的有効範囲に異議を唱えようとするものは、もはや誰もいない。今日意見の一致をみているように、統一性の欠如を口実に理論を放棄するか、あるいは次善の策としてそれを採用するか、といった二者択一は超克されるべきであろう。こう反論したくなる向きもあるかもしれない。「ああ確かにそうだ。でもそのためには、事実により正しく合致した理論が必要だろう」。こうした科学的リベラリズムが精神分析に適用される時の困難は、まさに「事実」そのものが、それを定義する言説に変更が加えられると変質を被るという点にある。そのことをわれわれは、精神分析を発想の異なる体系（行動主義、実存主義、現象学）の中に吸収しようという試みがなされるたびごとに、いやというほど見てきた。それというのも、精神分析の諸概念がいかに不自然で、一貫性を欠き、スキャンダラスにさえ映るとしても、それらは不可思議な力を持っており、そしてこの力は、精神分析の諸概念を異質な座標系に取り込もうとすれば、必ず失われてしまうものだからである。そういうわけで、精神分析理論は、どんな統合や再調整の目論見に対しても激しい拒否反応を示すのである。この確認を前にして、ただ一つの道が開かれているだけだ。すなわち、精神分析理論がその矛盾や欠落の背後でうまく伝達できていることを探求することである。[☆1]フロイトのテクストが求めているもの、それは釈義の企てである。ただしそれは、解明しようとするテクストそのものの独自性を補強し支えるような釈義でなければならない。さて、このような釈義の作業は、段階を踏んで行なわれなければならず、少なくとも二段階を必要とする。第一段階では、注釈を求めている事柄すべてを調べあげることが必要となろう。いいかえれば、フロイトが理論を練り上げる過程において、様々な形で問題をひき起こしているすべての事柄のリストを作成することだ。概念説明、思考の様々な段階の比較、共時態と通時態における意味の一致および不一致、親子関係、変化しないもの、主題的なヴァリエーション、などこれらを手がかりとする古典的手段を用いて作り上げた、このような問題系のリストこそが、『用語辞典』の歴史的批判的部分の対象となったものである。

だから、そのような忍耐強い綿密な作業により、決定的段階である釈義の第二段階を準備した著者たちの功績は大きい。なぜなら、精神分析理論の逆説的で不統一な諸側面について詳細なリストが作り上げられて以後は、もはや誰も次のような真の問いを避けることはできないだろうから。すなわち、フロイトの様々な理論とは、彼の直観を守る表皮をなすものであり、直観を隠蔽すると同時にそれを暴き出すものだとすれば、本来の意味での核とはいかなるものなのか、という問いである。というのも、目に見えず、しかし強い影響力によって理論構築全体に意味を与えているのは、この核だからだ。精神分析理論を強力に起動させる原理であるこの核は、仮説的にはわれわれがフロイトの直観に存在していると想定している統一性のうちで、あらゆる見かけ上の矛盾が説明されてしまわない限り、透けて見えることはないだろう。『用語辞典』として予定された枠組みから、この釈義の第二段階ははみ出していると認められる。とはいえ、著者たちがこの著作の執筆にあたり節度と慎しみを守り通したことは、彼ら自身、より個人的な釈義の仕事を抱えている人々なのだから、それだけ大きく評価されなければならない。

大文字を使った表現手段

いずれにせよ、〈精神分析〉の項目に、この語の定義や、その主張の独自性、もしくはその立場の逆説的な性格を際立たせている定義を探し求めても無駄だろう。だが、そうした事柄を瞥見しようとするなら、無数にある議論を参照するだけで十分だろう。それらの議論は、たいていの場合、これこれの概念上の困難があると指摘するに留まり、いまだ解答を与えてはいないものが多い。われわれに関係するものとして、三三三頁［邦訳三九頁］にある「快感原則」に関する用語上の問題をとりあげよう。「たとえば表向き苦痛である症状にまつわる無意識の快［快感 plaisir］について語ることは、心理学的記述という点では多くの異議をまきおこす」。情動としての快感は、メタ心理学そのものに従えば、語の本来の意味における〈無意識〉に属するのではなく、意識的な〈自我〉に属するものだ、と付け加えておこう。実際、強くは感じられず、苦痛として知覚されさえするような快感とはいかなるものであろうか。次のような反論が可能であろう。当然のこととして深層過程は快感を作り出さねばならず、そしてもちろんそれを客観的に確認できさえするならば、その快感が体験されたものか否かなどたいした問題ではない、と。すると快感とはもはや情動なのではなく、換喩によって表され、その原因となりうるもの、すなわち緊張の放出であるということになろう。内観的なもの［意識体験の自己観察に基づいて心理現象の本質を明らかにしようとする方法］から精神―身体的なものへのこうした移行のためには、少なくとも快感と放出とがそれぞれのレベルにおいて正確に重なり合う必要がある。まさにそれは事実に反している。これと似た考え方として、条件反射を用いる行動主義に対して、還元できない欲望（一二〇頁［邦訳四七四頁］）という概念がつきつける、あの挑戦も引き合いに出しておこう。こうした概念はいかなる周知の座標系にも引き戻されないのであり、始めからそんなことは断念しなければならないであろう。われわれが釈義の作業の中で前に進んで行こうと望むなら、精神分析理論によってわれわれの心性は一八〇度転換してしまったと認めざるをえなくなるのだ。

☆1　ポンタリス『フロイト以後』ジュリヤール社、一九六五年、一三三―一五四頁参照。

こうした転換を際立たせるために、大文字を用いて〈快感〉と〈放出〉というメタ心理学的概念をあえて提示することができよう。すると、この表現手段は何かを開示するものとして作用し、精神分析が言語〔言語活動langage〕の中に導入した根底的な意味の変更を極めて明確に示しているということが確認できるだろう。もちろんこの変更の本性ははっきりとは姿を現わさないし、そこからすぐに、精神分析関係の文献に数多く見られる無数の意味の取り違えが派生する。しかし、フロイトを初めてフランス語に翻訳した人々はこのことに気づいていて、大部分のメタ心理学的概念に惜しげもなく大文字を使うことにより、その痕跡を復元したのである。ドイツ語では〔普通名詞はすべて大文字で書き始められるために〕このような区別のための表記ができないので、フロイトは略語を使った特殊な表記法を推奨していた。たとえば、〈無意識〉を指すUBw、〈意識〉－〈知覚系〉を指すWBW、組織ψなどである。これら一見したところ秘教的な名称は、最初から精神分析的言説がそこで展開される次元の意味論的独自性を定義するところまではいかないにせよ、それを明らかに示しているわけだ。

「私は〔je〕」と「私を〔me〕」のあいだ

〈快感〉がもはや感じられるものを意味せず、〈放出〉が目に見えるものとは別の事柄へと送り返されるような言説の一貫性を保証する原理とは、それではいかなるものか。こうした困惑に囚われ、係争中の意味作用を現象学的タイプの記述法で捉えようとしたくなる人も出てこよう。そうするために、〈快感〉という用語に還元作用を備えた括弧をつけることが考えられる。すると〈快感〉は――フッサールの方法に従って――そのノエシス－ノエマ的構造の検証に付されるであろう。ところが奇妙なことに、メタ心理学の大文字は、抗いようもなく現象学者の括弧をはねのけるのだ。〈快感〉は括弧の中に入れることはできないだろう。〈意識〉や〈無意識〉といった用語に関しても同様であり、[☆2]――仔細に見れば――メタ心理学の概念すべてがそうなのである。ただこの両立不可能性だけで、精神分析に固有な領域が十分に特徴づけられ、志向的と言われる対象や体験のためだけにある現象学的領域の外側に、一挙にこの領域が位置づけられる。われわれの表記法は十分示唆的であって、次のことに注意を促す。すなわち、大文字の効果は、一つの神秘を指し示すのだが、それは、思考されざるもの［l'impensé］の有する神秘そのものである。この思考されざるものがあるために、反省哲学は生まれつき素朴なものであるのだ。大文字の効果は、反省を行なう主体を自己自身から引き離す距離の不透明な無根拠性＝非合理性を暴露するが、この距離は、自己は近くにあるとする幻影を根拠とする明証性すら危険にさらす。自己との関係に絶対不可欠な条件である「私は［je］」と「私を［me］」とを分かつ隙間は、それゆえ必然的に、反省的なテーマ設定を逃れる。現象学者が、この未知の土地［terra incognita］から彼に唯一見える地平線、つまり人の住んでいる諸大陸を探ろうとして、それと知らず足場を固める場所は、自己反省の条件そのものであるこの隙間、この自己への非‐現前性の中にあるのだ。さて、精神分析の領域はといえば、まさに現象学にとっての思考されざるものの〈地盤〉のうえに位置するのである。これを確認すれば、次に掲げる問題を解決したとまでは言えないものの、すでにそれを指示していることになる。

或る言説の条件でありながら、本質から言ってその言説から逃れ去るような事柄そのものを、いかにしてその言説（それがどんなものであれ）の中に包含できるのか。あらゆる言説の核であり最終理由である非‐現前性が言葉になるとしたら、その非‐現前性は、自己への現前性の中で、そして自己への現前性によって、自らを了解させることは可能、あるいは必要なのか。精神分析の問題に内属する逆説的状況はこのように現われる。

反意味論としての精神分析

そこから二重の結論が導かれる。第一に、精神分析を諸科学の序列の中で一定の場所に配列することはできないということであり、第二に、あらゆる場所の外に「位置する」からといって、精神分析の領域はやはり極めて明確な間隔の中に含まれるということだ。その間隔とは、「私は」と「私を」のあいだ、反省意識の主体と客体のあいだにある間隔である。そしてもちろん、この領

☆2　無意識に関して、フッサールが冒しているような意味の取り違えを踏襲しないとすれば、である。フッサールは『イデーンⅡ』で、無意識を、かつて意識されていた、そして連想の方法によって取り戻せる経験の忘却に帰している。『フッサリアーナⅣ』、二二二‐二二四頁。

域を限る二つの境界だけが、それが取り囲み境界を設定した空間の探索を可能にする場所だというのは理解しうる。そもそも、それゆえに精神分析は治療を使って、言説［談話］を介した自己触発や「意識化」を繰り返し行なうのだ。これは、フロイトが存在の〈核〉と名づけた或る彼岸、すなわち〈無意識〉に二つの境界が依存していることを聞き彼に対して示す証拠である。かといって、非-現前性の接触しえない核を暗示するイメージを使えば、触れる-触れられるという関係の中に、〈快感〉、〈放出〉、〈無意識〉（それらとの関係における意識と自我ですら）は出現するのだが、これらは厳密な意味ではなにものも意味することはできず、ただあらゆる意味作用の行為を創設する沈黙を指示しうるということに変わりはない。まさにこれが大文字の役目である。すなわち語を再び意味作用する代わりに、語から意味を剝ぎとり、こう言ってよければ、語を脱-意味化するのである。それは、自動筆記の「妙なる屍体」［シュルレアリストたちが考案したエクリチュールの遊び］におけるような、偶然の意味の折り重なりによってではない。精神分析の脱-意味化は、意味の衝突の可能性それ自体に先立つ。大文字は或る特殊な精密な仕方で脱-意味化を行なうのであり、それは、意味作用を挫折に追い込むと同時に、意味生成性の根拠自体を剝きだしにするのに適したやり方である。大文字の厳密さは、意味の現働化――〈快感〉が快感を意味できるということ――に対立する時の、常に特異な仕方に存在する。その際に、そこから「快感」が生じる源泉である非-現前性、この「快感」の中で表象=代理される非-現前性そのものへの送り返しが行なわれる。大文字を使ったこうした言説が、神秘的または宗教的幻で終わらないためには、解釈の第二の段階が、このスキャンダラスな反-意味論に固有の要請、束縛、領域の定義づけを目的としなければならないであろう。この反-意味論は、精神分析的文脈によって脱-意味化され、大文字化によってそのようなものとして現われた概念の反-意味論なのである。

フロイトが自分で作り上げたものであれ、学術用語や大衆的な言葉から借りてきたものであれ、彼が導入した用語をなにか一つ取り上げてみよう。無意識の〈核〉に関係づけられるやいなや、その用語が辞書と語法から文字通り身をもぎ離す時の激しさを見れば、その意味にまったく盲目でない限り、誰でも驚きを禁じえない。実際、この前代未聞の奇妙な意味論的現象をもたらすのは、非‐反省的で名もないものへの暗示なのである。精神分析の語法は、通常の話し言葉や書き言葉の言い回しと表現（転義法〔tropoi〕）にはもはや従わない。〈快感〉、〈エス〉、〈自我〉、〈経済論〉、〈力動論〉、これらは隠喩でも換喩でも提喩でも濫喩でもない。それらは言説の効果として、脱‐意味化の産物であり、修辞学のお手本には載っていない新しい文彩〔比喩、形象 figure〕を形作るものなのだ。これらの反意味論の文彩は、その通常の意味の源泉への遡行以外のなにものも意味しないがゆえに、それらの身分を示すのに適した名称を要求するのだが、適切な用語が存在しないので、ここではアナセミー〔意味遡行性〕という造語で呼ぶことを提案したい。

理論としての精神分析は、だからアナセミー的言説として自らを言表する。何がこのような言説を正当化するのか。一見してそれを正当化するものは、それが現に存在するということ以外にはない。しかしそれで十分なのだ。このような言説が、論証的な言説作用に関する既知の諸法則にまっこうから逆らって立ち現われるという事実、つまり、そうした言説が、或る有効範囲と或る確かな効力を見せつけているという事実そのものが十分に証明していること、それはこういうことだ。われわれの中には、この言説がほのめかしている事柄に響き合う何かがあり、このことがその言説に根拠を与える。つまり、われわれの中にあるこの非‐現前性へ向けて穴を穿つことで、この言説の暗示作用は、最終的にはそこからあらゆる意味が溢れ出てくる場所を明らかにするのである。

ダニエル・ラガーシュは『用語辞典』の序文で次のように書いているが、彼の言うことはもっともである。「普通の言葉には、常識的に見れば存在しないような心的構造や動きを指すための用語はない」。実際、精神分析の理論化に固有のアナセミー的構造は、これまで知られている言語様態のいずれにも存在しないものである。この構造は、フロイトによる発見のあらゆる部分から生じている。この構造以前には、〈快感〉や〈不安〉の意味を基礎づける感覚を指し示すことなしにこれらの語を言うことはできなかったであろう。これと対称的にフロイトのおかげで、大文字を使った〈快感〉とは違う体験された快感を語ったり、〈快感〉であるような痛み、苦痛であるような〈快感〉についてさえ語ることができるようになるだろう。精神分析概念に関する意味の取り違えの大部分は、主観的（内観的）あるいは客観的（たとえば神経学的）平面とアナセミー的平面とのあいだに起こりがちな、絶え間ない混同に由来するのである。

アナセミーとしての身‐心的なものとメッセンジャーの象徴

一つの例を選んで、アナセミー的言説の世界が持つ、独特な、困惑をもたらす、しかし厳密で、実り多い側面を例証しよう。『用語辞典』の著者たちによる次のような確認がその例を与えてくれる。「身体的なものと心的なものとの関係が考えられている方式は、並行論でもなければ因果論でもないということであり、その関係は、代表者《デレゲ》〔権限を委任され派遣された代表〕とその委託者との関係に比較して理解されねばならないということである」(四一二頁〔邦訳二五二頁〕)。ここでのアナセミーは身体的なものという語に宿っている。それが生物学的意味に用いられているのでないことは言うまでもない。同様の文脈で用いられる有機的なものについても同じである。委託〔代表・使節の派遣〕の関係が問題となりうるためには、第一に、派遣された代表者が委託者と共通の性格を持っており、第二に、信任を貸し与える審級とも共通の性格を持っていると想定しなければならないだろう。その仲介者としての機能は中継者によるコミュニケーションの機能でなければならず、関係の両極のあいだには単に言語の違いがあるだけで、本性の違いは含まれていない。こうした条件のもとでは、身体的なものはもはや「身体的なもの」を意味することはできず、なにか別なことを意味するのであり、それに準じて心的なものもまた脱意味化されてしまう。二つの未知数である極のあいだを仲介する代理者〔代表、表象・再現前化するもの représentant〕だけが、一つの意味作用を保存しているように思われる。既知の媒介関係を伴う既知の比較項として代理者はそうするのである。純粋に意味論的観点からは、心的代表は、詩の象徴と同様、なにかよく分からないものから、誰かよく分からない人への神秘的なメッセージである。心的代表がその暗示性を明らかにするのは、それがある文脈に置かれた時だけだが、それが「何を」ほのめかしているかは言い表わされないままに留まる運命にある。何も分かっていない愚か者は、文学的象徴を翻訳し言い換えうると主張するが、そうすることにより、彼はその象徴を決定的に駄目にしてしまうのである。それとは逆に、フロイトのアナセミー的方法がいかにして〈身‐心的なもの〉のおかげでメッセンジャーの象徴を創造するかを見てきたのだが、小論をもっと読み進めれば、彼の方法がメッセージそれ自体の象徴的性格を明らかにするのに適しているということが理解できるだろう。その意味論的構造によって、つまり、項目相互の関係だけが与えられているところで、未知のものを利用して知りえないものを暗示するという限り、メッセンジャーの概念は一つの象徴なのである。最終的に、あらゆる真正の精神分析概念は、象徴とアナセミーという、補完しあう二つの構造に還元される。さきほど問題になったメッセンジャー、代理者というこの象徴の内容は、正確にはどのようなものであろうか。それは〈本能〉または〈欲動〉とも呼ばれ、その後ろにたくさんの情動や表象や、さらにはファンタスムを従えている。身‐心的なものを結ぶ、象徴としてのこの代理者をより精密に考察してみるなら、その二つのアナセミー的な極を新しい光で照らし出す試みが可能だろう。次のような、古い、だがまだ解決されていない謎から出発しよう。性的なものに関わる様態でであれ、本当の病気をひき起こす様態によってであれ、ファンタスムがわれわれの身体を揺り動かす効力を持つのはどうしてなのか？この謎は次のようなもう一つの謎に帰着させることができよう。「〈本能〉または〈欲動〉の有機的源泉」という、そして「身体的なものと心的なものとの境界上での」〈本能〉や〈欲動〉の展開というこの非‐意味［意味ならざるもの non-sens］の意味とはどういうものか？身体的なものと心的なものに素朴な経験論に基づいた意味を与えるなら、これは確かに非‐意味である。また、現象学的にそれらをそれぞれ自己の身体［corps propre］と自我［ego］の習慣［habitus］として構成するのなら、これまた非‐意味である。この二つ――前者すなわち自己の身体はその解剖学的生理学的客観化を含み、後者すなわち自我の習慣は反復する知識の性格を含んでいるが――両者は、――フロイトによれば――全体の一部だけを定義するこの諸表象の同じまとまり、すなわち〈自我〉に属するのである。身体的なものは、自己の身体とはまったく別のものでなければならない。自己の身体は、心的なものの機能の一つとして、心的なものに属する。フロイトは心的なもの全体を、外側を包む層、表皮として記述した。逆に身体的なものは、私が直接触ることができないものであり、私の外皮やその内側への延長のようなものではないし、自己意識に与えられる私の精神活動（プシュケー）のようなものでもない。身体的なものは、それの代理者である私のファンタスムが現われて、私をいわばそれの源泉、それの最終的な存在証明のようなところへ私を連れ戻さなかったならば、私には一切知られないであろうものである。それゆえ〈身体的なもの〉が君臨するのは、根源的な非-現前性において、われわれが接近しうる現象が展開している〈表皮〉の背後においてにちがいない。メッセンジャーを〈表皮〉に送り込み、〈表皮〉が秘め隠している場所から〈表皮〉を刺戟しているのは、〈身体的なもの〉である。〈身体的なもの〉の刺戟の支配下で、自己の身体も含む〈心的なもの〉全体が作動するのだ。〈身体的なもの〉が引き起こす興奮は、〈身体的なもの〉の様々なファンタスムと同様、同じ一つの〈核〉が派遣するこれらの代理者に対して〈表皮〉が行なう、様々な応接の様相に他ならない。ファンタスムと情動の連結は、これら二つがそこから生じている〈有機的なもの〉を経由する。

ヒステリー性の脱意味化と性感帯

ファンタスムの有効性に関する誤った謎はおのずと消え去り、有機的といわれるこの〈核〉の深い謎が別の形で残る。さしあたりわれわれが行なったことは、分かりやすくするために、〈身〉-〈心的なもの〉をもう一つのアナセミー的な対である〈核〉-〈周縁的なもの〉に転換し、これに付随して、通常の意味と脱意味化の派生物とのあいだに常に危険な混同が生じないようにしたにすぎない。ところで、この置き換えがいかに重要なものに見えようと、フロイトはなぜそれらを脱意味化するために他でもない「身体的な」と「心的な」という二つの用語を選択したのか、そしてそれとともに、これらの語の最初の意味内容の何が脱意味化の後も残存し、その支持を正当化しているのか、このことを考える必要はなくなりはしない。こうした選択の出発点は、もちろん「身体的なものに向かっての心的なものの神秘的な跳躍」にあった。ヒステリー性の転換にこれを確認したことが、理論としての精神分析を生み出したのである。さて、身体的なものの脱-意味化に到達するためには、性的なものを通過し性感帯という、すべてを一点に結集させる場所の特徴を記述しなければならなかった。ヒステリーにおいては、性感帯としての質を与えるファンタスムのおもむくところによって、どんな身体部分も性感帯となりうるのであるから、身体そのものにもともと性感性が備わっていることはありえないということは明らかだった。それは様々な媒介を通じて、有機的といわれる或る源泉から生じたのである。しかし、身体の地帯と源泉のあいだには相同性が存在していたはずだ。まるで、〈核〉においては、自己の身体の器官それぞれに対応する特殊な機能が存在するかのように。つまり、性器を切断しても〈核〉にある相同的な機能は取り去られないし、その逆もそうであり、アナセミー的な去勢は生殖器の切除を意味しない。フロイトが性欲動の源泉を身体的地帯に位置づけ、それで大文字の〈性感帯〉、すなわち〈核〉の中に根を持つものを意味させたのは、〈表皮〉と〈核〉のこの対応を考えていたからなのである。暗示的ではあるが実効性を持つこの区別を考えなければ、たとえば欲動の源泉とは一つの表象［代理作用、再現前化］であり、表象である限りにおいて自分自身の使者である（四四九−四五〇頁参照）という事情をうまく理解できないであろう。〈核〉を有機的なものと位置づける理由は次のことにある。すなわち、核としての〈有機性〉が持つ超現象的な非-意味の中に根を張っているのでなければ、ヒステリー性の転換のような、〈表皮〉に属する現象は意味を持たないだろうという事実によるのである。

性器の性とファンタスムの起源

〈性〉のアナセミーが開示した様相のもとで〈核〉を検討するなら、〈核〉がどのようなものなのかをより正しく理解することができよう。『用語辞典』の著者たちは正当にも次のような問いを立てている。「精神分析家は、なにを根拠にして、性器的なものが欠如している諸過程に、性的な性格を与えることができるのであろうか？」（一四四頁［邦訳二五六頁］）。その根拠とは、もちろん脱意味化作用以外のなにものでもない。〈表皮〉においては、確かに性器は限定された場所だけを占めている。自己の身体に位置づけられた生殖器としてと同時に、公然と性的な内容を持つ情動的かつファンタスム的機能としてもそうなのである。その範囲は、それが締め出している広大な領域に比べれば、ごく小さいとさえ言える。ところが、アナセミー的形象としての〈性的なもの〉は、まったく逆に、このような部分的性格を持たず、〈核〉の全体に関わるのである。ファンタスム的な代理のレベルに戻っていうなら、それはこうして非常に大きな有効範囲を獲得するのである。実際この新しいアナセミーが意味するのは、次のようなことであろう。すなわち、〈欲動〉を通じて〈表皮〉に伝達され、ファンタスムの形のもとに取り込まれた〈核〉のメッセージは——その様態と変装がいかなるものであれ——〈性〉が〈核〉の生の内部を支配している限り、常にそして必然的に性に結びつくということである。フロイトの汎性欲論は——アナセミー的な——〈核〉の汎性欲論なのである。このことが明快に物語っていることは、〈表皮〉において、反省作用の「私は」と「私を」において、生殖器を含む自己の身体において、感覚とファンタスムにおいて、そして外界と呼ばれるものなどにおいてすら、普遍的要請としての、そしてあらゆる現象としての〈性〉に対して、それ自体の存立に関わる関係を持たないようなものは存在しないということである。もちろん、〈核〉における〈性〉は、性別とは一切関係がない。フロイトは、これまたアナセミーに依拠して、〈核〉における〈性〉とは本質的に男性的なものだと言った。そうなのだ、それがすべての推進力となる資産であり、〈表皮〉の中で内部からそれを貫き通すファルスのように表象されるものだという意味で、それは男性的なものなのである。「受動性」のファンタスムが、治療においては分析のプロセスの終わり、つまり〈自我〉による〈無意識〉の要請の引き受けを形象化していくファンタスムに他ならないということは、驚くにあたらない。〈表皮〉との関係において〈核〉が持つファルス的性格を見誤ることから生じたにちがいない、理論上のまた実践上の数多くの混乱もまた理解できる。ここでは、次のような頻繁にみられる誤解に触れておくに留めよう。それは、対象化されたファルス像（ファルスである、またはファルスを持つ）と、その〈核〉としての源泉との混同であったり、あるいは女性のペニス羨望には根拠がないとして反駁し、そこに抑圧の道具、つまり固有の〈無意識〉が〈ファルス〉との接触を拒絶する手段を認めないというような誤りである。さらに、「女性とはファルスを切り取られたものである」というファンタスムを真に受けたことから生じた、女性に関する様々な精神分析的考え方がある。そのような考え方は、男にも女にも一つの〈無意識〉が与えられており、そこに現われるファルスの表象は、抑圧された諸要請の対象化に他ならないという精神分析的現実を見誤らせるものである。

ファンタスムの起源——このことに関してラプランシュとポンタリスは見事な問題提示を行なっている☆3

——は、〈核〉と〈表皮〉のメタ心理学的な関係の起源を含んでいる。誘惑や強姦の様々な形態のもとで現われる、〈原始の〉あるいは〈最初の〉と呼ばれる〈光景〉のファンタスムは、この関係の力動的な瞬間瞬間を光景として表わす原型だというのである。ここでファンタスムに関するフロイトの理論の解明を行うまでもなく、一つの重要な点はもう既に見えている。すなわち、アナセミーによって〈核〉に男性の〈性〉を与えることは——根拠のない恣意的な振る舞いであるどころか——ファンタスムに従う生の理解に真の鍵を提供するものなのである。ファンタスムを抱くとは、〈核〉と〈表皮〉のそのつどの具体的な関係を——意識的であるか否かにかかわらず——想像的な対象化として翻訳することである。アナセミーを使って言えば、あらゆるファンタスムが〈無意識〉との接触を切望しており、したがって、ファルスとの関わりをもっているという意味で、この関係は性的なものだということになろう。口唇期的・肛門期的関係の極としての前性器的母親が、ファルス的、すなわちこれらの太古的な様態においてファルスを分配するものと呼ばれるのも、この意味においてである。さらに、「性器的なもの」が排除されているかにみえる心的過程が存在するとしても、それがどんなものであれ、そこにはすべて可能性の条件として〈性器〉の〈核〉としての〈男性性〉が含まれているのである。

複数の核のヒエラルキー的入れ子状配置

釈義の第二段階の口火はこうして切られ、準備は十分整っているので、『用語辞典』の最も奥深い文章の一つに注意を向けてみよう。〈自我〉のいくつかの側面に言及しながら、著者たちはそこにメタ心理学全体に関わる新しい光を投げかけている。もしいくつかの単語を同義語で置き換えることが許されるなら、彼らの言葉はより高次のまとまりを持つことになるであろう。「内因的興奮は、最初は身体の内部から（＝〈核〉から、〈有機体〉から）くるものとして、次に心的装置の内部から（＝〈無意識〉から＝二次的〈核〉から）くるものとして、最後に〈自我〉（＝〈無意識〉の〈表皮〉）の中に貯蔵さ

☆3　『レ・タン・モデルヌ』誌、第一九年号、一八三二–一八六八頁、「原ファンタスム、起源のファンタスム、ファンタスムの起源」。

れたものと次々に考えられている……。それはひと続きの入れ子細工のようであって……〈自我〉とは有機体について具体的な形をとった一種の隠喩（＝有機的と言われる〈核〉）であると思わせてしまう」（二四六頁［邦訳一六〇頁］、括弧内引用者）。

この鋭いコメントにコメントを加えるためには、〈核〉のアナセミー的補完物である、心的なものと言われる〈表皮〉を詳しく見てみる必要があるだろう。さて、重要に思われることは、フロイトの直観において、〈周縁〉それ自身が一つの〈核〉を持っており、その〈核〉には〈周縁〉があり、この〈周縁〉もまた一つの〈核〉を持ち、以下同様に続く…、ということだ。第二、第三、…の〈核〉は、一つ上の階層の〈核〉に対して類比的な関係にある。したがって、有機的と言われる第一の〈核〉は、その周縁の中に、心的と言われる対応物、もしくは、本来の意味での〈無意識〉である第二の〈核〉を持つ。今度はこの〈無意識〉がその〈表皮〉の中に外部の核としての対応物、つまり〈意識〉を持つ。要約すれば、〈有機的なもの〉である第一の〈核〉の、二重に〈核〉を持つ〈周縁〉を構成しているものが、〈無意識〉―〈前意識〉―〈意識〉という集合なのである。

表皮のメッセンジャーとしての記憶痕跡

類比的な入れ子状進み方をするフロイトに従えば、〈無意識〉と〈意識〉の関係は、より深層のレベルにある有機的〈核〉と心的〈表皮〉との関係と同じ型のものでなければならない。欲動が有機的要請を〈無意識〉の言葉に翻訳するように、〈無意識〉は、〈意識〉の中に入っていくために、情動とファンタスムという手段を使うのである。このように、〈核〉からその〈周縁〉へ向かうたびごとに、それに適した媒介を経ねばならないのである。それでは、〈表皮〉から〈核〉へと逆方向に進むメッセージは存在するのであろうか。とりわけ、記憶痕跡、「知覚の遺物」がそのようなものであるにちがいない。二重記載と言われる問題が示しているところでは、最初フロイトの返答は否定的であったように思われる。実際、同一の過去の痕跡が、いろんな機能を持った様々な心的組織の中で呼び出されるとすれば、その痕跡はこれらの組織のおのおのの中に、別々に、しかも同時に記載されたと結論しなければならないだろう。たとえば、治療において抑圧された記憶が蘇えってくる場合、その記憶が〈無意識〉の中に位置していることに変化は生じず、――力動的な波及効果も伴いながら――〈前意識〉に記載されたその分身を解放するに留まるのであろう。このことは、「意識化」が起こった後でさえ、夢の表象は性的象徴の価値を依然として保っていることの説明になるだろう。もちろん、記載が二重であるなら、二重化された痕跡は核と周縁の連結点となることはできまい。しかしながら、記憶の機能作用についてのフロイトのよく知られたモデルが存在する。「マジック・ノート」がそれである。これは、記載がただ一回限り起こるのでなければならないことを考えさせてくれるものである。その際、その記載が行なわれるのは、〈無意識〉においてでも〈前意識〉においてでもなく、すぐれて中間的な地帯、すなわち〈核〉と〈周縁〉のいわば接触面においてなのだ、という条件がつく。それ自体が二つに分割されることなく記載される痕跡は、このようにして二つの使用に供されうるものとなる。〈無意識〉に向いた側では核のために用いられ、〈意識〉に向かう方向では周縁のために用いられるのだ。前者は〈一次過程〉の法則にしたがい（幻覚的な願望充足に表象を与える）、後者は痕跡を〈二次過程〉の要請に適合させたり従わせたりする（言説性、時間性、対象性）。そこを出発点として痕跡の思考を徹底化し、次のような思考提案ができるだろう。すなわち、記載が可能になるのは、まさに痕跡が双方の側で使われる際のこの使用法の違いによってであり、こうした二重性こそが〈表皮〉と〈核〉とを作り上げているのだと。すると、表皮と核とは、核と周縁の絶えざる差異化がそこで脈動しているこの境界線のこちらとあちらの二極に他ならないことになる。〈表皮〉と〈核〉にとって、同時に実質でも手段でも対象でも主体でもあるものとして存在しているのは、この境界であるということになろう。このように考えれば、痕跡は静的な遺物、ヤヌスの顔あるいは両面を持つメダルではありえないだろう。それは逆に、その二重化された言説を果てしなく繰り返す絶えざる活動なのだといえる。

こうした普遍的な機能作用の精神分析における限定的な意味に話を戻すなら、それが理解させてくれるのは次のようなことだろう。すなわち、二つの組織の伝達面［界面］を形成する記憶痕跡は、表象、情動、ファンタスムと同じ媒介の役目を持ちうるということである。記憶痕跡が表象、情動、ファンタスムと区別されるのは、後者が求心的であり、前者が遠心的であるという役目の方向によってだけなのである。

　いずれにせよこの解釈は、著者たちが何度も指摘している多くの難点（たとえば一九九頁〔邦訳四三四頁〕）を取り除いてくれるものである。抑圧の理論が抱える難点だけを取り出してみれば、それは次のようなものだ。抑圧が、検閲の産物であると同時に、〈無意識〉の引力の産物であるというようなことが、どうしてありうるのか。抑圧は〈一次過程〉の法則に従うとみなされているのに、どうして〈二次過程〉の要請に応えることができるのか。このような疑問は、記憶痕跡を〈核〉と〈周縁〉の境界に位置づけるやいなや、生じなくなる。こうすることで、痕跡とは、無意識の〈核〉が〈前意識－意識〉系の仲介者に対して行なう応接のことだと定義される。このように、〈核〉の表面に受け入れられた痕跡は、表象または情動の形で〈表皮〉へ送り返されることができるし、また〈検閲〉によってそこから締め出されることもありうる。痕跡は抑圧されても無意識の〈核〉に対して働きかけることをやめないが、もはや〈核〉の法則にしか従わない。それは、その痕跡に関わる他の諸痕跡を自分の勢力範囲に引き寄せるためであると同時に、抑圧されたものの回帰として〈意識〉に侵入するためでもある。

　われわれの話題にとって、注意すべき重要なこととして、二つの〈組織〉に同時に働きかける痕跡の二重性がある。このように考えられた記憶痕跡は、この点において象徴と症状に関するフロイトの記述に文字通り対応するであろう。「フロイトはヒステリー症状を事件を記念してたてられる記念碑にたとえている。だから、アンナ・Oのいろいろな症状は、彼女の父の病気と死の「記憶象徴」なのである」（四七四頁〔邦訳六七頁〕）。なるほど記念碑ではあるが、生きていて働きかけることをやめない記念碑なのである。意志的に無視された一つの出来事を証言することになる記念物なのだ。それは、知覚とファンタスム、求心的媒介者と遠心的媒介者は同一のものであることの公式の証明である。さて、「記憶痕跡」もまた、こうした同一性の証明がなされたおりに建てられた記念碑である。ファンタスムと知覚は、記憶痕跡として、分かちがたい一体性を形成している。この点において、これらの構造は症状と象徴の構造に似通ったものになるのだ。それらは、対立する要請、すなわち〈表皮〉と〈核〉、この両者のあいだに実現する一体性から自らの存在を引き出してくるのである。

意識が核の中に根を下ろすこと

われわれは自然主義的観点からも反省的な方法からも遠い地点へ至り着いた。超現象的と呼ぶべきこの見方において、〈意識〉の場所とはいかなるものであろうか。〈意識〉において、「差異の中で」とフロイトは言うのだが(GW XVII, p.79)、「自己と他者の知覚」が現実化するのである。『夢判断』において既にこう指摘されていた。「W組織の感覚器官を通じて外界に向けられている心的装置は、それ自体がBwの感覚器官にとっては一個の外界を意味する」(GW II-III, p.620)。これは、ブレンターノが「二次的意識」、「側面的意識」または「自己知覚」(ブレンターノによれば、これらはあらゆる外部の知覚に含まれている)に関して立てた学説にほんの少し手を加えただけの言い換えのように思える。彼の哲学上の師[ブレンターノ]に対するフロイトの独創性は、この志向性を持つ意識を〈核〉-〈周縁〉組織の中に根づかせようとし、このことによって意識に探査不可能ではない深みを与えたことにある。この深みは、組織の外側にある対応物である〈対象〉にも与えられた。そこで、フロイトは、〈意識〉がそれ自身との関係において外界を出現させると主張するだけでは満足しなかった。彼は論をもっと先まで押し進めて、自己知覚は、いずれにせよ、「見知らぬ、内的な領域」すなわち〈無意識〉を経由するものであり、〈無意識〉と一定の取引(フェレンツィの用語でいえば〈取り込み〉)を行なうものである、と主張したのだ。この取引において、内側の見知らぬものは、外側の見知らぬもの、すなわち〈対象〉を創設する。〈対象〉同士の特権を相互に保ちつつ、人が自らを〈対象〉の〈対象〉として認識できるのは、この〈対象〉-〈無意識〉というシンメトリーの戯れによってなのである。いいかえるなら、〈意識〉が存在できるのは、〈対象〉を介して自分のイメージを〈意識〉に送り返してくる〈無意識〉のおかげなのだ。二重かつ相互的な自己対象化の観点で把握された〈意識〉の概念は、志向的な接触-被接触のいささか数学的な合理主義を、奇妙な仕方で深化させる。このような把握は、統一するエゴの中、また統一される対象の中で多様性が一致点を見出す、と確認するに留まらない。それはまた、対象の相互性の数限りない形象へと翻訳される〈核〉-〈周縁〉のドラマを、内部の舞台で上演させるのである。

反省哲学にとってのあらゆる定義に対する反逆として、〈意識〉は、精神分析的には、〈表皮〉の器官と考えられる。それは、〈核〉−〈周縁〉の関係の多様な様態を、〈自我〉と外的諸〈対象〉のつながりの中に対象化しうるのである。臨床法としても理論としても、精神分析の全体はこの基本命題に基盤を置く。

それでは、メタ心理学の使命とは正確にはどのようなものなのか。それは、〈意識〉の様々な現象——自己と他者の知覚、表象または情動、行為、推論または価値判断——を厳密な象徴体系の言語に翻訳し、いちいちの特殊な場合ごとに、〈核〉と〈表皮〉というアナセミー的な両極を結びつけている、隠れた具体的諸関係を明らかにすることだ。これらの関係のうち、典型的で普遍的な形成物が存在する。ここで、そのような形成物の一つに留まってみよう。それは、分析治療においても、そこから生じる理論的・専門的発展においても、機軸をなすようなものである。われわれは〈エディプス・コンプレックス〉について語りたいのだ。

神話のメタ心理学

この形成物に一つの神話の名前が冠されたことは偶然ではない。事実、神話は少なくともわれわれの観点からは、〈核〉−〈周縁〉の多様な関係の、集団的、想像的客観化に帰される。というのも、〈核〉−〈周縁〉関係こそが、最終的には、どんな社会集団であれ、その具体的な組織化を創設するからである。アナセミー的領域を暗示するものでありながら、同時に伝達可能なものでもある神話は、様々なメタ心理学的態勢を形象化するのに極めて適している。しかし、多くの理論家がそう認めているように神話の中に〈核〉−〈表皮〉関係の単なる反映を見るのであってはならないだろう。神話とは、逆に、それによってこれこれの状況が到来し存続する、そのような原動力としての力を持つ言葉［言］なのだ。どのようにしてかは、言うまでもない。その顕在内容を用いて、潜在内容を抑圧することによってである。したがって神話は、取り込みにおいて、〈無意識〉との通信において、一つの欠落を際立たせるのだ。神話がなにごとかを理解させるのは、語ることによってであるよりは、語らないこと、空白、抑揚、偽装によってである。抑圧の道具である神話は、抑圧されたものの象徴的回帰の手段ともなる。民族学的なものであれ本来的に精神分析的なものであれ、あらゆる神話研究はこの側面を考慮する必要があろう。

こうしたものの見方は、神話がメタ心理学的状況の範例として選ばれる時には、より重要性を帯びてくる。神話を文字通り受け取り、それをそのまま単純に〈無意識〉の領域に置き直すだけの者がいたなら、おめでたいと言われても仕方がない。それに、おそらく神話は、〈核〉の周辺地帯で「語られて」いる多くの多様な「物語」に対応しているのである。言葉にされず、偽装され、暗々裏に示されるファンタスムを、その出現の順に解明していくだけの、いわば無邪気な治療の運用は可能であるが、そのことが示しているのはただ以下のことだけだ。すなわち、ファンタスムを関係づけること、つまりファンタスムの一時的な神話への変形は、無意識の〈核〉と〈自我〉のあいだの力動的変化をもたらす、ということである。メラニー・クラインがこの方式を極めて厳密に追求したことはよく知られている。しかし、やはりこの発展途上の段階には、相変わらず理論的、実践的袋小路がいくつも現われてくる。とくに、神話のレベルに高められた子どものファンタスム系が、去勢、原光景、エディプスからなる理論に置き換わるような場合がそうだ。神話とファンタスムを文字通り受け取ることは、それらを尊重しすぎるあまり、メタ心理学を犠牲にすることになる。一方、ファンタスムの偶然性に目をつむり、もっとひどい場合には、記述的な構造主義のやり方でそれを形式化できると主張することは、ファンタスムの真の原動力、すなわち〈表皮〉と〈核〉のあいだに作り出される特種な緊張を見誤ることである。

核と周縁の葛藤に帰着するエディプス

一般に〈コンプレックス〉とは「強い情動的価値を持ち、部分的にあるいは全体的に無意識に属す表象と記憶との総体」（七二頁［邦訳一四七頁］）であり、とりわけエディプス・コンプレックスとは「子どもが両親にたいして抱く愛および憎悪の欲望の総体」（七九頁［邦訳一一七頁］）のことで、それは「人格の構成と人間の欲望の方向づけに基本的な役割を演じる」（八〇頁［邦訳一一七頁］）ものだ。以上のことをわきまえておくことは非常に重要である。

だが、エディプスの形成とは子どもが自分に「語り聞かせる」一つの「物語」ではあるが、そのことは、たまたまそのとき支配的なる文化的コードに左右されながら行なわれるのだ、という事実を強調しておくのも重要なことである。子どものエディプス神話に不変の特徴は見つかるだろうか。もし見つかるとすれば——それは、著者たちによれば「禁止的審級」に結びつくものなのだが——その最終的なメタ心理学上の意味とは何か、すなわちアナセミー的な両極に対するその象徴としての価値はいかなるものか、という問題が残る。実際、子どもにとって、この「自然に求められる充足への接近を妨げ、欲望と法とを分離できないものとして結びつけるものとしての禁止的審級〈近親相姦の禁止〉」を介入させるということは、子どもの言説の顕在内容に属するのではないか、そして、解釈のこの水準に立ちどまって、〈表皮〉と〈核〉のあいだで働く象徴の最重要部分である潜在内容を解明する務めは、相変わらず残っているのではないか、と自問することができる。もちろん、この場合欲望と禁止を対立させている対照関係は、子どもがそれに頼りながら言いたいことを伝えている言説行為の諸要請に帰属する。しかし、彼が語ることを文字通り受け取ることとは、彼の言葉の上だけの願望表現が書き込まれている社会的かつ道徳的秩序を承認し、子ども自身が下した審判が課す制裁に子どもを否応なく服従させることになるのではないか。すると精神分析は、その盲信の度合いにおいて、最も原始的な宗教を凌ぎ、その保守的性格において、最も反動的な政党を凌ぐことになろう。大人になっても子どもは、自分自身で行なう模範的な演技にはまりこむことがあり、また、この関係性の構造が前提としてあると思い込むと同時に、それをいつまでもそのままに保っておこうとして、この構造の中に固定されることがあるのだが、こうしたことの回避には、子どもに、彼の疑似論理そのものの原因となった最初の瞬間を生き直すことが至上命令である。男の子であれ女の子であれ、子供の言説は誰に向けられているのか。どちらの場合も、それは母に向かってであり、そしてそれは、常に母とは別の〈対象〉、つまりはこの場合父のことだが、そのようなものについて子どもは母に語っているのではあるまいか。そしてまたそれは、そのときたまたま支配的である社会的コードに従って、私はあなたを捨てて第三者に走ることはありませんよ、と母に明確に伝えるためではないのか。それはまたしかし、すでにこの第三者を母との関係のうちに導入することではないのか。確かにこの導入は否認の形でなされるのではあるが、しかしやがてくる母からの離脱を予感しつつなされるのではないか。そのときまで母は〈表皮〉の機能を有していた。彼女は羊膜、熱源、栄養、支え、身体、叫び、欲望、激怒、歓喜、恐怖、ハイ、イイエ、あなた、私、対象、投企としてあった。ところが、徐々に子どもはこの外側にある母の〈表皮〉を自分で手にいれることができるようになった。事実がそうであるなら、彼にはもう母から期待すべきことはなにもない。母の取り込みがひとたびなされてしまえば、それは他の取り込みに座を譲らなければならない。それは、母の母性ではないあらゆるもの、それがなんであれ母ならざるもの、つまり、われわれの文明においては「父」の人格ということになるが、そのようなものによって表象されるあらゆるものに向かって拡がっていく広大な領野に座を譲らなければならないのだ。性別にかかわらず、子どもが、おのおのの仕方で、エディプスのファンタスム、近親相姦への思いとその禁止、ファルスと去勢への怖れ、父殺害の願望を発明するのは、そこで母に自分たちの忠節を示そうとするためである。母への引き延ばされた［差延された］執着をはっきり彼女に示しつつ、――固着がそこになければということだが――母の役割を果たしている母から離れていくことを可能にするための手段、いわば慣習的な、文化的文脈全体によって暗黙のうちに提供されている、手段の数々が以上のものである。フロイトがこの語で言おうとしている意味でのエディプスというメタ心理学的契機は、母という〈表皮〉を徹底的に取り込むことと同時に現われるのである。これ以後、〈核〉のリビドー的〈男性性〉の取り込みは、〈核〉の〈ファルス〉がそこに極めて多様な仕方で対象化される社会生活を通じて行なわれることになろう。そこから、エディプス的ファンタスム形成の裏側、つまり父との交接という謎めいた表象が現われてくる。すなわち核のリビドーを〈表皮〉の中に導入することによって表皮を作り続けねばならないという必要性を形象化するものである。フロイトは、エディプス的葛藤が生じる男根期には、子どもは男の性しか知らず、それが客観化された形で現前するか不在であるかしか認めないと繰り返し強調した。〈ファルス〉と母とのあいだで引き裂かれ、オイディプスはまだ性の差異化を知らないのだ。彼の近親相姦が不吉なのは、社会秩序に打撃を与えるからではなく、母自身の性器を見つけられなかった母のことを考慮して彼自身の性器を取り込みたいという自らの欲望を押し殺すからである。われわれは「近親相姦」が「自然に探し求められた充足」をもたらすとは考えない。こうした主張は、まさに子どもの疑似理論に属するものであり、母から離れる前に、彼女に最後の敬意を捧げているのである。このように自然の秩序と文化の秩序を対立させる時、その欺瞞的な言動はすっかり透けて見える。エディプス的葛藤が天秤にかけているのは、本当は自然と文化ではなく、母との関係と、社会的なものにおける性への接近なのである。それゆえなおさらわれわれは、「近親相姦の禁止」が「欲望と法を不可分に結びつける」とは考えないのだ。またしてもわれわれは子どもの理論に欺かれているのだと思わざるをえない。なんらかの近親相姦の禁止の形態が支配している社会においては、子どもは必ずそれを語彙として使い、それをアリバイであるかのように用いる。禁止が存在するとしても、それは最終的には「近親相姦」を標的とするものではない。近親相姦など、思春期以前には、いずれにせよ実行不可能なことだ。禁止が及ぼされるのは、母による［母によるような］世話が過度に引き延ばされること、自己保存本能（＝〈自我〉の、〈表皮〉の本能）による母－子回路の必要以上の維持に対してなのだ。エディプスの普遍性は、あらゆる人間が母の〈表皮〉から外へ出ていき、社会的なものを取り込むことで、性別を備えた自分の表皮を自ら作り上げるものだという、これまた普遍的な事実によって説明がつくだろう。そもそも禁止は、子どもではなく母に降りかかるのであって、人間学の原則として好んで立てられる「切断」もしくは「去勢」は、本質的には、母自身が子どもに与える世話から充足を引き出す母性的な傾向に向けられたものなのだ。そこから、法の審級が適切に暴き出しているのは、欲望——つまるところ乳房への回帰の欲望——が、母に対する特別な態度に影響を受けているということだ。断言してもよいが、こういう用心を払いつつ、真の欲望の利益になるように、社会的なものという通路を経て無意識の〈核〉を取り込む道を選ぶならば、なにはともあれ、得るものはあるのだ。そこに退嬰主義や道徳主義や不誠実の影さえなかったならば、こうした理論的解決には、心的平衡にとって不都合なことはなにもなかろう。むしろ、われわれとしては、フロイトの発見の中に、エディプスの、去勢の、法の神話を暴く文化へ向けて一から再生するための糸口を見たい。この再生は、これらすべての客観化の起源の地点へとつながり、〈表皮〉と〈核〉の出会いの場所につながっているはずだ。それは、非‐意味の二つの極のあいだで、象徴のより高次の合理性が生まれる場所、文明の数限りない形が解体され、産み出され、花咲く場所である。

＊＊＊

かなりとりとめのないものだが、以上、精神分析のいくつかのキー概念の構造と機能作用に関する、若干の覚書を記してきた。振り返って確認できるのだが、これらの概念は、形式論理学の規範に従うものではない。これらはいかなる対象や対象の集まりにも関係づけられず、厳密な意味で、外延も内包も持たない。これらはいくつかの「語り方」、言い表わしえないものを非‐意味と矛盾の中に現出させる方式である。しかしながら、この「精神分析という」言語様式は厳密さと合理性を最高度に尊重するものである。臨床上の事実を出発点とし、絶えずそこへ立ち帰って確認を繰り返すこの言語様式は、冷徹な論理をもって、「事実」それ自体が構成的な矛盾に染まっていることを明らかにする。古典的な見かけを持つ定義の覆いの下で、議論において素朴な合理性にしたがう振りを装いつつ、『精神分析用語辞典』は、語の表皮の中に不連続と錯綜を明るみに出す。こうして、この書物は、言葉が名指しえないもの、すでに多くの人々にとって諸学の中の学となっている、この非‐学問の超現象的〈核〉を垣間見せてくれるのである。

N. A.

Critique, 1968.［『クリティック』誌、一九六八年二月［J・ラプランシュ、J‐B・ポンタリス『精神分析用語辞典』パリ、PUF、一九六八年、をめぐって］

第Ⅳ部

〈自我〉の直中のクリプト
いくつかの新しいメタ心理学的な展望

喪の病と妙なる屍体のファンタスム

秘密を明かす誤解

われわれの問題提起の起源に遡り、この問題提起のうちにある一見すると人を不安にさせるものを例証するために、ここで注意深い読者に、フロイトとアブラハムとの驚くべき往復書簡を示そう。

一九二二年三月十三日
ベルリン－グルーネヴァルト

親愛なる教授へ

……対象の体内化は私の症例の場合とても鮮烈でした……。私にはあなたの概念にあてはまるとても良い材料があって、その概念の詳細のすべてにわたる過程を例証できます。このことに関して私にささやかな要望があります。『喪とメランコリー』の抜き刷りをいただきたいのです。私の研究に大いに資するでしょう。前もって御礼を申し述べておきます。

この論文に関して手短な注解を申し述べたいと思います。先生は、正常な喪には、メランコリー患者が躁状態の時に引き起こす飛躍に対応するものは何もないと主張されています。しかし、この種の飛躍の過程を記述しうると私は思うのです。どの場合にもこのような過程が見られるかどうかは分からないのですが。喪の時期のすぐ後に、リビドーの増大が見られる患者が多いという印象が私にあります。このことは性的要求が増大していることで明らかですが——近しい誰かの死去の後まもなく——妊娠にまで進むこともあるようです。あなたのお考えをお教え下さい、またあなたの方でこうした観察を確認できるかどうかを知りたいと思います。「対象喪失」

直後にリビドーが増大することは、喪とメランコリーが並行関係を持つことを示す有効な証拠であると思えるのです……

一九二二年三月三十日
ベルクガッセ十九番地、ウィーン

親愛なる友へ

二週間以上もたってお便りを読み返し、抜き刷りが欲しいというあなたの要求に目を留めました。どんな理由かは分かりませんが、最初読んだ時には私の注意が及びませんでした。私は喜んであなたの豊かな科学的直観と企図に思いを巡らしています。しかし、気になることなのですが、どんな理由であなたは、メランコリーの後に突然起きる躁の本性についての私の最近の進展（『集団心理学』における）を考慮されないのでしょうか。こんな動機のために『喪とメランコリー』の抜き刷りを送るのを私は忘れたのでしょうか。精神分析にとって馬鹿げたことなど何もありません。これらのことすべてについてあなたと二人だけで論じたいと思うのですが、往復の書簡では不可能です。夜になってもう疲れました。

……

一九二二年五月二日
グルーネヴァルト、ベルリン

親愛なる教授へ

三月三十日付けのあなたのお便りへの返信をあいかわらずお待ちのことと思いますが、既に『喪とメランコリー』の抜き刷りには御礼を申し述べてあります。あなたがお忘れになったことについてはよく分かっております。私がお頼みした論文を送っていただけないのは、まずは私に、そして何よりも、もう一つの源泉（『集団心理学』）を研究せよとおっしゃられていたからにちがいありません。躁とメランコリーに関する点でこの書物の内容にはとてもよく親しんでいるのですが、それでもどこで私が間違えたのか、分からないのです。正常な喪の事例において、（メランコリー後の）躁状態の危機に比較されうる並行的な反応について、どこで言及されていたのか分からないのです。『喪とメランコリー』であなたが行なった注解から私が知るのはただ、何かが欠けていることにあなたは気づいておられるということだけであり、そしてこの種の観察をなした時に、私が言及したのはまさにこのことについてだったのです。喪〔悲哀〕の後のリビドーの増大は明らかに「躁的なお祭り騒ぎ」に似たものですが、あなたがこのお祭り騒ぎを取り扱った『集団心理学』の箇所では、正常な生でこの躁に並行するものは見出せませんでした。それとも、実際には存在する言及箇所を見出すことができないほど、私は盲目になってしまっているのでしょうか。

一九二二年五月二十八日
ベルクガッセ十九番地、ウィーン

親愛なる友へ
嬉しいことに、アイティンゴンの助けで私が大変な誤解をしていたことに気づきました。もちろんこれはあなたの間違いではありません。あなたはメランコリーから躁状態に移行する正常人の実例を探しておられたのに対し、私の方はあなたがメカニズムの説明を求めておられると思っていたのです。
お詫びします。

このような一連の誤解はまったく偶然の結果だったとみなすことはできない。アブラハムは自分の着想が肥沃であると感じている、そう彼は主張しており、われわれはそれを理解できる。しかし、臨床的観察の主題についてのフロイトの側のこのような抵抗はどう考えるべきなのか。その抵抗は嫌悪感を語っていて、喪の内密な性質に冒瀆的な仕方で入り込む時に、われわれの誰もがこれを感じるものである。師の励ましが得られなかったがために、アブラハムがこのテーマの射程を軽視することになったとしても、何ら驚くべきことはないだろう。彼は実際、一九二四年の決定的に重要な論考（『精神障害の精神分析に基づくリビドー発展史の素描』）の中で、そのテーマには限定された場所しか割り振らないことになる。そしてそこから、そのテーマに含まれている理論的かつ臨床的諸帰結を引き出すこともしないのである。

「正常な躁」と喪の病

しかしながら、臨床観察から第一の事実が明らかになる。対象喪失の際にこのような「リビドーの増大」を体験したと語る人はすべて、恥ずかしそうに、驚きをもって告白するのである。そしてためらいがちに声をひそめてこう伝える。「私の母がそこに死んで横たわっていました。人が最も悲しみを感じざるをえず、最も打ちひしがれ、疲労に襲われ、腕も脚も重たくなって、身体全体が虚脱状態に陥り、地に倒れ伏してしまうばかりとなった時に――まことに言いづらいことなのですが――私は興奮を感じたのです。そう、肉体的興奮を感じたのです」、そう一つの声は語る。「どうしてこんなことが私に起こりえたのかまったく分かりません。私は自分を決して許すわけにはいきません。……でも、なんとしたことでしょう、軽薄な歌が頭に浮かび、やめられなかったのです。お通夜をしているあいだ中、その歌を私は心の中で口ずさんでいました」。「私は、大いなる日の準備をするフィアンセのように、黒いヴェールを試しに被って鏡の中で微笑んでいました」、別の声はそう語るのである。

このような告白は、このうえもなく、アブラハムの方向に進んでいる。彼の直観は完全に臨床経験によって確かめられるように私には思われる。この論文で私は彼の最初の確認から教えを引き出し、精神分析が「喪の病」[☆1]と名づけることを教えたあらゆる症例を新しい光で解明しようと思う。

このような患者は、なぜひどくつらい精神的苦痛の繰り返しに苛まれ、身体的病の虜となり、常に鬱状態であり、疲労し、不安に駆られ、自己非難や制止に打ちひしがれているのだろうか。彼らはなぜ対象愛への欲求の減退に悩むのか。彼らの創造性を阻喪させ、「……もしそうできていたらそうできたのに」といったノスタルジーに駆られたため息をつかせるものは何なのか。彼らの精神状態ときっかけになった出来事とのあいだのつながりはほとんど意識に上らない。それに達することが精神分析の苦しい任務であろう。「彼は私を激しくくどいてきたんです。私は結婚したいという欲望を感じました。しかし私の中で別の声がこう語りました。〝それじゃあおまえの死んだ者たちを見捨てるつもりなんだね〟。この声は悲しく、懇願するように繰り返し耳に聞こえてきたので、長いあいだ私はその訴えを大事に守ってきたんです。それでこの世は私にはとんでもない砂漠のようでした」。あるいはまたこうである。「私は自分にそのことを決して許したことがありませんでした。父が亡くなった日、私は夫と交わりを持ったのです。私が欲望と満足感を知ったのは初めてのことでした。その後すぐ、私たちは別れてしまったのです。というのも……」(ここで彼女はいくつかの「もっともらしい理由」をあげている)。これらのいくつかの実例はまさに、周囲に喪の病を作り上げていく核が何かを、よく示している。それは、人がそう考えるかもしれないような、対象喪失自体によって引き起こされる悲嘆ではなく、取り返しのつかない罪の感情なのである。最もふさわしくない瞬間に、悲嘆に暮れそして絶望に打ちひしがれるのがふさわしい瞬間に、欲望に満たされてしまったという罪なのであり、リビドーの横溢に襲われてしまったという罪の感情なのである。

＊　＊　＊

これが臨床的事実である。対象死亡時のリビドーの一種の増大は、普遍的とは言えないまでも、広汎に認められる現象であろう。アブラハムの予感によれば、躁的反応それ自体は、リビドー増大の病理学的に誇張された一つの形態にしかあたらないであろう。私としては、こう付け加えたい。その時まで潜在的に留まっていた神経症的葛藤を激化させる原因もこの躁的反応には宿っている、と。このようにリビドーの侵入が思いがけなく突然に出現することはどのように理解したらいいのか。この問いの周囲に複雑な問題系が絡まりあう。私はこれについて、ここでいくつかの道しるべの糸を辿ってみたいと思う。その糸の第一は、葛藤を帯びた取り込みと、そこから生じる自己攻撃の諸反応であり、それら諸反応が引き起こす経済的な諸問題も同様である。次いで、特種な退行の糸であり、それは特種な内容である体内化を伴って治療において現われるような退行である。そして最後に、より一般的な次元において、神経症的方向を定義してみたい。それは、ウィニコットの言う意味で移行神経症とおそらく名づけうるものであり、いわゆる喪の病はその限定された形態でしかないと思われる、そういう方向である。

対象の体内化という観念と対立する諸欲動の取り込みというフェレンツィの観念

a　取り込みの観念のいくつかの転変

喪あるいは鬱の問題に取り組む者は誰でも、「取り込

☆1　ここで問題となっているのは、特別な神経症というわけではなく、むしろ、対象喪失に続いて、既に構成されている神経症が被る特定の発達である。

み」という罠に満ちた観念領域を横切る必要がある。フェレンツィがそれを導入したのは一九〇九年で、フロイトが、次いでアブラハムがそれを引き継ぎ、この経路を通ってメラニー・クラインやその他の人々にまで使われるようになった。それ以来、取り込みという観念ははなはだしく意味変容を被ったために、この観念に言及するだけで、それに関する諸々の考えが混乱やさらには無駄口ではないかという当然の疑いを呼び覚まされるほどだ。この危険を回避するには、この精神分析的な現象を前にして驚嘆したフェレンツィのような人の最初の偉大な発見を体現しているこの概念の、もともとの厳密な意味を甦らせることが不可欠である。そのもともとの厳密な意味に立ち戻った時だけ、「取り込み」という概念はその有効性を露わにし、臨床的事実をその生成と進展においで明らかにするであろう。

リビドーの理論が豊かになっていく（特に精神病の研究により、そしてまたリビドーのナルシシズム的形態が明らかになることによって）(G.W., X, 1913-1917) につれてしだいに、同一化（神経症患者における体内化と対立した、ナルシシズム的タイプの体内化）に対するフロイトの見解は絶えず新たな奥行きを獲得し、『喪とメランコリー』では、喪の作業に固有な経済論的理解の軸を構成するまでに至ったことをわれわれは知っている。対象喪失のトラウマは一つの反応をもたらす。つまり、〈自我〉への体内化である。〈自我〉は体内化された対象に部分的に同一化する。この対象は、経済的均衡を回復するまで、また備給を再配分するまでの或る種の時間的引き延ばしを可能にする。死者を清算し「彼はもはやいない」と決定的に宣言することができないので、喪に沈む者が自分自身に対して死者となり、そうすることで、徐々に一歩一歩、切断の影響を消化してゆく時間を稼ぐのである。

こうした体内化や切断は、一方で口唇－カニバリズム的過程に、他方で肛門－排出的過程から成っているが、このことをアブラハムは既に教えてきたし、フロイトも彼の研究においてそのことを繰り返している。この文脈ではどちらも、一見したところ、フェレンツィ的意味から遠ざかっているようには思われない。ところが、その用語の使用法、経済論的視角のもとで特に同一化と混同された使用法を子細に検討してみれば、それらはほとんど同じものではないことが分かるであろう。その語は、もはや失われてしまった対象へ投資されていた備給を回収する（〈自我〉は自らが所有しえないでいるものとなる)、あるいは到達不能な理想的対象へと投資されていた備給を回収すること(〈自我〉は、自分がまだそうなっていないものとなることを、理想として自らに据える)、こうした混同した使われ方をしている。『集団心理学』や『自我とエス』では、断念された対象への同一化とライバルを〈超自我〉へ取り込むことという二つのプロセスは、エディプスが終焉する二つの条件であり、これらは対象喪失によって正当化されている。同様に、『否定』においては、喪失や欠如を補償する取り込みという主題が見出されるであろう。後に見ることになるが、そうしたものは、フェレンツィの概念着想とは根本的に異なっている。

アブラハムやM・クラインなど、同時代もしくは後の世代の人々と同様、フロイトにおいてもそのあらゆる著作で、取り込み[introjection]という概念の父はフェレンツィだということは認められている。それにもかかわらず、彼らのうちの誰一人として、最初の概念をより深化させた分析を試みていないという事実は、やはり注目すべきことである。その概念は最初から歪められており、一九一二年の「取り込みの観念の定義」という素晴らしい論文で手直しがなされたにもかかわらず、そうなのである。それが持つ意味の含蓄によって直ちに重要なものとして認められるようになったその語は、語彙論上の構造(intro-jection 内部へ-投射する、取り-込む)のせいで、結局は「転移」の説明的な同義語としての最初の意味において不明瞭となり、異なった意味、さらには真っ向から対立する意味をも引き受けるまでになってしまった。混乱はこうして極まり、少なくともフェレンツィが理解した厳密な意味では、取り込みの拒絶とか不可能な取り込みを意味するプロセスまで、しばしば取り込みと呼ぶこともあるほどである。

b フェレンツィのテクストとその意味

それゆえ、基礎的であり、読解と再考に値するそのテクストにしばしば足を留めることは有益であろう。いずれにせよそのテクストは、理論的練り上げを行なうこの試論の要石を構成する。

フェレンツィは言う。「私は取り込みを、外的世界の諸対象を〈自我〉のうちに封入することによって、元来自体愛的だった関心を外的世界に広げる☆2ことを可能

☆2 強調は引用者。

にするメカニズムとして記述した」。

「私はこの〝封入［inclusion］〟にアクセントを置いたが、それによって、神経症患者においても正常な主体においても同じく、あらゆる対象愛（あるいはあらゆる転移）を……〈自我〉の拡大として、すなわち取り込みとして理解している、ということである」。

「物事をその基礎において把えてみれば、人間の愛は、正確に言えば、自分自身にしか関わりえないであろう。対象を愛する限りで、彼はその対象を〈自我〉の一部として採り入れる……。愛の対象を自我へこのように封入することを、私は取り込みと呼んだのである。私は……対象へのあらゆる転移や、したがってあらゆる対象愛のメカニズムを、取り込みとして、すなわち〈自我〉の拡大として思い描く。神経症患者が転移に向かっていく過度の傾向を、このメカニズムの無意識的増幅として、取り込みの渇望として、私は記述した」（『基礎論文集1』p.58-59）。

このテクストの分析はわれわれに何を教えてくれるだろうか。まず何より、フェレンツィが理解していたようなこの観念、すなわち「取り込み」は、三つの要点を含んでいる。(1) 自体愛的関心の拡張。(2) 抑圧の解除による〈自我〉の拡大。(3) 対象を〈自我〉へ封入すること、そしてそれにより原初的な「自体愛を対象に対するものとすること」である。ところが、フェレンツィと同じ時代の他の著者たちにおいては、もともとの三様の意味が一つの表層的側面に、すなわち体内化による対象の獲得という側面に制限されていることが確認できる。そこには無視できない用法の違いが存在する。その違いは二つの観念を明確に区別することによって確認する必要があろう。私の主題である「喪の病」の輪郭をよりはっきりさせるために、取り込みと体内化のあいだに生まれた誤まった同義性を取り除き、意味論的に固有なそれらの特種性に厳密な仕方でこだわりたいと思う。その特種性とは、臨床の現場から明らかになるようなものであり、この論文の流れの中でより明確な姿を現わすにちがいないであろう。

フェレンツィのテクストが等しくほのめかしていることだが、取り込みは愛の対象の現実的喪失を引き金として起こりうるものではない。取り込みが実際の本能のように機能すると断定しても、彼の思考をねじ曲げたことにはならないであろう。転移（治療において働くその様態）と同様、取り込みは――対象との取引に関して――

〈無意識〉を〈自我〉に封入するプロセスとして定義される。対象喪失はこのプロセスを停止させることしかできないであろう。それはまさに、取り込みの狙いが、補償の次元に属すのではなく、増大の次元に属しているからである。それは、〈自我〉を拡大し豊かにすることによって、無意識の匿名的なあるいは抑圧されたリビドーを〈自我〉の中へ導入しようと努める。また、問題となっている「取り込む」ことの当の相手は、人が安易にそう語るように、対象なのではなく、欲動とその変転の総体なのである。対象とはそれらのきっかけであり媒介者にすぎない。

フェレンツィによれば、取り込みは、対象に――そしてこの場合では分析家に――〈無意識〉へと向かう媒介者の役割を与える。「ナルシシズム的なものと対象的なもののあいだを」、自体愛と他者愛とのあいだを行ったり来たりして働きながら、取り込みは欲動の諸刺戟を欲望と欲望のファンタスムに変形し、そうすることで、それらの刺戟が名前と市民権を得ることが容易になり、対象的な戯れのうちで展開されやすくなるようにする。

C 体内化：対象‐快感を回収するための隠れた魔術

取り込みに属すると誤って言われた特徴の大部分は、反対に体内化が構成するファンタスムのメカニズムにあてはまる。まさにこのメカニズムこそ、それが実際に働き出すためには、対象の喪失を前提するものであり、それも対象に関わる諸々の欲望が放出されてしまう以前のことなのである。喪失は、その形態がどのようであれ、常に禁止として働くので、取り込みにとっては乗り越えることのできない障害を構成するものとなるであろう。失われた快感と失敗に終わった取り込みを補償するものとして、人は禁止された対象を自己の内部に現実に据え付けようとするであろう。それこそいわゆる体内化なのである。

体内化は、表象や情動という様態あるいは身体のなんらかの状態という様態に基づいて、もしくはそれらの様態の二つか三つを同時に利用して働く。しかし、道具がどのようであれ、体内化は、瞬時的で魔術的な特徴を持つことにより、取り込みの漸進的プロセスとは常に区別されるであろう。対象‐快感が不在であっても、体内化は快感原則に従い、幻覚的実現に近いプロセスを使って働くのである。

さらに、この回収的な魔術は自らの名前を明かすことができないだろう。明らかな躁病の発作でもない限り、それには発覚を逃れるだけの十分な理由がある。なぜなら、忘れてはならないことだが、それは、禁止から生まれるのだが、この禁止を実際に侵犯することなく巧みにかいくぐるのである。その目標は、結局のところ、なんらかの理由で欲望の取り込みの仲立ちをするという自らの使命を回避した対象を、魔術的な隠れたやり方で、回復することにある。対象や現実が下した審判を拒絶することからして、優れて非合法な行為である体内化は、それが包み隠す取り込みの欲望とまったく同じように、自分自身の〈自我〉も含めたすべての他者の視線をかいくぐらなければならない。生き延びるために、秘密はぜひとも必要なのだ。この点がさらに取り込みと異なる点である。これに反して、取り込みはそれ固有の特質からして、さらには名辞化という特権的道具のおかげで、白日の下で働くのである。

この二つの運動のそれぞれの特性は、それゆえはっきりと現われる。欲動の取り込みが対象への依存関係に終止符を打つのに対して、対象の体内化はイマーゴ的絆を作り出す、あるいは強化する。失われた対象の代理として体内化された対象は、（その現実存在によったりまたは内実をほのめかしたりすることによって）失われた何か他のもの、すなわち抑圧の打撃を受けた欲望を絶えず思い起こさせるであろう。体内化された対象は、記念碑となって、このような欲望が取り込みから追放された場所、日付け、状況の数々を刻印する。それら一つ一つが〈自我〉の生における墓標である。二つのメカニズムはお互いにまさに逆向きに作用していることがよく理解できる。この二つの運動（欲動の取り込みと対象の体内化）を同じ用語で示すことは、コミュニケーションにおいてほとんどなんの明晰さももたらさない。

d　体内化、その起源と雄弁な特質

しかしながら、二つのメカニズムが、その後はまったく対立するようになるとしても、なおも一つでありえたような非常に太古的な水準が存在する。実例として口唇的リビドーの取り込みによって構成される太古的〈自我〉を取り上げよう。このようなプロセスがそれ自体に対してはっきりと意味を持つのは、ファンタスム、特に摂食のファンタスムという手段を介してである。口唇的リビドーの取り込みによってまるごと生み出された〈自

我〉は、摂食やその変異体（唾液分泌、しゃくりあげ、嘔吐など）を以下のような象徴的表現として利用することによって成り立っている。たとえばそれは、（実際に空腹状態にあるかどうかにかかわりなく）食物を摂ることを要求したり拒んだりすることである。あるいは同じメカニズムから、対象が不在なのに食事を摂る（あるいは摂ることを拒む）ファンタスムを作り出したりすることである。後者の場合は、通常、体内化のメカニズムとして記述されるものに非常に正確に対応している。

　体内化のファンタスムはそれゆえ最初の嘘［虚偽 mensonge］として、未発達な最初の言語活動の効果として現われる。それはまた囮《ルアー》という最初の道具でもある。食物を与えることでそのような要求に応えても、活発なままである取り込みの真の空腹をなだめることはできない。こうした振る舞いは空腹をごまかすことしかできない。躁の態勢において生み出されているのはまさにこうした振る舞いであるが、ただし今度は自己自身に対する振る舞いなのである。取り込みを実現しようと渇望し、しかも乗り越えがたい内的な障害があるにもかかわらずこれを求める〈自我〉は、自らに魔術的策略の罠をしかける。そこでは直接的だが、純粋に幻覚的で見せかけの「取り込み」の等価物として「食べること」（饗宴）が提示される。躁病患者は自分が「食べている」こと（〈自我〉にとっては取り込みのプロセスを形象化する行為）を大声で自らの〈無意識〉に告げる。だが、それは空虚な言葉《パロール》、ゼロに等しい取り込みでしかない。リビドーが徐々に増大していくことが拒絶されている場合には、〈自我〉は魔術的実現というこの水準に退行していく。

　取り込みを意味するだけの（そして決して成就することがない）言語活動である限り、体内化のファンタスムは最も変化に富み最も対立した文脈のうちにまで入り込むことができる。或る時は、実現不能な取り込みの欲望（いわゆるペニス羨望）を意味するために、また或る時は取り込みは既に起こってしまっている（男根の証示）と言うため、また或る時は取り込みの転位を示すため（たとえば実際には別の性感帯が目指されているのに口唇的地帯を指し示したり）である。体内化のファンタスムのうちに、取り込みの欲望を語る一種の言語活動を認めることは、分析治療に大いなる一歩を成し遂げることである。この言語活動は、夢の語彙において顕著な仕方で機能する。これまで決して自慰をしたことのない或る患者がこんな夢を見た。「お母さんはアスパラガスを一皿食べさせようと私の手にフォークを持たせてくれました」。（お母さんは私のペニスをいいようにするのを諦めて、私の手にそれを返してくれ、彼女に対する欲望の取り込みを私に許してくれたらいいのに）。あるいはまた別の患者はこんな夢を見る。「お母さんがブランケット・ソースで煮込んだ牛の頭を出してくれました。その目はお父さんの眼差しを思い出させるのです」。（お母さんは私を励ましてまだ取り込むことのできない同性愛関係に差し向けてくれたらいいのに。そうすればお父さんの力は私のものになるのに）。あるいはまたこんな夢。「私は生理の血を食べまた吐き出しました」（思春期における婦人科での検査の思い出で、父がその検査に立ち会っていた）など。実例は無限に増やしていくことができるし、精神分析の臨床ではそれほど日常的なことなのである。同じ言語活動の機能は神話や風習の「臨床観察」でも見出される。（ホウレンソウを食べるポパイとか、愛の媚薬、最初の神話的カップルが食べて性器的性を与えられた知恵の実、さらにはまたカニバリズムのあらゆる風習や、体内化する原初のコミュニオン〔初聖体拝領〕などを思い出してみたらいい）。

すべてこれらの実例はひとえに以下のことを思い起こさせる。素人とは異なって分析家が理解する体内化のファンタスムとは、満足すべき要求、埋め合わせるべき空腹ではなく、まだ欲望として誕生していず取り込みもされていない欲望、そうした欲望の偽装された言語活動だということである。

固着と喪の病

フェレンツィの取り込みの観念と体内化の観念のあいだに存在する差異をこのように明らかにし終えたので、われわれの最初の問題に立ち帰る時である。すなわちアブラハムの言う「正常な躁」の問題である。それは、人の死亡への反応として、リビドーの増大を含み――既に見たように――オルガスムの産出にまで進むことがありうるということを思い起こそう。われわれには今や、対象の死を特徴づけたこの瞬間、体験され抑圧されたこの瞬間をメタ心理学的に再構築する試みが残されている。そこでこそ、喪の病の中核に到達することができるだろう。

〈自我〉が――自らを形成しまた転移を経るなかで――どのようにして対象（あるいは分析家）の協力を求

め、自分を目覚めさせリビドーを豊かに実現していく様子を、われわれは見てきた。対象は、〈無意識〉と〈自我〉のあいだにあって、欲動を取り込む際の媒介者の役割を果たすのだが、その時の対象の機能は欲動の満足に対して補完物として役立つことではない。構成の途上にある〈自我〉の極は、取り込みの約束を担っているだけに、いっそう強く備給される。こうしたことが、御存知のように、幼児期や転移に固有な熱烈な惚れ込み状態の意味なのである。〈自我〉が自らの成長のために必要とするものすべてを保持していると想定された対象は、長いあいだ彼の関心の的となる。〈自我〉を豊かにする必要から据えられた想像的な台座から対象が降りるとすれば、それは取り込みのプロセスがすっかり終わってしまった後のことになろう。喪の場合だが、喪の性質は喪失の際に対象が果たしていた役割に左右されよう。もし対象に関わるもろもろの欲望が既に取り込まれていたならば、喪の病あるいはメランコリーといった意気阻喪を恐れる必要はまったくない。対象に備給されていたリビドーはついに〈自我〉によって取り戻され――フロイトの記述によれば――再び使用可能となって、リビドー経済に必要な他の対象に固着することとなる。確かに、喪の作業は――この場合であっても――痛みを伴うプロセスであらざるをえないが、〈自我〉の完全性がその解決を保証するであろう。

取り込みのプロセスが未完に留まらざるをえない第二の事例、かなり頻繁に起こる事例については、これと同じことはあてはまらない。欲動の同化されない部分は、〈イマーゴ〉――これはいつも外的な対象に再投射される――として凝固されるため、不完全で依存的な〈自我〉は、矛盾した責務に囚われてしまう。つまり〈自我〉に最大の苦悩を与えるものを是が非でも生かしたままにしておかなければならないという責務である。なぜこのような責務を負うのだろうか。以下のことを考慮すればそれを理解できよう。〈イマーゴ〉が（それを受肉する外的対象と同じく）構成されたのはまさに――〈イマーゴ〉自身が禁じていた――欲望がいつの日か実現されるだろうという希望を受託する者としてなのである。その希望を待ちながら、〈イマーゴ〉は、それを欠けば〈自我〉が不具になってしまうような貴重なものを保持し引き留める。「妻は墓に私の能力［精力］を持って行ってしまった。それ以来彼女は私のペニスをいわば手に握り締めたままなのです」。イマーゴ的（かつ対象的）固着の接合剤にあたるものはまさに、この矛盾した、それゆえにユートピア的な希望なのである。抑圧の守護者である〈イマーゴ〉は、いつの日かこの抑圧の解除を可能にするであろう。このようなイマーゴ的役割を備給された対象は決して死ぬようなことがあってはならないだろう。それを失えば〈自我〉はどんな悲嘆に陥ることになるのかは察しがつく。固着を定めとして抱え込んでしまったならば、〈自我〉は、今後宿命として喪の病を持つことになるだろう。

喪失のメタ心理学的契機を再構築する試み

喪失の際にリビドーが増大することは、一見どんなに不思議に見えようとも、取り込みについてのメタ心理学的分析の光に照らせば十分に理解可能なものとなる。それは、究極的な［最後の瞬間における］取り込みの試みとして、対象に対する愛の不意の実現として現われる。その様子は以下の通りである。

患者たちはリビドーの侵入を記述する（アンナ・Oは「蛇」に、私の女性患者の一人は「蚤」に、別の女性患者は「ふまじめな」歌に侵襲される）と同時に、まったく予期せぬ出来事を前にした患者らの驚きを指摘している。リビドーは、抑圧を守る〈イマーゴ〉を気にかけることなく、荒れ狂う波のように闖入してくる。その「驚き［襲来］」は疑いもなく無実の証明を意味する。「それは私がしたことではありません。私がいない時に起こったのです」。にもかかわらずその出来事は決して完全に拒絶されてしまうことはない。「それは夢でした、しかし夢でもなかったのです」。手遅れになりかねないという切迫感と危険を前にして、〈自我〉は太古的な水準、幻覚的満足という水準へ後退する。そこでは——既に見たように——取り込みと体内化は、依然として同じメカニズムの二つの側面を構成していた。禁止を解除することによって希望が実現されないならば、あまりにも長いあいだ抑えられてきた希望は出口のないジレンマへと追いやられる。致命的な断念かあるいは欺瞞的な勝利か。退行は後者に道を開き、事物［もの自体］の代わりにファンタスムを、取り込みのプロセスの代わりに魔術的で瞬間的な体内化を据える。幻覚的成就は狂喜してオルガスムに至る。

この魔術的なものへの退行は、〈自我〉の現在の形態構造にうまく統合されないことは明らかである。この

〈自我〉は、瞬間的実現に明白な有罪判決を与え、これを直ちに抑圧せずにはいないであろう。記憶喪失は、退行とオルガスムが起こった瞬間の具体的内容に関わっている。喪の病を患う患者がオルガスムを意識した思い出（このことで彼は付随的に自らを責め立てる）を守ろうということがあったとしても、この思い出と死につつあるか死んでいる対象に対する欲望とのあいだにある絆は常に厳しく検閲される。もし喪の病が、それと繋がりを持つことになる幼児神経症と比較して、一つの独自性を示すならば、それはまさにこの絆の代補的抑圧である。その結果、オルガスムの瞬間とそれに続く喪の病とのあいだの関係もまた正当に評価されないこととなろう。

対象に対する欲望の幻覚的実現を襲うこの代補的抑圧は、分析の作業がこうした事例において出会う特に激しい抵抗の原因となっている。それらの抵抗は、精神分析を受ける前に、麻酔治療の試みを経験した或る種の患者たちが示す抵抗と比較することができる。漸進的に〈イマーゴ〉の解体をあらかじめ行なっておく作業がないまま、自らの欲望の前に唐突に向かい会ったこれらの患者たちは、喪の病を抱える患者たちと同じ状況の中で目を覚ます。喪の病の患者たちもまた、不法な快楽《ヴォリュプテ》の瞬間の隠された思い出を抱えているのだから。

前者においても、後者の事例においても、抑圧は分離するだけではない。さらにそれは——たとえ無意識の中にではあるが——〈自我〉が妙なる屍体としてしか形象化できないものを大切に保守するという使命を持つ。この屍体は〈自我〉のうちのどこかに横たわり、いつの日かそれを蘇生させる希望を抱いて〈自我〉はその痕跡を探究することをやめないだろう。

精神分析を選ぶ喪の患者は、或る正確な一瞬を自分が探究していることなどまったく知らないように思える。しかしながら、あたかも不思議な羅針盤に導かれるようにして、抑圧された問題が横たわる墓穴に至るかのように、すべては展開する。

ここで必ず引き合いに出されるのは、エドガー・ポーの例の登場人物である。彼は、自らの旅の隠れた目的に気づかずに、どんより曇った空の下、道を辿り、窒息しそうな荒れ果てた地方を通って、彼の魂であるプシュケー［エロスに愛された美少女］の説諭を無視し、一年前のちょうど同じ日に埋葬された彼の恋人ユーラリュームの地下納骨所に達する。精神分析誕生以前の精神分析的なこの詩は——文学においては初めて——無意識の活動を形象化する。必然的に抑圧されたものの回帰は、現働態にある再想起を不可避的に伴うことで完成する。言うならば、無意識という盲目の宿命《アナンケー》を伴って、喪失の瞬間を再び生きるように駆り立てるもの、それは、快楽である。快楽の不意の出現こそが、この至高の瞬間において禁止を鎮まらせるすべを心得ていたのである。一年後の無意志的な追悼記念は忘れ得ぬ瞬間の蘇えりを例証するものであり、この瞬間において、対象の死はオルガスムの歓喜の中で死自体の魔術的征服を可能にしたのである。

一つの臨床例

喪の病という診断が最初から明らかであるような事例はめったにない。一般的にはこうした病名があてはまるのは、分析の進んだ段階でのみ、つまり材料の総体が或る死去をめぐって整理された時にしか現われない。

「その回の分析を終えて、私は動転してしまいました。嗚咽しました。何を失って嘆いていたのか分かりません。母を埋葬したのだと思います。あなたは私の最初の言葉のうちの一つを思い起こさせました。つまりまさにその晩、私は出発する必要がありました。そしてその晩にこそ母は死んだのです。数日来母は既に死につつありました。私はそのことを知っていて、覚悟していました。それはまるで逃亡のようでした。まったく分かりません。いや、そうでもないのです。まったくそうだというわけでもないのです。不思議なことがありました。死につつある母とそして私、私はそれを言うのはつらいのですが、……様々な欲望なのです、そう、肉欲の感情が本当に私を襲ったのです」。

「私の最初の言葉のうち」、アルザス出身の若いジャーナリストのトマは、不安と疲労と抑鬱の極に達していて、分析を試みたのだった。彼は徐々に、自分の鬱状態の出現に或る種の規則性があることを発見する。それは木曜日ごとに突然現われるが、その曜日は彼が母を亡くした曜日なのである。この愛情深く、また熱愛された母は、或るイマーゴの形成に大いに関係があることを分析は明らかにした。すなわち、木々を根こそぎにして荒れ狂う海［原語は mer、「母」mère に懸かる］、お金を使わせない一種の厳しい男まさりの女といったイマーゴなどである。

男根的かつ性器的取り込みを妨害するこのようなイマーゴが体内化された様子は以下の通りである。「私は幼い男の子でした。ママは私をバスタブで洗ったのです。私の性器が大きくなりました。突然、ママはそれを摑んだのです。〝ほら。女性が攻撃されたら、性器を摑んで男をやっつければいいのよ〟」。幼い男の子と母の欲望はほんの一瞬互いに出会ったのである。だがほんの一瞬でしかない。勃起が母に幾分物騒な考えを思いつかせたのだが、それはペニスに対する彼女の欲望であると同時に〈超自我〉による攻撃性との双方を暴露している。このような矛盾はかくて、欲望と母の〈超自我〉とをイマーゴ的に体内化することに帰着する。このイマーゴに固着したトマが、絶えずこの瞬間を見出さんと努めるのは、禁止を与える超自我を打ち破るためであるのと同様、共同の欲望を勝利へともたらさんとするためでもある。

雨とか、洪水とか、風呂とかの数々の夢は、「洗濯女」という母のイメージを思い起こさせる。「小さな道があります。その真中にトイレがあります。私は小便をします。このちっちゃい男の子はいくつ、と誰かが尋ねます。私は急いで逃げ出そうとします。しかしドアの前には、洗い屋、洗濯女がいます。彼女たちが私の世話をしていたかどうかは私に分かりません。彼女たちは働いていて、笑いに笑っていました」。「あなたの界隈はすべて水に浸かっています。でもあなたの界隈が私は大好きです。古道具屋さんもまた大好きです。中庭にあるあなたの小さな植え込みも大好きです」。(もちろん私はあなたが大好きです。私を洗ってください。母がそうするのを好んだように。) しかし、二人の共同の欲望が頭を掠めるやいなや、内なる母の〈超自我〉がそれを消し去ろうと突然現われる。「こんなけちで、粗野で、男まさりの女なんか、あなたをうんざりさせるだけです。実際、配管工というよりも女性分析家になぜお金を支払うのでしょう」。しかし、このイマーゴに対してトマは反抗する。夢の中で彼は中国人たちをパリに来させている。彼らは地面一帯にタールをまき散らし、脚のあいだに顔を入れて、しかめ面を見せる。「私は自分を押し出し、自分を主張し、私、私と言う人たちが好きです」。(私の方では、母が私に対して欲望を抱いていることを母に再認してほしいのです。)

クリスマス休暇が近かった。トマはどんなに母のベッドが好きだったかを思い出す。母は起きるのだが彼はベッドとシーツのあいだに潜り込むのだった。彼の反抗は実を結び始める。トマが母に抱く欲望に近づくと、今度は内なる母が彼女自身の抑圧と彼女自身の性的恐怖を告白することになる。「実際、子どもの性教育をうまくできないでしょう。私は怖いんだと思います」（母のように）。鬱状態が再発する。休暇前に二回の分析のセッションを持つが、そこでトマはまったく破滅して［健康を損なって］しまったと言う。彼の言う言葉は、自分が不調であるとか、不安であるとか、挫折したとかの言葉ばかりである。しかしセッションの終わりで次の夢を語った。「奇妙なイメージです。とても明るくて、とてもはっきりしています。突然光に照らされたようです。どうしてこんな夢を見ることができたのでしょうか。私の母、可哀想な母。私がこの話をするのは、ここですべて語らなければならないからです。そうでなければ急いで忘れることでしょう。病床の母は、年に似合わず、なおも肉体的欲望を感じている欲望に苛まれた女のようです。母の目に溢れていたのは……、喘いでいます……脚は開いたままで。年とった娼婦のようです。ついでレール、レール、レールです（断末魔の苦しみの瞬間の漏れ出てくるものへの暗示）。そして私はといえば、それを眺めているあいだ、破滅《リュイネ》、破滅、破滅しつつあったのです。いいや、小便《ユリネ》をしつつあったのです！」［ruinais「破滅する」とurinais「小便をする」が懸けられている］（実際、彼女が死んでから、トマは破滅してこの日まさに「小便をして」しまった。すなわち、二人に共通の欲望を掘り起こしそれに勝利を与え、母の〈超自我〉を「破滅させ」たのである）。私がこの瞬間を彼に思い起こさせた時、トマは非常に驚いた。「そうです。私は突然大急ぎで、出発しました。訳が分からないのですが、私は激しい欲望に捕えられたのです」。かくて抑圧された内実は、今や、転移において生き直される。分析家―母は立ち去りそして「死ぬ」。トマはこの年老いた瀕死の女性に語る。あなたは私の娼婦になってくれればいい（お風呂で私のペニスをやさしく愛撫してほしい）、ちょうどあなたがそれを望むのと同じように。まさにこのセッションの後で、動転したトマは、結局母の喪に服し［母を断念し］、そうすることで彼のイマーゴ的固着の重荷を幾分かは軽減することができる。

喪の苦悩と妙なる屍体のファンタスム

対象喪失と結びついた勝ち誇ったかのようなリビドーの侵襲は、喪の作業に内属する苦痛について新しい省察の材料を提供する。

フロイトの問い、すなわち喪の作業はなぜあのように苦痛に満ちた過程であるのか、この問いを再び取り上げたメラニー・クラインは一つの解答を提案する。つまり、個々の対象喪失は対象に対する躁的なタイプのサディズム的勝利を含んでいる、というものである。このような勝利の感情は大部分の場合においては容認することが難しく、そのため〈自我〉はあらゆる手段を介して自らの両価的感情を証しするものに目を閉じていようとするであろう。それは、束の間であれ決定的にであれ喪の作業を妨げる勝利の感情を、拒絶し否定することである。攻撃的なファンタスムに対して感じられた後悔の念や罪責の感情は、かくして喪の作業の苦痛の説明となろう。なぜなら、メラニー・クラインによれば、あらゆる対象喪失は原初の対象喪失の状況を再開し、〈自我〉の太古的な態度である抑鬱的態勢に生気を与えるからである。この態勢は特に、次のような怖れにより示される。つまり、幼児に固有なサディズムは、欠くことのできない良い母的対象について経験された喪失の原因なのではなかったか、という怖れである。取り返しのつかないことを犯してしまったという、この態勢と結びついた特別な不安は、内的世界の調和と一貫性を保障せんがために、いつかその良い対象を修復し、持続的な仕方でそれを再び据えることができるのだという自己への信頼それ自身を、失わせてしまう。

いかにクラインの概念が厳密でもっともらしいとしても、立てられた問いに対してその概念は部分的な解答しかもたらさない。「良い」対象に向かう攻撃性の弁証法は、確かにあらゆる場合において見られはするが、疑わしいサディズム的な勝利の確認と同じように、喪の苦痛の真の動機を照らし出さない。ここでは内的対象と〈イマーゴ〉とが区別されなければならない。前者は、取り込みのプロセスのファンタスム的な極であり、逆に後者は取り込みに抵抗したものすべてを形象化するのであり、〈自我〉は、体内化のファンタスムという別の道を通って、このすべてをわがものとしたのだ。メラニー・クラインは――正当なことに――このような固着の〈イマーゴ〉が存在する症例の研究を行なっているように思える。今後は、以下の二重の側面を考慮に入れるべきである。先ず第一に、この〈イマーゴ〉は外的対象とのあいだで不発に終わった取り込みの関係の最中に形成されたこと。そして第二にこの〈イマーゴ〉は常に性的欲望を禁止するものとして機能することである。臨床の示すところによれば、最初は同意されながら、次には撤回された満足の後に、この〈イマーゴ〉は構成されたのである。主体におけるこの〈イマーゴ〉の存在は、或る欲望が、取り込まれるまさにその前に、後から振り返って非難されるべきもの、打ち明けられないものとなってしまったことを証ししている。確かに、呵責の「痛み」は攻撃性に送り返される。だが精神分析の初期の発展のすべてが示すことができたのは、こうした呵責や反芻は禁じられた性的欲望のリビドー的源泉において養われているということなのである。苦しみが引き起こされるにもかかわらず、自己の責苦が続くのは、この責苦のうちに対象に関わる欲望が生き続けているからであり、この責苦において欲望が満足されるからである。

ところで、対象が亡くなる際に、欲望は一瞬、幻覚的な退行の中で満足を味わったことはよく知られている。喪の作業と結びついた苦痛は、固着の症例において非常に激しいのだが、まさにこの瞬間に関わるものである。そのことを否認しつつも、この瞬間は、この欲望に内容を与えた対象的ファンタスムについてと同様に、欲望の満足についても証言している。リビドーの突然の高揚のたびに、妙なる瞬間が無意識的に蘇生してくるたびに、快感は、抑圧を受けるために、苦痛の外見を借り受ける。この苦痛は数々のセッションの素材となっているものだが、われわれに多くのことを教えてくれる。真の「妙なる苦痛」は、その医学的意味において（それが単に欲望を引き継いでいるという理由ばかりではなく、抑圧されたものを掘り起こすために、どこで作業をするのがふさわしいか、まさにその場所を指し示しているという理由からも）、分析家に貴重な道具を提供している。

自己‐虐待の苦痛に導かれて、われわれは埋葬された欲望が横たわっている地下納骨所（死者の名前が長いあいだ読み取れないままの「ここに誰某が眠る」というあの墓碑銘）の追跡作業を行なうのだが、その苦痛は発掘に取りかかるよう分析家に投げかけられた勧誘でもある。ただしこの勧誘から分析家に対して、分析のこの段階にふさわしい、「私を告発せよ［明らかにせよ］」という使用法が与えられている。

このような分析は多くの特殊性を呈しているが、その一つだけここで言及しておこうと思う。というのも、それが絶えず目立って現われるからであり、現在の研究の出発点を形づくるものだからである。喪の病の分析では、しばしば死を思わせそして不安を与えるような内容を持つ悪夢のような夢が現われる。この夢は、患者の告白そのものによれば、患者に一種の安堵感ももたらすという。以下の実例はまさにこの種の（しばしば繰り返される）夢のタイプをうまく端的に要約している。「私は告発されています。恐ろしい犯罪を犯したからです。或る人を食べてしまいました。それからその人を埋葬したのです。私は今犯罪のその場所にいて、掘り起こして屍体の断片を検証し私への告発を務めとする人と一緒にいるのです。食べられ埋葬された人が誰なのか私は知りません。私はただこの犯罪を犯したのは私自身だということだけ知っています。このために一生、刑務所暮らしをしなければなりません」。

「私は食べてそれから埋葬したのです」、死を思わせるものでありながら安堵感をもたらす夢……二重の矛盾である。その意味は転移の分析で明らかになる。実際、これらの夢においては、分析家にこそ告発者の役割が割り当てられる。患者がまだ、欲望を名指して権利上これを自分の欲望だと認めることもできないし、転移を実現してこれを生き直そうとすることもできない時、次のような方策が残されている。すなわち分析家に裁判官の法服を纏うように誘いかけることである。このような要求の性質についてくれぐれも考え違いをしないでもらいたい。ここで問題なのは策略なのである。犯罪が証明され罪あるものが断罪されることを患者は望んでいるのだが、その患者が実際に求めていることは、満足（「誰かを食べてしまうこと」）の後に起きた「抑圧の罪」（「屍体の埋葬」）を裁く法廷が開かれるということなのである。まさにこの「罪」こそが、生涯刑務所で暮らさなければならない（抑圧の結果である神経症の苦しみに閉じ込められる）という、心を締め付けるような感情を説明する。

裁判官としての分析家は、形態学者の機能も兼ね備えていることを付け加えておこう。いくつかの散在する骨片から始めて、出来事の全体を再構成するよう求められる。形態学者もしくは裁判官である分析家は、喪の苦痛からの呼びかけを受けて、抑圧の「罪」を暴き、犠牲者を同定する、すなわち対象の死において体験されたオルガスムの瞬間を同定することを使命とする。それゆえ、被分析者が袋小路にいると感じているあの暗鬱な瞬間において、外見は死を思わせるあのような夢が、なんらかの安堵感、或る解決策への希望をもたらしうるのである。患者は分析家にこう命じている。際限のない私の喪の袋小路から抜け出せるように、私がその瞬間を再発見するよう手助けして、と。

テレーズは自分が「看護士」の境遇にいると感じるたびに或る種の快楽の感覚に囚われる。両親とか病気の友の枕辺を訪ねるよう誘われると、彼女は最初から気詰まりを感じる。「あのことがまた起こるんだわ。どうしてか分からないのに」。しかし彼女は、（その正否はともかく）病気に冒されているのではないかと彼女が疑った人々に、漠然とではあるが友情を感ずるように駆り立てられる。ところで、テレーズは、意識することなく、十年以上も前から凍結状態にある喪の作業と格闘している。彼女を分析治療へと導いた苦しみや気詰まりは、「喪の苦痛」と同じ性質を持つことが明白となった。分析が明らかにしたのは、彼女の父の断末魔の場面の全面的な抑圧であって、彼女は以来絶えず、病気の友人たちの枕辺で、その場面の思い出を探し続けてきたのである。

テレーズは分析において三つ組となる夢を示した（こうしたものを私は他の喪の患者においても見出した）。近寄りがたい男性との結婚、屍体を食べてしまったことへの告発、歯根露出についで歯が完全に抜けてしまうことを予言する歯医者（「歯茎露出［déchaussement 靴を脱がせること］」は、父の死化粧を暗示する）。激しく欲望されたが深く抑圧された父との恋情に満ちた結合は、最後のみそぎ［体の洗浄］の瞬間に幻覚的な実現を勝ち得たのである。魔術的な満足の瞬間を襲うことになる代補的な抑圧の結果、長きにわたる喪の病への進行が決定され、彼女の愛の生と職業上の生は危険にさらされることになる。

移行の諸変遷と喪の病

「妙なる屍体」の夢がきまって喪の病において繰り返し現われるとすれば、その夢にほぼ欠かさず現われるもう一つのタイプの夢の存在にも注意しなければならない。それは「歯」の夢であって、歯が生えたり抜けたり、歯を直したり（テレーズの場合のように）歯茎が露出したりすることに言及する。しかし、「食べられ、埋葬された屍体」の夢が喪の病を記すのに対して、「歯」の夢の方は大きくその枠組みを越えて、ほとんどすべての分析療法において出会われるのである。

「歯」の行なう言語活動は何を語っているのか。取り込みの段階から他の段階へと移行する際の葛藤が問題となるたびごとに、患者はこの象徴を思い起こす。実際、歯が生えることとは最初の大いなる移行を特徴づけるものであり、そこから、移行一般すべてを喚起する象徴的価値が生まれる。エディプス的移行であれ、思春期の高まりであれ、壮年への接近であれ、月経閉止への移行であれ、いずれが問題になるにしても、「歯」はいつでもリビドー組み替えの諸変遷を象徴化するのに適していることになろう。或る女性の患者は言っている。「みんな、最初の歯を待ち望むかのように、月経を待っています」。別の女性患者にとっては、自分が歯を失うという繰り返し見る夢は、思春期へ移行したおかげでエディプス的な母を（強い意味において）喪失することを表現している。

ついでに次のことに注意しておこう。普通は四散している素材を組織化するものとして「歯」の夢を利用することを思いついた人には、この夢の出現から貴重な示唆が与えられるということである。

たとえば、或る先生が言った「あなたは太りすぎだね」という指摘に引き続いて、突然にひどい思春期拒食症が始まる。数ヶ月のあいだ、その少年はあらゆる咀嚼を差し控えてしまう。さらに、消極的になって沈黙したために、大人特有のものとなった彼の声は隠蔽されている。一つの「歯」の夢が、幸運なことに思春期の移行に見られる葛藤を明らかにし、分析の作業を豊かにしてくれる。それは悪夢で、「ちくちく刺す二十日ネズミたち」が彼を迫害する夢である。（嫉妬深い父をイメージさせるその先生の「ちくちく刺す［辛辣な］」ような指摘は、彼によれば次のように理解された。「最初の射精の時君のペニスはあまりにも大きくなったよ」と）。彼はそれらの「力強い尖った歯を持つ獣たち」を前にして狂ったように走った挙句、動けなくなり、不安のうちに目覚めるのである。

それゆえ、次のような疑問を呈する人がいるかもしれない。「喪の病は自律的な形成物なのか、それとも、単に昔からある神経症の問題系の直中に不意に出現する一つのエピソードにすぎないのか」、と。そうした疑問を抱く人に対しては、移行期の葛藤を示す「歯」の夢が恒常的に現われるという事実から、以下のように答えられるだろう。つまり喪の病は、より広汎でより一般的な枠組みの中、移行期に固有の様々な障害という枠組みの中に挿入されるのであり、その一つの特殊なケースを喪の病は代表しているにすぎない、ということである。

　同様のリビドー侵襲は、まさに移行の瞬間に到来する。つまりは、（心地いいと感じられた）新しい欲動が「刺し貫く」時、対象関係も含めて、〈自我〉が自らに修正を迫られる時、そうした時に到来するのである。実際、移行期には、固着を思い起こさせる内在的な問題が存在している。〈自我〉は、新しい欲動に魅力を感じているにもかかわらず、「神々から賜ったもの」を必ずしも受け入れることができるわけではない。その時、〈自我〉は、ある程度の長きにわたって、この新たに到来したものに対して両義的な振る舞いをする。子どもが自らの欲動を取り込み、欲動を対象化することでそれを自分に「再び与えてあげられる」ように、対象が少しでも手助けしてくれれば、移行期が悪化して克服しがたい葛藤へと変わることもなくなるにちがいないだろう。そうなれば取り込みも、完全に穏やかな形で続行されうるであろう。しかし逆に、対象が、不在だったり、欠乏していたり、誘惑したりすることにより、新しい欲動の取り込みを妨害するなら、イマーゴ的固着が必ずや居座るようになる。それゆえに、新しいリビドーが急に浮上してくる移行期は、進展を停止させるような障害が起こる格好の時期なのである。〈自我〉の増大をこのように停止させるよう促す対象というものは、どのように経験されているのであろうか。（トマの場合が正確に示しているように）明らかに、自分自身の様々な欲望と切り離されてしまった対象としてである。対象が、わずかな瞬間でも子どもの欲望を、つまりは子ども固有の欲望を、後に拒絶するようなやり方で、少しでも受け入れていれば、その対象は——それ自身の葛藤の結果から——幼児的な固着の種を蒔いたことになる。幼児的な固着は、その対象が、いつの日か、あの特権的瞬間の時と同じように再びなるであろうという揺らぐことなき希望によって養われている。子どもは〈超自我〉の禁止に服しているがゆえに、対象とは子どもにとって自分と似てはいないだろうか、とはいえ子どもの心の奥底においては彼の唯一の恋人なのではないだろうか。

　しかしながら、固着における対象の喪失（屍体のように埋葬された、満足の瞬間における喪失）と喪の病とのあいだに相違があるとすれば、後者（喪の病）においては、対象が実際に死ぬという点にある。[☆3] 逆説的に、実際の死によって死んだ対象こそが、「妙なる屍体」をしばしのあいだ蘇えらせるのであり、その「妙なる屍体」とは、死者と生き残ったものが一緒になって、ずっと前から、抑圧の暗い地下納骨堂へと追放していたものなのである。

M. T.

Revue Française de Psychanalyse, Paris, P.U.F., 1968, n°4.
〔『フランス精神分析雑誌』〕

☆3　「もし私が死んでいるなら」という主題についての省察の中で、ミシェル・ドゥ・ミュザンは――瀕死の人の側に立って――死〔彼方《トレ》への歩《パ》み〕の作業を描いている。臨終の迫った人にはいわば創造的衝動が新たに生まれ、人間関係への激しい欲望が昂進する。喪の病の患者の分析は、生き残る者と死にゆく者それぞれの取り込みが繰り返し遭遇する瞬間に満ちている。そうした瞬間において、生き残る者の歩みは死にゆく者〔彼方へ歩む者〕の最後の彼方《トレー》への歩《パ》み（「歩みを速めろ」）と符合しあい、また生き残る者の歩みは苦痛という形ではないにせよ、同一性の混乱した不安を引き起こす状態として表われるのである。(Michel de M'Uzan, « si j'étais mort », in *De l'art à la mort*, Gallimard, 1977.〔ミシェル・ドゥ・ミュザン「もし私が死んでいるなら」〕)

〈現実〉の局所構造

秘密のメタ心理学への覚書

この論評では、現実という用語の様々な意味を、法や哲学あるいは科学にさえ由来するものであれ、いったんは脇に取り除けておくよう提案したいと思う。これらの意味はどれも、それだけで見れば、実際にはわれわれの学問である精神分析には無縁のものであろう。しかしこの現実という観念に、われわれは日々の実践で出会っている。もちろんその観念は、偽装されたり、さらには見分けがたい形をとっていたりするのだが。こうした偽装や否認こそ、われわれ分析家からすれば、なによりも、患者にとって「現実なるもの」として効力を持つものの存在を証しすると言えよう。いうまでもなく、巧みに隠しておくべき現実のことである。いずれにせよわれわれ分析家が「現実」について語りうるのも、患者における拒絶そのものによってでしかなく、この拒絶こそ患者にとってそれが現実であることを指し示すものである。だが、この意味、唯一この意味においてこそ、「現実」はメタ心理学的な概念の肩書きを主張することができる。現実はそれゆえ――正確には――「現実」としては拒絶され、仮面をかぶせられ、否認されるものとして定義される。すなわち、それは知られてはならない限りで存在するものであり、一言で言えば、秘密として定義されるのである。〈現実〉[☆1]のメタ心理学的概念は、心的装置においては、秘密が埋められている場所へと送り返される。

確かに見かけと隠れたもの、顕在と潜在、偽装と欲望という対立は最初から精神分析の重要なテーマを構成している。だが、このような対立から秘密という考えへと必ずしも通じるわけでもないし、またそれ自体として志向される「現実」という考えへと必ずしも通じるわけでもない。抑圧されるものは、表象や欲望だけである。表象や欲望こそ、症状となって回帰してくるのであり、それらを抑圧したまさにその同じ語が一つ一つ「物となったもの［物質化したもの］」である。実際、ヒステリー患者は、現実を志向するところまではいかず、だから少なくともメタ心理学的な意味でのなんらかの秘密も保持できないだろう。実際、ヒステリー患者が抑圧するものには既に名前があり、抑圧の瞬間にも言葉《パロール》として先在していたのだと、またそれゆえに、抑圧の機能は秘密を隠すことにあるのだと、はたして言えるだろうか。事実、ヒステリー患者の欲望やそれに付随する諸表象は、直接的には欲望ないし快感の言葉ではなく、禁止の言葉のひこばえでしかない。禁止という名称そのものでもって欲望を呼ぶことが、ヒステリー患者の透明な不透明さの法則である。そしてこのようなことこそ基本的にわれわれすべてが行なっていることである。

　それに加えて、或る秘密とか、あるいは複数の秘密を抱えているのでないとしたらであるが……。クリプト保持者［埋葬室を保持する者］であるということは、何を意味するのだろうか。どうしてこのような身分が到来するのか。欲望が禁止とともに誕生するように、〈現実〉もまた、少なくともメタ心理学的な意味では、隠されたままで打ち明けてはならないという要請から生じる。〈現実〉は、生まれる時には、違法行為さらには犯罪に比肩されるものとなる、と言ってもいい。〈現実〉に与えられた犯罪という名前は、ヒステリー患者の欲望そのものの名称とは異なって、禁止と同義ではない。その名前は肯定的なものであり、したがって神の名や享楽《ジュイサンス》の名のようにいわく言いがたいものなのである。

　ところで、もともと共有されていない秘密はない。同じように、問題となっている「犯罪」も、秘密の対象となる限りは、単独の犯罪ではありえないだろう。必然的にそれは、不当な享楽の起きる場としての共犯の第三者に関わっており、除外されそれゆえに――その同じ享楽によって――閉め出された別の様々な第三者に関わっている。法の冒瀆という考えがなければ、「犯罪」が秘密を内包することはまったくないだろう。

☆1　「現実」という語については、メタ心理学的概念である限り、大文字で書くことが必要である。あらゆる現実はこれを前提しこれに由来するからである。秘密のメタ心理学的な〈現実〉は外的世界の現実と対をなしている。一方を否定すればそれに伴って他方を拒絶することになる。

現実というものの重みを背負った犯罪を、どうしたら厄介払いできるのか。秘密が担いきれないくらい重いものとなった時には、その秘密からの解放となるような心地よい敗北を受け入れれば十分だと考えられよう。緊張に耐えられないとなれば、警察に出頭し、自首することになろう。「白状してしまう」、ああなんて心地よいことだろうか。あらゆるクリプト保持者の夢である。事実、クリプト保持者もまた、自分を告発する目的で分析家のもとに赴くのではないのか。しかしいざその場になると、追い込まれた末の救済策ですら否認されるのだと彼は認めざるをえないだろう。最初の試みからして、彼の企図は実行不可能であることが判明する。実際、言うのも憚られることをどのようにして言葉にできようか。もしそうすれば、クリプト保持者は雷に打たれたように死んでしまうだろう。警察も分析家の寝椅子も例外なく、世界全体がこの災厄に飲み込まれてしまうだろう。もし彼が語りたい気持ちになったとすれば、それは世界を破壊せんがためにではなく、世界を牢獄と化す危険を犯しても、世界をより巧妙に守らんがためなのである。かくして幾分のためらいの後に、彼は別の選択をすることであろう。それは彼に残された唯一可能な選択であり、警察署長としての分析家を共犯者としての分析家に変えてしまい、その分析家とともに、言葉のうちに場所を持たぬものを、言葉のあいだで生き直すことである。〈現実〉は――犯された犯罪としては――遅かれ早かれ分析の最中に出現してこざるをえないであろうことは、以上の状況であれば分かる。このときこそ終わりの始まりである。それまでのあいだ、秘密は隠された現前性という重みのままに、やはり治療に重くのしかかってくる。クリプトはしっかりと錠前をかけられたままでそこにあるのだが、それを開ける鍵はどこにあるのだろうか。

局所構造においては、このクリプトは特定の場所に対応している。それは力動的〈無意識〉でもないし取り込みを行なう〈自我〉でもない。むしろ両者のあいだの飛び地のようなもので、〈自我〉の内奥そのものに住まう一種の人工的〈無意識〉なのである。このような地下納骨所の存在は、力動的な〈無意識〉の半透過的な仕切壁をふさぐ効果を持つ。何ものも外的世界に漏れ出てはならない。墓守の働きは〈自我〉に帰する。〈自我〉はそこに立ちはだかり――様々な資格で――墓に近づこうと望む近親者の往来を見張る。もし彼が野次馬や、損害を与えかねない者、探偵などを導き入れることに同意したりするとしても、それは彼らに間違った足跡とか偽造された墓標をしつらえるためであろう。墓参りの権利を持つ者は、様々な策略や工作を受けることになる。彼らもまた〈自我〉の内部にいつも留め置かれることになろう。明らかに、墓守の生は——これら様々な人の群れと妥協しなければならないために——悪巧みや機転、巧みな駆け引きから成り立っていなければならない。そのモットーは、上には上がある［狡猾さにはきりがない］、ということである。

錠のかかった地下納骨所、これを——それほど隠喩的でない言葉で表現すれば——保守的抑圧と呼ぶことにする、これと対立するのが、特にヒステリーにおいて明白で一般に力動的抑圧と呼ばれている構成的抑圧である。二つの抑圧の本質的差異はこうだ。ヒステリーにおいて、禁止から生まれる欲望は、迂回してその道を模索し、象徴的実現のうちにその道を見出すのに対し、クリプト保持者においては、迂回路もなく既に実現済みの欲望は、甦えることも灰燼に帰してしまうことも同様にできないがゆえに、埋葬された状態にある。欲望が成就されなかったとか、この成就の記憶が消滅するなどということはまったくありえない。この過去はそれゆえ一塊りの現実として、主体に現前しており、否認や否定のうちでそれとして志向されている。この現実が完全に消えてしまうことはありえないが、また生へと回帰することもやはりありえない。内なる人物の一団が、そうすることを妨げている。分析でわれわれが関わるのは、主体それ自身というよりもむしろこれらの人物たちなのである。この内的な人物たちを寛容な気持ちにさせて、地下納骨所の門を少し開くよう認めさせるのは、われわれがみな知っているように、息の長い仕事なのである。

われわれが〈現実〉という名称を与えたこの「犯罪」、この秘密の内容は、単なるファンタスムでしかないのだろうか。あるいは、せいぜい、それ自体は罪のない過去なのにそれを事後的に誤って認識した結果なのだろうか。多くの分析家は、当事者たちが大いに満足したりまた大いに迷惑を被ったりしても、これら意見のどちらかを主張している。地下納骨所とその語りえない内容がファンタスム的起源を持つのか現実的起源を持つのか、われわれとしてはこのような議論にいつまでも手間暇かけているわけにはいかない。

いずれにせよ、言葉《パロール》という形態で白日の下に現われえないことが、この内容の特異な点である。しかしながら、問題なのはまさに、言葉《パロール》なのだ。クリプトの胎内でいわく言いがたいままに留まっているのは、絶えず警戒を怠らないみみずくのように、生きたまま埋葬されている語なのであり、このことには疑問の余地がない。現実に関わる事実はこれらの語の中に存在しているが、これらの語が隠された形で存在しているということは、それらの語が誰の目にも不在であることから証明される。それらの語に現実なるものを与えるものが何かといえば、それは通常のコミュニケーション機能の剝奪ということなのだ。なぜなのか。疑いもなく、禁止によって欲望を指し示すヒステリー患者の語とは対極にあって、クリプト保持者の語はなんらかの仕方で実定的［積極的］価値を獲得したからである。こうした事実から、それらの語は根底にある構成的ヒステリー的抑圧にとって致死的危険となったのである。このようにヒステリー的抑圧を保護することが、地下納骨所の機能である。いいかえれば、埋葬されたものによって、構成的抑圧は危険にさらされてしまっていた。いかなる仕方で？　と問われるだろう。禁止の語が禁止の効果を失ってしまったという仕方でなのだ。主体の語は或る破局に見舞われることで、流通の局外に置かれた。こうしたことが本当に起こったのである。欲望は埋葬される以前に実際に成就されてしまっていたことを証しするのは——正確に言えば——欲望を指し示す語がその実定的な意味を獲得したということである。（こうした突然変異が事後的に起こったという可能性もないわけではない）。そしてこの事実によりこれらの語は白日の下からは取り除かれてしまったのである。地下納骨所が存在するということは現実に出来事が起こったことを十分に証明しているのであって、この出来事こそ禁止を行なう心的審級の代表をも巻き込んで、彼らを、不当にもその到達点である享楽にまで導かれた欲望の成就の共犯者となすのである。そのようにしなければ、お分かりのように、欲望は暴かれてしまいかねない（ヒステリー的告発を参照せよ）。われわれが語っている現実と名づけられる出来事は、もっぱらメタ心理学的な意味で考察されるのだとかなり強く指摘してきたが、こうしたわれわれの主張はいくら強調してもしすぎることはないのである。

今のこの報告はわれわれに様々なヒントを与えたが——ついでに言えば、そこに見られる見解の豊かさと幅広さはわれわれに強い印象を残した——この報告について話を戻すなら、「精神分析と現実」というタイトルは、それを補完するものとして秘密という用語を要請するようにわれわれには思える。実際、秘密という客観的で効力を持つものが存在することは、メタ心理学的観念としての〈現実〉の基準として措定することが可能だ。驚くまでもないが、〈現実〉の概念そのものの中には法への冒瀆が含まれるため、否認の結果としての〈現実〉は少なくとも潜在的には一つの訴訟《プロセ》［過程］を含んでいる。この訴訟には被告とか裁判官、弁護人、告訴人そして犯罪を構成する事実など、すべての配役が居合わせる。いずれにせよ、どれもが次々に分析家に帰せられる役割である。真のプロセスが始まるためには、彼はこれらすべてを忌避しうるのでなければならない——そしてこのことこそメタ心理学的な〈現実〉という観念によって課された技術上の帰結なのである——、そしてこの真のプロセスの目指すところは、主体を含めこれに関わるすべての人に〈現実〉を受け入れさせることにある。このことは、否認されることによってしか存在しない〈現実〉のメタ心理学的な重みを除去することを意味する。誘惑理論とかその反対の理論を携えた分析家がはまる罠は、クリプトを保持する主体と同じ法的地盤に一挙に移ってしまうことなのである。それゆえ訴訟は避けられないものとなり——逆説的なことに——すべての当事者はこの訴訟で否応なく敗れることになるだろう。主体は、あの享楽の対象と同じく、始めから有罪宣告を受けている。しかし分析家の側も有罪宣告を受けることが避けられない。というのも彼は彼に割り当てられる他の役割、すなわち裁判官、検事、弁護士、被告、犯罪を構成する事実において失敗せざるをえないからである。無罪放免となり、クリプトが強化され、誤審ということとなるだろう。

それではどうすればいいのか。心的外傷の現実を否定してこれを単なるファンタスムに変えればいいのか。それは、この否定そのものによって、絶対に乗り越えられない代補的な現実という価値を心的外傷の現実に対して授けてしまうことではないのだろうか。そうすれば、もう一度、解決に向けてのあらゆる出口を閉ざすことになろう。むしろ患者によってもたらされる法的および司法的なすべての装置に対して敢然と全面対決するほうがよいのではないのか。

外的世界の強制的な性格に関わるものとして主体が頻繁に引き合いに出すこの（括弧つきの）「現実的なるもの」は、患者の法的装置に対する拒絶の萌芽なのだが、法的なものを拒絶することにより、同じ運動の中で消失していくであろう。この段階に至って存続するものはもはや、法の制定そのものやその相対性、その必要性についての潜在的な言説でしかないだろう。しかし、被告、裁判官、検事あるいは弁護士から、法を制定する者？となることで、本当に、秘密の〈現実〉を清算する解決策となるのだろうか。それはむしろ以前に引用した標語をさらに競り上げて、上には上がまたさらにその上がある、ということにならないだろうか。

なおも乗り越えるべきもう一つの段階が残っているように思える。しかしこのような段階を予感しただけで、めまいを生じさせてしまう。

精神分析の歴史の中には「犯罪」の〈現実〉の除去にあたって認識論上の二者択一がある。一つはそれを単なるファンタスムに変えてしまうことであり、もう一つはそれが相対的で恣意的だと言明することにより法的なもの「裁判的なもの」を解体してしまうことである。この両者とも同じめまいから生じているように思える。すなわち構成的抑圧が不意に取り除かれてしまうのではないかという脅威を前にしためまいであり、いいかえれば、狂気が場合によっては起きるということを前にしためまいなのである。メタ心理学的な〈現実〉の否定に基づくこれら二つの理論的な考え方は、精神分析の寝椅子で大きく拡げることを求められるはずの飛躍の翼をもいでしまうがゆえに、二つとも撤回される。この二つはまた、墓の壁を強化することではないにせよ、精神病の発症を最も強く助長する態度でもある。

これに反して、精神分析の長い実践を経るうちに、この重々しい建築は僅かずつ遂にはぐらつき、さらには灰燼に帰するだろう。この実践を経るうちに、訴訟が消え去って否認の壁が無用のものとなったことが、少しずつ明らかになるであろう。実際、言ってはならないという――分析の状況に固有な――禁止のおかげで、異質物としてのこの名指しえないものはその徴候［表徴］を変えていく。名指しえないものは、語りたくないという欲望へと姿を変えるだろう。この欲望は抑圧されているが、活動的で力動的であって、様々な道、迂回路、自らを象徴化する何千もの仕方を持っている。そうなった時そしてその時にのみ、〈現実〉は欲望へと化してしまうことであろう。

N. A.とM. T.

（A propos de *Psychanalyse et Réalité*, de Denise Braunschweig. *Revue Française de Psychanalyse*, Paris, P.U.F., 1971, n^{os}5-6.［ドゥニーズ・ブラウンシュバイクの『精神分析と現実』（『フランス精神分析雑誌』）について］）

喪あるいはメランコリー——取り込むこと－体内化すること

メタ心理学的な現実とファンタスム

体内化は一つのファンタスムに対応し、取り込みは一つのプロセスに対応する。これは役に立つ明確な定義であり、われわれを驚かせるものではないし、クラインのテクストでも時々見出されるものである。これに反して、自我の所産であるファンタスムを、心的機構全体の所産であるプロセスに先行するものとして捉えるのを見れば、驚かずにはいられない。この根本的な点において、われわれの考え方は「汎ファンタスム論」と立場を異にする。われわれの考え方はファンタスムの概念をより厳密な意味に限定しようとしており、ファンタスムによって隠蔽されかねないものとこのファンタスム概念のを対比させることによってである。実際——「内因性の」強制であれ、「外因性の」強制であれ——局所構造の変様を課すような仕方で心的機構に作用するすべてのものを（語のメタ心理学的な意味において）「現実」と呼ぶのがふさわしいとすれば、逆の効果、すなわち局所構造の現状維持を目指すすべての表象、すべての信念、すべての身体状態に、「ファンタスム」という名称を限定することができよう。以上の定義にはファンタスムの内容もその形式的特徴も考慮に入らず、もっぱらファンタスムの機能だけが着目されている。ファンタスムの機能について、それがどんなに革新的な特性であるにせよ、またどんなに広大な領野に展開されるにせよ、そして欲望に対してどのような好意を秘めていようとも、このファンタスムの機能は予防的［保護的］で保守的なものである。われわれの考え方はしたがって、ファンタスムは本質的にナルシシズム的であると主張することになる。主体を傷つけるというよりはむしろ、ファンタスムは世界を変えることに向かう。ファンタスムがしばしば無意識的であるという事実が意味するのは、ファンタスムは主体の外にあるのではなくて、秘密のままに維持された局所《トピック》構造に準拠する、ということである。かくて、ファンタスムを理解することは一つの精確な意味を獲得する。それは、ファンタスムがどのような局所構造的な変化に抵抗することを求められているのかを、具体的な仕方で、標定することである。根源的なファンタスムとは、そうすると、根源的な局所構造が危険にさらされているとした場合に、これを保護する適切な手段ということになろう。メタ心理学的なあらゆる理論は、結局のところ、ファンタスムとその派生物がどのようなものであり、かつなぜ存在するのかを説明するためにあるのではないのか。ファンタスムがプロセスそのものを支えていると言うことは、精神分析のあらゆる歩みに重大な結果をもたらす逆転を含むことになろう。逆に、ファンタスムがプロセスのいかなる変様に対立するようになるのかを、ファンタスムを介して知ろうと努めることは、現象の記述からその原動力となる超現象的なものに移行することであり、また次のような幾何学的な地点に身を置くことである、つまりこの点から出発すればそれぞれのファンタスムのメタ心理学的な根源は、根源的なものそのものの「根源」に至るまで読み取られうるであろう、そうした地点である。

体内化：非-取り込みのファンタスム

ファンタスムは（それが保護することを求められている）精神内部の状況からも、また同時に（変化を求める）メタ心理学的な現実からも切り離しえない。それゆえ、もし切除や変形を被っていなければ、ファンタスムは、ファンタスムを創出する主体に関してもまたファンタスムが祓い清めようとしている危険に関しても、二重に雄弁に語っているにちがいない。このようにその機能に引き戻されたすべてのファンタスムの中には、特権的な性質を持つものがいくつかある。それらはその内容そのものも含めて諸々の心的審級の状況をよく表わしている。御存知のように[☆1]、原光景とか、去勢、誘惑などの原ファンタスムがそうしたものである。しかし、こちらの方はあまり知られていないのだが、同じく特権的である別のタイプのファンタスムもあり、それは、内容から見て局所構造が変様されてしまいそうなプロセスをよく表わしている。体内化のファンタスムの数々がそれであって、われわれはこれらについて語ろうと思う。つまり、全体であれ一部であれ、対象もしくは事物を身体のうちに導き入れること、そこに拘留しあるいはそこから排除したりすること、獲得し、守り、喪失することであり、これらが各々ファンタスムの変異体であって、我有化（あるいは見かけのうえでの脱我有化）という範例的な形態をとりながら、精神内部の基本状況を示す刻印をその中に保持している。すなわち、心的機構が被った喪失の現実が作り出した刻印である。もし喪失したことが認められれば、深刻な修復の作業が必要となるだろう。体内化のファンタスムは、魔術的な仕方でこれを実現すると主張する。それは比喩的にしか意味を持たないものを文字通りに成就するというやり方である。喪失してしまったものを、対象の形態のまま飲み込むとか、飲み込んでしまったとか想像するのは、この喪失を「飲み込まない（甘受し）」ないためなのである。体内化の魔術にはかくして、結びついた二つの手法が挙げられる。脱隠喩化（比喩的に理解されるものを文字通りに受け取ること）と対象化（被ったのは主体の傷ではなくて、対象の喪失である）である。体内化による魔術的な「治癒」によって、苦痛に満ちた修復作業が免除される。喪に服している時に、不在となったものを、想像的にであれ現実的にであれ、食物という形で吸収することは、喪とその諸帰結を拒絶することである。失われたもののうちに預けられていた自分自身の一部を自己内に導き入れることを拒絶することであり、喪失の真の意味、すなわちそれを知れば自分が別のものとなってしまうかもしれないような真の意味を知ることを拒絶することであり、手短に言えば、喪失の取り込みを拒絶することなのである。体内化のファンタスムは心のうちに空隙があることを漏らしており、取り込みが起こるはずであったまさにその場所に欠如があることを暴露している。

「空虚な口」の共同性として理解された取り込み

取り込む（＝内部へ投げ入れる）とは、体内化することと同じことではないのか。確かにイメージは同じだが、やがて明らかになる諸々の理由から、われわれはそれらを区別しようと思う。ちょうど隠喩的なイメージと写真のイメージとを区別し、或る言語の習得と辞書の購入とを区別し、精神分析を介して自己を獲得することと「ペニス」の「体内化」のファンタスムとを区別するようにである。

この用語と概念を発明したフェレンツィは、「取り込む」ことを〈自我〉の拡大のプロセスと理解していた。彼は、転移性恋愛のうちに、このプロセスが典型的に働く状況を示してみせた。取り込みの条件として精神分析的な状況はいかに範例的なものであっても、取り込みが早くも誕生後やそれに比肩できる諸状況において始まることは誰も疑いえない。詳細に立ち入らずとも、われわれの主旨の説明には以下のことを記せば十分であろう。取り込みは、母が現前している状態で、口の空虚さを経験したために始まる。この空虚さは、何よりも叫びや涙、延期された充足として、ついで訴えの機会、誰かに来てもらう手段、言語として経験される。さらにまた、外部から知覚された音に呼応する形で、この空虚さを舌と口蓋を使い言語的に可能性を探ることで生じる、発声による自己充足として経験される。そして最後に、母性的な対象に満たされた口の満足を、上記の対象を欠いた空虚な口ではあるが、主体に差し向けられた語で満ちた口の満足に、徐々に部分的に置き換えていくこととして経験される。空虚な口の経験を介して、乳房に満ちた口から語に満ちた口への移行がなされる。口の空虚さを語で満たすことを学ぶことこそ、取り込みの最初のパラダイムなのである。取り込みは、言語活動を所有している母が常に手助けすることによってのみ起こりうると理解される。母が変わらずに存在すること——デカルトの神のそれのように——が、語の意味作用に必要な保証人なのである。この保証が得られた時、そしてその時にのみ、言葉は母の現前性に置き換わり、そして新たな取り込みを生み出すことができる。まずは空虚な口が、ついで対象の不在が言葉《パロール》となり、最後に語の経験それ自体が別の語に転換されていく。かくして口唇の原初の空虚さは、自分の欠如のすべてを、言語活動を介した語る共同体との関係へと転換することによって治療策を見出したことになろう。欲望を、苦痛を、状況を取り込むことは、言語活動を通してこれらを空虚な口の共同性へと移

☆1　J. Laplanche et J.-B. Pontalis, *Vocabulaire de la psychanalyse*, P.U.F., 1967, p.159.［ラプランシュ／ポンタリス『精神分析用語辞典』、みすず書房、一〇〇頁］

行させることである。このようにして文字通りの食物摂取は、比喩としての取り込みへと変化する。この移行を行なうことは、対象の現前性に代わって、対象の不在それ自体がそのものとして把握されるように首尾良く事を進めることを意味する。眼前性を比喩化することによって、この不在を代補する言語活動は、「空虚な口の共同体」の直中においてのみ理解され〔共同で把握され〕うる。

体内化する：口の他の働きに代わる口の或る働き

ファンタスムがすべて取り込みの拒絶であり欠落の否定であるとすれば、それらファンタスムの中のいくつかのものが、なぜ対象を身体へ導き入れる特権的な形態をとるのか、と問うてみるべきであろう。別様に言えば、それらのファンタスムの内容はなぜ取り込みの隠喩そのものを志向するのか。このように立てられた問いは、答えの始まりを含んでいる。実際、取り込みの隠喩を文字通り成就するように体内化が振る舞うためには、普段は自然に働くプロセスが、主題化の対象、すなわちなんらかの仕方で反省的な取り扱いの対象とならねばならない。ところでこのことが起こるのは、以下のような場合だけにちがいない。すなわち取り込みの作業が始まるやいなや、あるいは垣間見られるやいなや、禁止の障害にぶつかる時である。このように見れば、障害の場所を特定することができる。その場所は、取り込みを主宰する諸現象が存在している、まさに口という場所であることは、明らかである。これから特定すべきいくつかの理由から、口が或る語をはっきりと発音したり、或る文を発したりできないために、人はそこに、ファンタスムという形で、名づけえないもの、つまり物《ショーズ》そのものを口に入れることになる。自らを充溢させるために、口の空虚さは、取り込みを行う言葉《パロール》を呼び求めるが効果はない。この口の空虚さは、言葉以前の、食べ物を貪欲に求める口へと再び変化する。他人と交換される語を摂取することができないので、その貪欲な口は、名を持たないものの唯一の受託者である或る人物のすべてか一部を、ファンタスムという形で自分に導き入れるようになる。それゆえ、不可能であることが明らかになった取り込みから、体内化への決定的な移行があるとすれば、それは、口の発する語が主体の空虚を埋め合わせに来ないので、主体が口の中に想像上のモノを導き入れるその瞬間に起こるのである。この絶望的な方策は、錯覚にすぎない食べ物で口を満たそうとすることにあるが、その補完的な——また錯覚にすぎない——結果として、語の助けを借りて埋めねばならない欠落があるという考え、取り込みが必要であるという考えそのものを抹消することになろう。それゆえに、以下のように結論することができよう。口の一つの働きとは、欠如することになったものについて他者に語ることであるが、この働きを成し遂げるよう迫られながらも、そうすることができないことが経験されたために、口のもう一つ別の働きが強く推奨されることになる。その別の働きとは想像的な仕事であり、総体としての問題が存在しているということ自体に対してその否認を突きつけかねない。このようにして、実現不可能な取り込みを前に立ち止まることから生じる体内化のファンタスムは、取り込みの代理、退行的であると同時に反省的な代理物として現われるのである。このことは等しく次のことを含意する。つまりあらゆる体内化は、もともと取り込みへと回帰する傾向を持っているということである。

誤った体内化

取り込みの言葉《パロール》はどうして欠如する［挫折する］はめになるのか。なぜこんなにも切迫して言葉を呼び求めるのか。ここでもまた問いが答えを雄弁に語っている。問題なのはもっぱら、ナルシシズム的に欠くことのできない対象の突然の喪失であり、一方でこの喪失に関するコミュニケーションが禁じられているような場合である。これ以外のどんな場合においても体内化は存在理由を持たないであろう。多くの喪の拒絶や喪失の否定の事例では、必ずしも体内化が起きるわけではない。或る孤独な男がいて、レストランのテーブルに座りながら、二人分の別々の食事を出してもらっている忘れえない光景がここでわれわれの心に浮かぶ。彼はそれらを、あたかも誰かもう一人の人と一緒にいるかのように、たった一人で食べたのである。明らかに、亡くなった愛しい存在が現前しているかのような幻覚に囚われているこの男は、それでもこの存在を体内化せねばならないというわけではなかった。まったく反対に、こう想定できるだろう。この「共にする」食事のおかげで、彼は自分の身体的限界の外に愛する人を維持することができたのだが、その際に自分の口の空虚を満たしながらも、失った人物を「食べ」ねばならないわけではない。彼はこう言っているように見えた。「いや、大事なその人は死んではいません。その人は、そこにいて、少し前と同じように、食欲もあり、自分の好きな料理のうちにいるのです」。ボーイは事情を弁えていたようで、その人にもう一つの料理を選ぶように助言したのだった。おそらく彼は亡くなった人の習慣を知っていたのだろう……。体内化の場合にはこの種のことはまったく起こらないであろう。体内化が起こったとしても、誰もそのことを知ってはならない。喪失せざるをえなかったということ自体が否定の対象となろう。故人と一緒に想像上の食事をすることは、体内化の危険に対抗するための防護と考えられよう。それは、同じ目的を持つにちがいない葬儀の際の食事を思い起こさせる、つまり生き残ったもののあいだで食事を共にすること《コミュニオン》〔共餐、聖体拝領〕である。この共餐が意味しているのはこうである。すなわち、故人であるその人に代わって、われわれはわれわれ相互の存在を、同化可能な食物という形態のもとで自分たちの身体に導き入れる。故人に関して言えば、われわれは彼を、われわれ自身のうちにではなく大地に埋葬するのである。結局のところ、屍体嗜食は、常に集団的であり、同じく体内化から区別される。起源においてどんなにファンタスム的であったとしても、屍体嗜食を集団として実現することは、屍体嗜食を言語活動《ランガージュ》とすることである。遺体を実際に嗜食することは——体内化のファンタスムを上演することで——喪失の取り込みが不可能であることと同時に、その喪失が既に起こってしまったことを象徴化することになろう。屍体を食べることは、死亡とともに生まれかねない心的体内化の傾向を祓い清める効果をもたらすであろう。屍体嗜食はそれゆえ、体内化の一変種ではなく、反体内化という予防策であることになろう。

精神内部の墓所

たとえ取り込みから逃れるとしても、すべてのナルシシズム的な喪失が、体内化を宿命とするわけではないことが分かる。体内化は、なんらかの理由で、喪失として自らを打ち明けることができない場合にのみ起きる。この場合にのみ、取り込みが不可能であるがために、挙句の果ては、喪の拒絶を言語にすることが禁じられ、癒しがたい状態にあることをはっきりと言い表わすことも禁じられる。こうした脱出用の非常口がまさしく欠けているので、残されているのは、喪失すべきことは何もなかった振りをして、喪失の事実に根底的な否認を対置させることだけであろう。自分を襲った喪について第三者に伝えることなどもはや問題ではないだろう。口にすることができなかったような話、思い出すことができなかったような光景、流すことのできなかったような涙、これらはすべて、喪失の原因である心的外傷とともに、飲み込まれることになるであろう。飲み込まれそして保守される。言葉にしえない喪は主体の内部に秘密の墓所を据える。相関関係にある喪失の対象物は、言葉や、イメージや情動の記憶を手がかりに再構成され、それ自身の局所構造《トピック》を持った完璧な人物として、クリプト［埋葬室］の内部に生きて横たわる。実際のものであれあるいは想定されたものであれ、取り込みを実行不可能にしたトラウマの瞬間も、クリプトに居座るのである。分離され隠された生を送る無意識的なファンタスム的世界がまるごと創り出される。しかし、リビドーが実現される時、つまり「真夜中」には、クリプトの亡霊は墓地の番人に取り憑いて、彼に奇妙で理解しがたい合図を送り、異様な振る舞いをしでかすように強制し、思いもよらぬ感覚を抱かせたりする。

　われわれの中の一人が分析した男の子は、二歳年上の姉を「宿していた」が、この姉は死ぬ前の八歳頃に、この男の子を「誘惑」していた。この子が思春期になった時、女性用下着を店で盗んだ。何年にもわたる分析治療があり、そして僥倖のような言い間違いが起こった。彼は姉が生きていたらそうであったはずの年齢を自分自身の年齢として口にした。こうしたことが彼の「窃盗癖」の内的状況と動機を再構成することを可能にした。自分の盗みを説明して彼は言う。「そう、姉は十四歳だったのでブラジャーが必要だったのでしょう」。この男の子のクリプトは女の子を「生きたまま」に守っており、彼は無意識のうちに彼女の成長に従っていたのである。喪失の取り込みがなぜ不可能であったのか、また、どのようにして失われた対象の体内化がこの子にとってナルシシズムの修復の唯一の様態となったのか、そのことをこの実例はよく示している。禁じられた、そして恥ずべき彼の性的戯れは、言語活動からなるいかなる共同性の対象ともなりえなかった。体内化とそれに続く同一化によってのみ、誘惑の刻印を受けた彼の局所構造の状態を守ることができた。彼は姉と秘密を共有していたが、姉の死後は、秘密の保持者からクリプトの保持者となったのである。この二つの状態が連続していることをよく極立たせるために、われわれはクリプト保持［criptophorie］という用語を使ってこうした事実を確認しようと思った。実際、われわれは次のように考える。体内化のファンタスムを形成するということは、非合法な快感が失われているので、これを精神内部の秘密とすることでこの快感を永続させる以外には手立てがない、ということだと。

反隠喩としての体内化

以上がわれわれの仮説である。臨床的には、この仮説が意味しうることは以下の通りである。すなわち、体内化が明らかになるそのつど、それは打ち明けられない喪に原因があるとみなすべきである。そしてそもそも、対象に関して恥に穢れた経験をしたために、既に自我が仕切られた状態にあって、この喪はそうした状態をそのまま引き継いでいると考えられよう。この仕切り壁こそ、クリプトがその構造そのものによって永続化するものである。それゆえすべてのクリプトには共有された秘密が先行している、あらかじめ局所構造《トピック》を分割してしまった秘密に先行されないクリプトは一つもない。われわれが恥ずかしいことや内密なことを喚起する時、赤くなるのは誰なのか、身を隠さねばならないのは誰なのかを明らかにする作業がまだ残されている。破廉恥や恥辱、適切でない行為について罪責を感じているとはいえ、それは主体自身なのだろうか。時間をかけてそう想定してみたところで、クリプトの材料となる石を一つたりともそこに見出せないだろう。およそ一つのクリプトが建立されるためには、恥ずべき秘密とは、自我理想の役割を果たす対象に関わる事実でなければならなかったのだ。それゆえに問題はこの対象の秘密を守ることであり、この対象の恥を覆い隠すことである。この対象についての喪が――通常のように――比喩的に用いられた語を用いては実現されないとすれば、その理由は、恥をかかすために使われた隠喩が、喪の最中に喚起されたとしても、隠喩を保証する理想が喪失されているために（まさに隠喩としては）無効化されるからである。クリプトを保持する主体に解決があるとすれば、それは不名誉の烙印を押す語を本来的な意味作用のままに――秘密裏にであれあるいは白日の下にであれ――引き受けることによって恥の効果を無効にすることであろう。「取り込むこと」は再び、「口の中に入れること」、「飲み込むこと」、「食べること」となり、恥ずかしめられた対象の側は――いわば――「糞便化され」、本当の糞便に変形されるだろう。理想の喪失を取り込むことの拒絶は、究極的には、恥ずかしめる者に対する二重の挑戦的言動によって表現されるであろう。これを要約するものが、糞便を食べるとか、食べてしまったとかいうファンタスムと、その数えられないほどの変種、たとえば汚い身なりとか、不潔とか、汚言などである。こうしたファンタスムにおいて大事なのは、それらが発達のカニバリズム段階に関わっているということではなくて、比喩的言語を無効にする特徴を持つことだということが分かる。理想の対象を守るためには、クリプト保持者はその対象を恥ずかしめようとする人が誰であれその人を出し抜く。彼は、結局のところ、恥ずかしめの烙印を与える様々のいわば物質的な道具を、すなわち排便や糞便に由来する隠喩を無力化し、それらを食用になるもの、食欲をそそるものとする。もし人がこのようなファンタスム化を支配する手続きのうちに一つの言語活動を見ようと決意するならば、スタイル上の新しい比喩［文彩］、すなわち比喩化を積極的に破壊する比喩として分類整理することがふさわしく、こうした比喩のためにわれわれは反隠喩という名称を提案しようと思う。語の字義通りの意味に立ち帰ることが問題なのではなくて――言葉《パロール》においてであれあるいは行為においてであれ――語の「比喩化の可能性」がいわば破壊されているように語を使用することが問題なのだということを明確にしておこう。このような行為のモデルは糞便嗜食である。このような言語使用のモデルは近親相姦などを推奨する或る種ののしりの言葉に見出されよう。しかしこうしたすべてのものの中で最も徹底して反隠喩であるものは、体内化それ自身である。それは、隠喩を可能にする行為そのもののファンタスム的な破壊を含んでいる。すなわち原初的な口唇の空虚を語に変える行為、取り込むという行為そのものの破壊である。

精神内部の現実に直面したファンタスム

脱隠喩化は最初の事実ではない。それは局所構造《トピック》を危険にさらした経験を精神内部に幽閉した結果として現われる。監禁、収監そして究極的には埋葬は、体内化のファンタスムの客体化に他ならない。この体内化のファンタスムは、内部からは保護すると同時に、排除する手段を創出することで、自らが有効だという錯覚をする。体内化とは自我を安心させるファンタスムでしかない。心的現実、それはまったく別物である。いわく言いがたい言葉や文句、リビドーとナルシシズムにおいて非常に貴重な記憶と結びついてはいるが、口にできない語や文章は、排除されることを甘受しない。想像上のクリプトにおいて、ファンタスムはそれらの語や文章から生気を奪い、麻痺させ、意味作用を剥奪して、冬眠状態に置こうと考えていたのだが、口に出せない語はその転覆的な活動をクリプトを起点に展開することをやめない。

最近の研究でわれわれは狼男のうちにこのような語の存在を明らかにしたと考えている。ロシア語の動詞 teret(「擦る」「磨く、愛撫する」」)は、われわれの仮説では、まだ四歳にならない頃に体験された、トラウマとなる出来事を結晶化していると思われる。この出来事は近親相姦的な愛撫と関係していて、男の子の二歳年上である娘から、父はそうした愛撫を受けていたらしい。多様な偽装を介して、この語が主体のリビドー的、さらには昇華的な生をどのように集約しているのか、その様子をわれわれは記述した。[☆2] 同じ語は十六年後、その姉の精神分裂病性の自殺においてある役割を果たしたと、現時点では、付言しうる。この若い娘は、ある錯乱的行為がもとで死んだのだが、それを自殺と呼びうるとしても、彼女が水銀液の小瓶を飲み干したという結果から見てのことにすぎないことは知られている。ところで「水銀」とはロシア語で rtout と言い、これは teret の幾分くぐもった発音(たとえば声門母音のある tourout)の語順倒置である。この悲劇的な結末をもたらした錯乱的な振る舞いによって、彼女は、その語を(いわば「食べることができる」と宣言しつつ)食べることで、自分の理想の対象の恥ずべき欲望の名誉回復を望んだかのようである。この語は他人にとっては汚物のようなものと化し、有毒な物質に客体化されていたのであった。teret という動詞の語幹の二つの子音を逆転(R.T.)すれば、《いい子ね、立ちなさい jeannot-lève-toi》という言葉を元通りに立て直す作業を音声的に実現していると考えうる。これは、狼男の素材では姉娘が言った言葉に対応するであろう。ついでに以下のことに注意しておこう、というのもこのことはわれわれの主題を明らかにするからだが――或る人々がそう解釈したい気持ちになるかもしれないが――水銀を飲み干すことをフェラチオの欲望擬装として解釈するとすれば、それはひどい誤解であろう。食糞嗜癖的な挑戦的態度によって飲み込むことが問題となっていたのは、脱隠喩化され、客体化された語なのである。

　これらの実例はまた体内化のファンタスムのもう一つの側面をよく表わしている。それについてわれわれは逆備給の有効性がほとんどないことをたったいま指摘した。まず第一に、確かに体内化はヒステリー型の抑圧に似ており、抑圧されたものの回帰を伴い、性的価値にも事欠かない。こうした見かけは人を欺かずにはおかない。それも二重の理由においてそうだ。何よりもまず、われわれの実例では、弟と姉という二人の症例における欲望の実現が本当に問題であるとしても、一つの制限がやはり残存する。欲望の実現の責任は彼ら［姉と弟という］主体自体に帰せられるのではなく、体内化された対象、すなわち父に帰せられる。二人のそれぞれは、恥ずかしめを受けた同じ語の助けを借りて、父に同一化している。この語を床磨きの女という視覚的イメージに偽装することで、男の子は、あたかも代理しているかのように、父の代わりにオルガスムを感じるに至っている。しかし女の子は、おそらくエディプス的な理由のために、うまくいかなかった。彼女はそれでもなお今度は自分が父の場所を起点として自分の振る舞いを成し遂げ、まったく同じように父を勃起させ、そしてこう考える。自分（＝父）は、自分の新しい思いつきであるRTouTを巧みなものだと思うし、語としては、説明できないものだとしても、少なくとも食べられるものだと、本当にそう考えざるをえないのだ、と。ヒステリー的抑圧との違いは、さらに以下のような事実に現われている。二人の症例においては、真の主体は父であり、恥ずかしめられた欲望への権利を要求しているのは父なのだ。つまりは、こういうことになる。この同一化を利用して、二人の子どもは、一方はそのフェティシズムによって、他方はその錯乱的行為によって、ぜひとも〈自我〉理想としての彼らの父を復権させようと努めていたのである。一言で言えば、一方においては性的性質を持ち、他方において

☆2 « Le mot magique de l'Homme aux loups. Incorporation, hystérie interne, cryptonymie », *Revue française de Psychanalyse*, 1971, nº1.(Paru, depuis in *Cryptonymie, le Verbier de l'Homme aux loups*, Aubier-Flammarion, Paris, 1976.)［「狼男の魔術語。体内化、内的ヒステリー、クリプトニミー」、『フランス精神分析雑誌』、その後、『狼男の言語標本』法政大学出版局］

は性的外観を持ったこれらの行為は、ナルシシズム的な狙いを持っている。体内化の諸症状を介して、恥ずかしめられた〈自我〉理想こそが市民権を要求しているのである。したがって次のように主張できる。体内化に由来するあらゆるファンタスム形成は、現実に生起して理想の対象に影響を与えた傷を――想像的なものの中で――修復しようと努めるのだと。体内化によるファンタスムはただユートピア的な［場を持たない］願望を暴露しているにすぎない。心に衝撃を与えた事柄の記憶など一度たりとも存在しなかったらよかったのに、あるいはもっと奥深いところでは、そうした記憶が衝撃を与えるような必然性はまったくなかったのだ、というようになりますように、といった願望なのである。

封入を持つ局所《トピック》構造

診断という手法では――周知の事実だが――体内化の諸効果を確認するのは困難である。クリプト保持者の多くの分析はヒステリーあるいはヒステリー恐怖症の治療のごとく取り扱われるが、時には奇妙で、その影響も看過できないようなプロセスがそこに生じる。それは、患者の側が、実際にヒステリー恐怖症であるかのように振る舞ったり（患者がそうできるというのは驚くべきことだ）、そして決してその根底にある問題を論じることなしに治療を締め括ったりすることである。これらの擬似分析とそれが体内化に及ぼす諸効果について言うべきことはたくさんあるだろう。しかし少なくとも、この種の分析がばかげた誤りを犯すとしても驚くことはない。というのは、体内化はその発生から言ってもまた機能から言っても、クリプト的現象でしかありえないからだ。体内化はたとえば「正常」の背後に隠れたり、「性格」あるいは「倒錯」の中に避難したりする、その結果、妄想の中、あるいはフロイトがナルシシズム的神経症と呼んだ「躁鬱病」の中においてしか白日の下には姿を現わさないからだ。とはいえ体内化が本質的にクリプト的な性格であるからといって、体内化という対象についてのあらゆる無知が説明されるわけではおそらくない。『喪とメランコリー』以降、体内化のファンタスム系の意味、さらには「躁鬱病」の意味をより正確に理解させてくれるようなものは何も現われていない。カール・アブラハムとの往復書簡の一節が出現を妨げる障害の性質について極めて雄弁に語っている。メランコリーを欲動の問題系に連れ戻そうとする（それは、カニバリズム的そしてサディズム的‐肛門的欲動に対する罪責感であって、これが太古的な喪のプロセスを停止すると考える）彼の提案に対して、フロイトはこう答えている。欲動の側面は確かに無視できないが、あまりにも一般的すぎるのであり、エディプスや去勢不安などによる説明がそうであるのと同じである。そして彼は友人に対して局所構造や、力動論および経済論の側面を強調する。そうすることで、期待されている論点の特定化が行なえると考えたのであろう。[☆3] ここで、欲動的と言われるこれらの側面は何よりもファンタスムであったことに注意しておこう。こうした示唆に従った探究が十分に推し進められず、果実を結ばなかったのは、おそらく残念なことである。それどころか反対に、アブラハムの個人的な着想だけで十分と思われた場所に彼がほとんどメタ心理学を適用しようとしなかったことが、未来のクライン理論に対しても責任を問われるにちがいない。このクラインの理論は、厳密で豊かであり、或る点で雄大でもある理論だが、記述的で汎ファンタスム論的な欲動論から抜け出すことはできていない。

フロイトにとってメランコリーは、意識化されえない太古的表象の水準において、無意識体系内部で愛と憎しみのあいだでの多様な闘いをもたらすだろう。虐待や被った失望にもかかわらず、また対象の喪失にもかかわらず、対象に対して備給を保持するのか、そうでないのか、という闘いである。無意識体系のこのような状況はなるほど最初の幼児期にまで遡る素質に対応しうるだろうが、いまだメランコリーを特定化するものではない。ところでよく出来た難解な［フロイトの］テクストを注意深く読めば、次のような反復されるイメージに目が引き寄せられる。それは開いた傷口のイメージであり、その周囲に逆備給のリビドーすべてを吸い寄せるイメージである。この傷口こそメランコリー患者が偽装しようとし、壁で囲もうとし、無意識の体系にではなくそれが見出される体系、すなわち知覚‐意識系――そうわれわれは考える――の中にクリプト化しようとするものだ。いずれにせよ、そこでこそ、局所構造内部の一つのプロセスが生起するにちがいない。すなわち、ただ一つの領域、体系あるいは審級の直中に、局所構造全体のアナロ

☆3 Karl Abraham - Sigmund Freud, *Correspondance*, Gallimard, 1969, p.225.［『アブラハム - フロイト往復書簡集』］

ゴン［類似物］を一つ創り出すことに存するプロセスである。このプロセスは、夥しい逆備給を使って、心的活動の他の部分すべてから、また特にもぎ取られてしまったものの記憶から「傷口」を厳密に隔離する。このような隔離の創造が正当化されるのは、ただ一つのケースしかない。ナルシシズム的であると同時にリビドー的でもある喪失の性質について、また同様にその現実についても強制的に否認しなければならないケースである。われわれはこのような定員外の余計な局所構造を示すために封入［*inclusion*］という用語を提案したい。われわれのうちの一人はそれを保守的抑圧の効果と呼んでいる。

封入がファンタスムの秩序に属さずプロセスの秩序に属することは分かる。それゆえ、封入は体内化よりも、もう一つのプロセスである取り込みとの比較に適している。封入が生み出されるのは、まさに取り込みが或る種不可能な様態にぶつかった時である。体内化のファンタスムは様々に変貌するが、それらの姿は、われわれにはこれ以後、封入を伴う局所構造の秘め隠された生に緊密に結びつくものとして現われるであろう。そしてそれらの臨床的かつ理論的研究は、このようにして、必要なメタ心理学的基盤を獲得する。

メランコリー：「喪」から自殺へ

現実に対象から虐待され、失望させられたであろうと――フロイトによれば――思われる、そういう主体のうちで「愛と憎しみとが相互に交える」この多様な闘いは、われわれの仮説に照らしてみればどのように解釈されるであろうか。われわれにとっては、まず指摘しておくべき大事なことは、両価性を伴わない愛が先在しており、続いてこの愛には打ち明けることのできない特徴があり、そして最後に現実の、つまりはトラウマとなる原因がその愛を中断しにやってきたにちがいない、ということである。まさにこの衝撃の影響を受け、また喪のあらゆる可能性を欠いているからこそ、逆備給の体系が設置され、この体系は、対象のせいで受けた憎しみとか失望や虐待といったモチーフを利用することになろう。ところでファンタスム的であるこの攻撃は最初の攻撃ではない。それは、既に対象を襲った実際の攻撃、すなわち死とか、被った恥辱、図らずも断絶を引き起こした遠ざかりの延長なのである。事実、対象が無実であるという確信がなければ、生み出されるのは封入ではなく、ナルシシズムの真の失望の場合のように、対象についても自己についても内的崩壊を伴う精神分裂病であろう。メランコリー患者においてはこのようなことはまったく起こらない。打ち明けることはできないが、かといって少しの攻撃性も混じらない彼の理想的な恋愛関係は、不実からではなく、強制によって途絶えてしまった。それゆえ、患者はその記憶を最も貴重な自分の財産として念入りに保存したのである。それも憎しみと攻撃という石を材料に記憶のためにクリプトを築くという代価を払っても、そうするのである。さらに、このクリプトが持続する限り、メランコリーは存在しない。メランコリーが姿を現わすとすれば、この仕切壁が偶然に揺さぶられる時である。患者にとって支えとして役立っていたなんらかの付随的対象が消失した結果、動揺が起きることがよくある。クリプト崩壊の脅威を前にして、〈自我〉はその全体がクリプトとなり、秘め隠された愛の対象を自分自身の姿に偽装する。自我は自分の内なる支え、自分の存在の核を喪失するかもしれないという切迫感を前にして、自我は封入された対象と融合しようとする。自我はその対象が自我から離れてひとりぼっちであると想像することになる。こうして自我は終わりなき「喪」を白日の下に始めることになる。自我は自分の悲しみを、大きく開いた自分の傷口を、全体に関わる自分の罪責を言いふらすようになる。だがそれでも決して語りえないもの（そしてそれはまさに一つの世界全体に値するものだが）を告発することはない。対象こそが主体を喪失した結果、喪の状態にあるのだと主体はみなし、その喪を演出するのだが、これこそ主体から奪われた秘密の楽園を誰にも知られず生き直す、主体になおも残された唯一の方法ではないのだろうか。メランコリー患者は自分に対して非難するあらゆるおぞましいことについて少しの恥も感じないことに、フロイトは驚いている。今やわれわれにはそれは理解できる。対象が苦痛や衰弱の餌食となっている格好で展示［演出］されればされるほど（これは、対象が喪失されたことに対する憔悴の極みにあるということだが）、主体は「すべてそうしたことを対象が感じているのは、私を喪失したせいでなのだ」という誇りをますます感じる権利を手にする。私がメランコリーに陥っているなら、私は、私を喪失したことで対象が感じている喪を演出する、それは、その大きさを広く知らせるためである。

メランコリー患者は亡霊に自分自身の肉体を貸し与え

ることで、自分の肉体を苦しめるように思われる。人は、そこに自己に回帰する攻撃性を認めようとした。だが患者が本当に自分の亡霊を愛しているのかどうかは分からないが、この亡霊の方が患者に「夢中」であることは確かである。患者のためなら〔患者に代わって〕亡霊は何事も辞さないであろう。この夢中になった亡霊は、「患者のためなら〔患者に代わって〕」あらゆることを耐え忍んでくれるのだが、メランコリー患者はそのすべての場合において亡霊を受肉〔体現〕する。攻撃があるとすれば、それは彼らにとって共通のものであり、備給を撤退させることによって、攻撃は全体としての外的世界へと向けられる。ところで、対象－亡霊は逆転移にも付き纏う。攻撃を対象化しようとする努力において、われわれ分析家は、そうとは知らずに、この亡霊をしばしば標的にしてしまう。メランコリー患者の唯一の対話の相手がまさにその亡霊（体内化された対象）であることを忘れているのだ。亡霊を標的とすることによって、分析家は患者にとって最も愛しいもの、最も念入りに埋められているものに対抗して発言しているということ、そしてわれわれ分析家は、憎しみや攻撃でどんなにカムフラージュされていようと、その背後に愛の対象を認識するよう求められているということを失念しているのだ。お互いに相手が自分のために〔自分に代わって〕喪に沈むのを見て自分が快感を抱いていること、主体に対して対象が憎しみを感じているのではなく愛を感じていること、そして最後には——危険な侵犯を冒して——対象の愛を受け取ったことでナルシシズム的な高揚を感じていること、以上のことを認識すること、これこそメランコリー患者が分析家から期待していることである。患者がこの認識を手に入れてしまえば、封入は徐々に真の喪へと道を譲り、体内化のファンタスムは取り込みへと変化することができるようになる。そうでない場合はいずれも、原初にぽっかりと口を開けた傷口が存続することになり、分析家が攻撃性についてなす介入は新しいナルシシズ的な傷に変形することになろう。最良の答えは、この場合なおも躁的な反応ということになろう。対象が攻撃されているのを目にすることで、躁病は愛の全能な力を演出する（「なんて彼は私を力強く守ってくれるのでしょう。なんとうまく私たちの大義を弁護してくれるのでしょう、「それらをみんながつがつと食べ〔全員に激怒し〕」続けて、自分の考えはずけずけと言うし、どんなものを前にしてもたじろがないのです。一分たりとも休

N. A.とM. T.

Nouvelle Revue de Psychanalyse, n°VI, 1972 : « Destins du cannibalisme » [『新精神分析雑誌』、「カニバリスムの運命」]

みません。……彼の血気盛んな情熱は賞賛されるべきではないでしょうか」)。凱旋、軽蔑、激昂、恥辱への抵抗、それぞれが患者の上演目録の演目である。分析の進展はこのことによって助長されないことは確かだが、患者の日々はそれでも無事なままである。不幸なことにメランコリーにおける「喪」は、往々にして、ナルシシズムの再建を獲得するための主体の最後のカードとなったと思われる。それは次のことを考慮すればたやすく理解できる。すなわち「喪に沈む人」は自分のパートナーをまだ失っていないのであり、彼はいわば先取りして喪に服しているのだということだ。ところで、主体が——かつてのトラウマを反復することで——秘密の恋人を攻撃しなければならないと知る時、彼に残されたことといえば、喪のファンタスムを極限にまで押し進める以外にはない。「もし、私を愛する人が私を本当に喪失しなければならないとすれば、その人はこの喪失の後に生き残ることはないでしょう」。この確信こそ、揺るぎない心の平穏を、恢復となりそうなもののイメージを取り戻させる。その確信が完璧なものとなり、実現されることになるのは、いつの日か「対象」が至高の犠牲を完了したことになるその日のことでしかないであろう……。

プシコアナリシス・リトグラフィカ［石版画的精神分析］

「七つの雷の言葉を封印せよ。それを書きとめてはならぬ。」
（『黙示録』、引用は『想像の子ども』の著者による）

「想像の子ども」。子ども、それは妊娠の果実、一瞬の享楽の有益なる客観化、約束と投企、われわれ自身であると同時に他者でもある一存在の中にまたも作り出されるあの同じ享楽へと向かう開花……　子ども、しかし、とはいっても、想像的なものから、ノスタルジックなものから、満たされない欲望から生まれる子どももあるのではないか。性交によらない、精神の力のみによって生み出される子ども、現実性を奪われ、象徴の一貫した世界から締め出された子どもが。締め出され、想像界に流刑にされた子どもが！　いったいなぜそうなのか。フロイトの返答はきっぱりとしている。すっかり生まれきってしまわぬように、永遠の妊娠状態に留まり分析を永続化させるようにしているからなのだ。万一この子どもが「現実」世界に生まれたならば、それは分析の望まれざる最終的な産物となってしまうだろう……。

結果以上に、コンラッド・スタイン［Conrad Stein］にとって重要なのは、産科医の振る舞いそのもの、永遠に成就しない産婆的振る舞いであり、「出産」の準備を際限なく更新するという快感である……。ただそれを準備することが重要なのだ、なぜなら、出産が実際に起こったならば、子どもとはまったく別のものに生を与えてしまうだろうから。では、生を与えるのははたして何に対してであろうか。以上のことが、今のところわれわれには知られておらず、最終的にわれわれが垣間見ようとする事柄である。

＊＊＊

まず始めるにあたって、コンラッド・スタインの書物それ自体には、まったく想像の子どものようなところがないということを確認しておこう。つまり、この書物が申し分なく基づいているのは、衒学者気取りすれすれの優雅な体裁、神々しいまでの大胆不敵な文体、そして愉快なやり方で梃子を忍ばせた彼の理論的射程なのである。既に、二年以上も前から、この書物は分裂した運命を辿っているのである。Habent sua fata libelli（書物というものはそれら自身の運命を持つ）――イムレ・ヘルマン[☆1]は、長いあいだ読者に無視されていた彼の著作の後書きに、旧い格言を援用してこのように記している。しかし、情勢やいくつかの偶然を考慮に入れなければ、『想像の子ども』の運命は既に今から開始されていると言えよう。その書物を――綱領に則してあるいは追従主義から――無視しようとやっきになる人々自身も、最終的にはその影響力から免れることができないであろう。しかし、疑問が一つ残る。それは、どのようにして、このような良質の書物が、少なくとも著者の友人たちに対して、ほとんど正式に認められたり銘記されたりすることがなかったのか、その経験の共有に努めたり対話を開始しようとする欲求や欲望がどうして欠如していたのか、あるいはさらには、自分たちを当惑させるような一冊の書物と縁を切るために、苛立ち、反論、批判を具体的に書き記そうとする欲求や欲望がどうして欠如していたのかということである。おそらく、われわれの省察は、少なくとも暗黙の返答をこの疑問へもたらすことになるだろう。

私としては、この作品を継続的に読み直す過程で、私のうちに生じた作品の姿の変化を思い起こさずにはいられない。その再読の契機となったのは、私がこの書物に抱いている関心であるのはもちろん、同様に、私が抱いているこの書物への敬意に見合った書評を提出するという自分自身への義務感でもあった。しかし、この書評の計画は度重なる失敗に直面してしまったので、私としては、少なくとも厳密な意味での理論的内容に関してすべての注釈をとるに足らないものとしてしまうのは、コンラッド・スタインの企ての性質自体に原因があるのではないかと自問せざるをえなくなっていた。

しかし、まずはこれらの失敗の履歴に触れておこう。最初の失敗の際、私は悔し紛れに、カントに匹敵するような人物の作品に関わっていて、その書物に直ちに「純粋かつアプリオリな精神分析学的理性批判」といった題名を与えればもっと分かりやすくなるだろう、と述べた。もし著者がこのような題名の前に私を置いていたならば、私は自分の努力のむなしさをたちどころに理解していただろう、そして自分の試論を準備するために、賛同、異論、議論を向けたい点について大量に無駄遣いした傍注をなしで済ますことができただろう。ずっと昔にカントを読んだことがある私なのだから、アプリオリとは対話は成り立たない……せいぜいアプリオリを受け入れるしかない、と気づけたはずなのに。とはいえ、隠し立てはできない事実があった。それは、あくびの出るようなカント的退屈さとは正反対に、間違いなくこれを読むことには快感があり、絶えず関心を保ちつつ、私は骨の折れる訓練からなる分析の回《セアンス》に何度も立ち会ったが、それらの分析の回は常になんらかの新たな鍛練や、予期せぬものであると同時に論理的な新たな発見に開かれていたのだ。疑いようもなく、或る自由闊達さが各ページに姿を現わしていた。事実、勇気をもう一度奮い起こして自らに言ったものだが、著者の企図は、一歩一歩、彼独自の歩みに参加を促すと同時に、彼の探求の道具に、徐々にわれわれを慣れさせてゆく以外のものではないだろう。そしてこれだけでもう創作意欲を刺激されたので、私は原稿の素描を始めたのだった。

「或る実験室の訪問」

訪問客の受付である。訪問客にとって仕事がやりやすいように、すべてがうまく整理されている。すなわち、分類標示がなされ模範的で古典的な序列に則っている。精神分析の状況。エディプス・コンプレックス。去勢コンプレックス。それから個人的研究つまり精神分析的空間。極めて念入りに配列されたこれらの機構に関して、なぜそれらの機能作用が自明なものと言えるのかが示される。しかし、この明白な事柄に加えて、得られた成果に先立つ躊躇や、研究者の行なった数々の探求、模索、頑固さも余さずに示される。結局のところ、すべてがうまく配置されているのである。

数々の装置のリストがそれに続くだろう。近親相姦、

☆1　Imre Hermann, *L'instinct filial*, Denoël, 1973.［イムレ・ヘルマン『子性本能』］

創設的パロール、〈言葉《ヴェルブ》〉に先立つ二重《ビ》‐同一化、去勢の受け入れ、性差……。これらの装置はそれ自体、大部分が〈実験室〉の産物であることも忘れずに指摘されていく。これらの産物の購入、発明、使用、用途に関する動機もずっと説明を受けていく。

同様に特筆すべきなのは、見かけの順応主義、つまり、格上とされる訪問客に対しては厳格に礼儀正しさを守っていることである。とはいえ訪問客に対して説得という手法は決して用いず、訪問客を実験室の味方につけようなどとはしないだろう。この著作はそれ自体の力によって語るべきであろう。しかし、一つの装置が問題となるたびに、その機能作用は綿密に分析されたいくつかの範例によって例証される。

誠実な訪問客はそれら範例の明白さに同意せざるをえなくなる。彼が誠実であることが重要だ。そうでなければ、提示された明白さの背後に、訪問客は或る欠陥を指摘する恐れがある。欠陥そのものは、意志——それがどのように覆い隠されていたとしても——に含まれている。つまり、まさに〈実験室〉が承認を得るための道具そのものとして提示されているにもかかわらず、自分自身の〈実験室〉を承認させようとする意志なのだ。

次に続くのは、自己分析に関する諸々の考察であろう。自己分析は提示された科学の応用ではなく、寝椅子に横たわる数々の主体《シュジェ》［患者］の助けを借りてその科学を練り上げることに他ならない。したがって、「自己分析」と「他者分析」とは切り離せない。患者たちは、永遠に完結しない著者の自己分析を目指す共同研究者のチームに他ならない。彼らと自己分析者とが特権的に出会うことこそが端的に言って分析なのであろう。

私の締め括りの言葉はこうであった、すなわち、称賛と悔しさでいっぱいになり、格上の訪問客はいとまごいをする。彼は自分が今体験したことについてまったく何もコメントを述べることなく敷居を越えるが、彼はやがてそのチームの中に受け入れられるという格別の恩恵を授けられようとしてこの実験室の責任者に手紙を書き、来るべき日には、今度は、彼自身の自己分析チームを統べる資格を持った、自分自身の実験室の責任者になろうと心に決めるのである。

＊＊＊

どう考えても、自分の企図したものを読み返すと、機知の安売りをするしか役立っていないと思ってしまう。私は自分自身の罠に「ひっかかる」ままになっている。距離をとろうとして——当該思考の原動力へと踏み入る代わりに——自分の役割を、様々な特徴——見かけ倒しのつまらない話にとっては格好のものであろう——をピンでとめるレポーターの役割に引き下げてしまったのである。しかし、コンラッド・スタインのそれのような濃密で多義的な発言は、根本的な要請、つまり著者の深い意図を引き出すことを必要とする。確かに、こうした企てについての最も恐ろしい危険は、急に言葉に詰まることである。私の述べた〈実験室〉の訪問客が不動のまま沈黙したことは偶然ではない。この書物が私の口をつぐませたり、間抜けな世間知らずという報われない役どころへ私を追いやったことは認めざるをえない。そう、そうした困難を回避できるなら、また私がよく知っている著者の話ではなく、書物から引き出せる著者について、まさしく彼の書物との関係の中で語るということをすればそのようなことはないのだが。そのようにできれば何が生まれるのかを少々見てみよう。

「一つの神-学に向けて、あるいは話すことでどのように神になるのか」

コンラッド・スタインは良心的な書き手である。彼は自分の書物を書くことの困難さ、そしてそのことが教育として含意するすべてのことについて良心的に記述する。彼こそ、そのことについて話すことができる。というのも、自分の様々な制止に関して、彼は自分がそこでなんの役にも立たないことを知っているからである。そうした制止は、われわれすべての能力を超える或る所与からくる避けがたく遍在的な効果にすぎない。つまり、原罪という所与である。原罪を知ることは重要である。同様に今度は、原罪が、原初的な言葉《パロール》から生じていることを無視してはならない。この言葉が禁止を発するだけに、また禁止がもう手遅れで、禁止は既に違反されてしまっているだけにそうでなければならない。したがって、確かに、われわれは、有罪であることについては全員が無罪であるが、自分たちが無罪であろうと望むことにおいては有罪でもある。というのも——きっぱりとこのことを受け入れよう——われわれは皆罪人なのである。変わり者ならこう質問するだろう、われわれの母を欲望するのは過ちでしょうかと。その人にはこう答えなければならないだろう、その通り、罪があるようにと、状況が許せば母を欲望するようにとあらかじめ定められているのではないだろうかと……。或る欲望を持つことで罪があるということは、それこそ端的に存在するということである。私は有罪ではない、と言うことは、真の同義語反復［成分になる語の正否にかかわらず正しくなる命題］である。それなら、私は……ではない、と言えば充分だろうが、これはばかげている。その反対に人が言わねばならないことは次のことなのだ。私は有罪であることに罪があるわけではない、ちょうど私がいかなる無罪性にも罪が無い［無罪性と無関係な］ように。結論はこのようになる。以上のことを発言しうるためには、私は「無罪」でも「有罪」でもあってはならず、ごく単純に一人の被分析者‐分析家であらねばならない。

　したがって、私は自分の人間学的な罪を受け入れ、そのことによって何かしらの現実的な罪の疑いすべてから免れる。その結果としてまったき無罪性の中にあって次のことを主張することができる。私の書物の中で私が言うことすべては、私にとって正しいのだが、同様に、すべての人は、それがあなた方全員にとっても事情は同じである、と認めなければならないと。反論はあるだろうか？何もないだろう。あなた方は私に反論しなくて正解である。私はそれをあなた方に請け合うことができる、というのも私はその問題を良心的に公平に研究したからだ。公平さの立場というものは、まさに私がとってきた立場である以上、私の特権は「障害物」……近親相姦という「障害物」の手前に片足を、他方の足を「障害物」の彼方に置いていることだ。その特権を私と分かち持つかどうかは、あなた方しだいなのだ。私を分割するものの上に跨がって、私は前へと、様々な幻影からなる中間状態をかき分けながら、死の不死性の問題の中を、不死なる生に向かって突き進む。

＊　＊　＊

　今度はそれほど悪くはない――と思うのだが――とはいえ不安がないことはない。それは、私が前回の試みの場合ほど理解不足には見えないからではないか。けれども、私にはコンラッドが私の方に振り向いて、頭の回転の鈍い人物に接する時のような寛容な態度で「おいおい、ニコラ……」と語りかけてくるのが目に浮かぶ。私には彼が際限のない中断符を付けて語るのが聞こえる。いや、どう考えても、またもや、私は彼の書物についてまだ何も理解していないし、いつか仕事をやり遂げるチャンスもほとんどない！「おいおい、コンラッド、いったい何だろう。書物とはやはり書物なのだ。」——と、私は言う——中断符のお返しを一つずつしながら。コンラッドは沈黙で答える。ところが私は彼が一つの文を口に出さず飲み込んでしまったことをはっきりと感じ取る。ナゾナゾは不得意だが、今度はうまく把握していると思う。それは、発音不可能なために、言われなかった一文のことである。その一文とはこうだ。「〈書物〉というもの、それは私である」。やれやれ!!! それが「ちょうどよい時に到来する〔qui vient à point〕」対話というものである〔始祖鳥の夢などが記されたスタインの原文の章は「ちょうどよい時に来る夢 Un rêve qui vient à point」と題されている〕。しかしながら、私は、書物は彼である、と前に少し言ったが、そこから正確な結果を引き出せなかった。「書物というものは一つの作品であり、この作品は私である」という意味に理解すべきなのだ。以上のことは明らかであるので、私は再び始められるかもしれない。

「一つの書物を書く書物そのもの」

石版画家《リトグラフ》。書く石《シュタイン》〔Stein〕。しかし、それは凸版《クリシェ》〔彫り出された型板、定型表現〕でしかなく、複製することしかできない。凸版はそれに名と機能を与えた者によって刻印されたことを複製する。凸版はその素描を複製する力（そして義務）を持っている。しかし、この素描は直接与えられるのではなく、ちょうど太古の生物の痕跡のように、まずそれを掘り出し、磨き、復元しなければならない。この作業が成し遂げられて初めて石は役に立つ準備を整える。そこで、石は、〈始元〉の時、すなわち世界の創造の時にそのうちに刻み込まれたものを印刷することになろう。それらの素描を読み取るだけで充分であろう。それらはいずれも人間学的な明白な事実なのだ。石の行なう作業の内容とは、最初にこれらの明白な事実を、ミリメートル単位で、白日の下にもたらすことだろう。何よりも重要なのは、作業が入念に行われ、慎重に一歩一歩進められ、貴重な刻印を損なわないようにすることである。（その後に来るのは、段階を追って学んでいくことすべての検討である。そして、本来「書物」とは、こうした復元作業の日誌以外のものではないだろう……。）

〈書物〉（大文字で始まる書物［le Livre］）と一つの書物を書く［小文字の］書物とを区別しなければならない。凸版の再構成が終わりに近づくと、明白な事実（明らかになった証言＝証拠という意味においても）の日誌は、あたかもその恵みを汲み尽くしてしまったかのように、未曾有の現象へと開かれることになるだろう。つまり、それまで「複数の書物」を印刷する技術について、またそれら書物の内容、印刷体裁を統御する規則についての真理の受託者であったその同じ日誌が、驚くべきことに前代未聞の事実を記録しているのだ、すなわち、「〈書物〉が一つの夢を見た！」という事実である。そしてこの夢を、この〈書物〉はすべての犠牲を払ってでも自らのうちに、自身の石の中に刻み込もうとし、自身のうちに刻印された他のすべての明白な事実を証言するのと同じ資格において、その夢を証言しようとする。しかし、実際にそこまで到達したことを証明するものは何もない。この始祖鳥の夢は、いまだ太古の［記憶の彼方の］生物の痕跡の分身であるのだろうか。あるいは、この夢は、こっそりと手作業で紙の上に付け加えられたのであろうか。なおも石版画家である著者——確かに想像の中だけの著者であって、もはや凸版を自由に使用することができないのだが——の意のままに、付け加えられたのであろうか。それとも、この夢は、それ自体がまさしく、潜在的な〈書物〉——たとえ手稿の状態のものであったとしても、また依然としてどの石にも刻まれていないようなものであるとしても——の著者と化してしまったのだろうか。石が手付かずのまま触られていないなら……紙もまた手付かずである。しかし、その上に或る存在が漂っている。夢の手稿、版画家の化身という存在が。極めて困難な飛翔、ちょうど、半‐爬虫類、半‐鳥類である先史時代の動物、完全な学名として、石版画的始祖鳥 archeopteryx *lithographica* と名づけられたものの飛翔のように。

父から息子へと石版画家《リトグラフ》は、石を刻み込むことを天職としている。天職は発見されるのを待っていた。それはうまくいった。そして、完成されるのを待っていた。それもまたうまくいった。コンラッド・スタインは、今度は自分が、自分の父と同様に石の版画家になった。スタインはどのように自分の石を刻むのだろうか。そこからどのように凸版《クリシェ》を、石版文字《リトグラム》を、石版画《シュタインドルック》［STEINDRUCK］

を作るのだろうか。パロール〔言葉〕の力によってだ。なぜなら、石であることは、それはいかなるものでもないことである。だが、刻み込まれた石であること、それこそ、存在することである。端緒を開くパロールによって刻み込まれること……。このパロールを様々な記憶の中に探すこと……。大いに時間を後戻りしすぎたおかげで、われわれは前方へと進み出すのだ。先史時代の鳥は、石の中に押印され、既に甦りはしているものの、それは始祖鳥でしかなく、このようなものとして、X……未知のもの……を選択するがゆえに少々臆病である〔lâche d'opter pour X : archéoptéryx のアナグラムになっている。直後に、アナグラムを検討する時、XをCSとして選択しないことにも通じている〕。始祖鳥は飛翔する準備ができている。これがコンラッド・スタインの書物であり、未聞の始源的パロールへの前触れである。「絶えず追求しなさい、決して、あなた方のうちに刻み込まれた……試金石〔la PIERRE DE TOUCHE〕を見出すのではなく、手に入れなさい」。というのも、今や、誰一人、スタイン〔石〕……によって触れられない……ではいられないだろうから。

＊＊＊

コンラッドが私に次の言葉を吹き込んでいたのは間違ってはいなかった。彼の書物、それはしたがってまさに彼である、という言葉を。彼の父によって彼の石に刻み込まれた文字としてだけでなく――そのように理解しなければならなかったのだが――、古生物学者の、夢占師の、自己分析家の日誌として。これで無教養な者とみなされるおそれもなく、展開すべき豊かな諸々のテーマが揃った。こうしたことすべてを、私はややわざとらしい口調で自分に対し繰り返すのだが、それは私自身が確信を手に入れたいためであろう。私が居心地の悪さを隠し立てしようとしていることは明らかではないだろうか。とりかかる前に、私は居心地の悪さを克服しておいたほうがよいだろう。実を言えば、私は、この自己石版画的な〔autolithographique〕企ての中で私を気づまりにさせていることについて気づいていないわけではない。それは、著者が公然と人前で自分の分析を続けるのを見ることにあるのではなく、読者としての私が完全な受動性を余儀なくされていると感じるからである。たとえ私にこの自己分析者を補助することが許されるとしても、それはすべて冷めきったあとの、事後的なものでしかなく、いわば、自分自身がなんの役にも立たないことをせいぜい認めるしか能のない証人としてにすぎない。そのことは、その書物の主要な命題と対照をなさずにはいない。私がとりわけ重要と思ったその命題によると、分析とは二人の主人公の共同作業である。そうであるなら、なぜ私の読解は、やはり私のものではない作品の反映——私流に調整された反映だとしても——に留まらねばならないのか。そこで、私はその書物を書評するという骨の折れる試みについて熟考してみる。どのような方便がとられるのであれ、つまり、アプリオリなものへの服従であれ、あるいは個人的な理解の混合的な描写であれ、あるいはまた著者の隠された意図についての哲学的‐神学的解明であれ、あるいは究極的な言い方をすれば、圧縮された暗示的で隠喩的な解釈、すなわち或る種の示唆的言い換えであれ、私の努力はいかなる場合でも、それぞれ〔患者の〕寝椅子と〔分析家の〕肘掛け椅子に座るパートナー同士の唯一の特権であるような共同作品——切に望まれるのだが——には到達しなかった。そうした共同作品について私はすべてのページで著者から挫折感を味わわせられた。原因は分かっている。決心はついた。コラムニストとか文章家とか雑誌記者の役割に格下げにされるつもりはない。想像の子どもを作るために二人である必要があるのなら、私もそこに存在しているのだ。コンラッドは彼に対して分析家の役割を果たすように彼の読者に呼びかけていないだろうか。彼は文字通り次のように言っていなかったか。「私の想像上の読者が私が自己分析を続行する際に果たす役割、つまり将来の読者たちの役割に留意していただきたい」(p.252)。これは、著者自身の非常に短い夢——「誰かがヒゲを剃ってもらった」——について彼自身が付けた次のようなコメントに繰り返し現われる宣言、悪意がないともいえない宣言である。結局、私は耳の通りがよくなったと感じたのだ！ ラズィーレン〔rasieren〕あるいはバルビーレン〔barbieren〕〔両者とも「ヒゲを剃る」の意味〕とはドイツ語で「ペテンにかける〔couillonner〕」ことを意味している。しかし、それはおそらく同時に、夢を見ている人にとって「睾丸〔へま、どじ couilles〕を授けられる」ことを意味しているのだろう……。

いずれにせよ、私の側では決定的な身振りがとられたのだ。今や、彼が自分の足跡をくらませながらやってこようとしてもむだであろう。したがって、彼が編集作業を不可能にするようなやり方でインタヴューを受けて、テレビのプロデューサーを困惑させて楽しもうとも、私の方としては、同じような不幸な目にあわないだけの準備は充分に整っている。たとえば、或る夢から出てきた「始祖鳥」という謎めいた言葉を取り上げてみるがいい。この言葉は、新造語のようなものとして、覚醒時に登場するのだろうか。とはいえ、ばか正直にもその由来や指示対象であるシニフィエを正確に述べることは省略されている。しかしながら私には自分が打ちのめされたように感じる必要はない。その新造語に対応するように、今度は私が新造語を一つ作り出そうと思う。それは、同時に、まさしく始祖鳥［という語］の指示対象物であるようなものだ。かくして、もう廃れてしまった古い語が突然復活し、忘れ去られていた全活力とともにその重要性を認められ、望まれない狡猾なこの新参の話を追放することがありうるのだ。それは、言語学者らが回帰による新造語と呼び、精神分析家が、時折り、始源語［archéonyme］と呼ぶところのものである。私は自分の疑念を抑えようとして自分に繰り返しこう言い聞かせる、夢や連想を思いつくままに提供するならば、粗野な分析［素人分析］を行なう危険にさらされると。しかし、まさに私のものであるその語は、既にそこにあり、私にとっては、不可避的な明証性を伴なってその重要性が認められたのだ。そう、今度は私も、それがその瞬間の私の気分から作り出された束の間の産物だろうとは感じない。逆に、この語は私が再三再四行なってきた読解の論理的な完成として生じた、という確信に私は強く囚えられている。それは神の摂理のように生じたのであり、それは、登場するその姿の通りに、真の聖なる語、神性語《イエロニム》の外観を持っている。神の〈言葉《ヴェルブ》〉にならって、その語はそのうちに奇跡のような濃密さをはらみ、汲み尽くせぬ釈義を許容するように運命づけられているかのような予感を私は抱く。なんと！　この、新しいと同時に古い語は、「始祖鳥［archéoptéryx］」を別な仕方で言いながら、少なくとも「隠された睾丸」を持っているという事実を指し示す医学用語に他ならない。すなわち、陰嚢には下降していない、鼠径管に留まっている「隠された睾丸」、すなわち、潜在睾丸［cryptorchia］である。これは、「始祖鳥」と同様に稀にしか使われない語であって、「始祖鳥」に取って替わるべく呼び出された語なのだ。確かに、フランス語の用語法では「クリプトルキディー［潜在睾丸症］」［cryptorchidie］という語を好んで使う。それでも別にかまわないのだ！　ラテン語では、確かに、クリプトルキア［cryptorchia］と言うはずだ。そこから、最初の有用な詳細な事実が生じ、直ちに釈義の作業が開始される。すなわち、この名詞はフランス人医師にはほとんど口にされることはなかったのである。しかし、ともかく、より詳細にこの二つの「書記体《グラマトゾーム》」の「遺伝子型の《ジェノティピック》」照応関係を見てみよう。

1 2 3 4 5 6 7 8 9 10 11 12
A R C H E O P T E R Y C S

11 2 10 6 7 5 9 3 ? 1
C R Y P T O R C H I A

私が作った始源語であるこの第二の語は、第一のものよりも二つ音素が少ない、ということを確認しておかなくてはなるまい。差し引きすると次のことが見出せる。すなわち、第二の語のIは、第一の語のうちに対応するものがない。ソノ反対ニ《ヴィス・ヴェルサ》、最初の語の二つのEとXは、第二の語には欠けている。しかしながら、最初の語のEを英語風に、I［イー］と発音すればその限りではない。かくして、私の神性語が完璧に得られるわけだ。以上のことは、私の議論の後押しをすることになる。そして、私はそこから直ちに第二の詳細な事実を引き出す。その運命の語、根源的な語は、したがって、英語を話す医師が発しただろうということである。よかろう。しかし、残りの最後のXはどうすべきなのか。幸いにも、連想が可能である。つまり、「拝廊《ナルテックス》［Narthex］」という語が問題の「新造語」の想起の後にすぐに連なり、それをこの自己分析家は英語で、*not-rex* すなわち、王ではない、と解釈するわけだ。私ならば、また別の異なった、しかもそれはやはり英語での解釈を選びたいところだ。すなわち、*not-the X*（naa-thi-ex ナー・ティ・エックス、これを、間接的に、そしてまったくの冗談のように*naughty eggs*＝みだらな卵［いたずらな間抜け œufs polissons］という語に連合させるのはどうだろうか、悪くはあるまい）である。この夢を見ている者がはっきりと自分に言っていることは、アナグラム［並べ換え、遡及的書記法］においては、このXについて、少なくとも（しかし、そこに含まれているKの音だけは考慮するが）全体としては考慮すべきではない、ということである。たとえ、夢を見ている者、あるいは目が覚めている主体が、現実にこうしたクリプトグラム［埋葬的書記法］を行なったのかについて、ほんのわずかの疑いが残っていようとも、それに続く連想がそれを一掃するはずだろう。その連想はまさしく、別の非常に長い語、「ネブカドネザル」〔Nabuchodonosor〕という語について著者が成し遂げた先般の解読遂行作業を想起させる。

したがって、――まれにみる偶然の一致でもない限り――少年の潜在睾丸症はイギリス滞在中に診断されたということが認められるだろう。とはいえ、この事実が明らかになったからといって、そもそも分析空間を統御する力線を画定する以外に精神分析的な関心はない。そこで、適切なものとして提起される問いはこうなる。なぜ、こうした、それ自体においては無害な想い出を――とりわけ、その事実のあらゆる帰結が明白に抹消されているだけに――、いずれにせよ解読不可能なものとして提示されたしゃれっ気交じりの判じ絵のうちに包み込んで差し出すのか。この疑問に対しては、注釈を継続してみて、その当時、つまり一九三〇年代の最初には、一度こうした診断が下されるや、鼠径管に引っかかった片方のあるいは両方の睾丸を下降させるためにマッサージやトレーニングといった治療処置がお決まりであったと考えてみれば、回答の糸口が得られるだろう。さて得られる回答はこうだ、こうした治療の実践は、強烈でありまた打ち明けることのできないような感覚を引き起こさずにはおかなかったと。

またこの感覚はその日に至るまで打ち明けられないままであった――粗野な分析家ならば、有無を言わさずこう断定する。粗野であろうがなかろうが、いうまでもなく、分析家はそうした課題めがけて突き動かされるのではないだろうか。おそらく、著者の秘かな目的の一つは、彼の自己分析の断片を公開することによって、まさしく――それ以上の方法がないので――そのように聴取理解されることであったのだろうか。この始祖鳥の夢は、ちょうど「海に投じられた瓶」の印象を与える。そして、運命が私にその瓶を釣り上げさせる特権を委ねたことをうれしく思う。そうではあるが――これは強調しておきたい――、これらの諸事実の現実性に関して私の構築《コンストリュクション》〔フロイトの用語・患者の幼年時の生活・体験を再構成する作業〕が正しいか間違っているかを当事者に尋ねるようなことは、私を含め誰にとっても、まったく場違いであろう。そこで、この点に関しては、確実に生産的であると判明した仮説が自由に展開されるような余地を当事者が完全に残してくれることを、あえて私は期待したい。というのも、この構築の争点は、隠された「現実」を見抜くことではなく、――たとえ、時に構築と現実とが偶然の一致に至ることがあっても——被分析者の言説の中に、この言説を一つの作品へと変化させるものを発見することである。[☆2] これでほぼ終了だ。

いまや残されているのはこの主張を正当化すること、いくつかの夢を聴取して、夢が詩《ポエジー》へと変容するのに立ち会うことだけである。

ダイイチノ［princeps］夢である〈始祖鳥〉の夢から始めよう（p.246）。

「一羽の始祖鳥とその子ども。この子どもとは、発掘現場から取り出された後に蘇生してから、始祖鳥が作り出したものである。始祖鳥がもう一羽発見されなかったのは残念なことだ。というのは、もう一羽も子どもを作っていただろうし、二羽の子どもで子孫を作ることができただろう、種が保存されたであろうからである。」

「一羽の始祖鳥とその子ども」：〈始祖鳥《アルケオプテリクス》〉（＝潜在睾丸《クリプトルキア》）とは、子どもの名前であると同時に彼の睾丸の名前である。この名前はイギリス人医師の最初の「宣教」によって彼に授けられたのである。

「この子ども」：この睾丸、

「蘇生してから、始祖鳥がこの子どもを作り出した」：生まれて、蘇生した

「発掘現場から取り出された後」：お腹から

「始祖鳥がもう一羽発見されなかったのは残念なことだ」：もう一つの潜在睾丸症

「もう一羽も子どもを作っていただろうし」：もう一回マッサージを行なっていただろうし

「二羽の子どもで子孫を作ることができただろう、種が保存されたであろう」：この二つの文は二次的加工に属している。

この夢の思想は次のようなものであると思われる。すなわち、私がかつて最後に自分の睾丸を生み出したように、この書物を仕上げるつもりだ。

「始祖鳥とその子どもは、透明な材質の箱のようなものの中で、体にそって羽を畳み、隣り合って横たわっている」：おそらく、X線検査の診察の暗示。同様に、新生児を抱えた母の、そして最後に、書物を抱えた書き手の暗示である。

「私の患者たちが私の始祖鳥たちを重要に思わなかったのはやはり奇妙である（言外の意味：始祖鳥たちは私のところでは明らかに目に見えるものであった）。こう

考えて、私は朝早く目が覚めたのである。」

「私の患者たちが」：私の両親が、「私の始祖鳥たちを」：私の潜在睾丸症を「重要に思わなかったのはやはり奇妙である」、

「言外の意味：始祖鳥たちは私には明らかに目に見えるものであった」：潜在睾丸症は明白であった。

要するに、夢を見る者は（医者と同様に）、彼の両親の不注意に驚いている。したがって、人は彼の書物を重要と思うだろうか。

「次に、暗くて醜悪なアパルトマン（おそらくは私の始祖鳥たちを目にしてもおかしくないようなアパルトマン）に一人で住んでいて、その結果、私にとって多大な利点が生じるという夢を見たが、自分でどれがその利点だと言うことができない。（中略）この夢は私の地理学的

☆2　「われわれにとって、「現実的無［ささいな物］」についての知覚的所与は、主体の歴史の叡知的な天空に刻印された非時間的形象に送り返されはしない。それはその他すべての形式が適合的な複製にすぎないような永遠不変のプラトン的形式のような形象に送付されない。そうではなく、その同じ要素群が分析的空間において再活性、再構成、再編成されるが、その空間では諸形式は反復されるだけでなく、或る始まりでもある存在に由来するものとして、諸形式が存在させられることになる。主体の無意識的過去を読むということは、単に記憶によって沈殿した堆積物を解読することではない、つまり、断ち切られた歴史的痕跡の配列を再構成して、結果として、そこに婉曲な意味作用を読みとったうえで意味作用を立て直し、一個の不変の真実であり続ける真実にそれら意味作用が符合するようにすれば事足れりというわけではないのだ。それは、二重に作業をすることなのだ。すなわち、分析家の側では解釈を、被分析者の側では解釈の解釈を行うのだが、後者は、治療の過程のうちに、またその過程を明らかにする空間のうちに、かつて他のどこにもなかった真実を出現させることを目指す。こうした真実は、真実を構成する作業によって、分析状況の中に発見されるのだ。」（Serge Viderman, *La construction de l'espace analytique*, Denoël, 1970, p.163.［セルジュ・ヴィデルマン『分析空間の構築』］）。

このように「真実」をカッコに括ることは、分析過程を「詩《ポエジー》」に、そしてその書評を「詩的真実」に変形させることになるが、このことは、現象学的還元が「存在する［être］」という動詞を「意味作用する［signifier］」というものに変形させることにいささか似ている。この「構築主義的」態度は分析的行為を重大かつ逆説的な隷属から解放するという長所を持っている。それは、不可能な「再構築」という隷属であり、その理念に含まれるあらゆる法律偏重主義や宣教偏重主義そして真理偏重主義を伴っている。

あるいは位相学的な夢のカテゴリーに属しているが、総体的にこれらの夢は私が子どもの時に父が不在であったことに関連している。そして、この夢は前夜に見た夢と同じ種類のものであるにちがいなかった。その夢の中で、私は中世時代の建築物、それはどの先端からそこに近づくかによって大聖堂でもあり同時に地下墓所［crypte］でもあるが、その建築物を中心とする都市景観を探索していた。そして、その建物の中に最後に私は人々が見物に訪れるような美術館を設置しておいたのである。」

「私は一人で住んでいて」：私＝睾丸
「暗くて醜悪なアパルトマンに（私の始祖鳥たちを目にしたことがあったとしてもおかしくないようなアパルトマン）」：このように夢見る者は睾丸が一つしか入っていない彼の陰嚢を形容して、

「その結果、私にとって多大な利点が生じたが、自分でどれがその利点だと言うことができない」：どれが？ 推察されるところだ……

「この夢は私の地理学的あるいは位相学的な夢のカテゴリーに属しているが、総体的にこれらの夢は私が子どもの時に父が不在であったことに関連している」：（父＝睾丸）

「そして、この夢は前夜に見た夢と同じ種類のものであるにちがいなかった」：この夢は医学的検査を想起させるのに対して、前夜の夢は潜在睾丸症の治療（「その結果、私にとって多大な利点が生じた」）を暗示していたという差異があると解説者ならば付け加えるだろう。

「その夢の中で、私は都市景観［site urbain］を探索していた」：このように、イギリス人医師の放った心に刻まれた言葉が回帰する。《I shall explore it, sit down》［それをなんとしても探してみせます、お座りください］（都市《アーバン》の－町《ヴィル》－タウン［town］－ダウン［down］）。

「中世時代の建築物《アネディフィス・メディエヴァル》を中心とする」：……一つの病気《ア・ディジィーズ》［a disease］……医学的に《メディカリィ》［medically］……

「大聖堂でもあり同時に地下墓所でもある」：（英語ではこう呼ばれる［called］）クリプトあるいはキア《クリプトオアキア》［crypte or chia］（キア、すなわち子どもには理解できない音声的特徴である）。

「どの先端からそこに近づく《アポルデ》かによって」：あるいは《オル》［or］のテーマの二次的加工、あるいはクリプトのあるいは……

「そして、その中に最後に私は人々が見物に訪れるような美術館《ミュゼ》を設置しておいたのである」：そこで、最後に私は人々を見物に訪れさせることで愉快《マミュゼ》になった。

したがって、ここには医学的な判定［sentence（英語では文、判決の意）］が刻印されたのである。それは次のようになる。「それをなんとしても探してみせる、お座りください……（彼は示す）医学的に潜在睾丸《クリプトルキア》（と呼ばれている）病気を［《I shall explore it, sit down. ...(He presents) a disease medically (called) cryptorchia.》］」。

（この評決は人を不安に陥れるものであるが）最終的には、「それ」［この判定＝センテンス］を「訪れ＝検査」させることで私は愉快になった（処方されたマッサージ診療と同様に書物の執筆を暗示している）。

英語で話された断片的言葉が文字通りに保存されていることは、明らかに注目に値する。すなわち、ここでは、イギリス人医師の言葉が再現され、またその言葉を同等の発音を保ちつつフランス語へと翻訳（病気《ザ・ディズィーズ》［the disease］－建築物《レディフィース》［l'édifice］）したり、あるいは埋葬語法《クリプトニミー》へと翻訳（ダウン［down］－タウン［town］－町［ville］－都市の［urbain］）する様子が再現されている。何かしらの船が水から出て、岬の近くに置かれていたこと——これはジャック・カロの版画のことである——に書き手が注目するのもこの同じ着想に属する。すなわち、小さな人物たちが蟻のようにひしめいている様子と一緒に描かれている難破船である（船すなわちシップ［ship］－彼女［she］、この英語の女性形人称代名詞の重要さについては後で見てみよう、「蟻のようにひしめいている様子［蟻走感 fourmillement］」——比喩的な、体感としての意味で）。まったく、対称的に、「水面下の父（＝睾丸）」（水面下、つまり、尿＝水［water］を溜める膀胱下に留まっている）の夢と同様である。「サンゴと真珠からなる私の父（＝これ以上鼠径部に留まっていたなら、木質化する危険のあった私の睾丸）は次の目的に適合していた」、「始祖鳥と同様陳列されるということに」（＝陰嚢の中に降りるために。つまり、私の書物は、読まれるのに適したものである）と著者は炯眼をもって結論づけている。

古本屋の長い夢の解釈はもっと難しい。そのうちの短い場面をいくつか見てみよう。「本屋は私に父の一冊の書物を紹介するのだが、この書物の題名は実際に父が書いた二つの書物の圧縮からできていた。」（これは父の二つの睾丸のことであり、少年が自分の陰嚢の中に持っている唯一の睾丸に圧縮されている。そして、おそらく「本屋」が、いいかえれば専門家が指し示しているのは、この唯一の睾丸であり、彼は別の睾丸、クリプト的な睾丸と比較するためにそうするのだ、この別のクリプト的な睾丸について、この夢はこう言っている。「それはあまりにも長い間うっかりしてトランクの中に放置されていた」、つまり鼠径管の中に、と。「私はそれを本屋と一緒に調べ、その損害は修復できるという結論に至った。」

いくつかの連想……。隠されたものの暴露、黙示［開示］の時は迫っている。別の連想、「［受胎］告知の天使がライオンの咆哮にも似た叫び声を放っている」。

この叫び声が、証言*の際に用いられるよく知られたラテン語、ハベット［habet 所有・保存する、留め置く］のようにはっきり区切って発せられたということは推察できる。

この一節を締括るにあたり、著者は次のことに注意を促す、原文通りにはこうだ。「私が自分の心［内臓］の底に持って［孕んで］いたかもしれない父の書物はひとりの子どものようなものであるが、私がその父と同時に母になって、世に出す［誕生させる］かもしれない子どもなのである。」

そして、確かにこれ以上うまく言うことはできまい。

以下に、『想像の子ども』が最終的にはそうなってしまったと考えられるこの長大な自己分析の最後の夢を見てみよう。この夢は、医学的診察と「マッサージ」の想起を補完するものだ。「その夢はアルジェで起きる。アルジェの桟橋、マルセイユまでの渡航は二時間続くはずだ。次に私が乗船する滑稽なシーンがある。私は遅れて到着し、出発時間ちょうどに着く。タラップに辿り着くまでに、町側に面してかなり狭いドアが開いている小さな建物を通り抜けなければならない。このドアは白い服を着たアメリカ人たちでいっぱいになっており、彼らは船が今にも出港準備をしていることを気にかける様子もなく、明るいベージュ色の革でできた柔らかい大きなスーツケース、それもゴム風船のように膨らんだスーツケースを、数珠つながりになって、肩と肩を触れ合わせながら次々に手渡しする。似たようなスーツケースを肩に持って、私はそのアメリカ人たちの一団のあいだを縫って進む。私は立ち止まることなく税関吏の前を通り過ぎる……」。

夢の物語は連想の物語と同じようにさらに続くが、後ではっきりする理由から、私はこれ以上解釈を続行することを断念しなければならなかった！

「その夢はアルジェで起きる」：英語ではAlghir［Algiersの誤りか］で、ほぼ［algia《アルジア》］――苦痛――と同じように発音される。それは、診察に先立っていた苦痛の期間のことだろうか。

「アルジェの桟橋、マルセイユまでの渡航」：マッサージ（マルセイユーマッシリア［Massilia］［マルセイユの古名］）は「二時間続くはずだ」：おそらく、二つの睾丸のことだけでなく処方されていたと思われる「マッサージ」の暗示であろう。

要約すると、疼痛《アルジー》を立ち去らせる（＝「桟橋」）ために、（痛い睾丸に）（鼠径管《カナル》［運河］の）渡航［移動］をさせなければならないのである。マッサージは私が「私の二つの睾丸」を持てるまで続けなければならない。

「私は遅れて到着し、出発時間ちょうどに着く」：

そうするには遅いが、遅すぎるわけではない。つまり、それは私の書物を終える最後の時である。

「タラップ［passerelle］に辿り着くまでに、町側に面してかなり狭いドアが開いている小さな建物を通り抜けなければならない」：（睾丸の）移行［passage］を達成するためには、小さな「基礎［肛門 fondement］」（小さな「建物」ー地下室《ベイスメント》）を通り抜けなければならない。そして（鼠径管の）過度に狭い［肛門の］孔を下［尻］（ダウン［down］）に向けて開かねばならない。

「このドアはいっぱいになっており」：この孔は「白い服を着たアメリカ人たち《アメリカン》で」いっぱいである（＝メリーはできる《メリーカン》［Mary can］――と医師は言った。その結果、英語初心者である［ドイツ語話者の］若者が適切な指摘を行う。つまり、カン［can］が意味するのは、ここでは（ドイツ語で）カーン［kann］ではなくヴァイス［weiss］であり、つまり、できる［peut］ではなく知っている［能力を持っている sait］なのである。そのうえで、ヴァイス［weiss］が同様に「白い」を意味しているところから、多分、「白い服を着たアメリカ人たち」という表現が来ているのであり、メリーというのも――推測だが――医師のアシスタントである看護士の名前にちがいない。☆3）

＊訳注 testimonial［証言の］という語は、témoin［証人］という語と同様に、testis［睾丸、（男性であることの）証人］に由来する。

☆3　理論的理由で、何かしらの「白衣の医師」という知覚的記憶は採用せず、言葉上の作業から「白い」という語の意味作用を引き出す方を私は選んだ。

そして彼らは、船が今にも出港準備をしていることを気にかける様子もなく：「心配するな、彼女［elle］はお前に出帆の準備をさせる《アパレイエー》［appareiller］だろう」：（お前の器官《アパレイユ》［appareil］を回復させる）。（船＝シップ［ship］－彼女《シー》［she］－彼女［elle］＝メリー）「数珠つながりになって、肩と肩を触れ合わせながら次々に手渡しする」：（肩と肩を触れ合い［shoulder to shoulder］＝協力して）、おそらく医師の言葉の断片であろう。

「明るいベージュ色［beige-clair］の革でできた柔らかい大きなスーツケース、それもゴム風船のように膨らんだ」：「スーツケース《ヴァリーズ》［valise］」はこの文脈では、マッサージに使われる「ワセリン《ヴァズリーヌ》［vaseline］」やポマード、そして「リリース［release］」（＝解き放つ）という語を喚起させ、カバン語［mot-valise］を形づくる。つまり、「スーツケース」は、「ゴム風船」や「明るいベージュ色の革」と同様に睾丸や風船を想起させることになる。

「似たようなスーツケースを肩に持って、私はそのアメリカ人たちの一団のあいだを縫って進む」：睾丸が出てくることの描写だろうか（?）。

「私は立ち止まることなく税関吏の前を通り過ぎる」：「税関吏」――カスタマー［customer］――おそらくメリーを修飾する形容語でもある。つまり、「彼女は慣れている《アカスタムド》［She is accustomed］」＝彼女は（そうすることに）慣れている。

この夢の最後の部分はすべて、決定的な「マッサージ」の診察を思わせるが、同様にこの書物がどのように受容されるかを前にしての不安をも思わせる。

この瞬間から、解釈者は居心地の悪さを感じる。彼はもはやどこから手をつけていいのか分からないのだ。それは無理もないことに思える。なぜなら、まさしくその瞬間に、著者は彼の側で、テレビで言うなら番組を製作するディレクターの目論見を挫いて自分の快挙を思い返しているからだ……。したがって、今や私についても事情は同じにちがいないだろう――内心私はそう思う――、諦めつつも、得られた結果には完全に満足しながら。しかし、どうして私がその状態に甘んじて留まっていられようか。その逆に、私が不意に襲われた聴覚障害のような状態それ自体から何とか策をひねり出さずにはいられない。そして、思わずこう叫ぶ。ほら、この受信妨害は人が見せたくないことを隠しているのだ！　まさしくその瞬間に、意識に最も接近しているのは、「メリー」との接触で人が経験したものでなければ、何なのであろうか、つまり、最高に不作法な感覚であり、テレビの番組表には載っていなかった感覚でなければ……。これらすべてについて、われわれは既にそうではないかと思っていたのだ――とはいえ、実際の「診察」の現場から直に得られるのと同じくらいに具体的な推測をそれについて一つも持ってはいなかった。

　これでほぼ最終地点に到達したわけだが、人が始めに強烈な感情を抱いていた事柄の性質は分析にとってほとんど重要ではないことを十分に明確にしておこう。とはいえその事柄の意味作用については、したがって、その効果については同じではない。それはすなわち、誤って「全能」と呼ばれている感情であり、私ならば単純に、自己の力についての感情と呼ぶようなものである。その感情はまさしく最も貴重で最も渇望されている財産である。そして、確かにそれはかつてナルシシズム的高揚であったのだが、その原因である予期しないオルガスムよりもさらに、隠しておかねばならなかった。「享楽を経験させられてしまったこと［avoir été joui］」――寝椅子の上で生まれた表現を借りて言えば――とは、要するに自己にとって生への権利を獲得したということである。この権利というものを、どのようにしてカムフラージュすべきなのか、あるいは承認させるべきなのか。これこそ数多の人間的活動の争点《アンジュー》［賭金］であり、同様に数多の精神分析の賭けでもある。というのも――処方されたマッサージが健全な睾丸を生み出すに至ったのかどうか、すなわち、結局のところ、他の表象よりむしろこれこれの表象に至ったのかどうかという問いとは無関係に――発端において彼自身のものとして経験された事柄、つまり、「神々にも匹敵する者」であるという能力についての確信が残されているからである。「全-能［toute-puissance］」を追放することは、全-享楽［toute-jouissance］を否認することを意味する。［自己への］到来の手段として去勢を推奨することは、官能の特権を否定することだ、というのも、官能のおかげで――たとえそれが、子どもの精神の中で、非常識なやり方であっても――人は自己へと覚醒したのだから。そして、間違いなく、こうした自己への到来は、そのことを秘密にしておくという義務があって初めて起こりえたと考えられる。かくして、年齢よりも早く「大人」の域に達した子どものレベルでは、こうした否認が理解されるが、大人においては、この否認は時期遅れで対象のないものになりうる。

その場合には、想い出が暴露されようと、もはやナルシシズムを毀損することは少しもない。

目下の症例において、このうえなく奇妙なまでに逆説的なことは、こうした否認に基礎をおいた理論化が、確かに、自己自身を理解するためではなく、次のようないくつかの症例を理解し分析するのに有効である、ということだ。先述した発端となる経験が起こったかもしれないし、起こったはずなのだが、現実にはこうした経験が痛ましいほどに欠如した症例がそれだ。私が言いたいのはヒステリーの苦痛のことである。さて、この確認に至ったところで、私には『想像の子ども』についての私が最初に述べた全般的なコメントが思い起こされる。「おやおや――と私は思っていた――これはヒステリー患者の分析マニュアルだ」。だが、フロイトがヒステリー患者でなかったのと同様に、スタインもヒステリー患者ではないのだ。

以上からわれわれは、或る一つの否認の事実と否認の内容そのものには、他者を精神分析的に理解する上で建設的な要素が含まれていると結論づけるべきだろうか。考察した結果として、われわれは逆のことに驚かされるように思われる。というのも、実際、告白によって他者の側には破局的な結果が起きるという考えに、否認は基づいているのではないだろうか。目下の症例において、無知の中に放置しておくべきパートナーは、典型的にヒステリー症の主体であったとまで極言しうる。それにもかかわらず、隠蔽に基礎を置く理論や分析的実践は存在しないのかもしれない。コンラッド・スタインが、正真正銘の分析家――われわれは彼の書物の各ページにその姿を認めるのだが――であるためには、彼の救済を最初に買って出てくれた「医師」の立場であれ、また睾丸の助産婦である「メリー」の立場であれ、彼自身がそうした立場に常に身を置きながらも、次のような深遠で本物の欲望を彼が自らのうちに生き生きと保っていなければならない。つまり、彼はその知的財産を、打ち明けられない経験から恩恵として得ているのだが、その経験を彼の読者たちと同じく彼の患者たちに対しても、象徴的なやり方で、共有させたいという欲望である。分析とは、また常に、自身の性［性的事象 sexe］を産み出すことではないのだろうか。潜在睾丸の現実的治癒は、想像の出産［創造 enfantement］として無意識の中で加工されるが、それは分析を通じて、模範的で真に詩的な［産出・創造的な poétique］価値を獲得する。

コンラッド・スタインの中にわれわれが強く感じるもの、それは、彼の精神分析理論が単なる知的実践ではなく――彼の中傷者たちが時折遠回しにそう言っているが――、彼の精神分析理論が根をおろしている、活動的かつ産出的な無意識によって、またその無意識の中でこそ正真正銘の理論であると認められる、ということだ。私としては、ヴェールの裾を少し持ち上げて、重要な価値をもつ専門的〔技術的〕著作のうちに、或る一つの作品を、私に対しても、またおそらく読者のあなた方に対しても、発見する機会が自分に与えられたことを嬉しく思っている。この作品は、専門的〔技術的〕著作から何も取り去ることなく、それにポエジー〔〈発明・創造としての〉詩作〕を添えて豊かにするのだ、精神分析だけが明るみにもたらしうるようなポエジーによって。

N. A.

Critique, décembre 1973.〔『クリティック』誌、一九七三年十二月〕。

(A propos de *L'Enfant imaginaire*, de Conrad Stein, Paris, Denoël, 1971.)〔コンラッド・スタイン『想像の子ども』について〕

失われた対象——自我　クリプト内的同一化についての註釈

分析家の強迫観念と……

「…地上にて［生きているうちに］神々から与えられた分け前［権限］を活かさなかったものは、冥府に下っても安らぎを得られない…」

（ヘルダーリン『運命の女神達に寄せる』より）

詩人はこのように語っている。そうなのだ、「神々の分け前」とは自分自身の再発見から導き出される作品だが、それは、自分の長所を際立たせ、自己を承認してもらって初めて存在することになる。世界を前にして、自己から自己に対してそうしてもらうこと。分析の椅子に座る者［分析家］が時に「世界」を代表する。彼の前で、この「神々の分け前」は創造され、あるいは、ゆっくりとヴェールをはがされる。分析家が、その分け前を理解しますように、容認しますように、享楽しますように！　われわれが詩作《ポエジー》を享楽するように。しかし、そこに辿り着くためには、どれほどの道程を行かなければならないことか。また、その道程にはどれほどの罠が潜んでいることか。分析家は、こうした「詩《ポエム》」のすべてを、こうした「詩人たち」全員の声を聴く耳を持っているのだろうか。それはあやしい。しかし、そのメッセージを分析家が聴き損ねてしまった者たち、切断され欠損の生じたテクストや手がかりのない謎を分析家が何度もくり返し聴取してみた者たち、自分の人生についての驚くべき作品を分析家に明かさずそのもとを去ってしまった者たち、こうした者たちが、成就されなかった自分の運命の亡霊として、自分自身の欠損をめぐる強迫観念＝憑依として、常に分析家のもとに回帰するのだ。

亡霊たちは天国に行くことを、自分たちに支払われるべきものを要求する、そしてわれわれ自身の救済も亡霊に負っているのだが、われわれの誰もがこうした幾人かの亡霊と格闘状態にあると言えるのではないだろうか。〈狼男〉の治療にあたったフロイトについて考えるだけでよい。一九一〇年から最晩年に到るまで、或る秘密によって呪縛にかけられたこの不可解なロシア人の症例は、絶えずフロイトに強迫観念として取り憑き、理論に理論を重ねさせたあげく、ついにその詩の真相［最後の言葉］を引き渡すことができなかったのである。

この大きな詩学《ポエティック》の謎については、われわれにとっても事情は同じである。その詩学は、個人に留まらず、そう名づけることの是非はともかく、〈躁鬱病〉という共通の名を持つ大きなグループ全体に関わるものである。

一五年も前からずっと、われわれは協力しつつこうした詩学の意味論を規定したり、韻律法を定式化することに専念してきた。われわれに取り憑く多数の亡霊から霊感を受けて、相当長く暗中模索の研究を続けてきたのだが、今晩、われわれの実践から取り出した素描や実例のいくつかを呈示してみたい。われわれが自分たちの最終目的に到達したと言えば、——とんでもなく！——思い上がったことにちがいない。しかし、切り開かれた道にようやく踏み入ったという予感まで隠せば、これまた、謙遜がすぎることになろう。

そこで、われわれは、とりあえず最近の試験的作業を簡潔に要約することから始めよう。もっとも、その後で、そうした作業のおかげで解放された幾人かの「影＝亡霊」の彷徨する様子をお話しする程度のことにしかならないだろうが。

……そして寝椅子の上のクリプト［埋葬室］

分析家の苦悩に名前を与えようとしてわれわれが亡霊[☆1]のイメージを思いつくのは確かに偶然ではない。この同じ亡霊のイメージはまた、患者側の苦悩のきっかけを指し示す。それは法に則した墓のないままに埋葬してしまった思い出、威信に満ちた対象と過ごしたが、ある理由から人に打ち明けられないものとなった蜜月的な関係の思い出、それゆえに、復活を待ち望みつつも安全な場所に埋められた思い出なのである。蜜月的な関係とその忘却（これをわれわれは「保守的抑圧」と呼んだが）のあいだには、メタ心理学で喪失の心的外傷と呼ばれるものがあった。より適切に言えば、この心的外傷の効果そのものによる「喪失」である。心的機構全体に謎めいた変様を刻み込んだのは、この〈現実〉という境位である。この〈現実〉は大変な苦痛を伴いつつ体験されたが、その言葉にできない性質によって、どんな喪の作業からも逃れる。それが謎めいた変様であるのは、喪失の現実性と同じく、かつての蜜月的な関係の現実性をも隠し否認しなければならないことになるからだ。このような事情のために、〈自我〉の直中に一つの閉ざされた場、真のクリプトが設けられるに至る。しかもそれは、反-取り込みと言っていいような、蛹の周りに繭が形成されることに似たある自律的なメカニズムの結果であり、これをわれわれは、封入[☆2] [inclusion] と名づけたのだった。

☆1　患者の明かされない秘密は分析家の聴取に亀裂をもたらし、その亀裂は、聴取者の無意識に真の成熟をもたらす。先の「亡霊」のイメージは、こうした亀裂をまずもって示すためにあったが、後の多様な理論的展開の萌芽を含んでいた。寝椅子から聞こえてくる指示と共振しようと努める分析家は、いくつかの点で、両親から受け取る心的な食物を食べて成熟してゆく子どもと比較することができるのではないだろうか。ほんの少しでも、子どもが「秘密を抱えた」親を持つのなら、また親の語る言葉が、抑圧された語られないことを厳密には補完しない場合には、親は子どもの無意識自体の中に、或る一つの欠損を伝えることになろう。それは知られない知、無知であり、いわゆる抑圧に先立つような「抑圧」の対象となるものである。

親が抱える埋葬された言葉は子どもには墓なき死者となる。すると、この知られざる亡霊は無意識を起点に回帰し、彼に取り憑いて、恐怖症や狂気や強迫観念をもたらすのである。その効果は幾世代にも及び、一族の運命を決定することもある。

われわれはフロイトが原理として立てたあの「神秘的な」原抑圧に立ち会っているのだろうか。それに答えるのは時期尚早である。だが既に、亡霊の臨床は明確になってきている。本論文（一九七三年三月）では、いまだ分析家が抱く特定の居心地の悪い思いしか表わせないイメージであったが、これもいずれはメタ心理学的な概念に置き直され、新たな研究の対象となり、新たな聴取の対象と必ずやなることであろう。精神分析研究所において、われわれのうちの一人が一九七四年二月以来、〈双数的一体性〉やその発展の一つであるメタ心理学的な亡霊、というテーマを扱ったセミナーを行なっているが、そこにおいて本発表のいくつかの展開が示されている。その応用例のいくつかは以下の論文に収められている。N・アブラハム、「亡霊についての略註」、『フロイト研究』誌、九-一〇巻、一九七五年、一〇九-一一五頁。M・トローク、「恐怖の物語、恐怖症の症状——抑圧されたものの回帰か亡霊の回帰か?」同書、二二九-二三八頁（本書四六六-四七三頁と四七四頁以下）

☆2　「喪あるいはメランコリー」（取り込み-体内化）、本書の二八六-三〇三頁参照。

クリプトに住まうこと

ところで、「対象の影＝亡霊」というものは、絶えずクリプトの周りを徘徊し、主体の人格そのものの内に再び受肉するまでに至る。そして、この種の同一化は、見せ物として示されるどころか、最高機密として隠蔽されなければならないことが分かるだろう。「対象の諸特徴を借りて変装する〈自我〉」というフロイトのメタ心理学の公式を、それと反対の公式、「対象」が今度は〈自我〉の仮面をかぶるという公式で補うことは深い意味を持つ、そうわれわれは考えた。臨床上、最初の外見が重要なのだが、この反対の公式はまさにこうした外見に合致している。〈自我〉あるいはなんらかの他の外見。つまり、ここには必然的に、隠れた想像上の同一化、クリプトファンタスム〔隠れた埋葬的な幻想〕が関わっているはずで、これは口に出して語りえない性質であるから、白日の下にさらすことはできないようなものなのだ。実際、この同一化は、単にもはや存在しない対象に関わるだけではない。それは本質的にはこの「対象」が推し進めると想定される「喪」に関わるのだ。しかもそれは、主体を亡くし苦痛を感じているであろう対象の方が主体の喪失に関して行なう喪なのだ。無論、このような同一化的な感情移入のファンタスムはその正体を明かすことはあるまい。ましてやその意図についてはそうである。だからそれはいつも仮面をかぶっており、いわゆる「安定期」においてさえもそうなのだ。このメカニズムは同一化の交換のそれである。或る対象がメタ心理学で言うところの心的外傷の効果により失われるのだが、その対象の墓の彼方での「生」へとファンタスムにおいて同一化する代わりに、自分自身の同一性を捨て去るのがこのメカニズムなのだが、このまったく特種なメカニズムを、われわれは、差し当たりクリプト内的同一化と名づけておいた。

同一化的な感情移入のファンタスムの意味しているのだろうか。まずファンタスム！　それは何を意味しているのだろうか。まずファンタスムとは心的プロセスの単なる翻訳などではさらさらなく、それとはまったく逆に、いかなるプロセスも生起していない、また生起していないはずだということを、幻影のレベルで営々として繰り返し証明するものだと主張しておく。ファンタスムがメタ心理学的な事実の状態を指示するのは、この唯一の意味においてなのだ。このように考えると、いわゆるクリプト内的同一化の位格が漠然と理解できよう。クリプト内的同一化が純然たるファンタスム化の作用へ連れ戻されるというのは、とりもなおさず、同一化の内容については、心的外傷に先立つ局所構造の現状が維持されているはずだという幻影を守ろうとする配慮によって、この同一化が支配されているということである。それは局所構造自体の「開いた傷口」という、常に否認され、苦痛に満ちた現実を指し示す。このように、メランコリー患者の悲痛な叫びがファンタスムを翻訳していることを明らかにすることが最も重要なのである。そのファンタスムとはクリプト内の対象の想像上の苦痛であって、傷口から生じる真の苦痛をひたすら隠蔽する。真の苦痛は告白されることがなく、主体は傷口を癒す方法を知らないのだ。

以上が、われわれの論法を要約したものである。クリプトから生じるこうした詩学がクリプトを保持する個人と同じ数の詩を生み出すことは言うまでもない。一見、メランコリーとは見えない多くの創作物も同じ流れから出ていることが明らかにされている。「メランコリー」それ自体は、クリプト内的同一化の観念や精神内部のクリプトの観念が許容する使用法の広がりの中では狭い領域を占めているにすぎない。実を言えば、これらの観念は「躁鬱病」の輪郭を明らかにするのに適していることが判明する前に既にわれわれにはなじみのあるものであった。われわれは何年ものあいだ「保守的抑圧」や「言葉にできないリビドー的経験」や「謎めいた同一化」について語ってきたのである。ところが、今日「メランコリー的」同一化の特性がひとたびはっきりと表明されると、同じように謎であった他の存在様式もこの同じ観念のまわりに結晶化し始める。「躁鬱病」に加え一般に「フェティシズム」と「失敗神経症」と呼ばれている他の二つの存在様式にも言及することになろう。実際、こうした精神の発明品も、かつて〈自我〉の中に切り開かれたなんらかの「開いた傷口」に基づいており、ファンタスムという形の秘密の構築物が、喪失によって〈自我〉から切り取られたものの代理となって、その傷口を偽装するようになると思われる。傷口の偽装はファンタスム的構築物の使命であり、こうしたすべての症例に共通している。というのも、偽装するのは傷口が言葉にできないものであり、言葉にして表明するだけで局所構造全体にとって致命的になるからである。特殊なこれらの症例は、これこれの様式の傷口によってだけ、何も露見させないように発明された特殊なこれこれの手直しによってだけ区別されるのである。

〈狼男〉の秘密

われわれは最近の研究で、〈狼男〉がそのうちに保持していると思われる「墓所」——ただし極めて仮説的なものではあるが——を、冒瀆的な仕種であるが、暴く必要があると考えた。そこに——姉による誘惑という言葉に表わしうる記憶の裏側に——彼の姉が父から受けたと思われる別の誘惑の記憶を発見するためであった。なるほど、〈狼男〉はいわば代理を介しただけの「メランコリー患者」であった。彼のクリプトが閉じこめていた法から外れた対象とは（ちょうど、本当の「メランコリー患者」の場合がそうであるように）彼に固有のものでなく、他者である彼の姉のそれであったのだ。彼自身の傷とは、姉という彼の固有な対象——フロイトはそう考えがちであった——を失ったことではない。むしろ——われわれの解釈によれば——彼女によって報告され彼のうちで再編集されたと思われる光景に参加することもできず、その光景を法に則したものとするために第三者に暴露することもできなかったということである。自分が父の誘惑の対象にならなかったという失望のため、彼は十分に誘惑されていないヒステリー患者に似てしまったのだ。つまり、彼には世界が崩壊しない限りこのような事実を暴露することができないために、恨みを晴らそうとする自分の性向を精神内部の秘密に変えざるをえなかったのだろう。そうしなければ、その光景のうちで自分の姉に取って代わるという別の願望をも失ってしまっただろう。この解決不能の問題に対して彼の見出した解決法は——われわれが明らかにしたと思った通りだとすると——正直のところこのうえなく天才的なものである。姉によって非常に有名となった物語[☆3]に関する表象から彼は〈自我〉の直中に一つのクリプトを作り上げることができた。彼はそこに、同じ入念さで、姉の物語が含む様々な言葉〔語〕を保存した。それらは真に魔術的な言葉である、というのも暴露すると同時に享楽する目的にも有効であったからだ。このようにして魔法の言葉は常に彼の手の届く範囲内に保たれていた。それに助けを求めるには、魔法の言葉を少しも罪悪感を覚えずに別の意味にとり、クリプト内化された光景を少しも思い出させないまったく別の光景を作り上げるだけで——巧みな同形・

同音意義を利用した言葉遊びのおかげで——十分だった。まったく別の光景であっても、巧妙に保存された魔法の言葉のおかげで快感を生産する能力はあいかわらず有効なのである。そうした彼の言葉の一つにロシア語の *teret* がある。これは、最初に「こする〔frotter〕」(つまり、ペニスをこすることを暗示している)という意味で使われていたのだが、自分の主張に都合のいいように「ワックスをかける」とか「光らせる」という別の意味で言い直されている。かくして、もとの光景から翻訳された新たな光景では、ペニスを触る痴女〔frotteuse de pénis〕が床磨きの女〔cireuse de parquet〕となるのである。これは、意味の忘却されたフェティッシュ-語から引き出されるフェティッシュ-イメージである。光らせる-オルガスムに到達させる-ぴかぴかに磨く〔faire briller-briller-reluire〕ことだ。

ミルク男とそのフェティッシュ

われわれの誰もが自分の寝椅子の上に幾人かの〈狼男〉や類似の症例を持っているはずである。そうしたわれわれの実践からその一例を手短に述べてみよう。彼は熟年の男性である。或る分析家のもとで長い年月に渡り分析治療を受けた結果、改善が見られた。彼の挫折感は必ずしも根拠があるものではなかった。自分が不能ではないかという執拗ではあるがほとんど根拠のない恐怖症を持っていた。彼は既婚者であり、大家族の父である。専門的職業に従事し熱意があり有能ではあるが、人前で自分の役割をきっちり果たしたり立場上求められるような自己主張もなかなかできない。「うまくいかない」ことは「頭の中で」起ったり「体の中で」起ることもある。

彼を聴取診断していると、局所構造に認められるようななんらかの緊張と外見上は無関係でありながら、どのようにして堅固な良識が突飛なファンタスムと同居しうるのだろうかと疑問に思われる。彼の不自然で的外れな

☆3　N・アブラハム、「セルゲイ・ヴォルフマン少年の悪夢、夢と恐怖症の精神分析に関する試論」、『フロイト研究』誌、九-一〇号、一九七五年、二一五-二二八頁を参照せよ。この論文は、彼の「クリプト」の具体的内容や、彼の有名な悪夢の中にクリプトが回帰する仕方について新たに詳細な報告を試みたものである。これは、一九七四年一月一五日、S・フェレンツィの生誕百年を記念して開かれたパリ精神分析学会で行なわれた短い報告である(*Cryptonymie, le Verbier de l'Homme aux loup*, Aubier-Flammarion, Paris, 1976.〔『狼男の言語標本』法政大学出版局〕に収録されている)。

感情についても事情は同様で、彼は子どもの頃からそういうことには慣れているにもかかわらず、彼はそれに驚く。数年間の分析治療にわたって彼が放った多量の謎からは、いくつかの反復されるテーマが浮かび上がる。或る他者になり代わって彼が言っていたり生きていたりする言葉や情動が問題であることを理解するには一定の時間が必要であった。では、いったい誰になり代わっているのだろうか。それは後に明らかになるが、クリプトに内化された彼の父であった。このようにして、たとえば、分析家が窓から見えてはいるのだが患者本人は見ることのできない墓場のテーマが理解されるだろう。その理由はというと、この墓には他でもない彼自身が住み着いているからなのだ。ガラスの棺の中で死んだように眠る美女は魔法のキスで目覚めることをずっと待っているわけである。しかし、彼が死んでいるとしても、なぜ彼は死んでしまったのだろうか。彼が怪物であるというのがその理由である。「ほらそこに怪物がいる」と人が言うのは、怪物が或る欲望を抱いて現われるのが見える時である。だがどういった欲望なのだろうか。はたして誰がそれを知りえようか。虚言癖に関する或る興味深いテーマがある。かつて南アメリカで、彼は前輪駆動車［traction avant］レースで優勝したのかもしれないという。だが彼にはその話は理解できない。これほどまで自分の話をもっともらしいと思いこむとは、自分は狂っているのかと彼は自問する。「自分は気が狂っているのだろうか」という問いに続いて直ちに、ヤギの群れ、ヤギの番人、乳搾り［la traite］、「ヤギの乳」が連想されるのである（引っ張ること［traction］＝乳搾り［traite］、ヤギの乳［lait de chèvre《レ・ドゥ・シェーヴル》］＝レッチェ［lètchè］、すなわち南アメリカにおけるミルクの呼び名であると分析家は考えた）。以上の要素が、数カ月前から形をなしつつあった仮説を立証することになった。つまり、彼の父の精神的、肉体的な衰えと姉の精神病は無関係ではないという仮説である。そして、この関係はまさしく、ヤギの乳房を引っ張ること［traction sur le pis……なお類似語の表現で tirer sur〜（〜に発砲する）も想起される］のうちにある。彼はこう言っている。「道化師《ポリシネル》ですって？　私はそんなものを見るのはまったく耐えられません。そいつは、せわしなく動いたり跳ね回るし、それに、あの顔にこってりつけた化粧や、滴り落ちる白いものが特に恐いのです！」（レッチェ……）。これらの言葉を使って、姉は自分が父のペニスに「破廉恥に接触したこと」を彼に語って聞かせたにちがいない。すべては家族が南アメリカの農場に滞在している際に起こったのだろう。そして、ビリヤードの球が別の球に接触しその球が跳ね返って三番目の球に接触するという夢も繰り返し見るという。完全にそういうことなのだ、彼は跳ね返り効果で［間接的に］接触されたのだ。しかし、彼が自ら接触されたいと望む場合は、女性がレティシア［Létitia］という名前を持つだけで事足りる。それだけでその女性と恋に陥り結婚し、たっぷりとクンニリングス（レッチェ［なおフランス語の lécher は「なめる」の意］）することができるのだ。魔法の言葉レッチェをペニスを「引っ張る」ことの帰結である精子の意味にとるならば、その最初のモデルとまったく対極にある性的実践が導き出されるのである。クンニリングスはここで魔法の言葉レッチェを夢幻状態で上演することとに一致している。しかし、分析家はこうしたすべてを分析の最後に至って初めて知ったのである。しかも、父へのクリプト内的同一化の出現様態を説明するもう一つの鍵も同じである。分析家は長く徐々にしか進まない諸々の試練をまず第一に受ける必要があった（分析家はすべてを聴取理解できることになるだろうか。自分自身を怪物と見ていた彼の父に共感を抱きうることになるだろうか。この父を忌み嫌わないことや、既に父自身が自らにそうしたように、父に死を宣告しないでいることが分析家にできるだろうか。）患者は最後に、父が治療を拒絶してほとんど盲目になってしまい、けりをつけるために両手首を切って自殺したことを打ち明けた。これで多くのことが明らかになる。患者が繰り返し体験した広範囲で起こる視野の失明は――そう推測されていたように、視野の暗点から生じるのでも否定的幻覚から生じるのでもなく――父の盲目に同一化した結果生じていたのである。しかもこれはちょうど、彼が分析家のもとへ赴くその瞬間に起こった……。彼はファンタスムのレベルで「罪ある」父が抱いているであろう呵責に対して感情移入から同一化したのである。同様にそこから、大工仕事の際に手首を擦りむいたことで生まれた常軌を逸した精神的パニックも由来している。またこの同じ感情移入の結果として、彼は自分のものではない「情動」を生きるはめになった（彼自身にとってはそれは理解しがたいことであり、分析家にとっても長い間そうであった）。今や、問題なのは、想定された父の情動であったことを、つまり父の反芻［rumination 強迫観念の持続］、呵責、ファンタスム、欲望であったことが理解される。患者の長く孤独な散歩はいつも同じ場所に行き着いていたにちがいない。そこでは、一つの対話が彼のうちに生じていた、いつも同じ対話が。「誰かいるのですか」――「いいえ、誰もいません……。私たちだけです」。彼は森の中の空地に着いて、自分が『眠れる森の美女』のおとぎ話の中心人物であると感じていたのである。

或る日、不安なまま、分析治療用の小部屋の扉を通らないうちに、中に誰かいる、という印象が突然生じた。「いいえ」と分析家は言った。「誰もいません……。私たちだけです」。十分な動機を持った［アクティング・アウトした agi］彼のファンタスムの意味はこうだ、つまり、父（＝患者）が彼の娘（＝分析家）に会いに行く、という意味である。一つの記憶がある。気の狂った姉が握ったこぶしを見せているが、他方の手は往復運動をしている。父はその意味が分からず、我を忘れて彼女を揺さぶっている。直後に彼女は収容されることになる。「このとき、あなたの父は何を強烈に感じたのだと思いますか」と分析家が尋ねた。そこで、分析治療を長期に渡り受けてきたなかで、本当に初めて患者は突如として泣き出した。「私の父はきっととても不幸だったのです」と、今回は自分自身の名において言った。彼はまだあけっぴろげには何も秘密を漏らしていなかったが、彼のドラマすべてが知られていることは彼には既に分かっていた。父が理解できないのは、自分の娘の行為であるのだが、父だけがその行為の悲劇的で皮肉な意味作用を理解しているとされる。彼女は身振りで秘密の光景を再現していたのである。つまり、父のペニスを手に握り、一方で父は彼女を愛撫しているという光景である。われわれは同様に、なぜ彼が自分の母はとても「冷たい」と感じているかを理解した。そうなのだ、彼が想像上でなり代わっている父にとって、その妻が「氷の像」のようであっても当然である。さらにこれを裏付ける夢がある。「好色漢そのものでした。醜聞になりそうだったので、私は息が詰まりそうだった《エトゥフェ》、息が詰まりそうだった《エトゥフェ》のです！」父は好色漢であったが、彼はその醜聞をもみ消さ《エトゥフェ》ねばならなかったのである。自己のうちでこの騒動を窒息させ《エトゥフェ》＝もみ消し《エトゥフェ》、それをクリプトに閉じ込めたおかげで、唯一、問題の欲望の言葉、言葉‐事象［mot-chose］が新たな意味とともに蘇ったのである。それは、局所構造の破局からの唯一の生き残りであり、口に出せないことについての無言の証人である。そう、レッチェという言葉、それで全員が生きることができるのだ。

フェティッシュ：象徴化できないものの象徴

この種の分析が有する数多くの点は、既成の観念に比較すると、われわれには学ぶところが多く思える。フェティッシュが、ペニスを欠いた、あるいはペニスを奪われた母に与えられるペニスとしての価値を持つ場合、こうした剝奪の意味作用は次のように明確になる。すなわち、この剝奪は、法を逸脱したリビドー的光景からともに追放された息子と母の平行する運命に結びついているのだ。「フェティッシュ」とその相同物である「母のペニス」とは、特に、母における享楽《ジュイサンス》の欠如や息子における理想的なものの喪失を補完するために発明されたものであるが、同時に局所構造を維持はするのであり、自身の快感《プレジール》を断念することもない。実際、癒されることのない追放の事実によって「去勢」つまり享楽の欠損＝欠如を認めなければならないならば、極度の攻撃性が生じるだろうし、それによって傷ついた母と一体化する年若い患者は、非合法な光景を暴露したり、単純にその光景を登場人物［父と姉］もろともに抹消したりするよう駆り立てられるだろう。そうなると、この同じ振る舞いによって、秘かに、彼自身のリビドー的理想、すなわち、彼自身の生きる理由となったものが抹消されてしまうだろう。その袋小路からどのように抜け出せばよいのだろうか。彼の年齢に特有な「ヒステリー」に対して、いわばナルシシズム的な内的観客を創造すること、つまり、自己から自己への［自己のあいだで de soi à soi］「ヒステリー」を創造することによってである。その際、他者への関係のうち維持されるものは、享楽する欲望ではなく暴露する欲望への力動的な抑圧であろう。この関係に関する残滓を除けば、残りはすべて密閉容器の中で機能しうるだろう。すなわち、フェティッシュは、まさしくそれ自体の不透明さをテストする以外には、効力を発揮するにあたっても証人をほとんど必要としない。「決して理解することのない」分析家は、ひたすら暴露したいという誘惑を現実化したり、また同時にクリプトが無傷のままであり続けてきたことを規則正しくテストさせておくという表面的な使命しか持たないのだ。

フロイトが一九三八年に〈狼男〉のような症例を説明するために最終的に推測した〈自我〉の分裂に話を戻そう。晩年のものではあるが斬新なこの見解に足りないのは、われわれの感覚では、もはや一つの最終的な補足だけであろう。実際、フロイトによれば、こうした症例では、分析的言説に「二重の流れ」が注ぎ込んでいるのだが、分裂はそのうちに現われる。一つは決まりきったよくある流れではあるが、それに合致する情動を欠いている、もう一つは、問題の光景に登場する主人公の一人への――クリプト的な――同一化を翻訳する謎めいた流れである。この第二の流れは――われわれはそれを患者のうちに見てきたのだが――第一のものと完全に平行してはいるが独立している、またそれが合理的な説明から逸脱している場合には、一般的に、意味不明の言葉のうちや、あるいは場違いなものとして体験された「感情」の記述のうちに言い表わされる。或る人物がその恋人である主体〔患者〕を喪失したことによって喪に服していて、もしそうした人物についてのファンタスムの形をとる感情移入が問題となるならば、「メランコリー」が話題となるように思われる。しかし、今の場合、主体は、彼自身、親密な恋愛関係から締め出されている証人に他ならない。彼が象徴を創り出したのは、彼のリビドー的理想となっていたものを暴露することも実践することも必要ないためなのである。象徴とは、問題の欲望を表わす言葉〔語〕が事象化されアクティング・アウトした異意義素〔allosème〕であり、要するに、文字通りの語－フェティッシュ〔mot-fétiche〕なのである。そこにおいて象徴を創り出すために働いているのは、神経症におけるように、禁止の次元に関わるのではなく、そうした手段に訴えることが内在的に不可能であるということ、そのことである。この不可能性はそれ自体の名称を持たない、そのため、不可能な欲望を表わす言葉そのものと混同される。以上がレッチェという象徴の構造である。フェティッシュ的な行為、この場合はクンニリングスであるが、それについては、これは象徴的ではなく逆に真の象徴－を隠蔽するものとして機能する。したがって、魔法の言葉それ自体、すなわち、主体によって十全かつ真正に創造されたものである本当の象徴こそが、フェティッシュによって隠されている。かくして、このような隠蔽された象徴の三重の補完物は（第一に、法を逸脱した光景に参与したいという欲望、第二に攻撃的な侵入の欲望、第三に暴露の欲望）、なんらかの顕在的な言説の潜在的な側面として与えられることはない。なぜなら、今度はこの言説が、様々な行為や夢、症状の裏側に隠蔽され、これらが別の世界つまり象徴化できない世界から生じてくる象徴そのものを覆うからである。したがって、分析の作業は、こうした隠蔽を受け入れることにではなく、欲望の言葉を白日の下にさらし、それをまさしく象徴として、さらには例外的な作品、つまりそれだけにいっそう貴重な作品として認めることにある。すなわち、象徴化できないものの象徴そのものとして認めることである。フロイトが語る〈自我〉における分裂は以上のようにはっきりとした姿を現わす。謎めいた流れは、魔法の言葉と同じ資格で、クリプトあるいは封入から生じる。一方、決まりきったよくある流れは、クリプトの所産である象徴を隠そうとする配慮から派生する、またいかに逆説的に見えようとも、日常的な他のありふれた事柄と同様に、フェティッシュ的な行為の記述や変遷をも包含する。

〈狼男〉に戻って言うならば、われわれはごく最近に至るまで、床磨き女［cireuse］のしゃがんだ姿勢以外に、一種の意味論的感染によって「てかてかに光った鼻」の場面に彼が惹きつけられていたかもしれない、ということを知らずにいた。このことを納得するには、注意深くフロイトの『フェティシズム』（一九二七年）を読み直せば十分である。この「鼻のてかり」において、〈狼男〉は、terer という「磨く［こする］」、「輝かせる」という意味の言葉を――そのように推察できる――示唆している。それは、すなわち、彼の埋葬された欲望の象徴そのものである。同じ鼻に生じる疾患である吹き出物、穴、にきびは、今度は、その光景へと侵入する欲望を象徴するが、他方、場所の特定として鼻を選択することは――鼻は虚偽を暴くものである――暴露する欲望を雄弁に物語っている。これは、当初は不透明なままでいることを運命づけられていたフェティッシュ的な作品が持つ、隠された三重のねらいを示す見事な例である。一度、解読され、理解され、評価されて初めて、この作品はその創造者に対して、謎の下に横たわり白日を求める自らの「神々の分け前」を復元するのである。

いくつかのモデルとなるクリプト

今、言及した〈「ミルク」男〉と同様、〈狼男〉ももともとに彼らのフェティッシュを創造したが、その理由は、法を逸脱した性的光景を既に知っていたからではなく、二重の不可能性を克服するためである。つまり、その光景を告白可能な理想として構成することは不可能である、あるいは、その光景を暴露して、それによって、リビドーの理想を破壊することは不可能なのである。このことはまさしく、神経症的なタイプの矛盾ではない。語ることが不可能であるために、神経症そのものがいわば制止されるのだ。暴露に代わって、少なくとも外見上は断念が生じることになる、すなわち復讐願望もリビドー上の理想も断念される。保守的抑圧ならば問題の光景に含まれる諸対象と同様にその同意を救い出すことになるのだが、巧妙な着想に満ちた発見物であるフェティッシュについては、そのおかげで、欲望を再活性化させてくれる無害な奇妙さへと「宇宙的破局」の危険が縮小されることになる。

さらにもう一つ別の様態のクリプトがある。それは蜜月的な関係の終了後に、欠点も非難すべき点もない対象であたかも当然のごとく、あるいはまったく意に反して、主体から既に離れてしまっているような対象があるのだが、そうした対象のクリプトである。その対象は絶対的に善であり、完璧であったので、いかなるものも対象の秘めた愛に気づくことがあってはならない。この対象には遺棄される理由はなく常に無実なのだが、この対象を喪失することで生じるのは——不可能な喪ではなく——クリプト内的な同一化である。この同一化は、少なくともパートナー間では、あらゆる攻撃性を免れている。もっとも外界に対してはその限りではないかもしれないが。こうしたものが、精神医学ならば「メランコリー的」と呼ぶようなクリプトであろう。

語ることのできない愛の恵みに自分自身が既に与っていた者たちの運命はまったく別である。彼らの喪失感を言葉にできず、他者にその喪失感を伝えて喪の作業を行うこともできないために、彼らはすべてを、つまり愛も喪失感も否認することを選んだのである。快感も苦痛も、すべてを否認し、自らのうちに閉じ込めるという選択である。

こうした症例の具体的な多様さについては枚挙にいとまがない。喪失の際、あるいは喪失の後で、対象について、対象の誠実さや価値について失望感を耐え忍んだ人もいる。彼らのクリプトは二重に閉ざされてしまうだろう、その一方で彼ら自身は悲劇的な分裂によって自分たちの最もかけがえのないと思われるものを破壊しようとやっきになることだろう。こうした者たちは、いつか認知されたいという希望そのものを得られずに欲求不満になっていたのである。

同様に、クリプト内的同一化の傍らに、遺棄された者から生じる秘められた攻撃性が存続する場合もありうる。これは、対象に対する自分からの攻撃性——これは当初「失敗症候群」として現われる——が存在することでクリプトの開示には好都合であるだけに、寝椅子で分析治療するには興味深い形態である。

「ヴィクトール」と「ジル」あるいは「いかに留まらせるのか」

「僕はおまえの頭を壁に叩きつける。そうすれば、僕を愛するという病いからおまえは癒されるだろう」。この文は語られたのではなく、実行されたのだが、これは一つの帰結であった。それは同様に言葉として発せられる必要のなかった別の一文に先立たれていた。すなわち、「もしおまえが僕たちが一緒にしたことをしゃべったら、おまえの頭を壁に叩きつけてやろう!」。言葉を遮ってしまうにはそれ以上の必要なかった。一言で言うためには、またすべてを言うためには、後悔-失敗、失敗-後悔、という反復的なテーマしか残っていなかったのだ。「いいや、私はそうすべきではなかった!……」「私はどうしても自分を抑えることができない!……」数々の行為によって表現されてようやくこれらの言葉が明らかになる。ヴィクトールもまた熟年の男性である。そもそもの始まりから、「私は失敗コンプレックスを持っています」と彼は言っていた。「しかし、私は、他の人たち、女性や子どもや命令する地位にいる人たちと変わりません。そう、命令することです!……」。それは、私の天職なのかもしれません。でも、それができません。なんらかの原因で、私はいつも従う者たちの側にいるのです。私の上司たちといれば、密かに戦争状態になるのです。それはいつも解雇という結果で終わってしまいます」。彼はそのことを自覚しているし、後悔しているが、分析家の方は当惑する。行為と言葉が分析家の眼前で繰り返されるのだが、どう考えても、分析家には理解できない。始めから欠如しているのは、抑圧との葛藤であり、〈私〉なるものが存在する証拠となる神経症的な妥協である。特に欠如しているのは、分析家への転移である。それがないために、発せられた言葉は現在に関するあらゆる内容を欠いている。つまり、誰にも向けられていない非時間的な言葉である。現在に関するものが存在するとすれば——それを疑う根拠はあるが——際限なく繰り返されるその日の失敗の物語、そしてそうなってしまったことについての後悔を漏らさず語る物語である。誰かへの非難もなく、投射もない。すなわち、すべてはほとんど過剰なまでに良心的に引き受けられている。退屈で居眠りしそうだ……。誰かが彼に働きかけてくれないか、なんらかの反復的体験や情動的想起の中に彼を包み込むようにしてくれないかなどとほんの一瞬でも分析家が思うならば、彼は自分の誤りに気づくべきだ。分析家が現在知っていること、彼はそれを連想からではなく彼自身の推論によって学んだのである。もしそうなら、分析家は探偵を生業にする方がましであろう。というのも、当然ながら、十一歳の時に六歳年上の兄と一緒にした「船遊び」が、どのようにしてその翌々日にほとんど死に至るような病いを引き起したのであろうか。ヴィクトールは、彼の言い分に従うなら、嫉妬深くて怒りっぽく、独占欲が強くて人を欲求不満に陥らせる彼の妻への苦言を挙げる。彼の妻がこうしたありようならば、これほどの年月のあいだ、どうして彼は耐えることができたのだろうか！といったまた別の疑問が湧いてくる。しかし、彼は彼女に対して激しい欲望を感じているようであるし、決して衰えることのない精力を示しているいると思われる。「彼女が浴室で或る種の姿勢でいるのを見ると、私は自分を抑えることができないのです。なぜ彼女は、男性であれ女性であれ私が彼女以外の者に少しでも関心を持つことに耐えられないのでしょうか。彼女は私が読んでいる本にさえ嫉妬します。仕事での成功を私から要求しているのでしょうか。私が成功するだけで、彼女はそうした成功を軽蔑するのには十分なのです。

——彼女は私が彼女のものであり、完全に彼女のものであり、彼女だけのものであることを望んでいます。——セックスの時、彼女はあらゆる体位を確かに受け入れるのですが、ただ一つ私が最も好きなものは例外なのです」。

ヴィクトールは苦痛や屈辱が好きなのだろうか。分析を介しての関係から、そう推論することはまったく不可能だ。これらすべての言説は彼の父を宥めるために、極めてエディプス的に、父に対して言われているのだろうか。そんなことがあるならば、分析家は待ちあぐねていることはないだろう。再び兄の話。「兄はとても意地悪でばかなのです。彼が婚約した時、彼は私にひどいめった打ちをくらわしたので、三日間寝込みました。——しかも、そのために祝い事の席につくことができなかったのです」。そこで、探偵が再び登場してこう言う。患者は、兄が自分を裏切って見捨てた瞬間に、悔し紛れに彼を挑発してしまうほど、兄を愛していたのだろう、と。しかし、分析家の方は何も聴き取れない……。そして、或る日聞いた物語は、彼がよく起こす自動車事故の話なのだが、同乗していた若い同僚の命をあわや奪いそうになった事故についてであった。「私は脳振盪を起こしただけだったのですが、昏睡状態から回復すると若い友人がいなくなっていることに気づきました。茫然自失に陥り記憶喪失のまま、私は夢遊病者のように自分が収容された村の中の家を一軒ずつ探しに行って、「弟［おちびさん］はどこだ、弟のヴィキはどこだ」と尋ねていました」。ようやく！　探偵はお払い箱となる。分析家が権限を取り戻すのである。思い返してみると、結局、分析家は、失敗や後悔だらけの彼の日常生活の灰色の単調な風景の背後に、愛の響きを聴き取っている。ヴィクトールは兄のジルこそが自分に愛を抱いていると内心では思っていたのだ。そして、まさしく彼自身が事故の後の昏睡状態の中に至るまでこの兄になっているわけである。以上が明らかになったことである。おお、なんという行為の逆説だろう！　兄が弟を探すとは！　現実において、それは逆ではなかったのか。最初は英雄を気どるために、次は或る女性と結婚するために兄のジルの方がヴィキを「捨てた」のではなかったか。ジルは、かつては学校でヴィクトールの庇護者であり、皆に対しては彼の自慢であり、男性的で筋骨たくましい美男子であり、母の賞賛の的であった。父に反抗することができたジル、ユピテルのごとき怒りを持った、純粋なるもの、完璧なるものジル、そう、ヴィクトールが密かになり代わっていたのはこの理想的な兄なのであり、彼になり代わって同僚を伴って車を運転していたのであった。そして、昏睡状態や覚醒時の茫然自失状態の中に至るまで兄であり続け、覚醒時には彼の同僚を必死になって探したのである。ヴィクトールのファンタスムに則して見れば、ヴィクトールがなり代わった兄の中で、弟は一つの良心の呵責の種として、欠如として生きているのである。

しかし、なぜ事故なのだろうか。なぜ人気のない道でのこうした不注意の瞬間なのか……。これは、ヴィクトールの生涯にわたる大きな疑問点である。つまり、彼はジルになり代わっている［ジルである］のは確かであり、今やわれわれもそのことを知っているのだが、なり代わるのは、常にジルに反対するためであり、常にジルを失敗させるためなのである。以上が、彼の愛する「ジル」がヴィクトールを捨て去ってしまったがゆえに、当然受ける報いなのである。

分析の聴取は、やっとのことで開始されることになる。今になって、また事後的に透けて見えてくるもの、それは「惚れっぽくて、愛することを止められず、そして不実を働くがゆえに、後悔し良心の呵責にさいなまれているジル」である。この間、ヴィクトールの方は、自分を捨て去って、絶えず不平を口にするクサンティッペのような悪妻の人格の中に移り住む。この妻こそが兄の「ジル」に、弟の「ヴィクトール」が心にわだかまっていることを洗いざらい言うことになる。そして、「ジル」、ヴィクトールの恋人である「ジル」については、ヴィクトールは、「ヴィクトール」にとって「ジル」となることによってジルを取り戻す。しかし、これこそは跛行的な解決法である。彼は離婚を夢見ている。だが彼の妻が出ていって、妻が体現しているこのヴィクトールを彼自身断念しなければならないとすれば、彼はどうして離婚を成し遂げることができようか。彼女と彼は一緒になって、毎日「ジル」と彼の〈自我理想〉を挫折させることになるだろう。それが心的外傷を引き起こす仲違いの原因とみなされる。「ジル」が仕事で成功したいと望んでも、妨害されるだろう。女性に関心を示そうとすると、ひどい目に会うだろう。「ジル」は、生活の行為すべてで妨害を受け続け、そこから逃れられないだろう。彼は羽を切られ、ヴィクトールが彼のために設けた隠れ家から飛び立つことはないだろう。或る日、分析家は次のように述べる。「ヴィクトールは、ジルが成功することも、女の子と外出することも望まず、ジルを束縛し、完全に自分のものにとどめておこうとする」と。この瞬間から急転換が始まった。いくつかの想起があり、そして転移が微かに姿を現わしたのである。

なぜ、ヴィクトールの姿の下に隠されていた「ジル」を暴き出すのに多くの年月を要したのだろうか。それは、クリプト的同一化はクリプト、封入、黙すべき光景から生じるという極く単純な理由からである。われわれもそれを徐々に知ったのであるが、この光景とは、船遊びの際に生じたのだった。この船遊びはまたもや、越えがたい壁のイメージを想起させる。「もしおまえが告げ口したなら、僕はおまえの頭を壁に叩きつけてやる」、そう分析家は言う。その光景を語ることになるのは、まだヴィクトールではなく、「ジル」であろう。故意の沈黙と、潤色と、言い落としを伴って語るのだろう。船の底に、両足のあいだに、彼のペニスに背中からもたれかかっている幼いヴィクトールがいる。物語の直後の様子は、もはやかつての事件の直後のような重症の病気ではなく、一つの夢なのである。「彼は一羽の鶏のひなの内臓を取り出して、同時に食道と気管とを引っ張っている。しかし、鶏のひなはなかなか死なない。この鶏のひなは彼の一番幼い娘に変化する。彼は娘がもう苦しまないように必死になって娘を殺そうとする。どうすることもできない」。そう、ジルは「地面につばを吐く」ことができる（＝射精すること、気管）、しかし、弟のヴィクトールは自分のオルガスムの結果を飲み込まなければならない（食道）。彼のペニスは、実際、まだ「極く幼い女の子」にすぎず、それにはまだ「死［la mort《ラ・モール》］」（＝愛情［l'amour《ラ・ムール》］）を与えることはできない。こうしたことが、ジルによってヴィクトールのオルガスムが異境へと運び去られた際に生じた状況であった。それは、結婚式に合わせて兄が戻ってくる日まで続く。一六歳半になって初めて、兄から折檻を受けた後であるが、絶望から来る攻撃性が思春期の過程を開始させる。「ジル」は、すなわち、愛する人であると同時に〈自我理想〉であるがゆえに、両立不可能な二重の立場にあるが、その立場から、ヴィクトールは、彼のなり代わった「ジル」を立ち退かせることができないので、自らを攻撃することで「ジル」を攻撃し、共通の〈自我理想〉によって命じられた彼自身の企てにおいて「ジル」を挫折させることに人生を費した。同様に、彼の妻が彼の好みのセックスを拒んだことに対して彼が露わにする攻撃的態度は、実際のところ「ジル」の攻撃的態度である。ヴィクトールの方は、――心の奥底で――そのことで残酷な喜びをひたすら感じている。「かつて僕をあれほど愛した不実なやつにはいい気味だ」。「ジル」は度外れな乱痴気騒ぎについてのファンタスムを抱いているが、悲しいかな、実現は夢のまた夢だ。「ざまをみろ！」と弟のヴィクトールはこっそりと唸り声をあげるのである。

　兄に対する攻撃性がなければ、ヴィクトールは、弟を失って喪に服しているとされるファンタスム化された対象［兄］への同一化の中に留まり待ちあぐねるであろうということが、今や理解できる。もしそうではないとすれば、ヴィクトールには特殊な状況があるからだ。というのも、この症例では、ファンタスム化された兄の〈自我〉へのクリプト内的同一化に、或る葛藤の要素が付け加わり、それが神経症の様態で機能しているのである。ヴィクトールのうちで、兄の〈自我理想〉と彼自身のそれとが一致していることが重要なのである。だが、或る時に二つの〈自我理想〉を分離してしまったのは、ジルに内属する理想であった。そういうわけで、共通の理想を実現しようとするあらゆる試みは、この当の理想に対する極めて強い攻撃性をもたらす。そこから、単に外見にすぎないが、マゾヒスト的神経症の外見や自己破壊の外見が生じる。同様に、擬似分析的な或る種の対話に見られる相対的な容易さもまた生じる。当初そのように思われていた場所には位置していないとはいえ、実際、明らかに、葛藤が存在していたのである。

喪に服した死者

次のような症例はまったく別物である。クリプトを保持する主体とそのクリプトの対象とのあいだでいかなる葛藤も明らかになりえないような症例がそれである。主体と対象はともに、彼らをかつて引き裂いた第三者を密かに憎悪するために共謀している。彼らはともに生き、ともに死ぬだろう。

自殺の直前に、彼女は母になったばかりであった。彼女が助かったのは奇跡であった。療養所で数年をすごし、その後、極めて困難な長期の分析治療を受ける。自己過小評価、無価値感、空虚感、内部の腐敗感、治療の拒絶、こうした主題すべてが、虚勢、軽蔑、宇宙を一望に収めるような優越感を持つ時期と交互に生ずる。精神科医なら彼女をこのように描写するだろう。分析家の方は理解できないまま、やむなく同様の結論に達した。分析聴取は一つの謎に乗りあげて動けなくなる。つまり、その少女がまだ学校へも上がらない時に、彼女の「無責任な父」ははっきりとしない理由で家族を見捨て、以後ずっと姿を消している。彼は生きているのだろうか。その答えは今日まで出ていない。

分析はまず彼女の甚だしい多幸症〔elation〕から始められる。最終的に、彼女の往年の夢の源泉となっている「火の熱さ」が次のような言葉で見出された。「誰かが幸福で希望に満ちている」と。分析家ならまず最初からこの誰かを了解してほしかったものである。そうすれば、確かに不毛ではないが、大きな誤りを冒す危険もないわけではない何年ものあいだの暗中模索は避けられただろう。「誰かが幸福である」。ここで問題となるのははたしてこの若い女性なのか、あるいは他のなんらかの人物なのか。おそらく、父かもしれない……。われわれは今のところこのように疑問を提出しておこう。そうでなければ、分析家は進む方向を見失ってしまうだろう。分析家は転移やせいぜい自分が演じさせられている役どころを追求しようとする。だがそれは徒労に終わる。人が自分自身の特徴の下にファンタスム化した人物を隠し、完全に想像上のことにすぎない偉大さと苦痛がその人物に備わっていることもありうるという点に分析家はまだ気づかない。事後的には、分析家の言葉は、壁に投ぜられたヒヨコマメと同様、ほとんど少しの変化ももたらさないというのは、驚くべきことだろうか。問題の彼女の夢は単調である。つまり、切断、解体、ばらばらの四肢が登場する。彼女を苦しめているのは去勢の観念なのだろうか。あるいは彼女は父から切断されているというのだろうか。あるいは彼女の母によって去勢されているのだろうか。それとも、なにかしらの人物や分析家に対して憎悪しているのだろうか。以上のことは外面的なものである。ところが……。何も動かない。この切断された四肢[disjecta membra]は誰のものなのか。失われた対象、すなわち、分析家の上に投射されることも可能な対象、あるいはたとえばエディプス的な母が彼女から奪い取ったかもしれない対象を回復しなければならないのは、彼女である限りでの彼女なのだろうか……。それらはいずれもおとぎ話のテーマであって、結局、安定し確固とした関連性という利点しか効果としてもたらさない。この切断された四肢とはいったい誰のものなのだろうか。他の症例のおかげではあるが、喪の現象について仮説、とはいえ或る他者の際限なき喪としてファンタスム化されたクリプト的喪の仮説だが、そうした仮説が心に浮かんだ瞬間から転機が突然訪ずれた。過去に遡ってそのように考えると、われわれは彼女の反復的で、抑鬱と高揚とが交互に現われる態度をよりよく把握できる。実際、彼女はどのようにして父を追い求める少女の情動を転移することなどできたであろうか。というのも、その時彼女の全体は、彼女自身が父であるという隠されたファンタスムだけで生きていたのである。この彼女自身がそうである父とは、彼女の不在を嘆き、彼女から切り離されて苦悩するが決して慰撫されることはなく、このような懲罰を受けざるをえないくらいの最低の悪事を犯したと自らを告発する父なのである。あるいは、「躁」期には、巨人のような身の丈を呈し、あらゆる策略を駆使して、彼の小さな愛する娘へと突進し、いかなる障害も自分を阻めはしないという堅い信念に貫かれた父である。こうした高揚の時期に、彼女は自分のコレクションにまだ入っていない古い人形を探しに骨董店を駆けめぐる。つまり、彼女を渇望している父こそがその人形を探し求め、見つけ出すことになるのだ！ その「小さな主体［かわいいお人形さん petit sujet］」がひと度見つけ出されると、それを手に入れたいという彼女の渇望は際限なく膨らみ、犯罪すれすれの行為へと彼女を押しやる。これこそ、愛の力にちがいあるまい。

したがって、彼女は「父」であったが、そのことは、非常に女性的であり続けた彼女の態度や彼女の職業的な関心のうちに現われることはなかった。ところが、もしクリプト内的同一化のメカニズムについて事前に知らされていたなら、分析家も充分に早い時期に対応を決められただろう。少女時代、彼女は次のような物思いによく囚われた。「誰かが子ども殺しで告発されていて、最後には、その被告が自分であると分かるのです」。それは、この少女のファンタスム内で母からの告発を耐え忍んでいた失踪中の父ではなかっただろうか。分析家の診察室はお墓のようだと形容されていた。これは、診察室が、父の欲望にとっては長い間死せるものとなっていた最愛の少女の滞在場所であると理解すべきだ。或る日、彼女は彼女自身の娘と「エスカレーター」（父が最後に目撃された場所）の前を通りかかる。突然、子どもが機械に「食べられてしまう」という感覚が生じる。「両腕が私から離れ落ちるような大変な驚きです」。これこそ、父が彼の小さな愛する娘を失ったということなのだ。そう、こうした言葉はすべて、もし分析家が「私」という先入見がその一つである様々な先入見に囚われていなかったなら、分析家の蒙を啓くことができたであろう。

クリプト内的同一化において、「私」なるものは、失われた対象のファンタスム化された〈自我〉という意味に解される。人生においてよりもさらに、寝椅子の上において、このような「私」は、愛する人［この場合は父］の様々な言葉、身振り、感情、さらには想像される運命のすべてを上演する。この愛する人［父］は、今や亡きものとなった自分の対象［この場合は娘］に対して喪に服しているというわけなのだ。彼女のエスカレーター（両腕が彼女から離れ落ちた場所として）の体験が何度も繰り返された時、分析家はようやくこう述べた。「離れ落ちた両腕」、夢とファンタスムの中での「切断された四肢」はすべて彼女の父の癒しがたい苦悩を表象していたのだ、と。つまり、父は彼の抱くべき少女を失っているので、彼の腕はあたかも切断されたような、無用のものとしてあるのだ。

この時から直ちに、それまでは体内化されていた父はいわば「脱身体化」され、分析家へと乗り移る。次のような夢がそれを証拠立てている。「もぐり《マロン》の医者が自分の娘を亡くした時、片腕を切断する」。分析家は、「喪のしるしとして」「もぐりの医者」がそうするのだと明言する。

これがクリプト内的同一化の終焉である。その証拠に彼女が父の形見でもあるアルバムの裏に急いで描いたデッサンに、彼女はアイーダというタイトルをつけているのである。ここでは、このドラマの登場人物たちがそれぞれのしかるべき場所にいる。アイーダというのは、監獄に幽閉され、栄養失調で死にかけている娘である。この彼女が生ける死者として、かつての自分の恋人が最後には自分を解き放ちにやってきてくれることを待望しているのである。確かに「誰であるのかという」同一性＝身元のあいだでの再編が、なおもクリプトの内部において生じているが、その構築物は既にぐらついている。やがて、その構築物は真の記憶に取って代わられることになるだろう。「恥知らず！　恥知らず！」と母と声を合わせて隣の女性が叫ぶ。「あの女たちがおとうさんを幼い娘から引き離したのだ」と。父が被った恥辱とその失踪とのあいだの破線を補うには及ばない。今やクリプトは開かれ、父のための闘争が白日の下に現われ始める。この瞬間から早くも、喪失とクリプトへの内化に先立つ幼児の葛藤が再び現われるだろう。

クリプトの開封：以前と以後

われわれはここまでかなり異なった三つの封入の症例を素描してきた。これら三つの症例すべてにおいて、われわれを困惑させているのは、隠された同一化が気づかれないままに活動を行ない、表面的には理解できない言葉や身振りを引き起こしていることである。表面的には理解できない、というのは分析における聴取のレベルのことである。分析家がこの存在様態に耳を閉ざさないとはっきり表明できた時に初めて、徐々に、封入は取り込みという名をもった本当の喪に場を譲るのである。この長い過程には、三つの継起する運動が見つかる。

第一の運動は関係性の開始と一致している。クリプト内的同一化を放棄することなく、主体〔患者〕は密かに分析家の上にクリプトの中の子どものパートナーを投射している。密かに、ということを強調するのは重要である。というのも顕在的な関係性において、いかなるものもそこから透けて見えてはならないからだ。パートナー相互の誠実さは、分析のための診察への規則正しい出席具合や、或る種の活発さからうかがい知れるだけだ。この最初の時期の次には停滞と見られる長い期間が続くが、それは実際には分析家の側の聴取能力、すなわち、分析家の先入観をこっそりと観察するために用いられているのである（とはいえ、対象神経症においてはそうかもしれないが、分析家の欲望を観察するためではない）。さらにこうした段階のあいだずっと患者が規則正しく寝椅子での診察を繰り返すことは、患者が、呼吸、蠕動、月経といったその生理学的機能の規則正しさに与えるのと同じリビドー的意味作用を持つ。これらはいずれもクリプトに内化された経験を象徴する反復〔回帰〕である。こうした機能に変様をもたらす病い、すなわち、喘息、大腸炎、月経困難や月経停止、退縮〔involution〕、等々は、たとえそれが雄弁となるとしても、主体自身にしか語りかけず、他者には語りかけない（たとえば、転換ヒステリーならそうであろうが）。病いは主体に次のように語りかける。「回帰〔再発〕が起きている、だが起きてはいるのだけれども、それは病気なのだ」と。この回帰は寝椅子の上で起きていることを反映したイメージそのものである。つまり、その時、規則正しく診察に来ることと話すことは自己自身に対して一つの苦痛として、いわば拷問として提示されるのである。したがって、言葉への翻訳をうまく利用するならば、自己が自己に対向する病い〔自己対自己の病い maladie de soi à soi〕は、分析の最初の段階から早くも、いくらか小康状態を得るかもしれない。

第二の運動は、分析家への子どもの密やかな投射が、同様に密やかなクリプト的対象の「脱身体化」に取って代わられる時に始動する。こうした変化の動因はまったく偶然でありうる。しかし、特に、しかるべき時が来れば、解釈作業こそがクリプト内的同一化を暴く動因となろう。偽りの「私」は第三者へと再転換されることになるが、このことには、対象に羞恥という罰を受けさせることなく、また対象を道徳的な意味で失うこともないままに、対象の惜しみない愛を喚起することは可能なのだということを患者にはっきりと示す余地も含まれている。そして、事柄の中へと侵入するということそのものが、対象の奥深い精神構造との真正にして特権的な接触を含意するだけに、そうなのである。以後、患者は対象の精神構造を理解しようと試みることになる。

この第二段階における最大の危険、それはクリプトが開封される瞬間に、暗示的であれ明示的であれ対象が分析家によって非難されないかということである。逆に要求されるものは、対象への喪を形成する能力、すなわち、対象が保持しているリビドーの資源を自分のものにする能力である。こうした文脈において「あなたは私を誘惑したいのだ」あるいは、「あなたは私を誘惑者に仕立てあげる」、あるいは「すべてこうしたことは今や忘れる時だ」と言うことは、無害な言葉としては響かず、いずれも取り返しのつかない、すべてを台無しにしかねない非難になってしまう。逆に、対象に恥を感じる代わりに、クリプトに内化された経験の有するナルシシズム的な重要性が認められるならば（このことは二人のパートナーに妥当する）、その時にはクリプトが開封され、その財宝は白日の下にさらされ、主体［患者］の譲渡しえない所有物として認められ、新たな飛躍に身を任せる形で、第三のそして最後の運動が起こるだろう。第三の運動が目指すのは、今度は、この財宝が果実をもたらす際の最後の障害であるエディプス的第三者との闘争を白日の下で開始することである。

封入について、また特にクリプト内的同一化についてのいくつかの効果を大急ぎで概観してきたが、その最後に、或る一定の患者に対して非常に厄介な聴取診察を行なう際に、これらの観念がいささか事態を軽減してくれるであろうという希望を表明することをここでお許しいただきたい。この希望は、患者たちに関しては、彼らが理解されるチャンスを増大させることになったのだという希望でもあり、結局、クリプトの内部に埋葬され眠っている財宝が改めてそれらの保持者の喜びとなり、われわれすべての利益ともなるという希望なのである。

N. A.とM. T.

パリ精神分析協会にて、一九七三年三月二〇日の会議の際に行なわれた講演。いくつかの詳細な説明の他、以下のものが付加された。つまり副題、三二七頁の註（1）、またフェティッシュについての短い一節である。*Revue française de Psychanalyse*, Paris, P.U.F., no3, 1975［『フランス精神分析雑誌』］。

自己－対－自己の病い　「心身医学」についての会話の覚書

これまで、「内部にクリプトを抱える」患者にとって精神分析が一連のプロセスの第一段階において帯びる意味作用について見てきた。この段階全体を通して、患者が寝椅子に規則的に回帰するということについてのリビドー的な意味作用は、患者が自らの生理学的機能（呼吸、蠕動、月経、等々）の規則性に与えるものと同じであることが確められた。こうした機能に変様をもたらす病いはたとえ雄弁であるとしても、主体〔患者〕自身にしか語りかけず、他者には語りかけない。これは次のように翻訳できる。「私が君（分析家）の方に回帰するのと同じように、クリプトに内化された経験にいつか回帰する希望が私の中ではいつまでも続いている」、あるいは「恋人は愛する女性に再会するだろう」と。言葉へのこうした翻訳のおかげで、自己－対－自己の病い（喘息、大腸炎、等々）はいくらかの小康状態を得るようになる。いわゆる「心身医学的〔精神と身体に同時に関係する医学〕」と言われる病いの大部分について隠されている側面、それは苦痛、病い、生理学的破局の中に「喪に－服する－死者」が「回帰すること」である。というのも、文字通りのメランコリー的ファンタスム、つまり「私を－喪失したことで－喪に服している－死せる－対象」への感情移入のファンタスムはタブーと化しているからだ。さて、心身医学的な主体〔患者〕は、その主体を失ったことで対象が服している喪――対象の流す涙、慨嘆、自己告発など――についてメランコリー的なファンタスムを創り出す能力はない。主体は或る理由から自分自身のメランコリー的ファンタスムからさえも自分を切り離していなければならない。というのも、無意識的であるにせよそのファンタスムを受容するなら、分離によってナルシシズムが被る自己破壊的な心的外傷を再び体験することになるかもしれないからである。その一方で、パラノイア的な仕方で彼が対象を迫害する（＝外部へ「投射された」彼自身のメランコリー的クリプトに対する迫害）理由もやはりないと推測すべきである。したがって、主体は「メランコリー」と「パラノイア」の中間点に留まっている。（失われた対象の名の下に喪に服することが許されない時、常にパラノイアの可能性はある。実際、こうした心身医学的患者はパラノイアの側面を「外に出す」ことも起こる）。

内部にクリプトを抱える主体がどのようにしてもメランコリー的ファンタスムを作りえない時、何が起こるのだろうか。つまり、クリプトの内容をどのようなやり方でも喚起できない時には？　その時、唯一残されたやり方は、ほとんどヒステリー的なやり方で自らの身体を用い、クリプト内的同一化を回避することであろう。他者になりきる［他者の皮膚の中に入り込む］あまり、たとえば他者の潰瘍を持ってしまうこともある。

したがって、メランコリー的ファンタスムの一部たりとも情動や言葉の形で表面に出てくるまでもないだろう。メランコリー的ファンタスム以外のファンタスムにおいては情動や言葉が必ずしも不在ではないことは当然である。

このことは一種の「内的転換」である。そこに――いわば破局として――「到来する」病いとは自己－対－自己のヒステリー以外のものではない。

しかし、誰が病気なのだろうか。それは亡き者である。何を患っているのだろうか。亡き者はそのことを患っている。というのも、彼は主体を喪失したことが彼にもたらした心的外傷を「消化する」ことができないのだ。まさにそのようなものとして彼は体内化されたのである。つまり、「私は自分の中に私の喪失を消化できない一人の死者を保持している」（その喪失が生じたのは対象が被った心的外傷が原因であり、対象の側の不誠実からではないことに注目しよう。それこそがこのような潰瘍患者の自尊心を救うことができるのである）。

「亡き者が－その－失った－対象に－対して行なう－喪」（クリプトの内容、あるいはクリプトが開封された場合のクリプト内的同一化）についてのメランコリー的ファンタスムが抑圧されるとその代わりに、壊死形成［nécroplasie］（収縮する毛細血管は胃に血液を送らなくなる――不十分な循環――潰瘍形成）の過程が見られるだろう。血管収縮は内部において「死者」（潰瘍）を「製造＝偽造する［fabrique］」。この死者は病いを通して「食べる（＝愛する）ものが何もない」とか、「酸っぱいものや苦いものしかない」(=甘いもの[douceurs 喜び]がない)と苦情を言って「嘆く」のだ。潰瘍(壊死)の持ち主とは死せる対象を保持する者であり、その対象とは、自分が愛した主体の喪失を消化できずに、そのために死ななければならないような対象である。つまり、壊死の持ち主は口に出せない状況もすべて含めて喪失を噛み下す=黙って耐え忍ぶことを余儀なくされたのだ。対象にとって死せるものである主体に関してのファンタスム、産み出されることのなかった感情移入のファンタスムに、この壊死は一致しているように思われる。

各々の症例において、特殊な仕方で様々な場所が問題となるが、その理由にはまだ解明の余地が残っている。

或る潰瘍の持ち主は一つの事故(手の指を一本失なう)を体験するのだが、それに平行してその潰瘍が治癒した。かつて対象を失ってしまったのと同じように、彼は指を失うのだが、それと同時にこの[以前からの]喪失の喪も完了してしまったのだ。なぜなら、彼はそれ以来公然とこの喪失を象徴するものを携えているわけだから。したがって、彼は対象への(言葉にできない)喪の中へと埋没し身を滅ぼす必要はもはやない。こうして喪と喪失は完了した。

彼が被った自己切断(切断された指)は彼の問題意識を別の次元に移動させた。今度は彼をかつて愛した失われた対象の自己切断(喪の表徴)が問題となる。こうした行為によって、彼は祓い清められた。対象がこの患者を失ったことで服していた喪についての(禁じられた)メランコリー的ファンタスムを抑圧する必要はもはやない。喪失は「生起した[場所を持った a eu lieu]」というわけである。

いずれの症例においても病いは自己-対-自己の病いである。それは他者に雄弁に差し向けられることはない(たとえば、ヒステリーにおけるように)。

ヒステリー的転換が問題ではない場合、「心身医学的事象」は内的転換へ引き戻されるように思われる。これは「周縁化」(ヘルマンの用語集、本書の四一一頁を参照)の特殊な場合とみなされうる。メランコリー的クリプトは心的装置の「周縁」、すなわち身体へと押し出される。「私はそれを悼んでいる」「私はそれで病んでいる」「私はそれ以来もう食べられない」といった亡き者の言葉に病いが取って代わるのだ。

「病いはファンタスムの代わりである」と言う心身医学者たちと、たとえば(他に考えられるファンタスムの中でも特に）「病いは復讐する〈母〉［Mère-vengeresse］である」というクライン学派論者との論争は単純に水泡に帰する。内的転換――すなわち自己‐対‐自己の病い――は、祓い清めるべき或る状態を雄弁に物語る徴候、外部からもはっきりと見てとれる徴候を産み出すことを狙ってはいない。そうではなく、内的転換は、不可能な［起こりえない］感情移入のファンタスムを自己自身に対して代理するのだ。この内的転換からこのような徴候が生じてきているので、本当に問題になっていることに対して人々が与えかねない意味作用と、そうした徴候とが完全に疎遠であることがよく起きる。痛風や類似の病いの症例において尿酸が析出するのは苦痛を求めようとするのではまったくない。むしろ、生理学上、転換を引き起こすタイプの変化が生じたのであり、問題の徴候はその変化の副次的で雄弁ならざる帰結である。

たとえば、喘息などの他の「心身医学的事象」の症例は〈無意識〉における亡霊の作業に一致している。或る父にとって「息のできない［息苦しい、耐えがたい］」秘密が、息子における喘息という形で回帰するような例もあるのだ。

N. A.とM. T.

一九七三年夏

第Ⅴ部

大文字の子どもと双数的一体性

大文字の〈子ども〉あるいは発生の起源

いかなる文明であれ、〈子ども〉の意味を抑圧している。それが発端となる命題であり、人々を驚かせずにはおかないことであろう。「〈子ども〉Enfant」という語の最初の文字を大文字にしたことに注意を払ってさえもらえれば、問題となっているのは普通の意味での子どもではなく、また教育学で扱う子どもでもなく、さらに行動主義的心理学あるいは遺伝学的心理学の立場から考えた子どもでもないことが、もう分かるであろう。われわれの議論を宗教で言う神の〈子〉に捧げるという案が持ち出されても、われわれとしては、その提案を完全に斥けようとは思わない。というのも、子どもの神性を通じて、われわれがまさにこれから懸命に明らかにしようとする抑圧されたものがなんらかの形で回帰してくることは確かであり、この抑圧されたものこそ、読者にとって、不信感の対象となるからである。どうしてそうなるのか、という問いが出てくる。子どもたちは、いくつになっても両親が絶えず心を配る対象であり、教育する者にとっては教え込む対象であり、生物学者、心理学者、小児科医にとっては観察、精密な研究、献身的な配慮の対象ではないだろうか。社会学者、人口統計学者、マーケティングの専門家たちも子どもの分野に乗り出してきているし、法律家、行政官、慈善団体なども関心を持っている。子どもは文字通り宗教と諸政党の関心を集めているのである。どこから見ても、子どもが問題であり、大きい子も小さい子も、生まれつつある子どももこれから生まれてくる子どもも、お腹の中の子どももあるいはこれから妊娠される子どももすべてが問題となる。こうしたなかで、子どもが普遍的抑圧の犠牲者になっているなどと主張することは言語道断なことに思えるのではなかろうか。

しかしながら、われらが仮想の論敵の推理方法には何か欠陥があるにちがいない。この論敵が適切にも指摘しているように、われわれの文明において子どもがこれ以上ないくらい主題となっているとしても、それは、子どもの抑圧という事実そのものから来る必然的な帰結ではないだろうか。この抑圧こそ常に活動し、絶えず更新され、変造させられたその対象［子ども］の姿を当然のように維持し、管理していくのではないだろうか。実際われわれは昔からのいわゆる合理的説明の中に生きているわけで、その論理はもはや抜きがたい偏見となっている。その説によれば、子どもは未来の大人であり、その内的形相およびエンテレケイア［形相が可能態としての質料と結合して、自己実現した形態］はこれから完成されていくことを求められる。健全な身体および正しい精神構造へと成熟していく諸段階を辿って、われわれ大人と同じような存在に最終的になるというのである。そこで本当にそうなのか考えてみよう。人類は、ずっと前に、あらゆる偏向を、障害の形であれ、変異の形であれ、すべて除去してしまい、そしておそらく、その時に内的葛藤から解放されたのだと仮定してみよう。その時人類は生成の正しい円環の幸福に満ちた反復の中で暮らすのだとしよう。そこには〈歴史〉もなく、また避けがたい破局が来ても、残存部分のおかげで、何も変わることはなく、すべてがめでたく再生したとしよう。この至福の繰り返しという古代からあるユートピアは、それが事実として主張されるのであれ、また目指すべき目標として捉えられるのであれ、いくつかの見かけ上の例外があるにせよ、宗教的、哲学的、科学的、政治的イデオロギーすべてに見られるものである。〈子ども〉にどのような運命を課しているのかを見れば、そのことが十分に分かるであろう。上に挙げたすべての領域において、大人中心主義が支配している。つまり「既存のもの」による規範化が支配しているのである。同じものを再生産する鋳型のようなマトリックスは、自明であるかのように言われているが、時間的にも尊厳の面から言っても、そこから生み出されるものに先行しているのではないだろうか。「生物学的母」あるいは「社会的父」を起点とした親子関係は——初歩的な幼稚さを克服するかのように人は付け足すが——因果論的で発生論的なすべての思考のモデルとなっているのではないか。あらゆる場合に、生み出す側の親が起源として、絶対的な指標、規範として提示される一方で、〈子ども〉は二次的で、派生的で、付随的なものとなる。こうしたことの分析を行なおうとする者にとって、概念装置全体については、時間性、因果関係といった思考の大きなカテゴリーに至るまで、大人中心主義が見られることを指摘するのは容易なことであろう。どのようなコミュニケーション的言語活動であれ、そうした言語活動の通常の効果は、常になんらかの形で、〈子ども〉の拒絶を含んでいる。それゆえ言語活動は、おそらくは詩を別とすれば、太古の昔より、確実な道具であり、その道具を用いて各自のうちで〈子ども〉という意味は排除され、絶えずその意味は抑圧されるようになったのである。

人々は呼吸をするように、ごく自然に〈子ども〉を抑圧する。フロイトのおかげでわれわれはやっとこうした考えに気づき始めているのである。そこにこそ真の文明の不安［居心地の悪さ］がある。われわれが垣間見たものを言葉にしようとするやいなや、言語活動の大人中心的な慣性の力のせいで、そうしたことすべてを再び忘却のうちに沈めてしまう。同じ轍を踏まないためには、確固たる警戒心を持たなければならないだろう。それゆえわれわれは妥協を知らぬ読者、唯一の頼りになる読者にお願いしたい、われわれを誤りへと誘う誘惑を見つけたなら指摘してもらえないかと。確かにわれわれはそうした存在を、いわばザジ［クノーの小説『地下鉄のザジ』の主人公で破天荒な女の子］のような「恐るべき子ども」として、あるいは十分な才能を持つ分析家とみなすことに吝かではない。

さしあたって、われわれは大文字で表わすことの意味を少しも分かっていないし、大文字で書くことによって明らかとなる〈子ども〉の意味作用も理解していないということを確認しておこう。結局のところ、それがこの発表の目的である。ここでの大文字は精神分析の理論のまだ定式化されていない究極的な問いの領野を示唆するものである。そこに至るには四つの道を辿らねばならないことに驚かれないでいただきたい。

その領野へと踏み込む前に、それらの道がどこを通っているのかを示し、それらに相応の呼び名を与えておくのが賢明なことであろう。それらの道のうち、最初の道は、これまで自明と思われていたことの破綻へとわれわれを導くにちがいないであろうが、それはオルガスムの逆説とも呼ぶべきもののおかげである。そしてこの第一の道により、精神分析の認識上の位置が明らかとなるであろう。第二の道は、広大な後催眠的効果を持った暗示の領域や、そうした暗示を解除する方策である取り込みや転移を一望するものとなろう。それは見せかけからなる風景を踏破していく行程となろう。その道のりは対象の様々な蜃気楼と呼ばれるにふさわしいものであろう。

第三の道はわれわれを精神分析理論の特殊な意味論へと、あらゆる意味が生まれる源に遡行する法外な非-意味へと導くことになろう。これらの非-意味はしたがってアナセミー［意味遡行性］と命名される。この道はそれゆえアナセミーとしての〈子ども〉という大文字を要請する。最後に第四の道は、象徴に固有な次元を浮き彫りにする。象徴［片割れ、割符］とは、アナセミー的な領域を現象の領域へと結びつけ、〈子ども〉の本源的な意味を明らかにする。象徴は〈子ども〉の本源的な意味から生じるのだ。それが諸起源の精神分析の杣道なのである。その道を踏破し終えて初めて、唯一にして真の人間的革命とは、諸文明によって閉じこめられてきた抑圧状態から〈子ども〉を解き放つ革命であるということの理由が理解される。

　この抑圧の証拠として西洋哲学全体を引き合いに出すことができるであろう。われわれの議論との関連では、現代思想において、フッサールの現象学が果たした革命的であることはまちがいない転回点に注意を向ければ十分であろう。

　デカルト的な懐疑を極限まで押し進めることで、人間は絶対的確実性への探求に乗り出すことになった。これまで受け入れてきた考えをすべて棄て、「それ自身で」現前するものだけを、「問題となっているものそのもの」（"*die Sache selbst*"［事象そのもの］）だけを、偏見も歪曲もなく把持しなければならなかった。真理、外的世界、何であれ或る内容について語る時はいつもそうしなければならなかった。最初の事実確認として、これらのあらゆる場合に真に重要なことは、様々な対象へと向かう「意識の定位」として定義される。そして対象は、現実のものとして定立されることもあれば、想像的なもの、虚構のものとされることもあり、意識の固有の行為へと拡張される。第二のそれに劣らず重要な事実確認は、どんな対象であれ、その単一性において志向されたり、知覚されたり、概念把握されたりすることはなく、他の諸対象との関係において初めて捉えられるということである。「他の対象を背景として」、多様な「射映《プロフィル》」が重なり合う中で、そうしたことが可能となるのである。それとまったく同様に、そうした対象を志向する行為は、行為を比較するという行為を、多様な志向性とその総合を含んでいる。こうした比較の行為はしばしば生物学上的確に構成された双生の器官のおかげで実現される。その器官は両眼、両方の耳などのように、それらの相違によって単一の対象に統一可能な二つの射映を即座に供給する。また触覚器官などのように、それらの延長が有する空間の中での位置の差異を利用して同じようなことを行なうこともある。しかし、志向的な行為は、いかなる性質を持つにせよ、またいかなる対象に向かうにせよ、総合を行ないながら、対象の相関物に向かうだけでなく、内在的な極である自我《エゴ》にも向かう。ところで、行為の対象が自我《エゴ》自体であるという外見上は特権的な行為がある。つまり一方の手で他方の手に触れる時、この一つの動きの中に、自我《エゴ》が、二つの区別された行為の一致の中で、二回現われる。自分が触っているのを感じるとともに、触られている自分を感じるのである。特権的動作と思えるのはあくまでも外見上のことだけだとさきほど述べた。というのも、最終的には、そうした自己と自己との出会いに至らない志向的な行為はないからである。フッサールの思考の様々な段階に則して、知的認識あるいは情動的な認識そして最終的には生の究極的な基盤＝根拠はそのように定義されることになる。「本当に問題となっている事象＝事物への」根源的回帰は確かに、西洋思想からもたらされた巨大な饒舌を一掃することを可能にし、豊かな再開の希望を切り拓いてきた。注意深く観察すると、大きな除去作業は、神秘的な不可知論や陰気な懐疑主義に陥るのではないにせよ、言葉と言葉に関する学問《ロゴロジー》［事物の表象ではなく、言語それ自体との関係で言説性として言語を把えること、ノヴァーリスの用語］の新たな増殖を必ず伴うのであった。

どうしてこのようなことを続けていくのだろうか。フッサール自身彼の人生において、自分の限界に満足していなかったことを認めておこう。彼は絶えず自分の仕事をやり直した。彼の弟子たるハイデガーもまた師の考えを適切ではあるがユートピア的に批判し、ついに真の存在理論の到来を大々的に告げたのだが、それから半世紀近くたった今でも、存在論は約束されたまま成就されていない。しかし〈子ども〉という観念に対する三重の省略を考えるならば、他にどのような道がありえようか。その第一の省略とは、自我《エゴ》の具体的な内容が、本質が前もって定義された主体のうちに刻まれている習慣《ハビトゥス》の集積という様態においてしか産み出されないということである。現実的ないかなる質的変化も主体の構成過程において、影響を及ぼすことはない[☆1]。明らかに、発生の起源としての〈子ども〉、それを介して新たなものが到来するものとしての〈子ども〉は、そうした概念把握のうちにはまったく場を持たないのである。第二の省略とは、〈私は〉〔主体としての自己〕と〈私を〉〔客体としての自己〕を分ける深淵がほとんど知覚されることはまずないとし、ましてや主題として提起されることはないということである。その両者の奇跡的な一致が人間の理解の極致として現われ、その両者のあいだに広がる無人の荒野に近づくことを禁じている。フロイトの無意識という事実は、否定はされないとしても〔本書二二九頁註参照のこと〕、自己－触発の中で構成される意味の源としては決して把握されなかった。個体発生的にも系統発生的にも「永久に子ども的なもの」である無意識は、あらゆる創造の起源であるが、無視されてしまい、もはやフッサールの徹底主義《ラディカリズム》は、後退し、「超越論的構成」のもとに、偏見、紋切り型の見解、思考習慣などを回収していくだけだ。最後の第三の排除とは、〈私は〉〔主体としての自己〕と〈私を〉〔客体としての自己〕の一致がすべての可能な経験にとっての究極の創設的性質を持ちうるとしても、これらの相補的な二つの主役の発生については、どんな問いも受容されえないだろうということである。いいかえれば、何も到来しようがない。というのもすべてが既に起こってしまったことだからである――少なくとも〈私は〉と〈私を〉の根源的な結合においては、すべてが潜在的には到来済みのこととされるのである。

こうした批判は、必要な変更を加えれば、ハイデガーにもあてはまる。師の単純な点を批判した彼の場合にしても、上述の三点については、積極的な修正案を提示しえていない。彼が形而上学に対して行なう実りのある破壊も〈子ども〉という極めて重要な観念に至る道を開いて行くことにはならない。

われわれの時代の最もすぐれた思想についての批判的な報告は、このくらいにとどめたいと思う。この思想をこうした味気ない文体で扱うことをやめ、精神分析に関心のある読者をこれ以上退屈させるのはやめようと思う。それは、明証性〔自明性〕の探求に焦点を絞ったこうした問題提起の全体の中で、根本的に或る問題が避けられていると漠然とわれわれが感じるからだ。その問題とは、遠くに見えるこの明証性はわれわれの関心を引くのかということである。そうだとしても、その明証性自体のためにそう言えるのか、あるいは別の明証性なるもの、あるいは明証性ではないようなものとの関係でそう言えるのだろうか。われわれが明証性に寄せる関心の明証的な源とは何だろうか。昔の旅人は、街に近づいていくと、教会の塔がはっきりと見えることで、ねぐらと食べ物を見つけることができると確信することができた。勃起したペニスが証言することもまた、明証性を、目立った指標を、かなえるべき欲望をはっきり示すものとして現われる。しかし、遠くに見えるものは、まだ望みがかなえられたものではない。そして確かに「触れる—触れられること」から来る明証性は直接的なものであるとしても、それが何か別の明証性、別の欲望の実現を告げることがなければ、明証性と言えるのだろうか。いったい明証性と言えるのだろうか。

　フッサールは、対象について、対象が亡霊とならないために、つまり知覚できないものとならないように、他の対象を背景として与えられなければならないと言うが、彼が語ることはすべての贈与の基盤である明証性自体にまでも、どうしても妥当することになったのだ。それゆえ絶対的明証性というフッサール的ユートピアは矛盾したものとして斥けねばならない。「花咲くリンゴの木」、「教会の鐘楼」、あるいは「勃起」といった純粋知覚は、単なる抽象にすぎないのであって、利害関係のあるコンテクストを離れては現実的な実在を持っていない。こうしてもろもろの予備的な快感の利害は、そうした快感を取り囲むであろうオルガスムとの関係で決まってくるわけで、それら快感の明証性はそれゆえに「現前性としては与えられていない」何かに基づくことになるであろう。確かにその通りだ、でもそうなら、このオルガスムを絶対的基盤にしたらよいだろうと言う意見が出てくるだろう。それ自体以外には何も必要としないような究極的明証性に仕立てればよいだろうと。それは、性的存在たる現象学者にとって、あらゆる明証性の究極的基盤であり、それを保証するものではないだろうか。悲しいかな、このように譲歩してもなお、絶対的《アブソリュ》なるもの〔分離された絶対者〕の探求はまたしても裏切られることになるだろう。実際、オルガスムは夢でよくあるように、突然「警告」もなしに侵入することがあるし、逆にオルガスムを準備するような行為をしようともその見返りが全然与えられないこともあるだろう。想起という反省的行為の中で、われわれが、気づかないうちに、オル

☆1　『発生と構造』〔*Genèse et Structure*, Mouton, 1966.〕所収の「発生および構造に関して精神分析が含意する事柄についての現象学的省察」参照のこと。同書にはこの問題に関して、一九六〇年にスリジー＝ラ＝サルで行なわれた学会の発表論文も収録されている（p.77）。

ガスムが発生するということすらある。それこそが明証性ではない「明証性」である。というのもオルガスムは、近くにあっても、遠くにあっても、視覚から逃れることがあるからである。こうしてオルガスムは「実際に問題となるもの」として仮説設定されることを拒否する。そこでオルガスムはもはや基盤、究極的な根拠ではなく、何か神様からの授かりものとして、不思議な霊力を持つ者が恣意的に恩恵として与えるもののように思えるのである。この力については、それを御するのに適した実効的なファンタスムを練り上げることでその力を保持できると信じられるとしても、その力はいつも常軌を逸した愚行を繰り返すし、われわれとしてはその力の本性を知ることはできないだろうということを認めなければならない。確かに、〈私は〉は、自由意志という幻影や、オルガスムによって確証されるファンタスム的経験が真実だという思いこみを抱くこともあるが、〈私を〉の側に不透明な所があるのを否定はできないだろう。そのために〈私を〉は外的世界の事物のように考えられてしまうのである。よく人々は、自分がこれこれの仕方で行動すれば、これこれの答えを得られるとする。だが、それは思考する人の探求する目的とは正反対のものとなるのである。

このようにはっきりと失敗が確認されるからと言って、〈子ども〉という観念に——たとえ表面的なものであれ——頼ろうとする試みが、いっさい提起されていないと驚くのは誤りであろう。実際、分析家にとってよりなじみのある角度から、現象学的な思考方法を詳しく検討すれば、何が見えるだろうか。第一に子どもが味わう失望感と子どもの〈対象〉が提供する「確信」である。言葉は、実効的で直観的な内容に満たされることがなければ、空虚である。この内容とはどこで見つけられるのだろうか。もちろん失望させるような〈対象〉の中にではない。唯一の源であり、すべての確信を保証する自己自身のうちにあるのだ。まぎれもなく、そこには〈対象〉との同一化がある、だが絶えず姿を隠していく〈対象〉との同一化なのである。

N. A.

未刊草稿、一九六七年

或る全体の部分であるこの断片は、その母体であったはずの総体の破断線のポイントをいくつか対称的に孕んでいる。一九六八年のテキスト（「表皮と核」）によって、発生の起源として確立されたアナセミーから出てくる、大文字の〈子ども〉という概念は、精神分析研究所において、ニコラ・アブラハムがイルス・バランドとマリア・トロークとともに行なったセミナーにおいて「展開」されていくはずであった。彼らの意志とはまったく別に、まさに外部的な情況のために、このセミナーの計画は「断片的」なものに留まった……その情況については、ニコラ・アブラハムが絶筆において、第六幕に先立つ「真実の幕間」（本書四九二頁）の中で語る「おぞましいもの」に属するようなものであろうとだけ言っておこう。

そこで、この実際には開かれなかったセミナーへの導入において予告された「四つの道」のうちの最初のものだけが、この「断片」で素描されている。だからといって、ほかの三つの道が失われた足跡を示すまぼろしの小道というわけではない。読者はそれら小道のつながりを「ヘルマンへの導入」や「署名がイムレ・ヘルマンとニコラ・アブラハムのどちらに帰するか議論が分かれる」「用語集」（本書三七〇頁、三八五頁）の中に、見出すことができるだろう。

実際、ニコラ・アブラハムはイヴァン・フォナギーの好意によりイムレ・ヘルマンの著作に出会った（一九六九年）ことを思い起こしておこう。フォナギーは当時ブダペシュトからハンガリー語のテクストを持ち出したばかりで、その出版の世話をニコラ・アブラハムに依頼した。ニコラ・アブラハムは、ハンガリー語で、『人間の原初的本能』という題を持つ著作の作者の中に、彼がユーモアをこめて名づける「後方への先駆者」の姿を見出そうとしていた。

イムレ・ヘルマンについて彼が行なったアナセミー的な読解を通じて、彼はハンガリー語のもとの表題のフランス語への「翻訳」において「子性本能［子としての本能］」という語を使う気になったのであった（この翻訳を通じて、大文字の〈子ども〉、母を創造する［métrogène］〈子ども〉、発生の起源としての〈子ども〉という概念に触れることになる）。このアナセミー的な読解により、アブラハムにヘルマンの著作を編集する道が開かれるとともに、間接的で、部分的ではあるものの、確かではっきりしたことを、この「断片」の母体をなす事柄について言えるようになった。

こうした状況を踏まえれば、本書においてこの「断片」を（執筆順ではなく論理的な立場から考えて）この部分に入れる理由が分かっていただけると思う。

M. T.

一九七七年

「子性本能《フィリアル》」の導入にあたって

I　イムレ・ヘルマンへの導入

いかにしてイムレ・ヘルマンを紹介するか。とりわけ謎が多く、メラニー・クラインと同じくフェレンツィの弟子のうち、最も深遠な思想の持ち主であるこの人物は、影の実力者の形姿をなす。注目を浴びることは絶えてなかったが、ヘルマンはこの半世紀間の精神分析に確かな足跡を記している。バリントからスピッツへ、ボウルビイからソンディへ、同様にウィニコットからハルトマン、ローハイムからラカンといった流れの中で、導きとなる考えや主たる方向づけをヘルマンに負っていない精神分析的発想の思考はまずないと言ってよい。

ところで、こうした多様な潮流が一つの同一の源泉から発想を汲み出しているというのは驚くべきことではなかろうか。この事態の説明は単純と言うにはほど遠い。だが、一つのことは確実である。診察室の沈黙の中で、「ブッダの隠者」は既に、その省察を誰よりも掘り下げていたのであり、しかもそれは、諸学の中の学の脈動する諸概念が生命を得るような場に、彼が居を構えたからであった。それにしても、「母-子の一体性《ユニテ》」、「双数的一体性」、「子性本能〔子としての本能 instinct filial〕」といった鍵概念の数々が、この孤独な作業場の中で入念に作成されたものだと、こんにち誰が知っていよう。万人に共通の、形式化されていない思考されざるもの〔impensé〕の中に投錨したからこそ、ヘルマン的観念は影響力を持ち、人々に浸透したのだが、まさにその同じ理由から、ヘルマンはまた、「科学を事とする」人間におよそ使用可能な比較行動学、民族学、考古学、さらには古生物学の領域を経由せざるをえなかった。

諸科学の彼方にあるこの知は、錯綜し多様性に溢れた表現と渾然一体となっており、当然予想される困惑を、紹介しようとする者に引き起こした。序文を書く際の慣例的な定式を利用することはほとんど不可能なので、紹介者は新たな試みに着手せざるをえなかった。したがって、この困難を解決するため、序論は一つにせず二つにすることに決めた。第一の序論は、虚構の独話という形式をとり、直接にこの発明の坩堝の中へと導いていくだろう、そしてその発明の坩堝のまわりで著者と読者が出会うことになるであろう。第二の序論では、この対話の成果を収穫する意味で、ヘルマンの思考の歩みの力線の数々が交叉しあっているようないくつかの用語の小目録を作成することにする。

Ⅱ　パランテーム（「鉤括弧《クロシエ》」つきの主題《テーム》を意味する）

かつてあった、否、一度ですら、おそらく決してなかったこと……そう、創設的な出来事、非‐場所的、非‐時間的な出来事が確かに起こったのだ。このことをいったい誰が知っていよう。物理学者か。否。生物学者か。否。歴史学者か。否。考古学者は、古生物学者はどうか。いやいや、まったく知ってなどいない。ならば誰か。おそらく神話学者か、あるいは民族学者だろうか。論外だ。預言者は、聖職者は、幻視者はどうか。彼らはそれを発見したと思い込んでいる……だがそれは幻影だ。彼らは或る禁止を、そのことを知ることに対する禁止をただ布告するばかりの連中だ。結局は精神分析家か。安心していい、彼らもまたそのことを知らないし、あえて破門を招くことなどしない。単に魔術師を演じるのでないなら、彼らは医者や社会学者、あるいは教育者や動物学者を演じるほうを選ぶのではないか。しかしながら、精神分析家以外に知ることのできる者はいないだろう……というのも、精神分析家だけが装置を自由に扱え——時間の手前へと——時間を逆に遡る機械を所有しているからだ。彼らは、時間の外、場の外で、日々、新たなる「最初の回」の証人なのではないだろうか。彼らのうちの幾人かは、目を閉じて、時折、耳でもって注視する。彼らは、われわれの閉じた目がそばだてる耳に対して、自分の見たものを語った。こうした者の中に、フロイト、フェレンツィ、ヘルマンの三人がいる。

かつて存在しなかったこと、分析用の長椅子がそれを思い出す……。どのようにか。〈耳〉は、「言われた」ことを知覚する、「沈黙に委ねられている」ことにも考えが及ぶ……。だが耳が聴き取るのはそのことではない。要するに、耳に到達するのは切れ端、断片、分離された破片だけである。耳があらかじめ知っていることは、しかしながら極めて重要である。断片のそれぞれが単独で、より大きな作品の部分であるような作品を形成する、そこにはその断片化の仕方も含まれている。一つの作品なのである、というのも、作品が誕生した源に相当するもの——欲望、葛藤、苦痛——を作品は自らのうちに持っているからだ。〈耳〉がその要請＝公準に則して聴き取るのが、こうしたものなのだ。ところで、作品と想定されるような作品とは、定義上、無言で、解読不可能なままに留まる運命にあった。だが聴取の努力によって、少しずつ、詩句や詩節、さらには詩全体が明確な形を帯び、その作者から分離され、作者を新たな作品に向けて解き放つのである。解読された詩篇《ポエム》［詩、創作・発明されたもの］は、絶えまない詩作《ポエジー》［創作・発明］へと場所を譲る。これこそが分析の仕事である。

ひとたび詩人の言うことに耳が傾けられると、詩人は立ち上がり、その運命に向かって立ち去る。

〈耳〉を持つ者はといえば留まり、自分に委ねられた作品について思いを凝らす。ノスタルジーに駆られて、彼は内心で言う。

——ああ、この人が新しい詩篇を創作していなかったなら、夥しいほどのことを思い出すことができたであろうに……。

だがすぐさま考えが変わる。

——けれどもまさしく「この人」が詩篇であったのだから、私の嘆きには矛盾がある。私だけがその人の代わりに思い出すことができる。なぜなら、まさにこの詩篇である以前には、彼は別の詩篇であったのだから……次に来る詩篇がその詩篇を抹消しつつ繰り返し、繰り返しつつ抹消するような別の詩篇であったのだ。二つの詩篇のあいだには、まさしく、彼が記憶していたにちがいないことが位置していたはずである。ドラマ、すなわち必然的に詩篇の孕む忘却の中に陥った出来事、拘束ないし心的外傷があったのである。もし私がこのドラマを知っており、そしてドラマに破壊されてしまった先行する詩のことを知っていれば、歴史＝物語《イストワール》の暗号を手に入れるのであるが。なんと困難な仕事だろう。少なくとも二つの未知数を結びつける等式をかろうじて持っているにすぎない。だが暗中模索を続けた後で、未知の直観に突き動かされて、「発見した！《ユリイカ》」の叫び声をあげる時、「様々な根」が相互に補強しあっているのだという確信めいたものを私は抱いている。そのとき、とはいえそのときにのみ、私はこの人に既に到来していたものの回想、そしてその時点でこの人がそうであった詩篇の回想の扉を開く。そのことによって、いかにして古いものが新しくなり、新たなものが古いもの——これはより古いものに対しては新たなものであり、以下同様に続く——を開示しうるのかを私は学ぶ。私の立場は特権的ではないのだろうか。どんな大変動も超えて、この立場は私に俯瞰的姿勢を維持させておく。こうして私は、詩篇から出来事へと、心的外傷から詩篇へと、遡及的な一連の流れに沿って歩みつつ、自分自身も含めて、すべてを俯瞰しながら、様々な起源の極限にまで、言葉を話す人類全体と私が渾然一体の状態となってしまうまで進んでいく。そうした起源の極限においては、原《アルシ》-外傷の結果発明された原-詩篇が誕生するのだが、誰もその日付や場所——避けようもなく、そのときに、そこに、存在したにちがいないのだが、われわれが全力を尽くしてそこに身を置かぬようにした日付と場所——を特定しようと夢想などしなかった。われわれは今や、この原-詩篇についてこう断言することができる、これこそ、われわれを、われわれが今ある人間に変えたのである。それは自己詩作［自己制作、自己創造 autopoésie］という形式をとるのだが、私が現にそうなった超人的な精神分析家の自己証言［autotémoignage］のおかげで、自己詩作は自らを自己理解可能なものとする。

——かつて一度も存在しなかったもの——それは人がそうである当の詩篇とは別のものであるのか——、かつて一度も存在しなかったもの、長椅子はそれを思い出す……。私自身すなわち詩作《ポエジー》、この回想が私の詩句に生気を吹き込む。

——私の詩篇、それはここにあり、あなたはそれをこれから聴き取る。それは、数学と同じくらい厳密であり、妖精譚と同じくらい空想的《ファンテジスト》である。そう、空想的だ、なぜなら、詩篇の内容やそのイマージュの支えは、私のファンタスムから出現しているから、あるいは自らを「学者」だと思っている人々のファンタスムから出現しているからだ。だが厳密でもあって、その理由は、この詩篇がわれわれのあらゆる思考、あらゆる身振り、あらゆる生命活動において公準として要請されているからだ。恣意的な解釈と非難されるだろう。あなたには見当がつかないかもしれないが、その疑念はたちどころに消え去るだろう。とりあえず注視する術を学んでみよう。原初の群族、ピテカントロプス、雌ザルにぶら下がった子ザル、枝にぶら下がった雌ザル、野獣の閃光を放つ目、ボスザルの燃えるような視線、森林、また森林、起源にある恵み深い森林、そして突然の天変地異、極寒、火事、母にぶら下がり依存した子ども、木にぶら下がり依存した母、火、また火、いたるところに火、「冷や水を浴びせかける」火、だが再び暖めてくれる火、そう、だがいかなる代償を払ってか、自分自身が松明になるという代償なのだ、恥で燃え上がる松明、恥の灼熱の火、恥を引き起こす視線の火のごとき雷、火のように、子どもを母から引き剝がす［しがみつきを奪い取る］、母を子どもから、母の木と化した子どもから引き剝がす視線……。母と子ども！　とこしえの昔から！　この解消し難き一体性！　だがそれは解消される、あまりにも早く解消される。われわれはまさにこのことの回想［記憶］なのであり、このことの結果として作り出された回想であり、行動へと駆り立てる回想である。これこそ、われわれの最も原初的な人間としての本能であり、常に充足障害に陥り、また常に作動中の、われわれの子性本能である。

――ところで、お分かりのように、私の飛躍的な議論を締め括るにあたって今述べたことは、もはや過去の空想科学小説《サイエンス・フィクション》にも、現在の観察－科学の次元にも属さない。それは第一の真理《ヴェリテ》、端的な〈ヴェ－リ－テ〉の次元に属するのだ。すなわち、あらゆる根拠の根拠－の－不在［無－底］に属する。つまり、幻想界、数学、神話学、経済学、論争術、政治学の根拠－の－不在であり、様々な権力《クラシー》＝支配、魔術、技術、芸術の根拠－の－不在である……。そう、「早すぎる－時期に－子どもを－母から－引き剝がす－閃光を放つ－目」がなければ、依然としてわれわれは、母の安堵感を与える体毛といった類人猿の詩学に留まっていることだろう。とはいえ、こうした詩学が、希望なきノスタルジーへと変容してしまい、もはや新生児に見られる反射の中や、絶えず渇望状態にあり、絶えず活動状態にあるわれわれの指の敏捷さの中にしか生き長らえていない、というのでなかったとしてであるが。

――さらにこう言おう。失われた母とは、万物の母である、と。誘拐された子どもであるわれわれは、はるか大昔から、この母を絶えず作り直している。まず同一のものの反復としてであり、これが正確な意味で時間を作る。つぎには、儀式、物神《フェティシュ》あるいは神々としてである、すなわち、忠実さ、真理、同一性、さらに愛、友愛、敵対性であり、また飛躍、長椅子、精神分析家である……。そしてもしもわれわれが以上のものをほんの少しでも共有しているのなら、母の――そもそも存在していない――体毛へのわれわれの願望の激しさがどのようなものであれ、われわれはまったく体毛の生えた母を必要とはしない……。自分自身の無毛の母、これが人間であるということなのだ。なんとも哀悼に満ちた、死んでしまうほどに悲しい、……だが笑い死ぬほどに悲しいことである。

＊＊＊

事情を心得ている分析家は笑わない。さらに、分析家は自分の学問が原因で死ぬこともない。彼は生命が何からできているのかを理解している者のように、平静を保っている。彼は自分の視線を方々に向ける。すべてがあるべきところにある、読んだ本は本棚に、読むべき本は机上にあり、肘掛椅子はその肘を差し伸べている。次の詩人［分析患者］がもうすぐ呼び鈴を鳴らすはずだ。

――何と多くのしがみつくべき母がいることだろうか、彼は夢想に耽り、煙草に火をつけながら言う。この一本の煙草にも私はぶら下がっているのだ、ちょうど赤ん坊が小枝につかまるように。いったい何がわれわれの原初の母に、その長く密生した体毛――本能のこの受動的器官――を喪失するように強制しえたのか。おそらく母自身がかつてはしがみつきを解かれた赤ん坊であったにちがいなく、「赤ん坊‐がしがみつくための‐毛が‐ない状態」に、メランコリー的同一化を行なっているはずなのである。したがって、母自身がなすすべもなく落下に委ねられたのとまったく同様に、彼女は自分の被毛性を完全に放棄してしまい、その無毛と化した皮膚は、現実が本当に実在することを最初に警告するものとなったのだ。つまり、現実とはまさに本能に対して存在しないもの、欠如しているものなのだと警告する。だが、周知のように、現実によってどれほど虐待されようとも、本能というものはその権利を主張する。それゆえに、われわれの祖先の手、空虚な手、貪欲な手はあらゆるものを摑む、石でも、蔓《つる》でも、骨でも摑む——それらを摑み、また投げ、いじり回す、そうした結果として、これらこうした母たる雌ザルの代替物はすべて、あらゆる種類の母——母‐栄養、母‐熱、母‐庇護——を制作するのに適した知的で即応性のある道具となった。そして母‐文明はすべて、こうした欠如という「現実」から作り出され、しがみつきの幻影へと変容されているのではないだろうか。

——確かに、こうしたことすべての中にはいくらかの真実がある。だがまだそれではあまりにも単純化した説明であろう。なるほど、すべては原‐メランコリーに起因するが、しかし、このメランコリーはその到来の徴表を、解読できるようなものとして、保持しているはずではないのか。たとえば、原‐森林のはずれにひとり取り残された子ザルを想像してみてほしい。天に届かんばかりの火に焼かれている森の中には、炎に囲まれた原‐母がいる。このような耐えがたい光景と比較すれば、野獣たちの持つ燠火のごとき視線は笑い飛ばせるようなものであった。燠火の中で子ザルは母が変容していくのを目の当たりにするのだが、この燠火の巨大な輝き［目 oeil］は、これ以上ないくらいメランコリー的なスペクタクルではなかっただろうか。子ザルが成長し、母か父になったなら、この子どもは、自らが同一化によりこの射すくめるような視線と化し、この視線で自分の子どもを見つめることであろう。自分の子どもを自らの不吉な熱で灼き、子どもの顔を恥しさで赤面させるであろう。それは、まさしく、自分の子どもに、しがみつきの剝奪、転落という原‐破局を想起させるためであり、しかもそれは他者が、しがみつくべきものを絶望的に探求しているまさにそのときに行なわれるのである。「恥かしくないのか？」、これが意味するのは、もし母を手放さなければ、火傷や火あぶりにさらされ、脅威を被らねばならない！ということだ。これこそまさに、われわれが覚える様々な恥の原‐意味なのであり、毎日われわれが被る命令的情動の原‐モデルである。雌ザルの子どもがヒトの母になるまでに、どれほどの、いったいどれほどの苦痛を横切らなければならなかったことか！　分離を行なう原‐悪しき母［継母 marâtre］と同じように、自らを分離しなければならなかったことか！　炎で燃え上がる原‐悪しき母と同じように、恥で身を焦がさねばならなかったことか！　視界から一時的に隠れ、消え去る原－悪しき母と同じように、隠したり、自らを隠したりしなければならなかったことか！……。鉤《クロシエ》がないままにしがみつくこと、対象がないままに探求すること、これこそ哀れな子ザルがどのようにして、分離する母、恥をかかせる母、隠しごとをする母となったのかを示している。

——そうだ、わたしの煙草よ！　母であるのか悪しき母であるのか、おまえはそのすべてであり、またそれ以上なのだ、と分析家は言って、煙草を決然たる身振りで揉み消す。おまえは引っ掛かることのできない鉤、乳の出ない乳房なのだ、私はしがみつき、吸いつく、私は燃えさかる、とはいえ少しも真っ赤にはならない……。みごとな象徴、素晴らしく凝縮されたもの！　これは本当ではないだろうか。夥しい欠如に対する勝利、度重なる挫折した勝利に対する勝利……。

——子どものことを考えてみてほしい、今度はヒトの子だ。比類のないしがみつきのスペクタクルを前にした子どもを思い浮かべてほしい。つまり、両親のしがみつきであって、親たちは互いにしがみつく、しかもどのような仕方でもいいというのではなく、呆然とさせるような喚き声の中で、スキャンダラスな鉤によって、しがみつく。親たちを分離する？　そんなことをしようものなら、親たちは子どもを殺すだろう。親が自分からは見えないようにしておくほうがいいだろう、不可視なまま、知られないままにしておくほうが。そうすると、シーツの下で、あらゆる欲望は抑え込まれ、あらゆる対抗的欲望も制止された状態で、競争相手－の－殺人者が、すなわち同時に二人の交接者に対する殺人者が誕生する。シーツ－の－下の－殺人者、窮状の中にあって彼は何をするのか。彼の苦情は喉元で凝固し、彼は魅惑されたまま、争いに敗れた獣のように、身動きしない、彼は死んだふりをする……。

——ここから脱却すると、彼は入っていく……神話学の中、あるいはもっと平たく言えば、無駄話の中へと。彼はオイディプスと呼ばれることになろう。彼が信じさせたがっているようなオイディプスのイメージ、恋愛好きで愛する貴婦人を守る騎士、貴婦人に嫉妬を抱きつつ恋焦がれる者、貴婦人にリビドーを費やす取るに足りない者というイメージを信じるなら、そんな間違いからは目を覚ましていただきたい！　オイディプスに生気を与えるのは憎悪であり、攻撃なのだ。そしてあらゆる憎悪、攻撃には、しがみつきの妨害者という一つの対象しかない。その目的は一つしかなく、それはこの対象、少なくとも自分と同じ性の対象の破壊であり、この対象が鉤であれ環であれ関係ない。ところで、原－母が子どもからしがみつくべきものを取り去ったとしても、原－母はまた、まさにそのことにより、復讐のおそるべき道具を与えた。すなわち恥をかかせるという術である。今や、子どもは「処女なる母、童貞たる父に」というスローガンを掲げる。恐怖に駆られた《テロリゼ》テロリストである子どもは、情け容赦なきものとなるだろう、もう少しで彼は世界を吹き飛ばしかねない。実際には、子どもは性の営みに恥の烙印を捺すだけである。両親は、二人の中にいる子どもによって、「淫蕩」で「この世ならざる不潔なもの」、「自然から外れた」ものと宣言され、恥じらいや隠し事、夜の性交を強いられることになる。オイディプスが通った場所には、草一本生えない。世界が世界となってからというもの、人類はオイディプスの憎悪と、無益に、抗争している。

――人類の実践している解決策には、それなりの価値がある。フロイトはそれを超自我と呼んだ。その解決策には、個人において、極めて暗澹たる物語があることを認めておこう。第一段階として、超自我が設定されるためには、攻撃者――満たされないままのしがみつく者の状態から脱却した――は、競争相手に出会わねばならなかったであろう。この競争相手は、自分が受けたことを同じ仕方でやり返す。次に――第二段階では――自分の攻撃性の中で身動きできなくなった子どもは、メランコリーのメカニズムのおかげで、自分自身の競争相手、自分自身の迫害者となる、そして以後は閉じた回路内で、自分一人だけで、自らを監視し、自らを攻撃し、自らを恥じ入らせるような、自己から自己への［自己対自己の］営みが成就される。閃光を放つ目の気難しい視線の下でもはや顔を赤らめる必要がないとしても、子どもは、後悔というもう一つの十字架を、罪責性というもう一つの重荷を背負う。正確にはどんな罪なのか？　子どもは知らない。さらに悪いのは、自分が知らないということも知らないということである。しがみつきの剝奪や原初の遺棄された状態という破局が彼を襲った時、そうした記憶不可能な系統発生の時にまで自分の罪が遡行するということを、子どもはどのようにして知りえようか。エデンの木々から引き離されたこと、見かけのうえでは、これが「最初のカップル」の「犯罪」である。そう、「原罪」とは〈楽園〉の喪失に対する罰に他ならない。「罰」の後、および罰の結果――「罪」――より前において、局所構造《トピック》の誕生は位置づけられるが、この局所構造こそが分断という触れることのできない果実である。

――超自我、いいかえれば内部に-打ち立てられた-攻撃的な-しがみつきを奪う者は、文字どおり子どもをふたつに切断する効果を持つ。辱められ、しがみつく者は逃亡し、閉じ込められる。無意識が彼の砦となる。白昼堂々と活動するのはもう一つの本能、探求本能だけであろう。ただもちろん、この本能が「発見者」でないことが条件となる。たとえそうであったとしても、不幸にも、またもやたちどころに興をそぐ者が現れ、見つけたものを手放さざるをえなくなるだろう。もっとも、分裂の度合いが嵩じて、右側が左側の行なっていることを知らない場合は話は別である。つまり、一方が放棄するふりをし、他方が隠蔽し保持するような場合である。したがって、探求本能は、隠蔽傾向を利用して自らを制止する一方で、被迫害者は警戒しつつ、その隠れ家から、超自我の方を盗み見る。ここに、局所構造に関する最も見事な客観化の一つの起源があるように私は思う。この客観化はあらゆる原初的な本能を覚醒したままに維持するが、その客観化が意味するのは、どの本能も満たされないだろうということである。これを「性器を覆い隠すもの」と名づけたい。

――この原-衣服がどのようにして、(探求本能ではなく)しがみつき本能の制止や、反-本能的な傾向つまり(隠蔽的傾向ではなく)分離的傾向の制止を言表し、命令規定するのか、お分かりと思う。また、これらの傾向や本能が性器的本能と共犯関係に入ることを、この原-衣服がどのように断罪するのかが、お分かりだろう。性器的本能が満たされなければ、他の諸本能は掻き立てられ、性器的本能が満たされれば、他の諸本能は鎮静化する。もう一度よく理解していただきたいが、しがみつき本能の制止は生得的なのだ。しがみつき本能は直接には満たされえない、それは睡眠状態に保ちうるだけで、しかもその場合でも他の本能が満たされていなければならない。ところが、当然すぎることながら、それは稀なことである。それでは、しがみつき本能が覚醒した時に、この本能が他のものをその中に引き込んでいく深淵からどう身を守ればよいのか。怒りの深淵、受動性の深淵、旧態依然たる心的自動症の深淵、つまりは死の深淵からどうやって。超自我だけでは十分ではないだろう。それゆえに、超自我は、もう一つの本能の末裔である別の審級によって二重化される。もう一つの審級とは、探求本能の旗手である希望の審級であり、接近へと導き、実現の動因となる自我理想である。この懲りない活動家は何を企んでいるのか。自我理想は、超自我と正反対のことを行ない［足を払い］、最終的には、鉤を覆い隠すものを除去し、環《リング》を発見し、「大人」からそのしがみつき能力を奪取することを目指す。なんとも冒瀆的な願望、偽りに満ちた願望、まやかしの願望であることか。というのも、自我理想はこの超自我を維持しなければならないのだ。足がなければ、足を払うことはできない。さいわい超自我は、その本性からして信じこみやすく、視野も狭く、言葉の助けを借りて築き上げられている。自らを養うのに言葉しか必要としない。それで超自我は根も葉もない話にみごとに騙されてしまう。「男の子の小さいペニスを、女の子は欲しがる」あるいは「男の子は、自分がママを欲しがるなら、ペニスを切られてしまうのではと極度に恐れる」と。超自我を存在させることを目的とした口承のフォークロアは、他方では、肝心の事柄に口を閉ざす、つまり大人の性（器）と子どもの性（器）のあいだ、しがみつく性（器）と無力な性（器）のあいだの「大きな差異」に寄せられる関心には口を閉ざす。欲望－の－隠蔽、憎悪－の－回避、性［器］－の－被覆は、超自我の要請をみごとに客観化する――さいわいにも、決して要請を完全に成就することはないが。要請とは性とそれ以外の事柄との分割、大人と子どもとの分割、母と主体＝患者との分割であるが、これは探求者の探求に対して、手がかり、脇道、迂回路を準備しないわけではない。その目的は、探求者の目では見ることのできないような理想の対象を発見するまでに、探求者が確実に長々とした道程を辿らなければならないようにするためである。

――ねえ、だが私の詩篇は教育的な口振りを帯びてきていると言われるかもしれないと、分析家はあくびを押し殺して言う。どうしてこんな話になったのだろう。そう、超自我の名を出してこうなったのだ。もう一度思い切ってぜひ話をしてみたい。失われた母について語るべきことは山ほどある。母といっても、あらゆる時代の、あらゆる場所の失われた母たちであり、脊椎動物の母、無脊椎動物の母、動物界、植物界、鉱物界の母まで含めたっておかしくないような母たちである。まあ、そこまではあえて完全に言わなかったが。種を蒔くだけにしておいたわけだ。正しく聴き取る人に救いあれ。だがいったい誰が私の話を本当に理解したであろうか。制止されたしがみつき本能や、母‐子という二重に補完的な一体性の意味を、私の言うことが理解できるかい、山と谷のように、あるいは剣と鞘のように単純でも平板でもなく、また木とその果実のようでさえなく、二重に、二重に……。いったい誰がそれを理解しただろうか。

——あらゆるものの母、それは失われた母である。われわれのうちには、母の［という］空洞［鋳型、くぼみ］がある。子どもの空洞とともにあるわれわれのうちなる母の空洞。自らの空洞とともにある空洞、これが一体性《ユニテ》を形成する。それを私は、双数的一体性［unité duelle］と呼んだ。われわれのうちなる母の完全性、充溢性、そしてわれわれ、子どもの充溢性と想定されるもののネガ状態のイメージ。そうすると、どこにも、もはや空洞はない、すべてが、わずかの亀裂もなく、絶対的な一貫性の中で、〈永遠の生のもとで〉、ともに維持しあうとも想定されよう。探求的本能は永劫に休息し、性器的本能は休みなく活動する。化学的な愛、鉱物的な愛！　いや残念ながら——あるいは幸運にも、誰がそう言えるだろうか——、二重の一体性にある関係はこうしたモデルに従わない。母‐子というカップル、「自己愛的《ナルシシズム》な」カップル、「サド‐マゾヒズム的」カップル、端的にカップルそのもの、そう、どのようなカップルであれ、その基底部においては空虚が穿たれている。時にはカップルが完成されるとしても、それは幻影、束の間の移行、吸血鬼が血を吸う一瞬の時間だけである。というのも、少しお考えいただきたい、母も含めてわれわれがみな、母を切り取られ喪失した者であるなら、われわれのうちの誰一人として、子どもによって自分の空洞を埋めることなどできないであろう。母というものがそもそも定義上、不実なのだとしたら、そもそも、子どもは不実であらざるをえないという宿命からどうやって逃れるというのか。背理法による証明をお望みだろうか、理想的な母がいるとする。子どもが埋めることのできなかったような空洞をまったく持たない母だ。しがみつく子どもへとしがみついた母、この二人には父も兄弟姉妹もなく、性（器）も欲求もない。彼らにとって時間は停止しているように思われる、二人は不死の者の至福を生きているようだ。ほんの束の間、われわれの誰もが、この不死性を味わったことは間違いない。いったい誰が言葉で言い表わせぬこのノスタルジックな記憶を保持していないだろうか。それでも、しかしながら……わが友らよ、断っておかねばならないが、すくなくともわれわれを懐妊している時に、われわれを欺かなかったような母など一人もいないのだ。そのことは、何ものも消し去ることはできないだろう、たとえ母がもう二度と繰り返さないと何度も何度も誓おうとも。十分に心得ておいてほしいが、無節操はまさしく母の本性の中に存在する。母は、われわれの父を、われわれの兄弟姉妹を、そしてまさにわれわれ自身を欺き不実を働かなかっただろうか。いつの日か、断念を余儀なくされることになろう。私にとってはそれは既成事実である。忠実に、私は自分のしがみつき理論にしがみつく、母たちの本質的な不実さという理論、生得的な孤独＝遺棄についての理論にしがみつく。この理論が私を離れることは決してない、というのも、理論が不実で人を欺くことなどありえないであろうからだ。しがみつき理論は、「第一回以前の」状況を言語化する、つまり母なる－思考の母を、およびありうべきすべての思考なる－母の母を言語化する。

――しがみつく者の思考、それは雌ザルたる私の母である。私はしがみついたまま母につかまり、母の方に定位し、改めて向き直る、母の乳房から私は乳を吸って、いつも満たされる。普遍的な原－母、私にとっての母とはまさにこれであり、私は心からあなた方に原－母を推薦する。母からの究極の贈り物だ、受け取るがいい、わずかだが本物の宇宙創生論だ。あるいはより正確を期すならば、一つの普遍的な母創生論 [métrogonie] である。これが私に何を捉まえさせてくれるのかお分かりだろうか。それは次のことに他ならない。つまり、私は自分の長椅子の上に、様々な現象や行動、見かけ＝仮象を、要するに「学者」の全宇宙を寝そべらせることができるかもしれないのだ。私は顕在化の背後で起きていることを聴診できるかもしれない。美しいふさふさした毛《トワソン》が視界に現われる！　フェレンツィの想像した、良い母の腹の中に「取り込まれた」大洋、乾きから胎児を守るためのあの大洋を憶えておられるだろうか。天才的な着想《イデー》であり、確かに驚くべき着想だが、あえて言えば、亀裂がないわけではない。わが卓越した師は、ラマルク流の目的論を濫用していたのだ。二重の誤りがあり、それは改められることのない偏見に由来する。つまり、フェレンツィは、母を――子どもではない――「取り込み」の仲介者であるとしている。また母は、胎児とその付属器官を懐胎し制作する技師のような能力を備えているとされる。これが生命-分析《ビオ・アナリーズ》[bio-analyse]という出口なき道であった。私はやや慎重な構えをとった。フェレンツィのように、巨人がひと跨ぎするように、魚類にまで一足飛びに遡るのではなく、ほんのわずか踏み出して、霊長類にまで遡るだけで十分であった。私はまさにそこに、われわれ人類が象徴界においてなしていることの原-モデルを――具体的に――見出した。何度も言及してきた、あのしがみつきのことである。ところで、お分かりのように、しがみつきとは、子どもに関する事柄であって、母のそれではない、そして母が表皮の毛などを拒絶するのは――もっともその毛は存在していないが――、母自身が、或る失われた雌ザルを奪い取られて欲求不満を抱えた子どもであったためなのだ。それゆえ「母性本能」の系譜は、子性本能を経由する。これは「獲得形質の遺伝」に関する考え方に多大の変更を迫るものである。

――目的論というもう一つの視点について言えば、私は少なくともその素朴なまでに実用主義的な形式に限っては、この目的論を削除する。私は代案として、すべての進化の原因である生命の自動作用《オートマティスム》を提起する。すなわち、これは阻害された双数的一体性の帰結であるメランコリー的な同一化である。この鍵《キー》概念を用いれば全生物を産出することは可能であり、しかもラマルクや目的論なしにそうできる。フェレンツィが好んで取り上げる魚類を例に取ろう。私見では、気候変動によって生じた乾燥状態の結果は、魚類に海洋を「取り込ま」せたのではなく、単に魚類の産卵行動に制限を加えただけである。雄は水分のあるところにだけ配偶子を残した。雌はそれに見合った行動をとらなければならなかった。産卵以前だがなんらかの浮遊する精子によって受精している卵は、体内で成長を開始した。この時点から以降、残りはすべて、受精嚢の直中での、成長過程にある胎児の営みであった。この場合、常に欲求不満を阻害されたこうした存在は、「卵－のための－大洋－がない」状態に同一化し始め、皮膜ないし殻で自らを包んだ。他の存在は、――受精しているものであれ、受精していないものであれ――自分の無数の同類にあらかじめ外傷を与えてしまいかねないようなやり方で、母の胎内を犠牲にしながら成長を続け始めた。こうした存在は他の存在によって水を奪われ、自らも押し潰される。他の存在はその他の存在に圧迫され、自らも水を失ったのであり、他の存在の老廃物を受容し、排泄物を摂取したのだ。要するに、こうした存在は、双数的一体性のおかげで、外傷を被ったためにこの存在が既にそうなってしまっていたものに、まさに他の存在が既に必要としていたものに積極的になったのである。すなわち水や栄養の供給者、強固な支え、骨、胸壁、羊膜である。それぞれそれは自らのためではなく、すべてのもののために、すべてのものはそれぞれのために、すべてのものとそれぞれとはともにある。それらは母の胎内の直中での連帯の長大な鎖の中にあり、そのように自動的に自らのうちに、母の胎内の先行的な形象化を創造したのだ……それらが母となるであろう時を目指して。

――したがって私ははっきり言っておく。つまり、母とは子どもの創造物である。子どもはあらゆる母の母、あらゆる失われ再創造された母の母である。子性本能であれ母を創造する［matrigène］本能でもよいが、この本能の本質は、以下のことでなければ何に存しているのだろうか。二つのメランコリー、現在のメランコリーと未来のメランコリーとのあいだの闘争、二人の母のあいだの闘争――すなわち、一方は失われたものとして既に獲得された母であり、もう一方は、その完全な喪失がこれから獲得されなければならない母である――、これらの闘争の絶えざる再編成にあるのでなければ何に存しているのだろうか……

呼び鈴が鳴った。

――そう。詩篇《ポエム》、それはまさに母である。われわれが自身に対してどのような詩篇、またどのような母を今現に制作しつつあるのかを、さらに知る必要があるだろう……。だが、そうした一切を私はまだ書いてはいない……イムレ・ヘルマンは次の詩人を招き入れるために立ち上がりながら、そう呟く。

一九七二年三月

Ⅲ　ヘルマンの主題系の用語集

ヘルマン読解についての註解、アナセミーと原-精神分析

　地中に埋もれた地質学的形成物を発見するのと同様に、イムレ・ヘルマンは是非とも発見すべき著者の一人である。科学主義的なあるいはその他の幾多の層に覆われ、様々な圧力や争いのために断片と化しているヘルマンの著作には、厳密な再構成と発掘作業が必要とされる。文の従節の中に隠され、文と文の間隙に埋もれたままの様々な宝物を収集すること、これがこの用語集でわれわれが始めようとしていることだ。問題は、収集作業を完了させることにあるのではない。いくつかの指示を参照して読者が自分自身のために解明作業を続行できるようになりさえすればいいと思う。ほとんどの場合、この用語集を参照しさえすれば、ヘルマンの思想の亀裂を埋め、つながりを再構成できるであろう。

　総じて念頭においていただきたいのは、ヘルマンの基本的な説明方法である。この説明方法においては、阻害［欲求不満］を惹起するイマーゴの（メランコリー的な）体内化［incorporation］という観点から、進化に関する変化が分節構造化されている。任意に一節を引用してみよう。

「(1)一神教信者の知的発展は、モーセの戒律、すなわち神を像［image］によって表象することの禁止とともに始まった。（中略）(2)望まれたものであれ、望まれなかったものであれ、ともかくも思考の支えとしての感性的直観が抑圧されたために、知的活動の開花を見ることになった、と考えられる。(3)洞窟生活をしていた〈人間〉は一日の大部分を曖昧模糊とした知覚世界の中で過ごしていたことを付け加えておこう。(4)おそらく洞窟生活をしていた〈人間〉は、人間の顔を表象してはならないという呪術的禁止をも受けていたであろう。」（三三七頁［I. Hermann, *L'instinct filial*, Denoël, 1972］）

　命題(1)は、知的活動の発展と神の形象化に対する禁令のあいだにあると考えられる関係についての観念、フロイトの観念を想起させる。命題(2)は、このメカニズムの操作的有効性を認めてはいるものの、禁止の本性についての問いは——熟考されたかそうでないかは別にして

――宙吊りになっている。命題(3)に移行する際に欠落しているもの、それこそ本来的にヘルマン的な問いである。つまり、このような禁止――それは単なる決断の結果ではありえないだろう――は、どのようにして到来しえたのか。このように提起された問いに含まれている答えは、ヘルマンの世界では自明なものである。すなわち、この禁止は、欲求不満を惹起するイマーゴの（メランコリー的な）体内化からのみ生じえたのだ。命題(3)から答えがもたらされる真の問いがこうして標定された。それはすなわち、イマーゴが具体的に説明機能を果たすためには、イマーゴにどのような起源を認めなければならないのか、このようなイマーゴを生み出すような母に関わる原-欲求不満とはいかなるものであるのか、という問いだ。ここに神話が登場し、命題(3)がくる。洞窟生活をしていた〈人間〉は、一日の大部分を、曖昧模糊とした知覚世界の中で過ごす。さて、必然性が法となる、すなわち否応のない闇が、明るさの禁止になる、とりわけ顔の明るさの禁止になる。命題(4)では、一つの推測がこの説明を補足するが、文を完結させることもせず、媒介をなす連鎖の環の再構成を怠るのであれば、その推測には驚愕するしかないであろう。実際には、命題(4)は、もはや洞窟生活をしていた〈人間〉の段階ではなく、次の段階に関わる。ひとたび洞窟から出た人間のことである。以上のことが明確化され、連鎖が再構成されるならば、この神話による説明の適切さが非常によく把握できる。神話の舞台で上演されるのは、寒さに苛まれ、洞窟の薄暗がりに閉じ込められた先史時代の〈人間〉であり、洞窟の中で彼は――文字通り――慣れ親しんだ世界の眺め、とりわけ母の顔の眺めを喪失する。失われた母-光、それは、母-暗闇という形をとって双数的一体性のうちに体内化［incorporé］されることになる洞窟だろう。母-光の抑圧は、素描や彫像（偶像）といった形式のもとに、儀式的で象徴的な形象化を生み出すだろう。ところで、明るさの世界へと戻ることになる場合、洞窟生活をしていた〈人間〉は、あたかも光は一度も失われたことがなかったかのように、もはや光を覆い隠すことはできないだろう。とはいえ彼は、自分の闇のイマーゴの曖昧さへの要請を祓い清める――その要請を象徴的に実現する――必要があろう。そのために彼は、薄暗い聖域という形態のもとに原初の洞窟を再構成したり、知覚的な形象化そのものの禁止を設定したりする。だが何の形象化なのか、最も備給の注がれるもの、つまり人の顔でないのならば。それゆえ、偶像崇拝を廃棄する、人間の顔の形象化の禁忌こそが、人間を再び光に接近させせたにちがいない。もっとも今度は、より高次のレベルにおいて、精神的な形象化のレベルにおいてである。まさしくこのことが、「精神の光」、「盲者の明察」などといった光のあらゆる隠喩を可能にすることになろう。われわれは、こうした思考過程の全連鎖を明らかにし、その影響をあますところなく示したなどと言うつもりはない。メランコリー的な体内化、抑圧されたものの象徴的形象化がもたらす自己治癒作用、この二つの概念の極端なまでの豊穣さに注意を引きつけるだけでわれわれには十分であった。

お分かりのように、一度発見されてしまえば、このような理論は類人猿や人間の新生児の観察とはほとんど関係がない。この理論は、古生物学の様々な「データ」からはほとんど着想を得ていないし、神経-生理学にも依拠していない。また最後に、風習や慣習の民族学的観察から派生するのでもない。こういった諸科学を後楯にするのではなく、この理論の方が、それ自身の次元を諸科学にもたらす。ここでの問題はまさに、精神分析的理論化そのものに固有の、独自の思考方法の深化なのである。

それでは精神分析の父によって発明された思考方法とはいかなるものか。とりあえずわれわれが把握できたと考えている通りの思考のレベルにおいて、際立った特徴を強調しておこう。

或る理論の精神分析的特徴は、結合した二重のパラドックスによって再認される。第一にパラドックスは、諸科学の対象や、さらには哲学的-神秘的-神学的対象と同類であるような対象を、精神分析理論に割り当てることはできないという点にある。精神《プシュケー》の「様々な場」、「リビドーの管理」、「境界の変更」、以上のものこそ、図式的に言うならば、精神分析理論が言語化しようとし、諸法則のもとに開示しようとしている領域である。奇妙な宇宙である、というのも、その構成要素はあらゆる定義から、言語によるあらゆる把捉から逃れるのだから！局所構造［topique］あるいは力動論とは何であるのか、誰が言うことができるだろうか。欲動とは何であるのか、どのように欲動は、情動、言葉、視覚イメージによって「表象＝代理」されるのかを、たとえ示唆するだけにせよ、言葉で言うことなど誰にできようか。パラドックスはまた――お分かりのように――この理論の言表内容自体にもある。事実、今用いた語はどれも、辞書には載っているのだが、参照してみても困惑が増すだけだろう。というのも、明らかに、ここで問題となっている用語の精神分析的使用法は——たとえばこれらの用語に比喩的意味を与えたりして——、通常の意味から遠ざけることを目指しているのでさえないからだ。局所構造は、隠喩による話し方でさえない。真に問題なのは、本来的［固有の］意味における様々な場の布置［共同形象化 configuration］である。だがしかしながら、いったいいかなる場に、これらの「場」なるものが見つかるのかを言わねばならないとなると、われわれは言語上の答えしかもはや持ち合わせていない。すなわち「精神《プシュケー》の中に」ということであって、この答えは、われわれの知に何も付け加えはしない。いかなる場所にもない場、「家」なき経済［家の法、固有性の法 économie］、尺度なきエネルギー、こうした表現はみな、常識に逆らうように見える。ただそれには唯一の例外がある。すなわち、われわれがそれらの用語を論証的言説［discours］の部分——本来的［固有の］意味であれ、比喩的意味であれ——とは異なる仕方で捉えることができる場合、なんらかのやり方で、論理的言説［discursion］の法の外部で、次のものへの暗示を唯一聴き取るために、それらの用語を捉えうる場合がまさにその例外である。つまり、もしそれがなければ、本来的［固有の］意味でも比喩的意味でも、いかなる意味作用《シィフィカシオン》も到来しえないようなものへの暗示だけをそこに聴き取ることである。われわれが（精神-内的な）場と呼ぶことにするのは、どのような場であれ、場についてわれわれが語りうるための、われわれのうちにある条件のことである。また、（精神-内的な）力と呼ぶことにするのは、それがなければ、強度を持った、いかなる現象をもわれわれが理解しえないようなものであり、（精神-内的な）経済と呼ぶことにするのは、価値に関するあらゆる理解、あらゆる構想＝企投《プロジェ》などを可能にするまさにその当のものである。言語が発生する源泉、言語を可能にする源泉を当の言語によって把握するという不可能なことを以上の用語は試みる——これらの用語が意味生成性《シニフィアンス》の源泉への遡行以外の何も意味しない限りにおいて——のであるが、われわれは、これらの用語をアナセミー[☆1]［意味遡行性］と呼んだ。精神分析理論がまさに精神分析理論として再認されるのは、まさにアナセミーを用いて操作を行なう限りにおいてである。

したがって、古典的なアナセミー概念（欲動、リビドー、無意識など）は、記述不可能なもの、知られざるX、超現象的［現象横断的］なものを記述することを使命としており、しかもそれは与えられたもの、分析の長椅子の上で起きる様々な現象を起点として行なわれる。アナセミー的な概念を首尾よく取り出せるのは、次の一つの条件を満たした場合に限られる。すなわち現象とは象徴である、いいかえれば現象は理解可能性の源泉として超現象的な補完物を持つ、と言明するという条件である。ところで、象徴――二重に切断された意味生成性――は、精神分析の思考法によれば、結合させつつ分離するもの、分離しつつ結合させるものである。これは精神－内的な象徴の極と同じく、人間相互間の象徴の極にもあてはまり、そのうえ一方の極は、他方の極の鏡像に他ならない。精神－内的なものという観念そのものは、二つに分裂した精神《プシュケー》［姿見］を前提にするが、その精神の主観的かつ顕在的部分はもう一方の部分、アナセミーの対象となる超主体的部分へ送り返される。両者のあいだにあって、象徴は、あたかも自分で男友達同士を仲違いさせておきながら、二人を和解させようとして調停役を買って出る陰謀家の女性のように作用する。ただそれが存在するだけで、再び二者が結合されると期待を抱かせるとともに、二者を相互に隔たったままに保っておくには十分である。まさにこうしたやり方で、長椅子で生み出される言葉、情動、表象の意味を理解すべきである。精神分析的な理論化は、最終的には、現象を象徴として措定すること、そして現象のアナセミー的な補完物を探究することに帰着する。

　イムレ・ヘルマンは、この古典的な精神分析的探究において卓越しており、しがみつき本能を引き合いに出すだけでも、彼の探求の成果の豊穣さが分かる。ところで、彼の試みはそれだけに留まらない。その試みはこの謎めいた領域の彼方へと遡行する、つまりその輪郭を浮き上がらせるべくアナセミー的諸概念が呼び求められた根源的なものの彼方へと遡行する。ヘルマンにとって重要なのは、この領域を生み出すこと、究極的にはアナセミーを象徴という形で産出すること、超現象的なものを現象として顕在化させることである。

　そうするために、ヘルマンは原－モデルと彼が呼ぶものを用いる。それは推測に基づく太古的な諸状況であり、それに理解可能な変形を加えれば、それまで根源的

☆1　N・アブラハム、「表皮と核」p.203［本書二二五頁］

なものとされていたものを派生的なものとして出現させることができ、そしてさらにより根源的なものへと結合させることが可能となる。この思考方法を例証する好例は、ヘルマンの系譜学で研究されている、しがみつきというアナセミーに見られる。ここでの原-モデルは子ザルであって、生得的行動のおかげで、現実に——四本の手足で——母ザルの体毛にしがみつく。本能的な行動がなんらかの仮説的な理由で制止されたと仮定してみよう。この仮定は系統発生の際に到来した原-メランコリーを説明するためである。これこそまさに、象徴（＝切断された隠喩という形式のもとでの抑圧されたものの回帰）へと転換された、しがみつきというアナセミーであり、また完全な隠喩（比較の両項を含む）へと転換された象徴である。この遡行——それがいかに不確実であろうとも——のおかげで、母との融合の欲望としての〈人間〉の欲望に認められる「欠如」が具体的な規定を受ける。この欠如は、われわれ〈人間〉に記載された数多くの身振り——身振りの初期の意味から逸脱した形態のもとであっても——のうちに標定可能であろう。制止された本能から生ずるこれらの身振りは、われわれの代替的な行為すべてを支配している。こうした代替行為は、それゆえに、まさに代替行為として読解可能である、いいかえれば、それと同数の象徴的実現として読解可能である。言語に帰属するあらゆる比喩形象は、このことを証言している。アナセミーという領域を——たとえ神話的-推測的な様態であれ——産み出そうとする試みの利点、しかも無視しえない利点とは、厳密な歴史-論理の意味《サン》＝方向《ス》において無意識の研究を定位することにある。こうしてヘルマンの試みは、アナセミー的領域を具体的で限界のない探究へと開く。

　われわれとしてはこう考える、この思考方法は、フェレンツィが創始し☆2、ヘルマンが実践に移したのだが、まだ彼によって解明されたわけではない、そしてこの思考方法の本質は、アナセミーの起源、原初的なものにさらに先行するその諸起源へと遡行しながら、アナセミーを象徴することにあるのだから、この思考方法は、まったく別の名で呼ぶに値するだろう。そこでわれわれは、これを名指すのに原-精神分析という名を提案する。

　この用語集の目的は、このように主題系を明らかにし、照合した上で、いくつかの主要な語のもとに主題系を整理することで、読者が読解の過程で必要があれば参照できるような一つの概観的見取り図を提供することにあるだろう。

情動《アフェクト》

フロイトにとって、情動は欲動の心的代表と定義される。ヘルマンは、この見方に重要な明確化をもたらす。事実この著者が明らかにするように、外部世界に向けて、また――メタ心理学的に言えば――母-子関係が閉じ込められている無意識に向けて呼びかける表出的態度として、情動は自我の直中に出現する。それゆえ情動は、乳児が母とともに形成する双数的一体性に再び均衡を与えるための原初的な言語に喩えられる。それによってフロイト理論に生じた微妙な変化は次のようになる。つまり情動は、心的装置に課せられる単なる欲動的要求の翻訳には還元されず、既にこの要求への応答として、自我の態度決定を含むのだ、と。ところで態度決定は、心的装置のまさに直中に、第三の審級を想定する。この態度決定にとっての標識および動機の役割をする審級、すなわち超自我である。超自我は実際、自我と「エス」のあいだの分離を、主体と、無意識へと放逐されたしがみつきの欲望との分離を維持する傾向を持つ。理想的状態とは、確かに、二つの要請を同時に満たすことができることであろう。だが、それは例外的にしか起きない、したがって自我は、相反する要請を掲げる精神《プシュケー》の二極のあいだで動揺する羽目に陥る。或る時には、自我は一時的に超自我を無視して無意識とのオルガスム的な融合を実現することもあろう、また或る時には、自我は無気力《アパシー》状態に放置され、あたかもただ冬眠状態の中で生き延びることを目指すかのように、完全に本能を断念することもあるだろう。この二極のあいだにあって自我は、欲動から発出する危険に対して、不安（この語の項目参照）が示す多種多様な様態で反応するであろう。双数的なパートナーである超自我に遭難信号を送ることもあろうし、あるいは、脅威が超自我から来る場合には、もう一つの双数的なパートナーである母、無意識内に保存された母に向かって、救いと庇護を求めることもあろ

☆2　Sandor Ferenczi, *Thalassa, psychanalyse des origines de la vie sexuelle*, Petite Bibliothèque Payot, 1962.［S・フェレンツィ『タラッサ　性生活の起源をめぐる精神分析』（小島俊明訳『タラッサ』、澁澤龍彥編『性の深淵　全集・現代世界文学の発見7』、學藝書林、一九七〇年）所収）］

う。情動の調性がどのようであれ、情動には三角形的な性質がある。

情動は本質的には言語活動《ランガージュ》、精神-内的な言語活動である。だがそれはまた、身体自身による、顕在化した身体的諸状態によるコミュニケーション手段でもある。それゆえ情動性は、審級間の不均衡を翻訳しながらも、内的緊張を緩和するための恰好の手段と考えられよう。いうまでもなく、態度決定である限り、情動的体験は――卒直に言えば――審級間の内的緊張から養分を摂取する。力動論的要因であり、状況を変様させるように方向づけられている情動は、時間との関係において展開し、葛藤状況の清算を目指す。情動と除反応とは分離不可能なのである。

命令的情動

今述べたばかりのことに逆らう形で情動が作動する場合、すなわち、精神-内的な緊張を表出せず、鎮静化をもたらさないで、反復的に負荷を課すことに帰着する場合には、精神機構《プシシスム》に持ち込まれた情動、すなわち命令的情動が問題となる。恥(この語の項を参照)は、典型的な命令の情動である。だがすべての情動は、それがどのようなものであっても、精神機構に持ち込まれる可能性があり、局所構造《トピック》に関する適切な結合関係から要請されないままに、作動することがある。感情移入《エンパシー》能力が強いために、すなわち局所構造が未完成なために、人から課せられる情動を特に被ってしまう素質の人が存在する。子どもがまさにそうであり、また局所構造が完全には構成されていない人々もそうである。同様に、どのようにして、脅迫や強制からなる、あるいは逆に情動的融合からなる、或る教育技法が、命令的情動だけを産み出すことによって、恥により分断された人格、誤った活動域で機能する人格を創り出すのかが理解される。

不　安

精神-内的な所与としての不安は、危険に遭い母に助けを求める乳児のイメージによって最も適切に形象化される。このように窮状にある自我は「エス」(精神-内的になった、早期の母を補完するもの)を呼び求め、かつてのように、分裂が起きる以前のままの精神《プシュケー》の原初的一体性を「エス」が回復してくれるように依頼する。

不安の性質は、分裂の様態そのものによって統括されていることが分かる。局所構造の審級間の多様な関係に則して、以上の呼び求めに支配された多種多様な危機的状況が識別されることになる。

図式的には、不安は二種類に識別される。

(1)第一の不安は、局所構造の設置、すなわち精神《プシュケー》の分裂を予感し怖れる不安。ここでは、系統発生的には抑圧された原ー知覚の蘇生が計算に入ってくる。たとえば、怒りーに狂うー父の雷鳴のような声は、モロ反射［新生児が大きな音に反応して何かに抱きつこうとする動き］によって中耳のレベルに生じる「内なる轟音」を喚起するだろう。これは危険を前にして何かにしがみつくという逃避行為の素描と考えられる。同様に、射すくめる父の眼差しは「閃光を放つ目」の魅惑する原ー知覚を甦らせるだろう。雷で打つようなその眼差しが、空間感覚を麻痺させ、母の補完物を見失わせるだけに、その目は怖ろしい。この種の不安は（母からの引き剝がしによる）孤立化の不安と形容できるだろう。

(2)第二の不安は、既に設置された局所構造の特質であり、或る過度な本能的要求から生じる。この要求は、その渦巻きのような訴訟＝過程によって、自我を呑み込むような脅威を与える。ここでは、不安は「エス」へと呼びかけるが、それはもはやしがみつきの対象に呼びかけるようにではなく、自分の子ども（自我[☆3]）の要請を顧みないで自分自身の直接的満足を探求する母、自らしがみつく母、自己中心的である母に向けてのような呼びかけである。この種の不安は、退行不安あるいは本能による誘惑の不安である[☆4]。

どちらのカテゴリーに属するにせよ、不安には三角形的構造が刻印されている。そのことは第一の不安で明白だが、第二の不安においても論証される。実際、双数的一体性を脅かす第三者を前にした怖れが問題なのであれ、あるいは、双数的一体性に対する過剰なほどに執拗な呼び求めが行なわれて、既に内化された第三者との良好な関係が危機に陥るのではないかという怖れが問題なのであれ、不安は、二重の標識化からなる運動であるために、常に二つの次元で展開する。すなわち、保護を与えてくれる対象への逃避であると同時に、危機を前にした後退である。

不安は臆病と対立する。臆病は、同時に恐怖の対象でもあり欲望の対象でもある対象に向かう往還運動の中にあり、単一の様態において機能する。臆病から不安への転換が分析過程の豊穣な契機を構成しうることが分かる。同じ分析過程から見た場合、不安を生み出すものは、本質的に、危機的状況の再現前化あるいは（準）現前化［présentification］であることも、付け加えておこう。状況を指し示すだけで（準）現前化しない語は、いかなる情動の負荷も欠いているのだが（ここから心的外傷の場面に付着する不安を回避しながら、その場面を言葉で喚起する可能性が生じる）——、他方では、心的外傷の状況の部分をなすだけ、余計に激しく不安を生み出す語も存在する。

　しかしながら、こう自問することができよう。不意に出現する「不安状況」は、最終的には、合理化の様々な試みであって、その狙いは結局は解決不可能な事実を説明することにあるのではないかと。「様々の危機的状況」の十分条件ではないにせよ、その深層における原因であると考えられるような不安、自己発生的で［それ自身から発生し］、特に理由のない不安が存在するのだという主張もまさしく可能なのではないだろうか。ヘルマンは、放出不可能なリビドーが蓄積されるだけで不安を生み出しうるという考えを排除しない。この光学の中では、しがみつき本能に対して生得的制止が働くならば、この本能から発出する過剰な要求が、それに付随する不安の昂進を引き起こす可能性は大いにあるだろう。それゆえ不安の脅威にさらされて生きることは、人間の条件の運命と考えられよう。

原-知覚（その想起）

　このヘルマンの仮説によれば、知覚が、或る瞬間に、自らの使命に違背したために、また空間的な方向感覚の喪失——いいかえるなら、母および親密な環境の知覚的な喪失——を引き起こしたために、系統発生上の抑圧を被ってしまった知覚が存在すると想定される。まさにこの原-知覚の回帰が、怒りに狂った眼差しがおよぼす茫然自失とさせる効果の中で、また他の遮蔽知覚の中で働いていると思われる。或る場合、たとえば、「閃光を放つ目」の場合、ヘルマンによれば文化的な事象である順応作用［馴致］によって根源的知覚は偽装されているが、この根源的知覚の再構成は可能である。ところで、瞳の感情的な拡大のために出現し、検影器の原理に則して生じる、赤みがかった閃光の形をした強烈な感情（怒り）の効果を、馴致されていない目の中に知覚するには、馴致されていない眼差しが必要である。勇気は太陽（アティラ）を凝視する能力によって象徴化されることが多いが、その起源にあるのはおそらくまた「閃光を放つ目」を前にした怖れである。同様に「内なる轟音」は、モロ反射により機械的に乳児の中耳のレベルに生じ、抑圧されたしがみつきと関係しているのだが、これは、不安状況において自己の身体の音を知覚する際に感じられる怖れの起源にあると十分考えられるだろう（骨のきしむ音、口から聞こえる雑音に対する怖れ、「猛烈な歯ぎしり」等々）。

自傷行為

フェレンツィにとって、自傷的切断は、自己のまだ生きている部分、とはいえ全体を危険にさらさなければ保存しえないような部分の死（抑圧）を象徴する。ヘルマンにとって、自傷行為は心的外傷の象徴的反復に照応する。すなわち、しがみついた対象から切断されたという外傷である。自傷行為は自発的であることも、儀式的であることもありうる。後者の場合、自傷行為は逆向きの運動を含み（いいかえれば、喪に服した者が死者を遺棄すること）、墓の中に至るまで双数的一体性を尊重できなかったことを象徴的に償う役割を演じる。

☆3　実際、「エス」のうちへと放逐されたあらゆる本能の直接的な実現はすべて、しがみつき本能を襲う制止の除去、死を招くような除去と同化されうるであろう（死を招くというのは、設置された局所構造を無化するからだ）。したがって、抑鬱的不安にある者は、内なる母にしがみつきながらも、逆説的に、既に設置されたしがみつきの剝奪を保持するように母に懇願する。メラニー・クラインの言う「抑鬱的態勢」と「喪」を参照のこと。クラインによれば、失われた母は、喪の悲しみに沈むわが子とともに、自分自身の喪失を嘆き悲しむ。ヘルマンにとって、母と子どもは、しがみつきを喪失した子どもの苦痛を、一緒に嘆き悲しむ。

☆4　この二種類の不安は、クラインのパラノイア性［妄想性］不安と抑鬱的不安という観念とほぼ重なる。この点に関して注意していただきたいが、クラインの部分対象は、〈乳房〉ないし〈ペニス〉を意味するのではなく、双数的一体性の欠けている部分を意味する。残念ながら、こうした粗雑な誤解が堂々とまかり通り、クラインの直観が歪められている。クラインの直観は、ヘルマンの提起した双数的一体性の概念と同時に誕生し、また同じ源泉から誕生したものである。

支　配（階層序列《ヒエラルキー》）

社会の階層的構造のことであり、これは機能役割の優劣に則した人々の分割として設立され、財産の享受に関しても、また同胞への支配に関しても、個人に不平等な権力を賦与する。

支配の原-モデルは、（今日では反駁されている）真猿類の群の組織編成に見られる。そこでは、（雄であれ雌であれ）最も強い個体は、交配上の優先権ないし独占権を確保しており、熾烈な闘いの末に獲得される、ライバルや性交の相手に対する最高の権威を享受すると思われる。

ところで、真猿類の集団においては、支配力の行使は支配する動物が現実に存在していることと密接に関係するが、それに対し人間社会では、この支配は超自我という形で内化され、支配する個人ないしその代表者が不在であっても機能する。

そうなると、支配力の行使は、ヒトでは、太古の兄弟殺し的な傾向の昇華と等しいと考えられる。それはすなわち、攻撃的傾向の転換の効果であろうが、とりわけその変化を助けたのは、制止されたしがみつきを、直に敗者において、実現したいという欲求である。しがみつきへのノスタルジーは、殺人への途上にある攻撃性を克服してしまうことで、主人と奴隷の関係や、その関係の象徴化に関する無数の変種と段階の設立を可能とした。

演劇化

被った心的外傷体験を行為において（情動的な蘇生においてでも、言語的な記述においてでもない）象徴的に反復すること。*fort-da*［いない-いる］の遊びは、母の消滅と回帰を、行為《アクト》［幕］という形で反復する象徴的演劇化である。いわゆる象徴はここでは、現前と不在を同時に潜在化する糸巻きの糸である。外傷的状況への象徴の導入を可能にするもの、それゆえ演劇化を可能にするものは、主体が二重化されたものとして登場するということの事実である。つまり、主体はそれ自身であると同時に、外部から自身を見る者でもある。いいかえるなら、演劇化は外傷体験を見ている観察者たる第三者を前提にする、そして主体は部分的にはその第三者に同一化する。象徴系はこの第三者の名において発明される。

儀式的演劇化においても事情は同様である。儀式を許容する条件もやはり、第三者の現前であり、換言すれば崇拝に基づく共同体〔共同態〕である。共同体の各成員〔四肢〕はその共同体と、補償的な双数的関係を維持する。演劇化が象徴化であるとすれば、象徴的反復は或る共同体の内部でしか考えられない。そこでは各成員が、失われた対象の代用という役割と、その喪失の象徴的場面〔舞台〕の証人という役割の二重の役割を演じる。

双数的（双数的一体性、双数的関係、双数的一体性における関係）

（ドイツ語 *Dualunion* あるいは *Doppeleinheit ; Dualverhältnis*）

ヘルマン理論の要諦である双数的一体性は、その様々な契機と状態とともに、この理論家にとって理解可能性の究極の原理をなし、メタ心理学的事実は、その機能においても、発生においても、この原理に支配されている。双数的一体性は、母と子が、それぞれの補完性によって二重化した一体性の中にあって、分離されないままに生きていたと推定される或る時期に関わっている。

この定式から何を理解すべきだろうか。母が、母性本能のおかげで子どもの欲求を完全に満たす一定の時期が存在するであろうと、人々は考える。ところが、ヘルマンの構想の独自性は、母性本能の実在性に異議を唱え、それを子性本能へと帰着させることにある。後者は、普遍的なものとして措定され、母においてと同様に子どもにおいても機能する。両者の違いは、それぞれの機能のメカニズムである。子どもの場合、この本能は、補完的対象へと直接に方向づけられるのに対し、母においては、この同じ本能は、感情移入ないし同一化的な投射によって働く。いわゆる母性本能は、子どもの中に自分自身の子性本能を投射し、いわば代理を介して子どもにおいてこの本能を体験する母の素質に他ならない。母性的な感情移入によって、双数的一体性のパートナーたちは、要求と充足の水準を一定の状態に維持しながら、連通管のように、相互に接続される。こうした状況に適合する原-モデルは、子ザルと母ザルのあいだで実在するしがみつきの本能的関係に見られる。この場合、僅かでも観察してみれば、母と子のあいだでのそれぞれのしがみつき本能における相互的な感情移入が明らかになる。感情移入のおかげで、一方の側でこの本能が弛緩する傾向にあると、そのつど、他方の側でこの本能は力を回復する。

しかしながら、類人猿に観察されて、人間には観察されない事柄によって、人類のいくつかの現象が理解可能となる。類人猿に現実に存在するしがみつきから、人間におけるアナセミー的しがみつきへと移行するには、前者に対して合理的な或る変換メカニズム、系統発生における制止を適用するだけでよい。原-モデルに依拠しても、アナセミーは除去されないとすれば、そこで少なくとも示唆されているのは、アナセミーを、或る理解可能な突発的変化（突如しがみつきを襲った制止）の効果に還元することが――原理上――可能であるということだ。実際、依託（*Anlehung*）や、「結合」、「融合化」、「密着」といった諸概念を基礎づけるアナセミーが、しがみつきの様々な象徴的様態として言表されえたのは、まさしく類人猿モデルを導入したためである。こうした解明のもとで、双数的一体性のアナセミーは、こうなると具体的な意味を帯びる。すなわちそれは、手や足で母にしがみつくという不可能な-欲望である。こうしていくつかの臨床的事実（たとえば、手-口-目の関連）や民族学的事実（手の自切行為）、技術的事実（罠を仕掛ける）などが説明可能となる。

以上のような連通管状の機能作用は、投射――自らの精神機構の中で展開する事柄を外部世界に関係づけることを本質とするメカニズム――の原-モデルとしても役立ちうる。この同じメカニズムのおかげで、われわれは、子性本能の阻害による、外部世界（＝分離された対象としての母）の原-構成に立ち会う。

想定されるこの阻害を系統発生に関係づけるのであれば、この本能の阻害［欲求不満］はまた、人間の局所《トピック》構造の構成にとって原-モデルとして役立つであろう。それゆえに、最終的にはごく自然に母から分離される類人猿の個体において観察されることとは逆に、そのしがみつき本能に生得的な制止を受けたヒトの子どもは、しがみつきの剝奪という自らの状況をただ苦痛を感じながら経験するだけである、そして、この状況の行為者《アジャン》［代行者］を外界の人物に投射するしかない。その人物は、分離を強いる乱暴な行為者である超自我という形で改めて内化されることになる。このような展開の結果として、精神機構には漸進的に分裂が生まれる。超自我の圧力を受けて、母へのしがみつきという欲望は、自己の分離された区域に放逐されることになるのだが、この区域がフロイトの第二局所論以来、「エス」と呼ぶ慣わしになっているものである。

　この分裂が余すところなく完遂された時、双数的一体性は終焉を迎え、複数の他者との関係を自身に対して設定するのだが、これら他者はその場合、しがみつきの約束と禁止を同時に意味することになろう。母と母に対する子としての欲望は活発なまま維持され、制止を受けた他の諸本能とともに、「エス」と呼ばれる精神の局限された区域を構成する。自我はエスに根をおろすが、そこに本当にしがみつくのは、深刻な危機的状況にある場合だけであろう☆5。

　それ以降、母との関係を解かれた主体は、性器的パートナーを見つけるために、探求本能を作動させうるであろう。双数的一体性について言えば、それは、理想的な場合、これが精神-内的なレベルに完全に転換され、自我と「エス」という二つの審級間の相互関係を規定すると思われる。

　ところで、この精神-内的な分裂が完全であることは稀であり、ほとんどの場合、それと並行して、精神-相互間のしがみつきの関係が存続する。この関係におけるパートナー［分有者］は、互いに相手へと宙吊りになり依存しあったままで、一般的には、融合の欲望と離脱の必要とのあいだでの葛藤状態で生きている。これが、双数的一体性にある関係の、逆説的な二重の要請である。すなわち、他者がしがみつきの支えであると同時にしがみつきの欲望であることを希求することである。

　ヘルマンでは、精神機構における分裂という考えは、母-補完物との分離という考えに帰着する。精神機構のうち、不在の母への欲望（しがみつきの欲望）として定義される部分は、分析的状況の際に、その非存者《ネアン》性［虚無］において開示される。分析的状況の布置が形成されると、外部かつ内部の母との関係の幻影的性格が周到に作成される。この意味で、無意識は、いわば身体の一部を切断された者の幻影に見られるような、残存四肢［切断されて残った四肢 moignon］の切り取られた部分のように機能する。このイメージは強い不快感を与えるが、母と

☆5　「エス」が良い母の役割を果たしているような、極度の危機的場合で見出される奇跡的解決を参照のこと。過剰な欲動的要求がある場合には、内的危機という状況も同じく存在する。その際、「エス」は悪い母を演じる、というのも、この母は、子どもが完全に自由になる前に、子どもを厄介払いしようとするからである。

の分離が帯びている切断や去勢という意味を、鮮明に表現している。つまり双数的関係は、相互補完性のユートピアに他ならない。実際、この関係は、二つの「残存四肢」の結合を実現することに他ならない、そしてこのようなノスタルジー［回帰への、痛みのような強い思い］を前にしてのこうした現実は、ただ苦い失望を引き起こすことしかできないであろうことが理解される。生得的にわれわれに欠けているものを（再）認識することは、同時にわれわれが所有しているものを解放することである。すなわち、性器的な補完物も含めて、様々な象徴的な補完物を探求するわれわれの能力を解放することである。

いわゆる「二元的」パートナー同士のこの双数的関係の多様な変種を記述しようとすれば、それだけで一本の論文が完成するだろう（例として、言及だけしておけば、他者に攻撃をしかけるのは、望んでいる分離を手に入れるためである、等々）。しかしながら、この鍵概念を十分に理解するならば、分析家は転移関係の多様な変化の中にあっても、まったく直観的に自己の位置を標定することが可能である。

ファンタスム

フロイトにとって、ファンタスムとは——情動と同じく——欲動の心的代表＝代理の一つである。ヘルマンにとっては、ファンタスムは、情動とまったく同様に、本能的要求に対する自我の態度決定を含んでいる。したがって、現実にそれ自体として体験される「子どもの誘拐」という状況は、根源的に「子どもの誘拐」というファンタスムとは識別される。最初のケースでは、母−子の一体性は解体の脅威を前にして不安に駆られる。第二のケースでは、逆に、打ち明けられていない願望が見出される。母との分離が生じますように、というわけである。それゆえ、ファンタスムは心的現実を蔽い隠すのではなく、偽装する、そして、決まって迂遠で、見分けがたい仕方でそれを表出する。つまり、ファンタスムが心的現実を表出するとしても、それは自我のレベルにおいて、迂回して可能な表象を辿りながらである。また、当該の力動論的モーメントにおいて、この迂回が精神内の諸審級の現実的な結合に適合することは稀である。「子どもの誘拐」というファンタスムに話を戻すと、当該のこのモーメントの力動論的現実の本質は、次のような危機にある。すなわち、無意識の側からの過剰なしがみつきの要求に自我がなすすべもなく圧倒されるという危機である。「誘拐」ファンタスムの出現は、このファンタスムの出所である力動論的モーメントを阻む傾向があり、ファンタスムは抑圧や安定化のための道具とみなすべきである。

ファンタスムが本能に抗する審級への――偽りの――妥協的姿勢である限り（たとえば、その全体像を再構成した上で考察される恐怖症的ファンタスム）、ファンタスムは象徴とは識別される、またファンタスムは現状の維持を図る。それに対して、象徴は、その反復によって、心的外傷体験を祓い清める、そして、本能の象徴的実現（*fort-da* いないいないいーばー遊び）を可能にしながら、阻害するイマーゴから解き放つ。（象徴化の項も参照のこと。）

恥

恥は一つの情動である。そのようなものとして、この情動は無意識ー母に関係づけられる。ところで、あらゆる情動とは逆に、これは無意識ー母に対してコミュニケーションを行なうためでも、助けを呼び求めるためなどでもない。そうではなくこれは、自分が母との切断を成し遂げたこと、自分自身のしがみつきの欲望を回避していることを、精神ー外の第三者に対して明確に意味するためである。実際、局所構造という理由からのみ展開する不安のケースのように、自発的な情動が問題なのではない、問題なのは、或る仕方で外部から、人工的手段によって課せられる命令的情動、心的組織の中に分裂を生み出そうとする命令的情動である。局所構造（エスー自我ー超自我）がひとたび設定されれば、恥の諸状況は取り除かれ、代わって罪責感の状況が据えられる。換言するなら、恥とは、局所構造がいまだ設定の途中にある子どもに関する事柄であり、少なくとも潜在的には、外部に恥をかかせる者を含んでいる。子どもが赤面し恥を覚えるもの、それはまだ徹底的に糾弾されておらず、単に第三者の目から隠されているにすぎない。恥は秘密および自我の分割と一対をなしている。罪責感は償うことが可能だが、恥の方は否認されるか隠蔽される以外にない。

「恥を覚える」とはどういうことなのか。つまるところ、それはしがみつきの対象である母との接触を喪失すること、母を再発見させてくれるような空間的な方向感覚を喪失することであり、象徴的に母の方へと向かわせるような心的方向感覚を喪失することである。したがって、それは瞬間的に無意識と分離されることでもある。うちに秘めた欲望を奪い取られ、白日の下にさらされ、恥じる者は、突然に何もかも失った状態の中で試練にさらされ、自分の足下で母という地盤が崩れ去るのを感じることになろう。彼は混乱に襲われ、自分に注がれる灼き尽くすような眼差しにたちどころに囚われる、そして、なすすべもなくその眼差しの影響を被り、赤面することになる。それはちょうど、火によって、しがみつきを剝奪されるという、原－状況の効果を、自分の身体の中で現実化するかのようである。火事に焼き尽くされる原－森林の火刑台へと委ねられた母への同一化によって――比喩的に――「灼けつく」ということだ。

恥をかかせる者は、どのように振る舞うことで、精神内の力動のうちに自然に入ってくるのではないこの情動を誘発させるのか。そうするために、彼は糾弾の対象である行為のうちに、隠された欲望を、しがみつきの欲望を暴き出したにちがいない。次いで彼は、自らのうちで、自分自身の相同的な欲望を抑圧したにちがいない。最後に、彼は、相手を意気阻喪させながらも、自分自身をしがみつきの対象として与えるにちがいない。この三条件が満たされれば、彼は、人類の草創期から巧妙に築き上げられてきた羞恥心を惹起する様々な技法を作動させることができるだろう。

そうするために、恥をかかせる者は、極めて強烈な不安を引き起こす二つの原－知覚の効果に頼ったと推測される。閃光を放つ目の原－知覚と「内なる轟音」の原－知覚である。そこには、いってみれば、系統発生的な心的外傷体験――しがみつきの喪失であり、これには苦痛に満ちた結果が伴った――の記憶の喚起があるだろう。沸き起こる声、火を放たんばかりの射すくめる目を前にして、恥をかかされた子どもは、根源的な不安を再び体験する、そして、自分の不完全さが極度に亢進したおかげで、恥をかかせる者を、未聞の様式の母となし、この未聞の様式の母をいますぐにでも体内化しようとする。要するに、これが超自我の誕生である。ところで、いかにこれが逆説的に見えようとも、恥をかかされた本能には生得的に生存能力が欠如しているというまさにこの理由から、恥をかかせる者の作業は、子どもの願望によって要求されているのだ。

恥をかかせる者の到来が成熟化に内属する要請だとすれば、或る主体に恥をかかせる者が寄り添っていて、しかもその恥をかかせる者自身が恥じ入ったり、あるいは恥をかかされた者である時、その主体が、どのような解消しがたい葛藤の前に立たされているのかが分かる。自らのうちに局所構造の保証人である超自我を設定しえないので、こうした主体は自我内に分割を被り、その分割をきっかけに、実行不可能で、一般的に死を招くような多種多様な局所構造が生み出され、恐怖症や道徳的倒錯から、精神病ないし自殺的メランコリーに進展することもあるだろう。

生存可能な超自我の設定に失敗した者は、恥ずべき者であったり恥知らずであったりする。どちらのケースも恥を隠蔽するが、それは対象との分離が確かに起きたのだと他者にはっきり示すことで、他者の探求本能に養分を供給しないためである。というのも、社会というものが、しがみつきの抑圧の上に築かれていることを知らない者はいないからだ。また恥の対象が、たとえそれが単に非順応的な欲望にすぎないとしても、暴かれるのではないかという怖れは、真の「社会的」不安を惹起する。それは、局所構造が堅固に構成されていたとしても妥当する。実際、自分自身あるいは超自我の代理人が、社会の不文律に背いた咎で、集団から排除されるのではないかという予想ほど恐ろしいことはない。

恥の弁証法は、（排除される怖れのように）遠心的なものだけではなく、（排除によって引き起こされる恥のように）求心的でもあるということを付け加えておこう。恥の求心的な側面に、その前提である苦痛に満ちたしがみつきの剝奪が伴うと、探求本能の再活性化が生み出される。だがこの探求本能は、外部の展望を欠いた場合には、メランコリー的な反芻行為と大差ない止むことのない自己批判という形をとって主体へと反転するだろう。知られざる理由で共同体から排除されてしまうという恥によって、堅固に構成された局所構造が動揺をきたしたり、精神病的様式の崩壊が生じることさえありうる。

本能

Trieb すなわち欲動、本能というメタ心理学的概念は、心的装置に備給を行なうエネルギー供給源を指し示す。

この供給源がなければ、強度を持ったいかなる心的現象も考えられないし、またしたがって、どのようなものであれ、強度を持った現象を外部世界において把握しえないであろう。ヘルマンにとって、欲動とは、ほぼ生物学的意味での本能のことである。彼によれば、人間本能は、その多様な様態の象徴化を通して、その原－モデルである動物本能と同じくらい具体的な研究に委ねられる。人間本能は、そのあらゆる特徴とともに把握する必要があり、無意識から発出する、或る規定されていない衝迫に還元してはならない。本能の本性の行動および言語活動は、以下のものによって暴き出される。

(1) 本能が作動させる器官（たとえば、しがみつき本能にとっての手、またその転位した形で、目）によって。本能の能動的器官に対応するのは受動的器官である。たとえば、しがみつこうとする手としがみつかれる体毛。

(2) 本能が成就する特種な行為によって（たとえば、探求本能にとっての歩行）。

(3) 本能が関係づけられる特種な対象によって（たとえば、栄養摂取の本能にとっての食べ物）。

(4) 方向づけの様態によって（たとえば、しがみつき本能にとって方向づけは熱量的であるが、探求本能にとっては嗅覚的である）。

(5) 様々な類型的状況によって。すなわち、社会生活のコンテクストにおける諸々の欲望や渇望（母－子関係――しがみつき本能にとってのエディプス的状況等）。

太古的な諸本能は、社会生活によって修正された形式のもとに姿を現わす。その原初的な形式においては、これらの本能は無意識の中に閉じ込められたままであり、象徴的な満足だけを獲得する。

太古的諸本能の数や性質がどのようであれ、それらは母－子関係の諸相に帰着し、しがみつき本能に支配されている。経済論的な問題が提起される――いかなる本能にも欲求不満があるからだが――そのつど、応答は力動論的な変化からもたらされる。というのも、力動論的変化は、制止された同じしがみつき本能を常に覚醒させるからだ。ヘルマンに従って次のように考えれば、このことは容易に理解される。すなわち、精神《プシュケー》が無意識と自我に分割されることとしての局所構造そのものが、しがみつき本能の抑圧から由来するのだと。退行の場合には、このしがみつき本能は蘇生しようとするが、ただしその目標は制止され、他の諸本能によって変形されたり（妥協）、完全に変様されたりする（たとえば、攻撃本能へと変様される）。しがみつき本能の退行的な妥協形成は無数にあるが、それでも結局これらは同定される。たとえば、「人に誘導される」、依存する、また逆に庇護主義的姿勢をとる、固執する（自分の考えにしがみつく）、自分の所持品［排泄物］を手放さない、どもる（声帯によってしがみつき、その次に身を引き離す）、等の事実において同定される。

様々な太古的な本能は部分的本能である。本能の基準については、「導入部分」を参照いただきたい。

攻撃本能

しがみつき本能から派生したものである以上、攻撃本能は、しがみつき本能と同じ諸器官を用いる。攻撃本能の特種な、筋肉による行為は、断片化し押し潰し、無に帰することを目指す。すなわち、他者のしがみつき器官の破壊を目指す。その対象＝目的は、しがみつきに対する障害であり、いいかえれば、本質的には競争相手――その方向定位は嗅覚的ないし視覚的になされる――であり、その類型的状況はしがみつきの阻害［欲求不満］に属する（「子どもの誘拐」、オイディプス）。

したがって、攻撃本能は、ヘルマンによれば、リビドーと死の本能の結合に由来するのではなく、なんらかの本能に関わる阻害に由来する。つまり制止されたしがみつき本能という意味を決まって帯びた阻害に由来する。それゆえ、通常は制止されているしがみつき本能は、攻撃者という形のもとに覚醒してくる。だからこそ、攻撃によって持ち込まれる内容を文字通り受け取るという、分析的錯誤には警戒すべきである。まったく別の事柄が問題であるのに、母性的態度により攻撃性を「治癒する」のだと思い込んだりした場合、この無反省な考えは、特に混乱状態に陥る。まったく別の事柄、たとえば、探求本能の使用を回復することが問題なのである。しがみつきの競争相手に攻撃の矛先が向けられているという事実も、競争相手の消滅が問題の解決になるという証明にはなおのことならない。

攻撃本能のもう一つの側面は、この本能が前提にする無意識的な「善性」である。この「善性」は、本能同士の或る種の結合に照応するが、自我の観点からこの本能を翻訳することは、反動形成を生み出すような基盤とは根本的に異なる基盤に基づいている。

探究的本能あるいは探究本能

部分本能であって、子性本能に対してと同様に性器的本能に対して補助的な本能。探求本能は、母性的対象の優位性を保ちながらも、自らには固有でない対象を探す。探求本能の行為とは、運動諸器官の助けを借りて空間内を移動することであり、探求本能の方向定位は、熱や匂いに則して進められる。探求本能が始動するのは、他の諸本能が未充足であることが判明する時である。このことは必然的にしがみつき本能には最低限妥当する。探求本能は、様々な自我理想に規定、命令された探求作業を無際限に継続更新するなかで、自らを社会化させる傾向にある。家出、徘徊狂、浮浪、そして社会心理学的なレベルでは、永続的ないし季節的遊牧《ノマディスム》＝放浪、民族移動、亡命といった、探求本能の様々な退行形態が現われるのは、自我内に自我理想を打ち立てることが不可能である時、あるいは自我理想が危機に瀕している時である。

時には探求本能が身動きできないこともあり、この場合に見られる様々な混乱の力動性は、しがみつき症候群の名のもとに記述される。要するに、ヘルマンの理論に沿って言えば、探求本能とは、その絶えまない活動によって、しがみつきに課せられた生得的な制止を代補し［代理・補足する supplée］、自我にその固有のリビドー的エネルギーを備給する本能である。

次のように付け加えることもできるだろう。「発見された」対象との一致のうちに自己を休らわせることは決してできないがゆえに、人間的な時間の流れを維持するものこそ、探求本能であると。「時間が停止する」場合、それは探求本能が行き詰まっている合図なのだ。

しがみつこうとする本能、あるいはしがみつき本能

ヘルマンによって明らかにされたしがみつき本能は、窃視－露出症、サディズム、支配欲動などと同じく、部分本能として提示されている。ヘルマンが明言するように、しがみつき本能は、こうした欲動と同じように、母との関係に関わっている。この意味で、しがみつき本能は保存本能に属しており、リビドーの依託［主体が自己保存欲動の対象をもとにして、愛の対象を選択すること］に関与する。しかしながら、他の部分本

能とちがい、しがみつき本能は生得的に人間には制止されていいるかのように出現するという特殊性を持ち、また――新生児に見られる反射の名残（把握反射、モロ反射）を除いて――この本能の負荷は直接には放出されえないと思われる。つまりこの本能が顕在化するとしても、それは、視線によるしがみつき、現前性への固着、なんらかの対象を手で握るといった間接的様態ないし象徴的様態においてである。さらに高次の象徴的様態では、この本能は、保持するという行為、保護するといった行為、また比喩的な意味においても本来的な意味においても、自己の手もとに保存する、といった行為において能動的である。この本能の特殊な派生物を別にすれば、制止されたしがみつき本能は、攻撃本能のような他の諸本能に転換されることもある。ヘルマンはこう主張していると言ってもいい。つまるところ、部分本能はみな、制止されたしがみつきの派生物かもしれない、と。それゆえ、本当のところは、本能は母性的対象に関わる本能と性器的対象に関わる本能の二種類しかないということになろう。したがって――彼はこう評価する――子どもという性器的に未成熟な個体が、性器的対象への気遣いを示すようになるのは、まさしくしがみつきという様態のもとにおいてでしかありえないであろう。性器的な成熟が訪れた時、子としての探求の対象が新たな要請――受精能力――によって豊かにされる時に、初めて子どもの目は開かれる。しがみつき本能やその派生物が性器的リビドーの支えとなっているという事実だけとってみても、この本能とその派生物が性的性質に貫かれていることが十分に説明されよう。だがまた、この本能とその派生物が傷つけられれば、それは常に去勢に等しいのだということをより的確に説明するためにも、以上のことを認めておく必要がある。最後に、この去勢は象徴的な様々な様態によって祓い清めることが可能であり、この去勢のおかげでリビドーは性器に関する様々な実現へと方向づけられると考えられる。

生得的な制止を受けても、しがみつき本能は、さほど欲求不満に陥るわけではない。というのも、先ほど言及した代替行為のほかに、この本能の固有のエネルギーは、探求本能（該当項目を参照）のように密接に連携した別の本能と関係するからだ。母のようなかすがい［しがみつくもの crampon］に取って代わるものを絶えず探求すること、とりわけ、子どもにとって性器的な「かすがい」を内包するなんらかの神秘＝秘密をわがものにしよううとすること（穿鑿狂＝知識愛《エピステモフィリー》）、これらは制止されたしがみつき本能にとっての力動論的な解決策である。

　ヒトにあっては、母子関係は、しがみつき本能から直接演繹されない。それは制度＝設立［institution］でもある。そのようなものとして、母子関係はこの本能の象徴化を経由する。象徴化によって、この本能は、社会的に規定された諸行動へと転換され、社会的な交感《コミュニオン》の中で、母性に関わる諸行動についての真の動機を見出す（象徴化の項を参照）。

　ところで、象徴的行為としての母性的態度――これは人間において常に象徴的行為である――は、本能の否定の上に打ち立てられる。この否定は乳児に対する親の単なる嫉妬に還元されない。ヘルマンの思考を敷衍するなら、子どもへの母性的な世話や教育的行為はみな、しがみつきの生得的制止をさらに上回るものである、とさえ主張できよう。思い浮かべていただきたいが、たとえば赤ん坊を抱っこするネットの発明は、しがみつきからの生得的な引き剝がしを確認、強化するものであり、また乳児を産着でくるむことで、しがみつき本能のわずかな望みまでも拘束すること、あるいは、授乳の時機をコントロールしたり、離乳に対する社会的命令、排泄に関する規則を厳格に遵守させることなど、さらには、指のおしゃぶりや子どもの自慰行為のようなしがみつきの代用物に対する度重なる禁止などを想起されたい。また、禁止を課す者の存在（そして禁止を課す者が具現化している社会の存在）が、ほとんどの場合、制止されたしがみつきの代理、十分に満足を与える代理の役割を果たしているということも事実なのであり、禁止を課す者の役割のこの二重性そのものが、本能の象徴的実現という構造を統御する（〈象徴化〉の項を参照）。

　概念としてのしがみつき本能の身分規定がどのようなものであるのかについては、「冒頭の註解」の末尾を参照していただきたい。

　しがみつき本能の力動性とその様々な逸脱状態については、しがみつき症候群の項を参照していただきたい。

子性本能－母性本能

　ヘルマンは、本能を最終的には二種類に識別している。すなわち母性的関係に関わる本能と性器的関係に関わる本能であるが、前者を無視したまま、後者が作動するなどということはなく、緊密な関連がある。とはいえ子どもに固有の諸本能はみな、母の方に向けられている（母志向的な方向定位［orientation métrotrope］）。一方、母性本能と呼ばれるものは、結局、子どもが補完を要求することによって引き起こされる感情移入と大昔の再想起といった諸効果に帰着する。こうしたことから、われわれは、すべてが母志向的である部分本能を一括して、子性本能の名のもとに分類することを提案したのである。この用語は本質的にはしがみつき本能を指すことが言外に述べられており、ヘルマンによれば、他の様々な部分本能はすべて、要するに、このしがみつき本能から派生する可能性があるとされる。また、この命名によって、ヘルマンの思考における暗黙の定数が強調される。すなわち、あらゆる進化の決定的な契機には子性本能の剥奪が含まれるというものである。

マゾヒズム（その理論）

ヘルマンのマゾヒズム理論は次のような主要命題の上に基礎づけられる。その命題によれば、「身体的な」苦痛は、それが本能の象徴化の失敗に起因する精神－内の（アナセミー的な）苦痛を象徴化する限りにおいて、初めてそのようなものとして体験される。いいかえるなら、苦痛とは象徴化の停止の象徴そのものである（「精神的な《モラル》苦痛」について言えば、それは身体的な苦痛の隠喩である、つまり、精神－内部の苦痛とは混同されてはならない）。心的な組織編成の完全性を保持するために、自己の身体の或る部分を苦痛に委ねること、それは中心にある苦痛を周縁へと振り向けるだけでなく、「苦痛」という象徴を言語として使用することでもある。子ザルは苦痛に対して鋭敏な感覚を持つが、母ザルからの引き離しが迫ってくると、激しい苦痛を表わす様々な記号《シーニュ》＝表徴を用いて反応する。基本的な情動としての苦痛は、もとはといえば、乳児において（死活に関わる）母による補完が機能不全に陥った状態を翻訳＝表現するのだと言えよう。つまり、まず、苦痛とは補完物を求める呼び求めである。この呼び求めが聞き入れられない場合は、苦痛を生み出す状況そのものを、母のような代理物という資格において、メランコリー的に体内化することが起きてしまうであろう。このことはまた、臨床が明らかにしているように、体内化はすべて苦痛の状態から由来することを意味する。

　こうした論点が明確になれば、「口の中の排泄物」という抑鬱的－マゾヒズム的ファンタスムを解釈することがわれわれには可能である。ここで問題になっているのは――成人にとって――、しがみつきの剝奪という状況が否応なしに長引くような場合に、母と同一視される「エス」を脅かすものを、またそれゆえに、エスに依存する固有の自我を脅かすものを象徴的に予測し先取りすることである。その場合、実際、エスとの分離がメランコリー的に体内化されるために、「エス」は排泄物と化すであろう。それはあたかも、精神が内的な破壊を被ったかのようであろう。かつて外傷体験を被った際に棄て去られたのと同じように、自我は、「エス」から分離され、自分自身を棄て去る［廃棄され棄て去られる］者であることを余儀なくされるだろう。もっとも――別の言い方になるが――無意識－母とのあいだに、常に繰り返される廃棄という関係を築いているのではないとすればの話である。この精神－内の状況がまだ脅威の段階に留まる場合、この状況に対する治療法は、周縁に振り向けるやり方で、つまりは自己の身体に直に、恐怖の対象である心的苦痛を先取りしつつ現実化することである（〈周縁化〉の項を参照）。この戦略のおかげで、「エス」との接触は保持されうるであろう。マゾヒズム的行為は、母との分離という精神－内の苦痛を象徴化し祓い清める。その使命は、本質的に治療的なものである。この自己治療のもう一つの側面である、マゾヒズム的苦痛のエロス生成的性格［érogénéité］は、メランコリーを未然に防ぐ目的を持つが、同じ仕方で理解される。自我と「エス」との分離は完全な去勢に等しいであろう、すなわち、この去勢を象徴的に実現する――事実上、去勢をより巧妙に回避するために――マゾヒズム的身振りは、脅威にさらされたリビドーを解放する。だが、まさにそれゆえに、マゾヒスト的身振りは、あらゆるリビドー的成就の必要不可欠の条件とみなされる。リビドーを修復する身振りは、それを固着する身振りそのものなのである。

マゾヒズムのもう一つの形式――先ほどの形式におとらずエロス生成である――は、先ほどの形式とは正反対の目標を持つ。その目標とはつまり母との分離を準備し、精神－内のレベルにおいて、自我とエスのあいだに分裂をもうけること、そしてこの分裂を保証する者、つまり超自我を設置することである。この場合、マゾヒズム的行為は分離の怖れを克服するのに役立つ。或る対象への「マゾヒスト」の固着は、「サディズム」的な解放行為を成就することに対する「マゾヒスト」の拒絶に由来すると考えられる。したがって、マゾヒズム的な挑発は必ずしも固着に資するものではなく、望ましい分離への一歩を踏み出すことを狙ったものでもありうる。

いうまでもなく、この二つのマゾヒズム形式は互いに切り離せない。せいぜい、かりにどちらに重点があるかを言えるくらいだ。しがみつきのマゾヒズムと分離のマゾヒズムは、同じ一つの弁証法の契機のひとつである。

モデル

「モデルという語でわれわれが意味するのは、あらゆる状況、あらゆる場面ないし行動様式であって、これは検討対象の現象に同一であるわけではないが、単なる思考の操作（転位、人物の置き換え、象徴形成、等）によって現象に転換しうるものである。モデルを呈示することは、比較によって記述することであるが、因果関係による説明を提供することではない」（『子性本能』、一二九頁）

モデルは先駆的なプロセスとは混同されない。先駆的なプロセスは、事後の状態を起点にすれば限定的なものであり、少なくとも潜在的には、事後的な状態の様々な特徴を内包すると想定される。これとは逆に、モデルの方は、検討対象の状態との徹底的な差異を示すこともありうる。そしてモデルから先駆的なプロセスへの移行は、一種の完成や完全化によってではなく、精神分析によってわれわれが知るところとなった変換手法によってなされる。だからこそ、エディプス・コンプレックスのモデル、あるいはサルに見られるエディプス的状況は、そう考えられがちなように、萌芽的なエディプスではなく、まったく別の事柄《コーズ》の効果、すなわち霊長類を特徴づける支配の構造である。さらに、支配的動物は、オスとメスのどちらでも十分にありうる。

周縁化

精神の核を触発し毀損する葛藤、苦痛、危険を、周縁部へと振り向けることを共通点として持つ、多様な防衛機制の総体を指す。

周縁とは、外在性の度合いがどのようであれ、とにかく核にとって外在的なものを指す。つまり周縁は自己の身体、身体の内部、身体の表層であり、様々な対象や人物にも及ぶ。周縁化は、内的な観客あるいは外的な観客を伴った演劇化を常に含んでいる。そこで問題なのは、転換的であるものや、そうでないものもあるが、極めて多岐にわたる「身体的な」現実化であったり、あるいは襲来する不運（精神的マゾヒズム）を伴った場面（エロスを生成するマゾヒズム）などであったりする。もう一つ重要な点は、ここでわれわれが関わっているのは常に、現にある心的組織を脅す悪に対しての自己治療の企てであるということだ。これらの企ての一つひとつはまた、本能の渦に呑み込まれないようにするための条件である。

周縁化のメカニズムが作動している場である核からどれくらい遠ざかっているのであれ、周縁化と投射とは入念に識別すべきである。投射（この項参照）は、二元論的な「残存四肢」（〈双数的〉の項を参照）の削除によって進行し、「亡霊」に対して操作を行なうのだが、周縁化は、「残存四肢」――自分のそれであったり、同一化を介して他者のそれであったりする――の中に閉じこめられたままである。この意味で、周縁化は欲動の取り込みのモデルであると想定される。

投射

通常の意味の場合、投射の観念は次のような主体を前提とする、つまり、外から見た場合、いくつかの排斥された欲望を厄介払いし他人に向けて放り投げるかのように見える主体である。この現象は数多く記述されてきたが、その深層のメカニズムやその可能性の条件が本当に解明されたことは一度もなかった。ヘルマンにとって、投射という現象の原-モデルとなるのは、霊長類に観察されるような母子間の相互感情移入である。双数的一体性の枠組において、この感情移入は連通管のように機能する。このことを表現するには、次のように言えばいいのかもしれない。つまり、本能に関わる関係の均衡は、相同的な本能が互いに投射しあうことで保たれる、と。ヒトにおいてこのような共生的な関係が存在しえないのは、対をなす二人のパートナーのしがみつき本能が、まさに生得的な制止を受けているためであろう。したがって、多少とも成功した代補作用の欠如のために、子どもが不完全なところで、代補作用しか問題になりえない。子どもがその完全性を再び見出す状態に置かれた場合、子どもがその完全性を再び見出すのは唯一幻覚の様態においてであろう。それはちょうど身体の一部を切断された者のようである。彼は失った四肢から苦痛が由来すると考え、その苦痛に同一化する、そしてまさにその苦痛によって失った四肢を（準）現前化する［présentifie］のである（同一化的投射）。様々な理由から、同一化の局面が欠けている場合には（たとえば禁止のために）、問題なのは純粋投射である（こうした主体は苦しみもせず欲望もしない、彼は苦痛にも、他者に帰せられる欲望にも関心を示さない。あるいはさらに、感情移入を拒否しようとして、憎しみを抱いたり、他者に憎しみや無関心を投射したりする等々）。

　投射の概念は、フロイト、フェレンツィ、ヘルマンの外界の構成に関する理論において、中心的な役割を果たしている。この三人の理論家は、本能の阻害［欲求不満］の効果をその中に導入している点で一致しているが、フロイトとフェレンツィは、自己の身体の投射から外界を派生させるのに対し、ヘルマンは、失われた母の身体の代理物として外界を考えており（いくつかの点ではM・クラインと共通する）、ここに彼の独創性がある。彼によれば、われわれ人間は世界に対して、鏡像的関係を取り結んで生きているのではなく、補完的関係を取り結んで生きているのである。

象徴化

ヘルマンは明示的に自らの象徴化の理論を定式化してはいないが、この理論は彼の思考方法を下部から支えている。その概要を明らかにしておくべきだろう。

　象徴化の先駆的形態（原‐モデルではない）は、サルにおいて普遍的な習性の中に見られる。これは、毛づくろいや、不適切だが、虱取りと呼ばれるものである。観察者はそこに、いくつかの局面を見出す。(1)皮膚や異物の引き剝がし、(2)そこから生まれる、自分の同類に対して抱く母性的関心、(3)概して集団状態において成就される、この操作の儀式的性格、(4)この操作に費やされる悲壮なまでに真剣な態度である。

　この現象に対するヘルマンの解釈は次のようなものである。つまり、既にサル類においても、しがみつきになんらかの制限があると考えられる。熱心な世話をやくという事実そのものは、執着が持続していることを含意する一方で、毛づくろいの身振りは母との分離が今や不可避であることを形象化すると考えられる。この行為の象徴的価値は、まさにその儀式的性格に由来する、すなわち、この活動の中で集団の成員が一体化すること――双数的一体性を代補する交感《コミュニオン》［一体性、共同性］――に由来すると考えられる。そうすると、ここに見られる真剣さは、しがみつきを時間的に制限するという、おそらくは系統発生的な或る基本的要請への関係を表わすと考えられる。重要なのは、双数的一体性の解消を形象化する［比喩化する］と同時に、脱-母性化され、儀式化された一種の双数的関係の設立をも形象化する身振り-象徴の社会的性格に留意することである。したがって、象徴的な現実性［実効性］は、まさしく双数的関係の制度=設立が持つ社会的性格に依拠する、すなわち、その制度=設立に見られる新たな二元的一体性の様式の創造に依拠するということを見落としてはならない。交感の内容あるいはその時宜を得た性格が、双数的一体性ではなく、引き剝がしであるからこそ、象徴は存在するのである。また、社会的な交感は――たとえ象徴的な仕方であっても――それでもやはり失われたしがみつきを修復するからこそ、分離の外傷体験にもかかわらず、生は持続しうる。象徴化することとは、それゆえに、外傷体験を象徴的に修復するコンテクストにおいて、外傷体験を反復しつつ、外傷体験を祓い清めることである。様々な儀式における交感には、明示的ではないこうした象徴的修復が見て取れるのだが、他方で（しがみつきからの剝奪という外傷体験に関わる）対立的であり、公然化された象徴的肯定は、崇拝的儀式の内実そのものを形成する。[☆6] 社会性の中に統合されるということは、引き剝がしの儀式的象徴化を休みなく続けることで、母-社会へとしがみつくというこのパラドックスを現実化することである。

この考えを継続していけば、最も複雑な組織から最も単純な組織に至るまで、様々な生命組織の発生と機能の中にこの考えに類似したものを見つけだせるだろう。生そのものにとって共同-本質的な［本質をともにする］象徴化の法則が存在すると想定される。これは、フェレンツィにおけるような、本能と禁止のあいだの葛藤の妥協形成的な象徴化ではなく、苦痛や死をもたらす体内化を祓い清める象徴化である。ここでは、被った外傷体験を共同で演劇化することによって、それぞれの役割に応じた各個体の差異化や、集団総体の機能上の協働作用がもたらされうると考えられる。

この視点の理論的、実践的な帰結の展開をこれ以上追うことはしないで、次の点だけを押さえておこう。外傷体験の体内化は一般に死をもたらしかねないが、そうした体内化は、支障をきたした双数的一体性を、社会的交感を援用して、いわば側面的に修復することによって、祓い清めを行なう象徴化へと乗り越えられていくのだ。

しがみつき症候群

対をなすいくつかの本能の協働作用で生じる混乱の総体。しがみつき‐探求本能と、それぞれに敵対する本能のあいだ、また分離傾向とクリプト愛好的な［cryptophilie］傾向（第四章を参照）のあいだに起きるもの。

系統発生的には、人間の精神全体は、様々な症候を一つの全体に結集させるしがみつき症候群として構想する必要がある。しがみつき本能（これは「エス」へ放逐される）の制止、失われた対象（自我理想）の絶えざる探求、そしてしがみつきの敵（超自我）に対する愛着。

個体発生的には、この「一覧表」との関係において、しがみつき症候群が出現する。この症候群は、しがみつき本能の歓迎されざる覚醒の――局所構造的、力動論的、経済論的な――諸効果の一貫した総体である。制止されていない任意の本能が非‐充足状態に置かれる結果、こうした覚醒が臨床において現われる場合に、人が目の当たりにしているのは、霊長類動物からヒトに至るまでの進化を構成したにちがいない様々な段階をまさに退行的＝遡行的に反復回顧するありさまである。一言でいえば、しがみつき症候群とは終始一貫した退行であって、この退行を構成するのは、しがみつき本能の回帰であり、また、他の諸本能や審級に向けてしがみつき本能から生み出される様々な変化である。

傾向（反‐本能的な、本能‐回避的な）

本能の働きに対立する傾向があるものを指す。傾向とは、精神《プシュケー》の内部に不意に到来した分裂の効果である、そして、この分裂から生み出される力は今度は逆にその当

☆6　祈り、贖罪的な供儀［犠牲］などを参照のこと。しかしながら、神そのものとの「コミュニオン［交感、一体性］」を創設するキリスト教的革命＝転回は、この図式に、或る無視しえない変異体をもたらす。しかしこの評価は本稿の意図の埒外にある。

の分裂を維持する力を持つのだが、傾向はこうした力にも照応している。傾向は超自我の先駆者であり、本能とのあいだに生得的に敵対するカップルをなす。したがって、しがみつき本能には分離傾向という競争相手がいて、探求本能には隠蔽傾向という競争相手がいる、等々。

本能の敵対者である傾向は、ネガのような形で、本能の刻印を帯びている。それゆえに、ヘルマンによれば、傾向をその系統発生において再構成する可能性が生じ、この傾向の行動メカニズムをより的確に把握するという利点もそれに伴う。この起源についての神話-仮説は三つの概念に依拠する。まず、その中で本能が束縛されずに働くような母-子の原-一体性。つぎに、或る一定の仕方で双数的一体性に打撃を与えた原-外傷体験。たとえば炎の中や、水の中で、あるいは殺人などによって、双数的一体性の母側の項が消滅することである。最後に、外傷体験を反復することによって、あるいは傷口を開いたままに保つことによって、二元的関係にある「残存四肢」がその切り取られた部分を内化すること（原-体内化）。

傾向は苦痛から生まれ、苦痛の中で機能する。それが傾向を本能から識別するものである。しかしながら、本能の方も、もとを正せば、新たな様態の双数的一体性を、脱身体化しつつ［décorporant］――とでも言えるだろうか――修復するまでに至るような傾向なのであった。とはいっても、前もって失われた母との双数的一体性ではなく、外傷体験から生じた母性的イマーゴをその場限り《アドホック》で具現化したものとの双数的一体性という新たな様態である。「残存四肢」の外部で起きる脱身体化［décorporation］、また外部に新たな在り方をする母を創り出す脱身体化こそが、もともとは傾向を本能へと変容させえたのである。そして、この本能との関係において、新たな外傷体験が反-本能的な新たな傾向を生み出すことになるだろう。こうしたことが、生物学的進化についてのヘルマン的な鍵であった。

したがって、ヒトには次のような特殊性があると言えよう、つまり、自らの諸傾向に対応する新たな母性的パートナーを脱身体化することに依然として成功していないために、ヒトは、必然的に破壊的な自らの諸傾向に対して、また当然の帰結として自己破壊的である自らの諸傾向に対してと同様に、時代遅れとなった太古的な自らの諸本能に対しても、間断なく闘争を挑まねばならないのだ。したがって、フロイトが明らかにした、いわゆる防衛機制は、一部は諸本能に抗する形で、また一部は諸傾向に抗する形で方向づけられている。それらをはっきりと識別することが重要である（『子性本能』第十章を参照）。

隠蔽的あるいはクリプト愛好的な傾向

探求本能は、しがみつきが充足を阻まれると始動する。したがって、この本能は、双数的一体性の先行的な切断を前提とする。次に探求本能の方が制止を被ると（たとえば、二元的な「残存四肢」が麻痺に襲われた場合）、この本能は亡霊的部分［幻肢］へと自己を投射し、役割が入れ替わる、そして探求を制止された主体－残存四肢がまさに、探求の対象となる。「探求者－にとって－隠蔽された－ままであること」という、亡霊のもともとの役割に同一化することにより、「残存四肢」は、その探求能力の欠如を体内化する。自らの失われた部分とまったく同じように、残存四肢は、能動的に、自らを見つけられないものとなすであろう。だがそれは、本当に他者から逃れるためでもなければ、孤独のうちに閉じこもるためでもなく、他者を介して自分自身の探求本能をより良く体験するためである。身を隠す者は、絶えず現実に対して耳をそばだてている。残存四肢である身を隠す者が、自分を迫害＝追求される者に仕立て、自分を他者の亡霊－四肢［幻肢］となすとすれば、それは他者の主導する探求が決して終わりを迎えないようにするためである。もしそうでなければ、この身を隠す者は再び、決定的に切断された「残存四肢」となり、それ自身の上で分離の外傷体験を反復せざるをえなくなるであろう（〈分離的傾向〉を参照）。身を隠す主体が、自分のパートナーの対象である限りにおいて、迫害＝追求される者であるとしても、この主体はまた、パートナーに対して迫害者＝追求者であるような自己も生きている。実際、対象が隠蔽される場合には、対象は主体にとって攻撃的となるよりほかないだろう。その理由は、対象へと投射されたしがみつきが阻害され攻撃性を帯びるからだ。したがって、迫害者－被迫害者の関係は、二元的な二つの「残存四肢」の関係ではなく、二つの亡霊－四肢［幻肢］の関係であり、「残存四肢」はそこではまさしく脱落しているのだ。

身を隠すことは、再発見［関係修復］を探求する者を意気阻喪させるという悪しき悦びを含むが、とりわけ再発見が攻撃的な場合はそうである。これは隠れている［自らを隠す］対象に同一化することで身を隠す待伏者の精神状態であり、彼は自分が探している犠牲者に帰せられる悪しき悦びを改めて自分のものとする。「私から逃げたかったのか、この卑劣漢よ、お前はもう捕まっているぞ！」というわけである。待伏は、これと同様のアイロニーを含んでいる罠において客体化される。「隠れたかったというのか。（罠の中で）自分を隠蔽したいというお前の意志そのものによってまさに、お前は自分をしがみつかれるものにしているのだ」。罠をしかけるという行為は魔術に由来する、それは隠蔽の意味そのものをその反対物、つまり再発見《エコノミー》［関係修復］へと反転させ、そうすることで探求の自足的体系を現実化する。

探偵もまた、制止された自らの探求本能を取り戻す。この制止の結果である探偵の隠蔽傾向は、彼の標的の持つ相同的な傾向へと投射されることだろう。とはいえ、他者が身を隠すのは――と探偵は言う――、彼が自分の探求本能を投射するからである。探偵は他者の投射の支えになり、そしてまさしくこの二重の媒介作用によって、彼は自分自身の探求本能を再び行使しうる。（「私は隠れない」――と探偵は言う――、「隠れているのは他者なのだ。したがって、私がその他者を探しているのだと他者は想定する、つまり、私の探求本能ではなく、他者の探求本能こそが、私を先導し、私にその他者を発見させることになろう。」）

分離的傾向あるいは分離の傾向

しがみつき本能が制止をうけ、その捌け口――すなわち攻撃、愛情表現、探求、クリプト愛好――がすべて塞がれた時、決定的な抑圧の中にこの本能を維持しうるような或る傾向が生み出される。これが分離的傾向である。この傾向が子どものうちに据えられるのは、探求器官や攻撃器官が操作能力をまだ持たない時である。分離的傾向とは――万策尽きて――自分自身を対象とみなしながら外傷体験を反復することに存する。一般にこれは次のようにして起きる、つまり双数的一体性の残存物である「残存四肢」が亡霊‐四肢［幻肢］のものと想定される場所に自己を代わりに置き、「残存四肢」が自らを相手に分離の外傷体験（「落下に身を任せる」）を繰り返す、あるいは、同じことだが、他人への投射により、サディズム的な演劇化という形態をとることもあり、あるいはさらに二元的なパートナーに対して脱身体化を行なうことで、「残存四肢」と「亡霊－四肢」のそれぞれの役割を交換して、目的である分離を反復するという形態をとることもある。

投射的様態において現実化される分離的傾向は、教育者や、恥をかかせる者、司法機関の代理人などに関わる事柄である。同じ分離的傾向でも、脱身体化の様態において現実化されるものは、これらの人々の二元的なパートナーである「子ども」、「罪人」、「犯罪者」に関わる事柄である。

局所構造《トピック》（その起源と意味）

系統発生においてしがみつき本能が被る制止の効果。人間の局所構造を「生み出し」うると思われる起源についての神話－仮説は、二重の公準に依拠する。まず、母へのしがみつきを中断した原－外傷体験がある。そして、しがみつきの剝奪という外傷体験を、自己から自己に対して反復すること（本能の抑圧という要請を伴った、母の根源的イマーゴの変様）によって、以上の既成事実を、メランコリー的様式を取りつつ体内化することである。したがって、精神が両立不可能な二つの部分に分割される原因は、外傷体験の体内化に帰せられる。すなわち、抑圧された部分には、しがみつかれる母のイマーゴと一緒にいるしがみつく者が含まれ、もう一方には、分離の外傷体験を、能動的に、繰り返そうとする顕在的な部分――いってみればこの外傷体験に繋ぎとめられた部分（抑圧されたものの回帰）――がある。この二つの部分がそれぞれ、無意識と自我に対応する。

局所構造のこの原－モデルは、精神－内の三角構造が明示的に存在しないため、すなわち超自我が不在なために、われわれの諸審級からは依然として識別される。超自我は、子どもの場合、自分の攻撃本能を競争相手へと投射することにより構成される（この競争相手は、このような投射の支えとして定義される）。ついでこの攻撃性はしがみつきの剝奪を保証する者として改めて体内化され、これによって外傷体験の反復から自我を解放する。あらゆる社会が、外傷体験を象徴化によって祓い清めることの上に打ち立てられる限りにおいて、超自我は同時に社会的なるものの代表者、攻撃的でありかつしがみつきうる代表者として理解される。三位一体的な局所構造がいったん構成されると、しがみつき本能と分離的本能といった太古的なものは、真剣さに基づく態度——たとえユーモアの刻印を受けていても——に場所を譲る。この態度は、奇妙なことに、霊長類が社会的な行為を成就する際に——たとえば互いに毛づくろいの奉仕を行なうこと——見られる細心で熱心な態度を想起させる。

締め括りとして付け加えておくなら、性器期にある両親のうちに存在する、攻撃的でしがみつく子どもから、局所構造は両親を保護する役割も果たしているのである。両親のうちに存在する子どもは、両親が性行為——これは子どもにとって禁止すべきしがみつきを意味する——を達成するのを妨げようとする。この点に関して、子どもが被る性的誘惑とは、子どもにとって二重の阻害[欲求不満]になるということも留意しておこう。しがみつきを望んでいる時に、しがみつきを禁じられるという阻害、そしてしがみつく者の支えとして仕えざるをえないという阻害である。

本能の渦巻

情念を揺るがす衝動の訴訟＝過程は、しばしば、「深淵」、「奈落＝無底」ないし「渦巻」といった隠喩で形容される。逆に、大渦巻《メールシュトレーム》の抗いがたい吸引が、われわれに対して持っている意味を把握しうるようになるためには、われわれのうちに精神-内部の(アナセミー的な)保証人を持つ必要がある。ヘルマンにとってこの保証人は、無意識の中で生きているままの本能の構造それ自体である。本能はそこで、単一のベクトルとして活動しているのではなく、複数の力の合力として活動しており、そのために、本能の訴訟＝過程には恒常的に力動性が備わり、また様々に変化する湾曲性が見られる。このように本能にはそれぞれ屈曲性があり、それによって、否応なしに本能の展開が行なわれる空間の構造までもが画定されると考えられる。すべての本能が現実化という葛藤を耐え忍ぶ、すなわち、いつでもすぐに渦巻状の負荷放出を開始しうる諸力の合力を耐え忍んでいるだけ余計に、渦巻のような特徴はあらゆる本能に固有なのである。本能から-防衛する[本能-回避的な]防衛は、自我を深淵の縁に保つように活動する。つまり、まさしく、どんな局所構造であっても崩れ去ってしまいかねないような、そうした吸引の中心からできるだけ遠くに、自我を保つように活動する。☆7

さらに本能の負荷放出は、他の本能の機能を危険にさらす可能性があると思われる。それゆえに、致命的な効果を生む可能性もあるだろう。たとえば、制止されたしがみつきは、破壊的な怒りなどに転換される。

生命の渦巻は、二重に誘導されつつ活動して、二人の人物に分配されることもある。たとえば、母の愛の欠如は子どもの攻撃性を引き起こし、また攻撃性が欠如を亢進させ、その逆も生じ、事態は爆発にまで至る、等々。

＊＊＊

最終的願望

この用語集に目を通していただいたなら、読者はきっと前代未聞の情熱に囚われることであろう。それはヘルマンのテクストに最初に接して以来、われわれを囚えたのと同じ情熱である。つまり、分散した或る一つの思考を取り出すこと——そして御しがたいとともに楽しくもある道程を辿って——思考の過程の輪郭を、その周囲の光景とともに再構成すること。たとえ点描法的なやり方であっても、潜在的には、ヘルマンが人間の全領域において編み上げたネットワークのこれこれの線を跡付けること。道の途中では、かつて垣間見たことのある景色に出会ったりもする、またつぎからつぎへと、否応なしに

☆7　このような「死のベクトル」、あらゆる本能の形式的特徴は、少なくとも脱構造化する力である限り、フロイトの死の本能に照応すると思われる。

驚くべきことにぶつかり、こういう感嘆の声が挙がることだろう、「ああ、これなら私がいつも知っていたはずのことだ。どうしてそれを忘れることなどできたのだろうか」。今後、読者はこうした時に——それがわれわれの願望なのだが——ただ一言、ヘルマン化する、という声を挙げるかもしれない。

N. A.

パリ　一九七二年三月

Introduction de N. A. pour *l'Instinct filial* d'Imre Hermann, traduit par Georges Kassai, Paris, Denoël, 1972［イムレ・ヘルマン『子性本能』への序文］

言語活動《ランガージュ》の意味生成性《シニフィアンス》の源：しがみつきというアナセミー的欲望に関する虚偽《うそ》の中での交感《コミュニオン》

覚書

アナセミー［意味遡行性］的な概念をどう批判すべきなのだろうか。そうした概念は神秘的－神学的な直観から勝手に生まれたものなのだろうか、それとも前もって形式的様態において定義可能な厳格な要請に応答するのだろうか。科学的な概念化の基準については見たばかりであるが、十分な基準ではない。まずこうした概念は流動的であり、またそれらが社会的な思考されざるものに入り込んでいたり、暗黙のあるいは明示的なイデオロギーのうちに根をおろしているからである。直接アナセミー的な領域に近づこうとするためには、文化的な仮説の足かせをまだ被っていない前－科学的な素朴な考え方に戻ってみるか、あるいはそうした文化的仮説を民族学的、歴史的に相対化することに戻ってみるのもよいであろう。

徹底化の一つとして、言語活動を還元できないものとして措定し、アナセミー的な概念に依拠して、人間相互間の交流の原動力およびその可能性の条件を定義しようとすることがある。言語活動とは何か、あるいはアナセミー的な意味での言語活動そのものとは何か。

フロイトにとってそれらは、〈自我〉と他者との交流の要請を伴った、欲動の音声的代理物である。この二つの言語活動の様態のあいだには葛藤がある。その葛藤は、言い間違いや夢においては、欲動に有利な形で解決が現われ、第二の様態にとっては、意識的な自我が下す交流の決断が優位に立つであろう。第三の可能性も存在する。それが現われるのは、詩の場合のように、二つの言語活動の様態が混じり合っている時である。アナセミー的な分析を行なう者にとって問題となるのは、いかにして聴覚的な表象が欲動の表象代理となるのかを知ることである。

この問題に答えるためには、音によって自らを表現するということ、つまり音という手段を用いて欲求を満たすということ、あるいはその手段により充足を準備するということを、欲動の目的として第一に想定しなければならないだろう。これらの仮説に対して、メタ心理学は、心的な働きに関する経験的な形でしか確かめられていない事実以外には確証をもたらすことはない。われわれの眼前にあるアナセミーの練り上げは明らかに不十分である。ラカン理論もこうした種類の困難を根底から取り除いたとは思えない。というのもラカン理論は、この問題の射程と領域を大幅に拡大し、機能の様態を解明したとはいえ、やはりこの理論も単なる事実確認から先には進めなかったからである。象徴的な連鎖と言われるものの中に、アナセミー的な大文字を要求するものがまったくないのがその不十分さの証拠である。

しかしながら、言語活動自体がアナセミーのレベルにまで達していないとしても、言語活動は、「父の名」という概念がそうである、やはりアナセミー的な概念から実効的な力を汲み出しているように思われる。この「父－の－名」という概念はこの同じ「父」の法と結びついている（法はこの父なるものと同等のものである）。この概念とはアナセミー的な「去勢」（大文字の去勢）であり、言語活動はこの去勢の試練を受けているとともに、今度は言葉を介してまさに、去勢を（他のものに）被らせる。この〈去勢〉とは、言語活動の欲動的機能を保証するものである。言語活動とはその場合、この（アナセミー的な）〈去勢〉の道具であろう。発端の融合の原理のようなものとの関係でいえば、言語活動はその不連続性そのものとその媒介的特徴によって、母との融合的関係（I・ヘルマンが言う「母への接続結合」としての言葉である）を区切るものとなり、そこに一挙に母との分離という要請を導入することだろう。

言語活動の地位が〈自らの法－のうちの－父〉というアナセミーに帰着するとしても、〈父〉という概念そのものが――まずその本来的意味において、次にアナセミー的な意味において――、どんな魔術によって現われるのかは理解不能である。この機械仕掛けの父は結局偶然的な制度＝設立によってしか正当化されず、意味形成作用の源になるどころか、それ自身どのようなアナセミー的な源泉から出てきたのかこそ探求されなければならないだろう。つまりここには、擬似アナセミーの例がある。

言語活動そのものそして言語活動と〈去勢〉との関係について重要視されているのは、いわゆるアナセミー的な探求というよりも存在神論型の哲学である。というのも、言語活動が媒介作用であり、したがって非‐直接性［非‐無媒介性］をうちに含んだものであるならば、直接性の概念そのものがまた哲学的な性質を帯び、言語活動の意味生成性に関する心的装置内部の源泉に遡行するどころか、魔術的‐知的な満足感しか与えないからである。

〈しがみつき〉のアナセミー的な欲望についての虚偽の中においてコミュニオン［交感］として言語活動が与えられるという事実から、言語活動がその意味生成性を引き出すということを言えるようになったのは、ヘルマン以後のことである。いいかえれば、聴覚的な表象の再活性化は亡霊を呼び覚ますとともにそれを祓い清めるのである。さらにいいかえれば、孤独者の独り言は他者との対話により二重化するのである。語るとは亡霊や切断された四肢の残り［moignon］に呼びかけることであり、言語活動を理解［包含］するとは、自己と他者との関係、つまり残存四肢‐亡霊というアナセミー的構造を理解するということである。語るとは、亡霊は身体化されないという要請を伴いつつ、亡霊を（準）現前化させることである。というのも、その亡霊は言葉を語り合う共同体によって無効化されたからである。個々人の言説《ディスクール》の多様性はこうした普遍的な意味との関係で位置づけられる、そしてそれは、双数的な弁証法の中で言葉を語る主体の位置の関数であると言えよう（用語集における〈周縁化〉、〈投射〉、〈象徴化〉等の項参照のこと）。

ラカンの誤りは「去勢」を言語活動の起源に置いていることである。実際には、去勢は言語活動の普遍的な内容にすぎない。そして解明をもたらすアナセミー的概念が解決すべき問題とは、言語活動の意味生成性の源としての心的装置内部における虚偽＊の機能とは何か、そして必要があれば、どのようにしてその虚偽が発生するのかという問題である。見てきたように、この虚偽とは、亡霊に対して、人々が亡霊の再受肉化を欲望しているということを告げることであり、人間相互間の心的装置外

＊訳註　虚偽［mensonge］とは語源的には「言うこと」および「偽ること」を意味する。

部における虚偽とは他者に同じことを告げることである。現実とはこの虚偽そのものなのであり、虚偽をまさに虚偽と呼ぶことを可能にするもの、それは、虚偽が成就することがないということである。

　実際、欲望はそれが成就される際の時間性というものを前提とするのに、亡霊に関する欲望は、既に聴覚的な表象となっているということで常に既に成就されているのである。というのも、〈しがみつき〉に関する欲望は——無意識の中に追いやられながらも——、子性的《フィリアル》=子としての言語として自己固有化=我有化された「母語〔母としての言語 langue maternelle〕」の音素を用いて、常に準備が整っているからである。（分析の問題とは、この母-子的な言語を社会的なレベルに移行させることである。つまり、母にしがみつくことから引き離して、社会的な集団へ改めてしがみつかせること、そうした意味作用として移行させることである。あるいはむしろ、しがみつきの対象の変化とも言える（すなわち母以外の他者に話しうるようになることである（ヨナを参照☆1）。）

N. A.

未刊草稿　一九七三年夏

☆1　Cf. *Le cas Jonas* (inédit)〔『症例ヨナ』（未発表）〕。La Philosophie en effet 叢書で近日刊行の予定（編者註）。〔初版は一九八一年、第二版は一九九九年にともにフラマリオン社から刊行〕

第VI部

無意識における亡霊の働きと無知の掟

亡霊とは、無意識のうちにおける、他者の打ち明けられない秘密（近親相姦、犯罪、私生等）の働きである。

亡霊の掟は、無知〔nescience〕という義務を課す。

亡霊の顕現、憑依というものは、奇妙な言葉や行為、（恐怖症の、強迫神経症の）徴候などの中に亡霊が回帰してくることである。

亡霊の世界は、たとえば、幻想的な物語の中で客観化されることがある。その時、人は、フロイトが「無気味なもの」として記述した特異な情動を経験するのである。

双数的一体性と亡霊に関するセミナーのノート☆1

双数的一体性をメタ心理学へ導入する必要性

双数的一体性はなんの役に立つのか。それに答えるのが、アナセミー〔意味遡行性〕である。分析の概念体系はどのように構築されるのか。分析の具体的問題とはなんなのか。それは、象徴を隠喩《メタファー》へ変換することである。こうした考え方の補足理論となるのがメタ心理学である。すなわち、メタ心理学の概念体系は、われわれが人間的なものとみなすすべてのものの最終的な基礎ないしは可能性の条件である以外には、言語活動の中ではいかなる地位も持たない。いかなる存在論的地位も、さらには論理的地位もこの構築作業に付与されることはないとはいえ、だからと言ってこの構築作業は恣意的なものではない☆2。それは具体的な臨床上の要請によって必要とされている。それによって、象徴として現われてくるものをアナロジー〔類比、ロゴス（論理）遡行性〕へ、隠喩へと変換することがまさに可能となる。

分析的聴取は、患者の話の場に〔話の代わりに〕象徴を聴き取る瞬間に始まる。

象徴とは何か。象徴は、隠されたままに留まっているある操作の結果である。たとえば、夢の象徴性の中でわれわれのもとへ現われてくるのは、実際には、顕在的意味とは別のものを暗示する働きを持つ一連の謎である。ところで、起源においては、いっさいの象徴は隠喩である。隠喩が象徴となるのは、忘却が強いられるからに他ならない。象徴を生みだすのは、隠喩の起源の抑圧である。そしてもちろん、起源の抑圧は抑圧装置を前提としている。二つの「部分」が一つに結び合わせられるなら、象徴は象徴であることをやめる。隠喩というものはどこから生じるのだろうか。それは起源におけるしがみつきの剥奪を、結合により乗り越えて体内化することから生じてくる。（喪失した一方の部分を保持しつつ）象徴となることにより隠喩は、隠喩的なやり方で切断を実現する。象徴はその存在そのものにおいて、（象徴には欠けているもののゆえに）切断の類比物である。他方において、象徴は主体に欠けているものを補完するのだが、その補完物の類似性において、象徴は捉えることができる。それゆえ、象徴にその欠けている部分を返還するなら、象徴はその起源の隠喩へと再変換される。

象徴とはだから二重の隠喩なのである。切り離されたものの隠喩であり、また切断そのものの隠喩でもある。われわれが患者の話を聞く時、患者の話を象徴的なものとして受け取る時、われわれは切断されたものを切断の瞬間＝契機とともに修復しようとしているのであり（抑圧されたものの取り込み）、そして言葉のレベルにおいて、新たな完全性を作りだそうとしているのである。

メタ心理学という「魔女」によって象徴を隠喩へと変換することは、常に成功するとは限らないし、それよりも失敗の方が多い。これがまさに、〈無意識〉が亡霊（〈無意識〉の中のよそ者［étranger］の存在）を隠し持つ場合、あるいは〈自我〉の内部にクリプト［埋葬室 crypte］が存在する場合である。

というのも、結局のところ、精神分析の偉大な発見とは、まさにこのような変換の可能性の発見であったからである。精神分析の一切の理論は、この端緒となる経験を理論化することに他ならないが、この経験はそれ以降の一連の経験によって豊かになり、そのたびごとに心的装置の練り直しあるいは再調整を命じ、そうすることによって精神分析を、たとえば理論物理学と同じような発展する可能性を秘めた科学として基礎づけていく。精神分析の理論は厳密科学なのである。

かくして、たとえば、狼男に関して、［メタ心理学という］「魔女」の練り直しという問題がフロイトの頭の中に浮かび始めたが、それは既に一九一四年以降のメランコリー的同一化についてのフロイトの関心の中に現われている。☆3 フロイトがそれほど早い時期には自分でこの練り直しに着手せず、後になって第二局所論の中で素描したにすぎないとはいえ、〈超自我〉という概念によって、彼は重要な一歩を乗り越え、親子関係［子であること filiation］という考えに向かったのであり、そしてそこから個人の局所論的構造が導き出される。しかしながら、この親子関係は超自我の親子関係に暗黙のうちに限定され、まだ無意識の欲望にまでは及んでいないことも確かである。
これからわれわれが〈無意識〉の中の亡霊と呼ぶものが主体の中に存在するがゆえに、かつてメタ心理学は蔽い隠されたり狂いを生じたりしたのだが、まさしくそうした場合＝症例において、象徴を隠喩化しうるためには、極めて系譜学的な概念――双数的一体性という概念――をメタ心理学の中に導入しなければならないであろう。

いくつかのクリプトフォリー［クリプト保持＝伝達］の症例、あるいはさらには、主体が或る対象の亡霊の中で、あるいは亡霊としての対象の中にあって完全に中心をずらされていた他の症例についても同様である。

双数的一体性はこうして、空を飛び、適切な場所に着地することのできる魔女の箒のようなものとして現われる。

非‐分離的な分離体としての一なるものの概念

「我が右腕協会」のたとえ話

一体性という概念は、コンテクストからの分離という概念によってしか定義されない。物が一体性という概念〈切り離せないもの《アトム》〉により示されるあの資格を獲得するのは、一体性の概念がコンテクストから引き剝がされているからなのである。すなわち、〈一なるもの〉とは、「分離不可能なもの」に達するほどに非‐分離的な分離体である。だが分離の行為そのものは一体性の到来以前のものであり、そしてその行為は他の様々な似たような行為の反復でしかありえない。

最初の分離にまで遡ってみるなら（そのような虚構が正しいとしてだが）、分離行為の起源的図式とは、分離された非‐分離体と形容しうる、あの虚構的な存在という事実であると認めなければならないだろう。これにつ

☆1　これらのノートは、一九七四‐一九七五年のセミナーから残されたものである。場所：精神分析研究所。タイトル：「人間の社会性と象徴化活動の中での、双数的一体性と精神分析の臨床におけるその変遷」（D.Géahchan, J.Lubtchansky, R. Major, M. Torok との討論）

☆2　「表皮と核」本書、二二五頁、そして「ヘルマン読解についての註解」本書、三八五頁を参照のこと。また、« Le symbole éclaté », in *Cryptonymie, le Verbier de l'Homme aux loups*, p.229 (Paris, Aubier Flammarion, 1976［『狼男の言語標本』］）も参照のこと。

☆3　*Cryptonymie* その他参照のこと。

いては、フロイトが究極の起源であるとして引用している、プラトンの両性具有体に注目してみよう。二体に分離された両性具有体は、その二つの部分が再び結合されたとしても、もはや根源的な非–分離体という虚構の完全性を生み出すことはないだろう。

ヘルマンにとっては、このような虚構的な原型をなしているのは、男–女という最初の非–分離体や両性具有体の仮説–神話ではなく、別の非–分離体、母–子の根源的一体性である。言ってみれば、子–母〔païdo-métér〕である。両性具有体の場合とまったく同じように、根源的な分離は、ここでもまた、最初の一体性のいかなる復元をも不可能とするものをもたらすだろう。

しかしながら、自分には欠けている性器の霊的存在《ジェニー》（両性具有を見よ）を潜在的にメンバーの両方にもたらす男–女の一対とは異なり、「子–母」の結合解体は、二人のパートナーにとって、ただ一つの欠如、母の欠如という傷だけをもたらすであろう。なるほどここにはパラドックスがある。子どもが失うのは母なのだが、その母にとって失われることになるのは、自分が子どもだった時のその母なのである。

性器による補完作用の基盤に両性（具有）性があるのに対して、子–母の補完作用はただ一つの原理、子性本能〔instinct filial〕にしか従わない。

それゆえ、両性具有体と子–母によって二重の仮説–神話、二重の思考の道具が与えられるのだが、これによって性〔性的問題〕の揺籃期を対象とする精神分析の方向付けが可能になるはずである。さらには、これまでどちらかといえば近づきがたい領域であった、「躁鬱症」、「クリプトフォリー」、「内因性ヒステリー」などの領域が切り開かれていくであろう。

双数的一体性はそれゆえ分離された非–分離体である、ないしは非–分離体に内包された分離である。非–分離体、すなわち個–人〔in-dividu 分割されざるもの〕は、まさに分離によって到来するのだが、その分離は内部で起きる。われわれは個々の「物」を心の中で裁断するという行為によって分離するのだが、明らかに、その個々の物が一つのものとして現われることを可能にするのは、それをコンテクストから引き離すわれわれの行為に他ならない。別の言い方をするなら、個々の物の一体性は、分離行為そのものから由来している。だがわれわれがこの分離行為を成し遂げうるためには、われわれの内的一体性——その内的一体性にならってわれわれは外的一体性を創り出す――それ自体が、われわれにとって内的である分離の所産であることを認めなければならない。

以上はかなり哲学的に見えるかもしれないが、今問題となっていることについて、おおざっぱで表面的ではあるが、十分に説得的なアナロジー［類比的関係］を用いることで以上のテーゼを例証することができる。

右腕を失った一人の男性を想像してみよう。この時彼の内部では正確には何が起こりうるだろうか。まず始めに、彼は自分が手を失ったことを否定するかもしれない、そしてその場合には彼がこの否定の一体性そのものになるだろう。そして彼はこの腕をあいかわらず存在しているものと感じ続け、その証拠として手に多種多様な感覚を振り当てるだろう。こうした亡霊―四肢の錯覚［幻影肢］は、完全性への欲望の幻覚であり、そしてそのようなものとして、一種の一体性なのである。（たとえば、戦地に赴く前に自分の四肢に向かって、「愛しい我が脚よ」と唱えるホメロスの英雄たちの祈りを参照されたい。これは、己の脚が壊死を起こしつつある時、すなわち己の脚が「母としてのこの私を失い」つつある時、耐え忍んでいるであろう苦痛を想像することによる、愛しい脚とのメランコリー的同一化である。また、「喪あるいはメランコリー、取り込むこと―体内化すること」で描かれている、レストランで立て続けに二人分の食事を摂る、喪に服した人物の症例を参照されたい、本書、二八六頁以下）。

別の可能性もある。手足を失ったものは、心的外傷を否定する代わりに、それを体内化しようと試みるかもしれない。その人は、外傷の治癒を拒否することによって、あるいは（先ほど見たような、失われた手ではなく）残された方の手に疼痛を感じることによって、あるいはさらには反対の腕の麻痺などによって、心的外傷を自分の体の上で反復する。これによってさらに新たな一体性が明らかになるだろう。失われた腕と二人きりでいること、喪失の瞬間の反復によって腕を再現すること、これが分離によって獲得される一体性の第二形態である。（死んだ姉のために下着を盗む少年の症例を参照のこと、本書二九三頁。）

第三の形態も想像することができるだろう。腕を失った人のうちの一人が、たとえば、「我が右腕」と名づけたセクトの設立のアイディアを思いついたとして、何人かの腕を失った人たちがそれによって幸福な出会いをする時のケースである。するとすぐに、失われた腕［membre］はこの［セクトの］命名そのものによって象徴的な存在を獲得するであろう、というのも、協会［社会・仲間 société］（ここでのこの語は意味深長である）のメンバー［membre］たちはこの命名のうちで交感＝共同化する［聖体を拝領する communier］ことができるだろう。さらにはそれを押し進めて、この協会での生活ぶりを想像してみることができる。まずは大きな右腕をかたどった徽章《エンブレム》が建立され、そこに定期的に花が捧げられる。貴重な腕を喪失した時の状況が協会書に記載される入会のセレモニー。その状況がメンバーたちへ披露される、あるいはその状況の象徴的反復が行なわれる典礼式。これらはいずれも、しかじかのメンバー個人において、本来は象徴を用いて克服されねばならなかった体内化の退行的段階へと場合によっては回帰が生じた時に、それを祓い清めるための儀式である。この清祓の儀式は、たとえば、麻痺した左腕を左腕の義手によって補綴する［doubler］ことにある、あるいは亡霊としての右腕の回帰が懸念されかねない極めて反社会的な傾向に対する第一に魔術的な闘いという形をとるだろう。問題となるのはまさに、体内化の段階への昇格、あるいは、失われた腕に徽章で触れ慰める、といったそれ以外の方法でもあるのだが、また同様に、機能的な実効性を備えた右腕の義腕の発明でもある——最後の例はわれわれの技術文明の諸特徴のうちの一つである。

このような「社会的［協会による］」解決のあらゆるケースの中に双数的一体性があるのだが、この場合の一体性は、もはや象徴［片割、割符］でしかない二元論的パートナーとの一体性である。

こうした策略が機能しうるのは、生死に関わるどのような源泉のおかげなのか。そう、それはまさに失われた右腕の代補＝補塡［suppléance］のおかげだが、代補は象徴によるものではなく、儀式的、魔術的あるいは技術的な社会的［協会的 sociaux］行為における個人同士の情動的共感によってなされるのである。したがって、象徴を用いた双数的一体性が成就するのは、個人のレベルにおいてではなく、社会体のレベルにおいてであることが分かるであろう。

徽章と儀式を用いたこうした象徴的な機能作用が断たれる時には、何が起こるのか。その時我が右腕協会（そもそも、このような類の社会［協会］ではない社会［協会］とはいったい何であるだろう）のメンバーは、メランコリーの中に、あるいは亡霊としての右腕という段階への退行の中に個々別々に埋没していくしかないだろう。

当然のことなのだが、ここに挙げたものが、ありえなくはないけれども、極端な例であり、精神分析にとって本質的な二つの点、それゆえ〈子ども〉とメタ心理学について可能なあらゆる議論を作動させる上で不可欠な二つの点が少なくとも不足している。私が提示した極端な例である「欠如した右腕」の代わりに姿を消した母という視点をそこにもってくるなら、容易に第一の点、すなわち〈子ども〉という議論へと移ることができるだろう。われわれは皆母を奪われた存在なのだということを認めること、しかもこれはわれわれの個人史とは無関係であって、こう言ってよければ、系統発生の効果と性質によってそうなのである。フェレンツィ流の生命-分析《ビオ・アナリーズ》の用語で表現するなら、幼年期のそれぞれの段階は、人類が形成されたその過程を反復しているにすぎない。それは、母-子の一体性を失ったり、その一体性を象徴的に再構成する多様なやり方、継続的で外傷的なやり方の歴史なのである。

子どもの発達の途中では、子どもの内部に刻み込まれた双数的一体性の継続的な多様性に応じて、それぞれの年齢で、先行する年齢に固有である母の補完物の抑圧が不意に生じるが、そうすることによって、大人の年齢になるまでに、力動的な〈無意識〉の内部に母の「数々のイマーゴ」層がすべて形成されていく。成熟の度合いが増すにつれて、母-子の二元論的統合は、〈無意識〉と〈自我〉の内的な二元論的統一に変形していく。

性器的成熟のあり方を規定している社会制度の持つ偶然的条件に従いながら、生殖器官の成熟が生じると直ちに、この変形は自ずから終焉を迎える。

＊＊＊

以上、一体性という概念の根本的に双数的な性格について、そして分離行為としての双数的一体性の「起源」ならびに双数的一体性の痕跡を保持する「諸個人」（「分割されざる分割者」という）における双数的一体性の機能について、また社会の基礎的な構造化について、そして最後に、——もう一つの神話——子性本能の対象である母の喪失の系統発生的な出来事としてのこの分離の具体的性質について、いくつかの概念を急いで見てきたが、こうした概略的な考察の後に、精神分析のもたらす理解可能性の土台の一つとしての、双数的一体性の働きを実際の臨床例ならびに虚構上の臨床例で例証する必要があった。

亡霊：他者の中の墓

1　レオナルドの亡霊とカタリーナの秘められた欲望　虚構の臨床例

この画家の多様な創造性、その「時間をやたら浪費する」仕事のやり方、作品を仕上げることに対する無頓着さは——他にもいろいろあるが——レオナルドの「症例」に関するフロイトの省察の基礎をなしている（「幼年期のある思い出」参照のこと）。

今日われわれは、イルス・バランドのおかげで、画家の補足的ないくつかの伝記上の目印を知ることができたのだが、[☆4]その彼によれば、画家の態度の「転換期」は年代的に五〇歳頃、画家が両親を失って孤児となった時とされている。さらに周知のように、この私生児は、ダ・ヴィンチ家で育てられ、父セル・ピエロから疎んじられることもなかったのだが、その家族の近くに住んでいた自分の若い母カタリーナと簡単に会うことができた。母-子の絆は断ち切られることはなかったが、もう一つの絆は見事に断ち切られている。それはセル・ピエロとカタリーナの絆である。

ところで、彼の母と父との断ち切られた絆——母が自分の心の奥底で強く感じていたそうした絆——というこの問題こそが、まさしくレオナルドの〈無意識〉を悩ませたのだ。この問題は、双数的一体性によって彼に伝えられたのである。レオナルドの関心の一切は、彼に付き纏って離れなかった次のような問いのことを証言している。いったい、どのようにして不可能はそれでもやはり可能となるのか？　この不可能なこととは、いったい何であるのか？……何でもよいのである。もしこのことが解決されるなら、別のことも解決されるだろう。「その時母は父を自分のものとすることができるだろうし、私は彼らの絆を取り込んでしまう形で、二人から離れることができるだろう」。（断ち切られた絆は、非合法かつ［正式な結婚ではなく］秘密のものであって取り込み不可能［in-introjectable］なままであるから。）

絵画はもってこいの方法である。絵画によってすべてを表象［再現前化］することができたからである。肖像画――実物よりも生命力の感じられる――がうまく完成すると、不在のモデルもまたそれでもやはり現前しているのだ。

だが不在を（準）現前化する絵画の方法は、他の数多くある方法のうちの一つでしかない。そしてわれわれは、レオナルドがそれらの他の方法をほとんど漏らさずに利用したことを知っている。彼は、当時、技術上の問題に関して彼に意見を求めにきたすべての人々に、最も創意工夫に富んだ解決方法（空気力学上の、熱を利用したものなど）の数々を教示したのだった。だが実際には、彼の手になるすべての技術的発明は、最初の問いに対する答えであったのである。だがまた、答えが見つかると、その答えを実現することはほとんど彼の関心を引かなかったことも周知の通りだ。いかなるものであれ、或る問題を解決する……するとしばらくのあいだ、彼には救済が訪れる。だが、注文に応じて技師の仕事や画家の仕事をすること……彼にとってこれ以上に嫌悪すべきものはない。

かくして、或る金満家のフィレンツェ人が自分の愛人の肖像画を描くよう注文を依頼すると、レオナルドはだらだらと仕事を延ばし、言い逃れをし、金銭的に困っているにもかかわらず、その計画を放棄してしまう。しかしながらインスピレーションの瞬間が到来する、そしてこの瞬間は――歴史記述者たちが正確に特定したように――彼の老父が既に亡くなっていた彼の老母にまもなく天国で再会することになる日付と一致しているのである。その時点で、レオナルドは再び絵に着手し、それを完成させることになる。しかも今度は最大限の配慮を払って。だがそれは絵を注文主に引き渡すためにではなく、生涯の終わりの日まで自分のそばに保管しておくためなのである。これがモナリザ、ラ・ジョコンダ、〈幸福なる女〉、天国でついにその欲望の対象と結ばれた女である。

「だがいったい、どうしてこんなことが可能だろうか」。これがレオナルドの「生きる」原動力であった問いに対する決定的な答えである。有名なラ・ジョコンダの微笑みは、一人の死者の、もう一人の死者へと差し向けられた微笑みである。これは魅惑的であると同時に耐

☆4 *Le maternel singulier, Freud et Léonard de Vinci*, paru en 1977, Paris, Aubier Montaigne. ニコラ・アブラハムは原稿執筆時にはこのテクストを知っていた。

えがたい光景《スペクタクル》である。というのも、彼女は成就した生の像《イメージ》＝似姿としてわれわれ観客に与えられているのだが、その彼女はわれわれのものには決してならないだろうからである。ちょうど彼女がレオナルドのものになったのはフェティッシュという形以外にはありえなかったのと同じだ。というのも、死の中でこそ母の不可能な幸福がついに成就されたのだという保証を繰り返し彼に与えてくれるのがフェティッシュであるからだ。☆5

2　亡霊の徘徊
臨床実例

或る死せる男がその修道女の体の中に住みついている。彼女はメランコリックである。この死者が少女を誘惑する瞬間に、こう語りかける。「私は死者である。私は永遠におまえを愛する」。修道女も、彼女の内部にいる死者の言葉を用いて、今度は自分の生徒にこう語りかける。「あなたを愛しているわ」。

患者である別の少女は、ひたすら純愛だけを夢見ている。普段はごく生真面目なブリジット修道女は輝く目をしている。ブリジットの唇は震える。ブリジットに恋する少女が、幸福にうっとりとなって、彼女を見つめるからだ。女性患者は、唇の色を奪い去るかもしれない。だが、そうなったら、享楽のモデルであるブリジット修道女の快感と享楽はどのように保持されるのだろうか。

女性患者の中に、その死せる男は或る亡霊の特徴をまとって回帰するのであり、（女性患者の無意識にとっては）ブリジット修道女はその男を失ったがゆえに、一つの亡霊を受肉＝体現している――この男とは、官能的な唇に愛しい人の名を浮かべながら息を引き取る男であり、唇に愛しい人の名を浮かべて息を引き取る瞬間に、女性患者が悔しい思いに駆られてファンタスム化する男である。

実際、女性患者は一人脇にとり残されたことであまりにも心を傷つけられたのである。幸せに満ち足りた彼女の同級生は、後に修道女となる道を選ぶことになる。その一方で、患者の方は宗教を捨て去ることになる。女性患者に残されたのは亡霊であり、亡霊に彼女がまとわせたファンタスムである。

では、このようなファンタスム、このような亡霊を抱えて、彼女は、生きる運命にある男といかにして絆を結ぼうとするのか。死の中で両親を結びつけたレオナルドの例とは逆に、彼女は言葉の魔術によって、修道女の失われた恋人を生き返らせ、修道女にその男を返してやることを思いつく。以下がそのやり方である。彼女は自分に恋人として、自分のことを愛してくれる一人の男を見つけるのだが、その男の名前は彼女の趣味に完璧にあてはまる、ヴィタル［Vital］（この名前だったなら死ぬおそれはない）*訳註であり、姓は修道女と同じ名ブリグ［Brigue］である。これらの名の結合によって、ブリジット［Brigitte］（ブリグ［Brigue］）修道女は、彼女の愛人を再び見出すであろうし、そして女性患者は厄介な亡霊から解放されたであろう。

　この発見こそまさに一個の芸術作品である。だがそれは本当の解決策なのだろうか。亡霊が不死の存在となったとはいえ、ブリジット修道女の幽霊との結びつきが本当の解決策なのだろうか。そうではない。彼女はかつて自分を教えた女教師に似たいという誘惑や、少女たちの欲望を刺激したいという誘惑――かりにその少女たちが男性の大人であったとしても――に抗することはできな

☆5　われわれは、このフェティッシュとしての像＝似姿の沈黙の言葉をほぼ解明することができるであろう（知られているように、その微笑の特異性は――他の絵画的効果もあるのだが――ほとんど眉毛がないことから生じている）。これらの言葉は、次のように響くだろう。「私（ジョコンダ - カタリーナ）は幸せです。あなた（セル・ピエロ）がそこにいるからです。あなたは私のもとに――われわれの息子の画家の道具である――あなたの毛［筆］とともにやってきました。その息子は見事に描きます、そして、それが私の苦痛の終わりなのです」。

　実際、以下のことを考えてみよう。イタリア語では、「毛［筆］poils」＝pelo、「絵筆 pinceau」＝pelo-pennello、「見事に à merveille」＝a pennello、「苦痛 peine」＝pena である。「隠蔽記憶」を解読することができるようになるまで、以下のことを心に留めておこう。「鳥の羽＝ペン plume d'oiseau」＝penna、（ハゲタカであれトビ《ミラン》であれ）「鳥 oiseau」＝uccello、「天 ciel」＝cielo、「独身 célibataire」＝celibo（マリア・トロークの註）。

　虚構上の臨床例という枠内でではあるが、このセミナーの中で、ニコラ・アブラハムとアラン・ドゥ・ミジョラとのあいだで、詩人ランボーの「症例」についての意見交換が行なわれたことをお知らせしておこう。論文「ランボー大尉の脱走」の著者であるA・de・ミジョラは、詩人が子どもの頃に不在がちであった父親に自分を同一化していると語っている。彼はまた、ニコラ・アブラハムが詩人の「亡霊学［fantomologie］」が浮かびあがるのを見ていたまさにその場所において、母子関係を検討する必要性をも示唆している。(*Revue Française de Psychanalyse*, t.39, n°3, mai-juin 1975.［『フランス精神分析雑誌』］)（マリア・トロークの註）

*訳註　Vital とは生きいきとした、生命に溢れたという意味である。

かったのである。その時彼女の唇は天上の微笑みのうちに開かれ、こんな言葉がおぼろげに聞こえた、つまり、私は〈天〉に属している、私の名をあなたの唇に浮かべながら死ににいらっしゃい、〈天上〉ではあなたは私を再び見つけるでしょう、処女のまま。

ところで、亡霊の徘徊はそこで停止するということはない。ヴィタルとブリグの言葉上の婚姻は快感を与える類のものではなかった。そしてまた、ヴィタル・ブリグと女性患者の結びつきはぐらつき、破綻する。

結びつきは破綻するが、男の愛はそうではない。かくしてヴィタルはブリジット修道女を、かつて自分が愛した女性の亡霊を自分と一緒に連れ去る。私はたまたま耳にしたのだが、ヴィタルは、ほどなくして同性の恋人を見つけ、そして自分でその恋人の目を閉じざるを得なくなる。この男の友人は、純潔の愛で憔悴した果てに自殺したのだ、最後の息において最愛の人の名を口にしながら。

ブリジット修道女に由来する亡霊は、埋葬されたなどとはとても言えないのである……

亡霊に関する臨床的・メタ心理学的備考

前回問題とされていたのは、以下のことを知ることであった。つまり、われわれは、双数的一体性という概念から、正確には何を期待しているのか。われわれが期待するのは、象徴を隠喩化する努力が挫折するその地点において、分析的聴取を拡大することである。挫折の原因は、分析家が翻訳可能な象徴ではなく、本物の謎、あるいは分析家がどう手をつけたらよいか分からない、それゆえに隠喩の状態に直接に移し換えることのできない、奇妙なものに遭遇するからだ。だから問いはこうなる。象徴はどこに潜んでいるのだろうか、あるいはさらに進んで、隠喩はどこに潜んでいるのだろうか、と。言葉を換えて問うなら、真理はどこに密かに眠っているのだろうか、と。というのも、分析における真理は、隠喩として感じ取られた象徴に他ならないからである。したがって、メタ心理学という魔女に、新たな能力を発明してあげなければならないだろう。たとえば、同時に二つの話をする腹話術師になるとか、自分を通して亡霊が意思表示をする霊媒師になるとか、外の世界に亡霊の姿を見つける（物質化、脱身体化）交霊術師になるとか、あるいは、矛盾する二つの亡霊を和解させるような魔術師になるという能力を、である。

双数的一体性という概念が導入したメタ心理学の新たな次元がもたらす帰結の一つは、ヒステリー的な症状－象徴によってではなく、憑依によって姿を現わす、一人ないしは複数の「よそ者［étrangers］」が力動的な無意識の中へ入り込んでいるということである。この憑依によって主体は、直接には象徴的ではない反応行動を強いられるが、その目的は、〈自我〉にとっては亡霊の現前がその原因をなしている恒常的な心的外傷を、一瞬にせよ減少させることにある。そうした行動の理想を言うならば、その結果、亡霊からの治癒が生じるということだろう。だが事実は、そうした行動は亡霊を欺くだけか、あるいは亡霊を一時的に麻痺させることにしかならない。

他の措置ではなく、こうした措置――まさにこうしたもの――を必要とするのなら、亡霊の局所構造《トピック》はどのようなものでなければならないのか。これが最初の問いであるが、これは、直接的には象徴化できない恐怖症や強迫症の行動、そして直接的には多くは語らない身体の或る種の異変などによって突きつけられるであろう問いである。この最初の問いは第二の問いと結びつく。それは、亡霊が無意識の中にどうやって入り込むことができたのか、という問いである。この二つの問いはそもそも不可分であり、言葉と行動がその隠喩的意味を取り戻すのは、分析の最中に、それらの問いに対する具体的な答えが与えられた時である。

みなさんが覚えておられるヒステリー患者の麻痺症状は、比喩的意味での「失策行為［踏み外し faux-pas］」に関係しており、麻痺症状はその代理物となっている。症状を隠喩化するためには、検閲、無意識、力動的な抑圧、抑圧されたものの回帰といった概念、さらにそれ以外のいくつかの概念を活用する必要があったし、また同じく、言うまでもないが、症状を隠喩へ変換する決定もまた必要なのであった。

だが、或る憑かれた主体［患者］がたとえば「全身がなにか腐っているように感じられる」と表明する時（あるいは――他の例では――「魅惑的な＝魔法を使う王子様が与える眠れる森の美女の目覚め」を誰かが私に与えてくれる、と表明する時）、――あるいはさらには、他の奇妙な言葉を表明する時には、メタ心理学のこうした探索作業だけでは不十分なのだと自覚しなければならない。そもそも、患者はそうした打ち明け話をしないこともある。そうした場合、先述の症例と同じようにはいかないだろう。しかも、こうした告白をする患者自身がその告白に無関心でいるように思われる。父のいないあの例の私生児が父の亡霊を、つまりかつては彼の母に愛されたにもかかわらず、政治上の非道な行為のゆえに、母方の祖父によって「くそやろう〔堆肥 fumier〕」と呼びつけられた父の亡霊を無意識の中に宿していたことを知るには、何年もの歳月が費やされるだろう。「僕はあなたのくそやろうのような夫」――これこそが、ひとたび口に発せられるや、エディプスの辿る道程への合流を可能にしてくれる隠喩である。「僕はあなたのくそやろうのような夫なのだから、あなたは僕を愛することを僕に拒みはできないでしょう」(これが亡霊の繋ぎとめられている点であり、ここを介して、亡霊をエディプス・コンプレックスへと引き戻すことができる。)

隠喩は、亡霊となった人物が無意識の中へ導入されることによって得られたのである。この亡霊は、母の愛が中断され恥をかかされたことから生まれた人物であり、その愛は母の無意識の中に保存され、息子の無意識に伝えられたのである。

投獄してもらおうとする息子の試みもやはりまた、どういう出来事があったのかはその息子には分からなかった父に関しての隠喩的なものであった。

犯罪を犯しそうになるこの患者の行動は自己懲罰あるいは先天的マゾヒズムの試みであると解釈されることもありえたと考えると、およそきちんとした分析家なら髪をかきむしらずにいられるだろうか。ところで、エディプスの実現化である「くそやろう」という隠喩は、患者の幸福にとっては少しも有利とはならないこうした行動のすべてにおいて重要な意味を持っているはずである。

同様にして、あの「腐敗」を肛門の快感の置き換えと考えること、あるいはさらに、彼の閉所恐怖症を飲み込まれたなんらかのペニスへの同一化であるとみなすことはどちらも、症状がそこに位置づけられているリビドーのレベルに対する深刻な誤解を招くことになろう。規定しなければならないのは、実際の出来事に則して確立された様態なのであり、それが隠喩への転換の操作を可能にしてくれる。ここにあるのは、或る審級ではなく、亡霊と関係付けられるエディプス的な愛の隠喩である。すなわち、「くそやろう」である母の恋人がいる刑務所へ向けられた母の視線である。そこに恥辱が結びついているという理由で、無意識［ICS］の中に住まっているエディプス的理想を見過ごしてしまうことは、その恥の事実を確認していながら、自分には分析家の資格がないことを露呈することではないだろうか。

＊＊＊

この患者は、母が愛してやまない父の亡霊を宿している私生児である。自分が祖父と母の近親相姦の息子ではないかという推測を披露した後で、彼は戦争中に母の身に起こった出来事を打ち明けた……すべてが明らかになる、自分の犯罪癖、幾度も逮捕されようとする試み……知られていないもう一つの事実がある。自分の髪を捧げる＝捨てるというその意味もまた明らかにされる。つまりそれは、頭を丸刈りにされた母なのだ［第二次世界大戦中、占領軍のドイツ軍に協力した、あるいはそうみなされたフランスの女性たちは、戦後、見せしめのために頭を丸刈りにされている。それを暗示しているのかもしれない］。祖父は父について、あいつは「くそやろう」だと言う。「くそやろう」、これが母の欲望を定義する語である。それは祖父にこう呼ばれた男のことであり、母は幸せな一時期を彼と過ごしていたのだった。彼の亡霊のことを理解するならば、息子にとって、「くそやろう」とは、誉め言葉なのである。彼にとって「くそやろう」であることは、自分の命よりも大切なことである。母の愛する人に自分がなることができるのだから。もし彼が母に「僕はあなたのくそやろうのような夫です」と言えるなら、――それこそが亡霊を経由する限りでの、エディプス的隠喩である。

＊＊＊

どのようにして亡霊の存在に気づくことができるのだろうか。しばしば亡霊は、初期段階の分析の回《セアンス》においては発見することができない。大事なのは、亡霊をすぐに発見することではなく、その短絡的解釈を避けることである。亡霊がいるという仮説は常に立てておかなければならないのだが、それは、もし亡霊が存在するならば、それが姿を現わすように分析を導くためである。このように取り扱うための条件は、［患者の］ディスクールの諸要素はどのような場から由来するのであろうか、というような位置の特定に関する問いの中にある。たとえば、亡霊の技法に通じていない分析家は、この「腐敗」を自己への攻撃性の振り向けと考えてしまっていたであろう。この分析家は、「攻撃されている」とされる対象へと自分の仕事を向けてしまっていたであろう。投獄されることを追い求めたり、剃髪、自己の過小評価といった、ここに提示されているすべての症状は、「自己‐懲罰」という強引な意味作用を与えられてしまっていたであろう。こうした類の「応用」の帰結は、単なる短絡的解釈から、メランコリー型の破局を導入する事態にまで至る。このような解釈は、患者にしてみれば、分析家は患者の生を愛してはいないのではないかというふうにとられかねない。分析家によって患者の内部に「導入された」破局は、「喪あるいはメランコリー」〔本書三〇二頁〕で描かれたのと同じ結果を生む危険性がある。

E氏の甲虫〔Käfer〕

問題となるのは、一八九七年十二月二十九日にフロイトが書いたフリース宛の書簡No. 80である。

「親愛なるヴィルヘルム

……帰ってきてからまもなくして、私はちょっとした解釈の断片をつかむことができました。あなたもご存じのE氏は、十歳の時、不安発作に見舞われたのですが、その時彼は黒い甲虫〔Käfer〕を捕まえようとして、それを取り逃がしてしまったのでした。この発作の意味は今まで分からずじまいでした。「当惑〔決心がつかないこと〕」ということについて話し合っていた時、彼は自分の祖母と叔母とのあいだで交わされた会話を私に報告しているのです。彼女たちは、その時には既に亡くなっていた彼の母の結婚について話していたのですが、その会話から、母が長いあいだ結婚の決心がつかなかったのだ、ということを認めざるをえませんでした。Eはここで話を中断し、何ヶ月も前から話題にしなかった甲虫のことを再び私に話し出し、そしてテントウムシ（ドイツ語ではMarienkäfer）についても話し出したのでした（病人の母の名はマリーMarieでした）。彼は笑い出し、自分の陽気さを誤って解釈し、こう述べるのでした。動物学者たちは、この小動物に、実際には同じ一匹の昆虫でしかないのに、その黒い点の数から、ナナホシテントウ等々という名をつけていると。分析はここで中断し、次の分析の始めに、自分は「Käfer」の意味を思い出したと私に語ったのです。それは、〔フランス語で〕que faire?《ク・フェール》どうしたらよいだろうか、つまり「決心がつかない」だったのです……ドイツ語では、女性のことを「かわいい甲虫さん〔娘さん Käfer〕」と呼ばれることがあることをあなたは知らないはずはないですね。彼の最初の愛の対象であった子守女はフランス人で、彼はドイツ語より先にフランス語を覚えたのです。あなたは、「突っ込む〔hineinstecken〕」、「堕胎＝W. C.〔Abort〕」といった語の使用について交わしたわれわれの会話を覚えているでしょう。（*Hineinstecken, Abort*＝突っ込む、堕胎とW.C.）〔『フロイト フリースへの手紙1887・1904』、河田晃訳、誠信書房、三〇六-三〇七頁〕」

手で摑むことができれば、精神で摑まえようとする〔把握する〕欲望は巧みに回避される。だが彼は、もしかしたら「摑まえ」（＝理解し）なければならなくなるのでは、ということに不安を感じる。不安を感じることなく手で摑まえることができるなら、それを行動に移すことができるなら、彼は問題となっている事象を精神で摑まえたい〔理解したい〕という自分の欲望から解放されるだろう。「亡霊についての略註」で報告した小石を砕く人のように[☆6]。この人物は、何が問題となっているかを理解したくないために、小石を砕きに行くのである。ここでもまた、現実化された意味作用が起源にあるドラマ〔悲劇、惨劇〕を回避するといった類の言語の処理の仕方が見られる。それがどんな出来事であるのかは分からないのだが、確実なのは、それが母にとってはドラマティックな出来事（Abort-hineinstecken〔堕胎-突っ込む〕）であるということである。彼は理解したくないために遊びを演じている。何を演じているのか。妊娠して困惑している母のドラマをである。母は堕胎すべきか、せざるべきなのか。

このドラマは——テクストのこの断片から想像できるように——「甲虫《ケフェール》」という類字音によって削除された「どうしたらよいだろうか《ク・フェール》」という語によって表現される、そしてまた、この新たな意味作用の可能性をめぐる、すべての行動、すなわち語られることのない行動によって表現される。全体はこういう意味になる。子どもが聞く話ではない、打ち明けられない出来事に関する母のジレンマを前にして「目を閉じる」ということである。

この遊び＝演技とは、十分な動機を持った〔アクティング・アウトした〕亡霊であり、E氏は語で遊ぶ＝語を演じる。この遊び＝演技の失敗が不安を引き起こすのだ。

☆6　四七一頁を参照のこと。

語を切り刻む肉屋の女［bouchère］

これは別の戦争より以前の物語である。或る肉屋が自分の長女を凌辱する。その後で彼は窓のイスパニア錠のところで首を吊って死ぬ。これがこの家族の恥、打ち明けられない秘密である。この出来事の後、母は喪から癒えることはなく、兄妹たちは叔父に引き取られて育てられた。父の名前は言葉に出すことはできない。当時六歳だった妹の一人は成長して結婚し、何人かの子どもをもうける。分析を受けにきたのは、彼女の娘、つまりあの肉屋の孫娘である。彼女には、いわゆる恐怖症－強迫症の症状が顕著に見られる。

分析が進むにつれ、幼年期までに遡る、変化に富んで謎めいた彼女の内面生活が明らかになる。繰り返し現われる目立った症状の一つは、甲虫に対しパニックのような恐れを抱くということであった。別の症状は、どんな語であれ、常に強迫的に語を解体すること、そして逆方向に読むという症状である。膝と縊死に対する性愛的なファンタスム。「肉屋［boucher］」を連想させる、肉という名がついたものすべてに対する拒食。豚肉屋はこの限りではない。*訳註 彼女は祖父の出来事についてはこれっぽっちも知らないし、おそらく彼女の母も知らないだろう。

魅惑すると同時に不安をかき立てる子どもの幻覚。窓辺にいる色鮮やかな鳥、それは彼女の母語からフランス語に翻訳するなら、次のようになろう、つまり、《avec son prop pê》、すなわち《avec son propre père［自分自身の父との］》というふうに。これこそ亡霊の憑依である。このようないたいけな年齢で、彼女は近親相姦の犠牲となった叔母の話を夢見ているのだと考えることができるだろうか。どのようにして彼女は知ることができたというのだろうか。たぶん、十年前から仕えていて、家族の秘密を嗅ぎつけたかもしれない家政婦によってか？　内々のうちに、家政婦は直ちに暇を出された。きっぱりと決断し、秘密が知られるのを防ごうとした後見人の叔父の措置であろうか？　それこそが愚か者の抱く錯覚である！　知られているのだ、口にこそ出されないにせよいずれにしても秘密は知られているのだ。大罪人の姓、名、職業は数々の無意識の中で、孫娘の無意識、そしてその母の無意識の中で執拗に生きているのである。

母においては、憑依はその父の恥ずべきクリプト化されたエディプス・コンプレックスの形態をとる。母は、性病［恥ずべき病気］に冒された色事師に恋をする。このような事件は、彼女のような年頃の娘にとっては大きな傷である！　彼女が結局、健全なブルジョワ男性と結婚するのは、叔父が周到に注意してくれたおかげに他ならない。

　われわれの女性患者については、子どもである彼女が肉を受けつけず、祖父の姓を隠し持った人物に思いを寄せ、あるいはまさに語の肉屋［解体者 bouchère］として名をずたずたに切り刻むのは、それはすべて、憑依、秘められたものの回帰、あらかじめ定められた無知［nescience］の周りを迂回することなのである。憑依は始めから存在している。分析家の最初の印象は、彼女が「そう、確かに、おかしいわね、先生の手は肉屋の手みたい」と語っている点にある。これをなんらかの転移と呼べるだろうか。そうでもあって、そうでもない。彼女が肉屋に心惹かれるのは、子ども時代が回帰したからではない。それは憑依［強迫観念］なのである。知らないあいだに娘に乗り移った母の隠されたエディプス的願望を叶えたいという憑依なのである。このエディプス・コンプレックスを、いかなる分析家といえども、もろもろの事実を知ることなしには解釈できないだろう。しかしながら、すぐにわれわれの目から逃れてしまうのがこのもろもろの事実なのである。それらの事実が構築ないしは再－構築されるのは、十年後の、新たな聴取、亡霊の聴取によるしかないのである。

　とりあえず、分析は個人のエディプスと兄妹の諸問題という隠れ蓑のもとに継続される。だが、それらの解釈の内容は重要ではない。自分自身の父に対する母のノスタルジーを含んだ関係は、分析用寝椅子の力を借りて、その象徴化された表現を見出す。分析の対話においては、各人はお互い的外れの話をすることになる。

　一つの夢。動物園の温室の中で、「アルセスト［Alcestes］」と呼ばれるすばらしい植物を観賞するためには、一階上に登らなければならない。

（少女が幻覚で見ていたような「自分自身の父との」）近親相姦《アンセスト》を賞賛するためには一世代（＝一階分）を遡らなければならない。

　別の夢。飢えた人々が馬をばらばらに解体した場所に

＊訳註　フランス語では«boucher»は主に牛肉・羊肉を売る店で、«charcuterie»は豚肉を扱い、言葉の使い分けがされている。

建立された象形文字の書かれた記念碑。これこそまさに真の屠殺［肉屋 boucherie］であろう！

「名状しがたい、奇妙な情動をともなって」繰り返し現われる奇妙な夢。私はどこかで罪を犯してしまった、罪を犯したのは私、あるいは他の誰かであるが、それはいわば闇のような太古の時の中に沈んでしまっている。それは私だったのだろうか、それとも私ではなかったのだろうか。罪はあったのであり、私は裁きを受けていた。私は誰かを切り刻み、そしてそれを食べてしまったのだと。

仕事をしている肉屋の男。

小さい頃、彼女はテーブルクロスに触るために、祓い清める儀式をする習慣があった。

甲虫という恐怖症の対象を含む夢をついに得るには、分析は長い時間を待たなければならないだろう。まさにそのことによって、亡霊は特定され消し去ることができるだろう。

女性患者は、分析家が甲虫を切り刻んでいるのを見つめているのだが、彼女の母語ではその甲虫は「BOGAR」という名で呼ばれている。分析家は患者へ一瞥を与え、彼女の目元から垂れている細い紐を引っ張る。この細い紐は、ランプのスイッチのようなものであると同時にシャワーの鎖のようなものでもある。彼女の母語では、「事件をシャワーで水浸しにする」とは、事件をもみ消すことを意味する。切り刻まれた「BOGAR」についていえば、これは、語を切り分けて、そこからそれらの語のアナグラムやモザイクを作り出そうとする、あのゲームを連想させる。語を切り刻む肉屋の女が仕事をしている。ところで、「BOGAR」という語を繰り返し早く発音するだけで、切断された語の二つの部分が、順序を逆にして再び結合するのが見られる。BOGAR から GABOR が得られるのだが、これこそが、その時にようやくその事件が明らかになった自殺した祖父の名そのものであり、それとともに、女性患者の許を訪れた遠い親戚によって最近語られた、他の詳細も明らかになったのだった。

分析家と女性患者の二人はともにこの新事実に驚き、それ以降は、母方の家族の、黙して語られることのなかった悲惨な物語の一切が容易に再構成され、理解可能なものとなる。その中でも特にもう一つ自殺があったのだが、それは女性患者の母が遂げた自殺であり、この自殺が母の隠されたエディプス的対象の自殺を模倣していたのは明らかであった。二人とも膝をついて、窓のイスパニア錠で首を吊ったのである。

　少しでも才能に恵まれた作家なら、一連の秘密のこうした結びつきから一篇の幻想物語をものにすることもできるであろう。こうした結びつきは、一つの世代から別の世代への〈無意識〉間の伝達によってしか可能ではない。分析家の方にとっては、このような事実を通して、自らの分析の実践と理論に関わる数多くの問いかけが開かれてくる。

　そうした問いかけのうちいくつかだけを述べるとするなら、(1)〈無意識〉間の伝達の問題系、(2)これらの現象とリビドーとの関係、(3)〈亡霊〉と呼ばれる形成物の正確な局所構造《トピック》の特定、(4)憑依［強迫観念］という亡霊の回帰に固有のメカニズム、そしてとりわけ、憑依が力動的な抑圧されたものの回帰とどのような点で異なっているのか、などが問題となる。

反復強迫とその「彼岸」

　問題となるのは、フロイトの『快感原則の彼岸』(G.W., XIII)、そしてそこでフロイトが言及している、宿命神経症、外傷神経症、そしてフロイトが観察した子どもの糸巻き遊びとのあいだにある類似性である。

＊　＊　＊

　宿命神経症が亡霊に関連することは既に理解されている。

＊　＊　＊

　その一方で、外傷神経症とは、この神経症を特徴づける外傷的契機＝瞬間の反復であるが、この契機＝瞬間が経験されたそのままに反復されるのではなく、経験されえたかもしれないものとして反復される。

　外傷は、〈無意識〉の突然の開放から生じるオルガスム的体験に同一視される傾向があるように思われる。ところが、このようなオルガスムは、類比的な様態であってさえも、心的外傷の中に含まれているとは決まっていない。逆にもっとありそうに思われるのは、外傷のさなか、あるいは外傷の後に起こる、〈無意識〉の現実的ないしは虚構的開放であって、その開放は外傷を加工する亡霊を覚醒させる力を持つ。

極端な危機的状況にあっては、〈無意識〉が開放されることもあり、そしてそこに住まっている母も「援助」を与えながら姿を現わすこともある（ヘルマン）。だが、母は無意識の中ではそれ自身の局所構造とともに住んでいるために、そして場合によっては、自分自身の秘められた傷の痕跡を抱えて、そしてまたその傷の痕跡について無知［nescience］であることを命じる要請を抱えて住んでいるために、こうした突然の開放の瞬間は、とりわけ〈自我〉全体を侵略しようとする亡霊の作業にとって何よりも適していることが明らかになる。その時、外傷神経症は――「私に襲いかかる客観的なトラウマ」という反復夢に特有な症候群を伴って――疎外しようとする亡霊の侵入に対する防護柵のようなものとして機能する。ドラマを堪え忍ぶ者の「内部で」積極的に非‐知の状態に置かれた或るドラマ（だが、彼の内部にあっては、他者の要請に従い、他者のために＝他者に対して無知の中に維持されているドラマ）の諸要素の侵入に対する防護柵である。

「今にも到来しかねない外部の破局、また私の母がそれに対して私を覚醒させてくれる外部の破局に私が恐れを抱くことができますように」という願いは、母がそれに対して「私を眠り込ませてくれている」内部の破局が回帰しないようにという保証となる。こうした願望が夢において反復されることで、母の激しい恐怖は、次のような希望を汲み出すのだ、つまり、重大な瞬間においても、自分の秘密が万が一にでも露見することはないだろうと。

夢の中に切迫している破局が存在することを知らせるために母が使う語は、厳密かつ客観的な使用に当てられている。つまり、それらの語は、恐怖を抱かねばならない事象（トラウマ）、それについて言葉を交換することが可能な事象そのものを両義性なしに指し示す必要がある。外傷神経症においては、逆説的にも、この事象が実際に起こったので、この逆説の基盤には、その同じ語が有する他の地平の突然の覚醒があることを想定しなければならない。この語は別の破局、名づけることが不可能な破局へと導くはずの語なのであり、それらの破局は別の生（＝たとえば母の生）の中、「自我の彼岸」の中で起こった破局である。ところで、この別の生および別の局所構造においては、同じ語の別の地平、その秘められた（公然と検討されてはならない）地平は、非‐存在、沈黙、墓のない死（たとえば、母の内部でクリプト内に埋葬されたドラマ）へと運命づけられている。

同じ語の別の言葉を見出すことができるのは、外傷患者の分析作業においてしかありえない（それぞれが、「彼方」のクリプト化された地平を伝えるメッセンジャーである）――同音異義語、クリプト語［埋葬語 cryptonymes］、行為として演じられることで生命を吹き込まれる韻、等々――それぞれが憑依の効果であり、そして同様に「自我の彼岸」の中で硬直し、黙して語らない発端のドラマに見合った、回帰し続ける強度と緊張の証言者である。

＊＊＊

宿命神経症、外傷神経症、そして上記の第三のケース、すなわち子どもが糸巻き遊び、「*fort-da*」の遊びで言葉の力を発見すること、これら三つのケースのあいだにあって類似するものとは何か。正確に言えば、この発見以前の子どもには〈無意識〉も存在しないし、意識も存在しない。さらに正確を期するなら、子どもは、母の意識や〈無意識〉以外の意識や〈無意識〉を持たない。母から発せられる言葉は、母の乳房、髪、身振り、情動的存在のようなものであり、またそれには母の調和や諸矛盾、他人に対する身振り、自分自身に対する身振りも含まれるが、そうしたものの中にあっては、子どもにとって、母の意識と〈無意識〉は区別がつかない。それゆえ、母の発する語や言葉は、母－の－かけら、母の一部分であると言えるのである。

言葉としてのこうした様々の母－の－かけらが、母の人格そのものから離脱して、客観的な出来事、すなわち母の〈無意識〉に縛られていない出来事を指し示すようになると、子どもの発見が生じる。

フロイトによって観察された子どもが「オーオーオーオ」（*fort*＝遠く、いっちゃった、あっち）と言いながら糸巻きをゆりかごの中へ放る時、言葉が母とその〈無意識〉から切り離されてしまったがために、その言葉は一義的なものになったのだということが子どもに理解されるのである。子どもがその語と出来事を一致させるのは、まさにその瞬間に子どもが母の〈無意識〉に対する抑圧を実現したためである。けれども、だからといって、子どもにとってその〈無意識〉は失われてはいない。というのも、子どもにとっては、この抑圧が、他者との言葉一般の使用への道を切り開くからである。*fort-da* において重要なのは、二つのシラブルの音素上の違いの発見というよりも、語と物のあいだに打ち立てられた一致という魔術的な効果によって、これ以降、子どもにとって意識を母の〈無意識〉から切り離す、その差異なのである。

母の〈無意識〉が存在するその場所に［代わりに］、言葉は外部の世界の客観性を意味することになる。この置き換えは類比的《アナロジック》である。より正確に言うならば、母の言葉という極を客観的な言葉の極に置き換えるこの置き換えのアナロジー［ロゴス（言葉・論理）に対する遡行性］こそが、母の〈無意識〉の抑圧のおかげで、外部の世界に母の数々のアナロジー的なものを（再）発見することを可能とする。

さらにはそのアナロジーは、別のコミュニケーションのレベルにおいて母へ回帰することをも可能にするが、このレベルにおいては、その後、「潜伏期」と呼ばれる時期において、母の〈無意識〉を捨象していき、〈無意識〉を伴わないような客観性を徐々に獲得していく。

もちろん、子どもが言葉を用いて、親の〈無意識〉から解放されるのは表面的なことでしかない。というのも、言葉の習得そのものによって、子どもは、私が亡霊と名づけた様態において、親の〈無意識〉を自分のものとして引き継ぐからである。母の〈無意識〉は亡霊という様態で、子どもの言葉の中に含まれている。

たとえば、恐怖症や強迫症などの症状や外傷神経症などにおいて、われわれは既に、母を起源とする語の客観性がいかにして母の〈無意識〉と衝突し合うかを見てきた。

ここが、*fort-da* と、フロイトが挙げている死の本能の他の二つの発現様態とのアナロジーが、われわれにはっきりと見えてくる連結点である。

潜在的な亡霊の取り込み、またその創出あるいは覚醒の危険が同時に存在するのは、言葉の客観的指向作用が母の〈無意識〉の抑圧を内包するからに他ならない。

喜びを覚えつつ発見を反復することは、フロイトが指摘している他の二つのタイプの反復と同じ種類のものである。それらはいずれも、亡霊の回帰を防ぐための予防策ないしは反対備給である。

だがこの反復は、機知［亡霊の語 mot d'esprit］もまたそうであるのと同じ資格で、喜びに満ちている。というのも、発見においても機知においても、語の魔法によって死者の幽霊を追い払う＝追い求める［chasser］ことが可能となるからである。

要するに、語とは、母の〈無意識〉を切除した母の様々なかけらであって、母の〈無意識〉を客観的な意味作用に置き換えることが目的である、と言えよう。

＊＊＊

残るは超意味性［métasémies］についての言及であろう。つまり、コンテクストによって要請される語の意味作用の変化について、そしてスタイルの様々な彩について。

「糸巻き」の糸につれて、亡霊の言葉話される言語活動の特種性

子どもの遊びとは、カタルシスに関するアリストテレス的な精神分析なのであろうか、それとも傷ついたナルシシズムの精神分析、すなわち、母の〈無意識〉の中に隠されていて、母の言葉の使用によって設置される苦痛に釣り合う形での象徴化の試みなのであろうか。

子どもが何を遊び＝賭けているのか、それは、考察されている時期に子どもが母から継承した通りの、母の心的装置が被った傷の象徴化以外の何ものでもない☆7。

母の心的装置に内包されている抑圧に類比的な（虚構上の心的装置として母の禁止が子どもに課す抑圧とは類比的ではない）抑圧が挫折することで、外傷が定義されるとするなら、遊び、とりわけ秘められた遊びのなすことは、その挫折を象徴化する以外の何ものでもないと言

☆7 「恐怖の物語」［本書Ⅳ-3］を参照のこと。母の言葉によれば、「そこに入れて」（彼の／彼女の性器に）はいけない少年ハンスの「指」。母は、そうした仕種を「卑猥な行為［cochonnerie］」と称している。母が言っているのは「手」ではなく「指」なのだから、ハンス少年は、それが実際には、自分ハンスのではなく、母の自慰の問題であることを容易に理解できうる。

このことについては、また、Barbro Sylwan の « Ferd-ikt », in *Études freudiennes*, 1978 を見られたい。この著者は、この恐怖症の亡霊物語をさらに深く洞察している。「そこに指を入れてはいけません。それは「卑猥な行為［cochonnerie］」だからです。おまえが触ることによって、おまえと私の中に眠っているにちがいない、あの不潔な行為［cochonnerie］を呼び覚ますかもしれないからです。つまり、その仕種は、フロイトが触れないようにしているものをおまえが指で触れることになるからです。」（M. T.の註）

える。

その例が恐怖症である。恐怖症においては、子どもは両親の恐怖を演じる（象徴化する）が、それは、——祖父母から受け継いだ——両親の心的装置が危機にさらされないかという恐怖である。

fort-da の遊びも同じ意味に理解しなければならない[☆8]。

フロイトの観察には或る驚くべき細部がある。知られているように、完璧な遊びを発明する以前の子どもは、「オ・オ・オ・オ」（*fort* いっちゃった）と言って物を放り投げる。だが奇妙なことに、母が長い留守から帰ってくると、自分がそこにいる（*da*）にもかかわらず、子どもは母を「ベビ、オ・オ・オ・オ」（＝赤ちゃん、いっちゃった）という言葉で迎えている。まるでこう言っているかのようだ、「ママがオ・オ・オ・オと言っている時、ママはアーアを考えているんだ。ママはオ・アの問題を抱えているんだ[☆9]」。

糸巻き遊びによってエルンストは、既に語の客観的な意味を理解している——自分がここにいる（*da*）にもかかわらず、「ベビ、オ・オ・オ・オ」と言うことによって——ことをはっきりと示したが、そのとき彼は、母の内部に抑圧された彼女の「オ・オ・オ・ア・ア」の無意識的な意味は自分にはお見通しであるということを母に明確に伝えているのである。

したがってこういうことである。ママが、帰ってきて、そこにいたって（*da*）無駄だ、ママの気がかりは、パパが遠くにいることだ（*fort*、戦争にいっている）。ここに既に恐怖症的なコミュニケーションの萌芽が見られる。同様にして、子どもがその後で糸巻き遊びをする時、子どもが遊びによって記念［共同記憶化］しようとしている事実は、ママの心配は、祖父（おじいちゃん《オーパ》［Opa…ドイツ語］）という人物そのものの中にパパに等しい人物が再び現われたことで幸いにも消えてしまったという事実である[☆10]。

この遊びの前提には、母に帰せられる抑圧、すなわち祖父と父とが同一ではないことについての抑圧がある。

以上によって、*fort-da* の遊びのかくも詩的な性格がわれわれに説明される。この遊びは話される最初の象徴的な言語活動《ランガージュ》の典型そのものとみなされる。この二つの母音の中に、既に母の〈無意識〉の物語すべてが象徴的に語られている。また祖父の物語も同様である。以下の二点だけを考察してみよう。まずは、エルンストの「戦争」の遊び。この遊びの際に、彼はものを遠くへ放り投げながら、こう言っている「Geh weg in K(r)ieg!」（＝戦争へいっちまえ）。ついで、以下の語の二重の用法、(1) Krieg ＝戦争（客観的極）、(2) kriegen ＝獲得する、受け取る（無意識の極）。父が遠くにいるので、おじいちゃん《オーパ》とその娘ゾフィーは *bekriegen* する（＝互いのものになる）ことができる。だがこの二つの母音の物語は、エルンストの父の名、o-o-a-a-a にまで及んでいる。つまり、写真家ハルバーシュタット le photo*gra*phe H*a*lberst*a*dt 等々。

子どものすべての遊びを再検討してみると、そこには、子ども自身の欲動の象徴的ドラマ化だけではなく、また両親から受け継いだ無意識的所与の象徴的なドラマ化を見出すことができるにちがいない。

これは子どもの遊びにおける象徴的ドラマ化全般にとって言えることであり、またこうしたすべては言語活動の領域に属している。

では、言語活動、すなわち行為、身振り、音による象徴化という広大な領域の中で、なぜ話される言葉だけを

☆8　エルンスト——糸巻き遊びをするフロイトの孫——が発した母音について、*fort* と *da* という語を使ったとしているのは、子どもの母ゾフィー——フロイトの娘——であることをはっきりさせておこう。

☆9　付言するなら、子どもが発する母音に対してエルンストの母が提示している子音、frtd(f(o)rt-d(a)) は、何世代にもわたってフロイト家に取り憑いているように見える事柄の中で特権化されているように思われる。このことについては、B. Sylwan の « Ferd-ikt »(in *Études freudiennes*, 1978) を読まれたい。これは、現在準備中のさらに広大な作業の中の重要な一ステップをなすものであるが、その作業は、フロイトのテクストの中に、——J・デリダの見事な表現に従うなら——フロイトの「自己 - 分析 - されざるもの［auto-in-analysé］」、すなわち、ジークムント・フロイト自身の亡霊あるいはクリプトのありうべき効果について、そしてもちろん、理論、臨床、フロイトのメタ心理学に対するその影響について検討することを課題としている。（M. T.の註）

☆10　ここで指摘しておくなら、フロイトの〈無意識〉を読解することにおいては、« La Vie la Mort » (*Legs de Freud*, in *Études freudiennes*, 1978 を参照のこと）というセミナーを行なっているジャック・デリダとの驚くべき遭遇がここには見られる。そこでは、フロイトによる哲学の否定はゾフィーという名の人物その人において否定されているが［訳註：哲学フィロゾフィーという言葉の中にゾフィー＝知という名が含まれていることを指している］、彼女の「真面目な」息子エルンスト［Ernst はドイツ語で「真面目な」という意味］は、そうした「書かれ」なかったが銘記された無意識の運動を鏡像的、思弁的、演劇的に祖父 « PP《ぺぺ》 »［ぺぺはフランス語でおじいさんの意、またPPは快感原則の略字表現でもある。なお、父（père）の発音ペールはPRすなわち現実原則の略字表現である。］に送り返している。この運動から、もう一つの思弁、死と生の欲動に関する「書き残された」思弁が出現する。（M. T.の註）

区別するのだろうか。他の言語の様態に対する話される言葉の特権は、このようなすべてのコミュニケーションの方法の中で、ただ語だけが二重に分極化されているという特徴を持つからである。語は、一方では、——音素上の現前を通じて——抑圧されているがゆえに存在しない極へと送り返し、他方では不在の客観性として顕在的に指向されている極へと送り返す。他の象徴化の様態に対する語の特権は、夢という事柄において現われる。夢は語を起点に構成されるが、このことは、見かけの上では、激しい情動やあらゆる種類の身振りが夢の部分をなしている場合でもそうなのである。夢は或る一定の語の客観的な極をドラマ化し視覚化することに他ならないが、語の内部にある象徴を〈無意識〉の中に根付かせるためには、そうした語を見つけださなければならないのだ。

言語活動と双数的一体性

　言語活動それ自体は、精神分析の領域には属さない。精神分析においてわれわれは、語、音声的特徴、抑揚《アクセント》、言［dires］、非－言［non-dires］に出会う。精神分析はすぐれて基礎的な学問であるとわれわれが考える限りにおいて、精神分析だけがこうした主題に関わる基礎命題を言表することが可能なのだとわれわれは期待しうる。この領域において提起されたままの多数の問題を解決するために、言語学に援助の手を差し伸べられるのは精神分析である、という可能性は大いにある。

　精神分析に関して言えば、当初、精神分析はヒステリー症状のような意味作用に関わるのだと自ら考えていた。フロイトの発見の一つは、仮設として立てられてはいるがまだ解読されていないこのような意味作用は、様々な厳命に、すなわち様々な語に還元されるはずだということを確認した点にあった。症状を解消するために、見つけ出し復元しなければならないのは、そうした語なのである。こうしたケースでは、語は、語によって魔法をかけられたと言ってよい身体の或る状態においてドラマ化されていたのだ。

　夢のような他のケースにおいてもまた、夢の視覚映像の下に、まさしく様々な語を見つける必要があった。失策行為や言い間違いについても同様である。フロイトの理論を最も手短に要約するなら、様々なレベル間の媒介作用という理論によって語の中心的役割を説明することにあった。まずは〈器質的なもの〉から〈心的なもの〉へ、そしてそれらを接合するのは、欲動的な〈メッセンジャー〉であった。〈心的なもの〉の内部においては、無意識的な欲動から〈前意識―意識〉へであって、それらを接合するのは、知覚されたものの表象と情動であった。そして最後に、〈前意識〉から〈意識〉へにおいては、語とそれ以外のコード化されたシニフィアン［能記、意味するもの］であった（「表皮と核」、本書二二五頁参照のこと）。

こうした理論から主として帰結するのは、語というものはその起源から言えば、外部の世界から由来し、聴覚的表象の形をとって〈前意識〉にストックされていたということである。だが他方では、そうした聴覚的表象それ自体もまた、欲動に接ぎ木された「モノ［choses］」の表象（おそらくはまた、「モノ」の聴覚的表象および語―モノのそれを含む）へと、内部に向かって、結びつけられていた。このように階層化されたシステムは、連関しあってはいるが、また、多かれ少なかれ透過的な遮蔽物によって分離されていて、様々なレベルを渡り歩くメッセンジャーは二つの方向に遮蔽物を横断する使命を担わされていた。このことが意味しているのは、精神分析は最初から言語活動における語を二極的なものとみなしていたということ、すなわち語の方向性に関して言うならば、「外的―内的」であり、あるいはさらに、遠心的であると同時に求心的であるという二重の潜在能力を備えたものと既にみなしていた、ということである。

とするなら、二つの対称的な極は同一のものではまったくなく、一つの語が意識に対しては〈無意識〉に対する場合とは別のことを意味しえたということでもあった。また明らかであったのは、記憶痕跡として、語は、外部から、すなわち環境の持つ母性的機能とでも呼びうるものから受容されたということである。そして語がその二極性を獲得するのは、局所論的な層構造［membrement］が設置されていく、その継起する瞬間瞬間においてであった。

一つ問題が残されていた。語はどのようにして欲動を前意識的に代表するものであり、かつそうした欲動の障害をなすことにもなりえたのか。第二局所論はこうした疑問への返答をもたらさなかった。超自我が有効となりうるためには、超自我は、禁止された欲動に帰属する語を、自我の無意識帯の中に維持しなければならなかったのだ。

しかしながら、分析的治療の目的の一つは、それらの語を解放することにあった。意識化された欲動の要求に応じるか否かの決定権が〈自我〉へ手渡されようともである。けれども、どのようにして「死の本能の純粋培養」である超自我が、リビドーの独占的占有物に他ならないと思われる言語的代表者を引き受けることができるのかという問題を解決することは、死の本能を導入することによってもできなかった。フロイトによれば、死の本能は沈黙のうちに働くのであり、それゆえ、語によっては媒介されない、ということを銘記しておこう。死の本能は、その本質から言って言葉を発しない。しかしながら死の本能が超自我を誕生させるのは、それがリビドーと絡み合っているからであり、その結果、去勢不安を介して、超自我は一つの理想となる。かくして、禁止は言語活動の助けを借りて、リビドーにとって死活に関わる様々の重要な方向設定として行動すると思われる。残された問題は、欲動のメッセンジャーがいかにしてその最初の使命からそのように引き離されうるのかである。この問題に対する間接的な一つの答えは、双数的一体性の理論の中に素描されている。

ヘルマンにとって〈無意識〉は、基本的に子性欲動と性器的欲動から構成される。もっとも両者は密接な関係を保っているのではあるが。〈無意識〉が存在するのは、母との双数的一体性を形成したいという欲望の抑圧が系統的‐個体発生的に存在した限りにおいてである。ヘルマンの考えを敷衍して言うなら、語は抑圧された欲動のメッセンジャーであるだけでなく、また、定義上、その抑圧の道具そのものということになるだろう。

このようにして、語は両極的なものでもあるが、またさらに、対立する二重の機能を果たすというまさにその理由において、自らのうちに或る力動性を備えている。語が外部にある母性的機能とのコミュニケーションに役立つとしても、同時にまた語は、双数的一体性が破綻していることの証言者である。というのも、主体が体内化された母との関係に入るためには語に頼らざるをえないわけであり、その母は隔たったものとして、また母自体が、この隔たりの原因として、体内化されているからだ。言語的コミュニケーションはそれゆえ、母へしがみつきたいという不可能な欲望と同時に、そこから身を引き離したいという傾向を含んでいる。したがって、欲望の禁止と実現としての言葉の使用を同時に可能にするのは、言葉の持つこの二重の機能なのである。言語活動は――対立するその二重の機能によって――常にまず、脱

―母親化の事実であることが分かる。

＊　＊　＊

［この一九七四年六月のセミナーには続きがあったが、残念なことにその痕跡は失われてしまった。後からよく考えてみると、われわれはその導きの糸を、N. A.が「亡霊に関する略註」において使った表現の分析の中に見つけることができるように思われる。「われわれは少しずつながら驚くべきことに気づきつつある。亡霊の作業は、フロイトが死の本能という表題のもとに描いたものと、逐一重なっている。実際、また第一に、亡霊は固有のエネルギーを持たない。だからそれに「除反応を行う」ことはできず、ただ名づけうるだけである。第二に、亡霊は自らが行なう関係解体の作業を沈黙のうちに続ける。また付け加えて言うなら、亡霊は、秘め隠された語によって、つまり無意識からやってきて、連鎖関係の一貫性を断ち切ることに躍起となる不可視のグノム［地中の宝を守る地の精、知る者gnome］によって支えられている……」。

「グノム」という表現はわれわれに何を語るだろうか。その表現を「開いてみる」ことによって、われわれは注解のうちで失われてしまった部分の続きを得ることができるのではないだろうか。またその表現は同時に、「或る人の〈無意識〉から他者の〈無意識〉への語の移行」という問いに対する暗黙の返答ともなっているのではないだろうか。

グノムという語に含まれる様々な萌芽は次のようなものである。グノムは知識である。だがまた、グノムは四肢に障害のある存在として、（推察するに無知［nescience］によって）一部分を切除された知識である。グノムは、地中の諸要素をコントロールする不可視の存在である。

憑依の働きは双数的一体性によって初めて理解しうること、双数的一体性の進展は、母の心的装置がクリプト的包摂［inclusion cryptique］を抱えている場合には、いずれの場合も、それぞれ異なるものとなるであろうことを思い出そう。こうした症例においては、問題となっていた語の両極性が送付されうるのは、①母の〈無意識〉、そして②語の客観的、間主観的操作（脱母親化）にではなく、①当人の〈自我〉の中に宿るクリプトである母の「人工的〈無意識〉」に、そして②憑依された主体が他の主体とのあいだで通常のコミュニケーションをとることを不可能にする、表現過多の奇妙な操作に、であろう。

母の側からするなら、クリプト語［埋葬語］は、それゆえ母のクリプトを監視するグノムの機能を果たすであろうし、同時にグノムはそのクリプトを伝える、障害を負ったメッセンジャーでもある。グノムの「麻痺」状態は、ドラマの起源について無知［nescience］であるようにとの要請をも同時に媒介している。子どもの側からすれば、子どもの無意識の、潜在的、可能的な図式に「作用を及ぼす」力を持つのは、クリプト語それ自体である。つまり起源の語が障害を被った形で言語的に表出されること（クリプト語、韻、等々[☆11]の形で障害を負っている）であり、作用を受けた子どもの無意識の図式は母の韻からなる韻を活性化させる方向へと向けられる。このように母のクリプト語の偽装の第二段階（「虚偽」の段階が進展するなかでさらなる一歩）をなす憑依状態は、それゆえに、言葉の持つ「脱-母親化」という通常の機能を阻害する障壁となるだろう。

さらに以下のことを付け加えておこう。クリプトの願望が« Wo Ich war soll Es werden »「私があったところにエスは生じなければならない（que devienne inconscient ce qui fut conscient）［意識的であったものは無意識と化さねばならない］」だと断言できるとしても、クリプト保持者から生まれた子どもにできるのは、逆転した局所《トピック》構造の中で受肉化することによって、この特異な局所構造を確証し、強めることだけであろう。逆転した局所構造の中で、子どもの（奇妙な）「現実《レアリテ》」——部分的あるいは全体的妄想——は、母のクリプト化された現実と象徴化によって釣り合うだろう。この「現実」は、奇妙であるとはいえ、人生における通常の間主観的な「現実」に劣らず、間主観的であり「極めて重要」である。この「現実」が特異なのは以下の一点においてのみである。つまり、それは極めて重要な間主観的ドラマとの関係において機能するのだが、そのドラマは「他所の」、「自己の彼方」の、母のクリプトの中のドラマである。それによって、致死的な反復的場面が、憑依の効果を被る者に対して課されるのだ。[☆12]

M. T. 一九七七」

語の「死者」

語と局所構造は同じ構造を持っている。このことが意味するのは、語は、主体と同じ仕方で、自らの「死者」を抱えているということである。二人の主体が一緒に話す時には、彼らが象徴に関する共通の理解の基盤を持つことが前提とされる。つまり語の意味である。この構造は社会生活の基盤的構造に照応する。

　私たちが眠っている時、それまで象徴に仕立て上げられていた語の「共通の死者」が開放されることになる。夢の中の語は、主体に由来するのではなく、主体自身の〈無意識〉の中に宿っている内的な「死者」に由来する。こうした事実から、語の現働的な意味は、主体の「死者」（＝潜在的意味）の内部に留まっていると言えるだろう。夢のイメージに関して言うなら、それは、現働的な意味を剝奪された語が「夢の世界」の中で視覚的に現実化されたものに他ならない。したがって、このイメージという形での現実化が、既に主体の〈無意識〉の中に退いていた問題の意味作用を――主体の作業によって――忌避するに至ったり、局所構造の機能作用を妨げないような語をもとにして主体の無意識がしかじかの表象を創造するに至ったりするとしても驚くべきことではない。夢の解釈とは、イメージをもとに「死者」の語を復元することであり、また復元されたこれらの語（の筋道）を追いながら〈無意識〉の内部に留まっていた問題の意味作用へと遡っていくことである。

　語とは「子ども」であり、意味作用はその子どもの「死者」である。コード化された言語活動は、双数的一体性の構造の類比物《アナロジック》［ロゴス（論理、言語）の手前に遡行するもの］である。語は今は亡きドラマを抱えており、そ

☆11　「亡霊に関する略註」において報告されている「大きな蝶を追う者」の症例に再び戻るなら、この人物は、そのお気に入りの青酸塩［シアン化物］入りの箱にカイコ蛾《ボンビクス》［Bombyx］と名づけられている蝶を閉じ込めるのだが、これは、戦争中、爆撃《ボンブ》［bombes］の時に吹き飛ばされた人物――未知の人物X《イクス》――（母の心の中に閉じ込められた）――ガス室に閉じ込められ――窒息死した人物を賦活することである。

　このことに関しては、ルネ・マジョールが典型的な亡霊の症例において暗号を作成するとともに暗号を解読している、「魔術書」という形で魔法化された古えの文法を見られたい。« Miroir de l'insensé », in *Rêver l'autre*, Paris, Aubier-Montaigne, 1977 (p.85)

☆12　われわれは、狼男の特異なクリプト的機能を記述したのだが、知られているように、狼男には彼から亡霊を継承するような子孫がいなかった。しかしながら、フロイトという「分析家－子ども」の中にある――暴かれていない狼男のクリプトによって引き起こされた――憑依を研究することは興味深いであろう。実際、『ある幼児期神経症の病歴より』の中でフロイトの構築が生み出す奇妙さは、際立った亡霊的タイプに属する行動ではないだろうか。

のドラマのために、語はドラマを意味することから切り離されたのであるが、辞書の様々なシニフィエ〔所記、意味されるもの〕とは、語の抱える今は亡きドラマを置換＝補充するための類比的試みである。シニフィエは、二次的なものではない。シニフィエから、ドラマのシニフィアン〔能記、意味するもの〕の切断が生じる。言語のコミュニケーション構造は、「我が右腕協会」に照応する。[☆13] 或る共通したシニフィエが存在するのだが、このことが意味するのは、二人の主体は第三者的な審級を通してしかコミュニケーションできないということである。

コミュニケーションのこの構造はどのように機能するのであろうか。

フロイトの「原始語における単語の意味の相反性について」への註の追加[☆14]

Ken-Kan：「同一の語」の、表面的には対立するように見える特徴は、次の事実による、つまり、そうした語は一つの性質を指し示すのではなく（性質という考えはもっと後から生じるものであるから）、「対立」がそこで生まれ、その対立によって性質の識別が引き起こされたドラマそのものを指し示すという事実にある。この識別の過程において、正反対の性質のうちの一つが言語の中に入ったのだが、それは、第二の性質のおかげであり、いわば第二の性質が第一の性質の〈無意識〉を構成するのである。

一般的に、子どもにとっては、語は少なくとも起源においては、意味作用の担い手ではなく、語を生み出した或るドラマの記憶の担い手である。語が誕生したのは――語の助けを借りて――識別を実行し、差異を打ち立てねばならないという絶対的な要請の中であった。この瞬間はしばしば外傷の瞬間であり、正反対の二つの意味作用は同一の理由でそれによって抑圧を受けることがある。その場合ドラマが喚起されるのは（これから明らかにされるべき経済的理由によって）、第三の意味作用、つまり同形異義語〔同綴および同音意義語〕によってでしかない。[☆15]

言語活動は私たちを、猫を猫と呼ぶような静態的な精神構造へと導く。しかしながら、起源においては、静態的なシニフィエ、つまり差異の中に出現しないようなシニフィエはありえないだろうし、また決まったシニフィエを指し示す孤立したシニフィアンもありえないだろう。こうして、子どもにとって語が出現するのは、やはり切断を被ったシニフィエを伴う必然的にドラマ的な関係の中においてである。つまり、禁止が問題となる時は子どもの欲望が切り取られて削除されたシニフィエであり、母自身の静態的な宇宙観を伝える場合には、母の〈無意識〉が切り取られて削除されたシニフィエである。一般的には、両者が同時に問題となる、つまり、語が出現する時の包括的な状況で起きる分裂《クリヴージュ》の伝達が問題となる。

N. A.

未刊草稿　一九七四－一九七五年

☆13　四三三頁を参照のこと。
☆14　»Über den Gegensinn der Urworte«, G. W. VIII, p.214.
☆15　音位転倒［métathèse］（あるいは他の音声的変異）は、同形異義語と同じ機能を持っている。

亡霊についての略註

最も古い昔から、またすべての文明において、死者の霊魂［亡霊］は回帰して生者に取り憑くことがあるという信仰が、制度化された形であるいは社会的には認知されない形で存在している。それは今は亡い人にまた会わせようとするためではなく、たいていの場合には、生者たちをなんらかの不幸な罠、悲劇的な結末を伴うなんらかの抜き差しならぬ状況の連鎖へと巻き込もうとするためである。すべての死者たちが回帰しうるが、そのうちには人に取り憑くことをあらかじめ定められている死者たちがいる。それらは、生前になんらかの不名誉を被った故人、あるいは打ち明けられない秘密を墓の中に持っていったような人たちである。ギリシア人の共同体から破門された者たちのさまよえる魂であるブリュコラク［墓のない破門者、その幽霊］に始まり、ハムレットの父の復讐する亡霊を経て、現代のポルターガイストの召喚へと至る、故人のテーマは、その人が家族あるいは社会による抑圧の犠牲であったがゆえに、死の中でさえも、真の身分を与えられることがなく、いわば様々な宗教の余白に遍在しつつ――そうでなければ――様々な合理主義の余白に遍在しつつ、純粋な状態で、あるいは様々な偽装のもとに姿を現す。一つ確実な事実がある。「亡霊」――その形がいかなるものであれ――は生者が発明したものである。発明、まさにそうなのである。つまりそれは、われわれの愛する対象である人の生の一部分が隠蔽されていることによって、われわれのうちに創り出された空隙を、集団あるいは個人の幻覚という様態においてであれ、その発明が対象化しなければならないという意味においてである。それゆえ亡霊はまたメタ心理学的事実でもある。つまりは、憑依しにやってくるのは死んだ者たちではなく、他者の秘密がわれわれのうちに残した空隙だということである。

亡霊が対象の喪失へと関連づけられない場合には、亡霊は挫折した喪という事実になりえないだろう。むしろそれはメランコリー患者の症例、あるいは自らの内部に墓を持つ人々の症例に当たるだろう。このような埋没した墓を幽霊という形で対象化しなければならない運命が、まさにその子どもあるいは子孫にふりかかる。というのも、彼らに取り憑きに舞い戻ってくるのは、それら、他者の墓だからである。民間信仰における亡霊は、それゆえ、無意識の中で働いている隠喩を対象化するだけである。つまり打ち明けられない事実を対象の中に埋葬することである。

　こうしてわれわれは、精神分析的臨床の真っ直中に放り込まれる。その臨床にはまだまだ分からない闇が多いのだが、逆説的にも、亡霊——もちろん、メタ心理学的意味においてであるが——という夜のような存在が、その闇を少しでも晴らすために召喚されるであろう。

　抜け目なく熱心な或る若い研究者のケース。人間の精子の形態学的・微量化学的な比較研究という自分の仕事に没頭している。或る女性のもとで長期にわたる分析を受けている最中に、彼は、新たな関心の的を発見し、余暇の時間をそれに注ぎ込む。つまり、ヨーロッパの大・中貴族の系譜学的研究、加えて紋章の全変遷である。非嫡出子の身元割り出しも考慮に入れるなら、彼は求めがあれば、高貴な血統の先祖が存在することも調査の結果証明できる。長年に及ぶ分析が中断した後で、私の診察を受け入れた彼は、迫害妄想のようなやり方でいきなり私を罵倒した。彼の言うには、思うに私は低い家柄の出で、貴族階級や生まれながらの貴族を軽蔑している。血統上の貴族が価値を置くものすべてに反抗する、世俗主義者、自由主義者、陰謀家である。私は自分の出自をまったく気にかけないし、彼の出自が有名で人口に膾炙しているかどうかなどおそらく頓着しないと思っている。逆に、彼が私の宇宙以外の別の宇宙を不遜にも望んでいるのだから、彼を破滅させるためならなんだってするだろう。ここで一時中断が入る。それから、彼は言い過ぎを私に詫びた。本当は、あれほど取り乱して今しがた私に語ったことは彼の真意ではない。彼の父は自由主義思想家である。彼は系譜学の研究を嫌悪している。一人の人間の価値は、ただその人自身の価値によって決まる。なぜ過去を穿鑿《せんさく》する必要があろう？　それでもやはり父は貴族の娘と結婚することになった。それで、祖父ですか？　彼は、前の戦争のはるか前、私の父がまだごく小さかった頃に死んだのです。祖母は、ずっと私たちと生活をともにしていました。彼女は、第一子であった私の父の後にも沢山の子どもをもうけました。何人兄弟の長男だったでしょう？　私にはそれすら分かりません。一ダースは下らないでしょう。特に男の子たちの何人かは、かなりの人物になりました。彼らを知ってるかですって？　いいえ、全然知りません。（混乱して）ああ、知っての通り、私の父の信条のせいです……父方の一族全員が私たちを見捨てたのです。私もまた、父と同じように、第一子で、父の名の一つを受け継いでいます。本当は、それは、おそらく一家の兄弟姉妹の中で一番若い伯父の俗名の一つでもあるのですが。分析についてですか？　ああ、素晴らしい分析で、見事に成功を収めました、ただ最後が。そう、それ以前に私のことを別の分析家、とても有名な、男の分析家に話したことがありました。彼は私に重要な指摘をしてくれ、私は寝椅子では必ずその指摘を復誦します。それ以来、すべてはまるでルーレットのように順調に事が運びました。唯一つのことを除けば。その一つのことのせいで私は、みんなの目の前でけなされ嘲笑されるのです。私の分析家は、私が彼女が彼女の著名な同業者とのあいだにもうけた子どもである、ということを認めるのを拒否するのです。それについて私はとても悩み、私は彼女のもとを去りました。私の両親ですか？　ああ、とても仲が良くて、いざこざは一度もありません。相互扶助というやつです。私の父は自分の仕事場でよく働いています。彼はハーブティーのパウダーを缶に真空パック詰めをする仕事をしていますが、パウダーには、その成分から、十八世紀の様々な高級娼婦の名が付けられています。彼は展示会でいくつかの賞さえ受けています。

　われわれの患者が知らないでいることを、誰がこの話の中に感じ取らないでいられただろうか？　恥じらいのベールに覆われているにちがいない事実そのもの、すなわち、父が私生児であり、父の名は父自身の母から受け継いでいるという事実である。この事実は以下のことがなければそれ自体では関心を惹かなかっただろう、つまり、もしも、それが、父に隠れた傷を負わせ、父の血統の高貴さに関するファミリー・ロマンス［家族小説。フロイトによって定着した表現で、主体が両親との関係を想像上で変更する幻想。たとえば自分は両親の本当の子どもではなく上流階級の生まれであると想像するような幻想をいう。］を丸ごと形成することに寄与しなかったならば、そして、父の母が高級娼婦であったことについて、そもそも抑圧されてはいるものの、恨みがましい思いを父に抱かせるようになっていなかったならば。父の無意識は唯一つの考えに集中している。私の母が私は高貴な恋人の私生児であることを私に隠さないでいてくれたなら、自分を貶める原因となっている、自分は非嫡出子だという事実を隠さなくてもよかったのに、というのがそれである。どのようにして父の無意識の中に根強く残っているこのような考えが、その長男、皆に愛されている長男の無意識の中に運び込まれ、妄想にまで誘導されるほど活発であり続けているのか。実際、患者の症例をどの角度から眺めてみても、患者が取り憑かれているように見えるのは、自分自身の無意識にではなく、他者の無意識である。父のファミリー・ロマンスは、抑圧されたファンタスムであった。患者の気がかりも始めは制御されていたが、次には妄想化するのだが、それは、父の心的組織に隠された墓に由来する亡霊的憑依の効果であるように思われる。患者の妄想はこの亡霊を体現しており、父の無意識の中に生きたまま埋葬された秘密が引き起こす言葉上の混乱を上演している。

　私が知ることのできた数十の症例の中の、一つの症例は以上のようなものである。それをもとに今から理論を作り上げることが私には可能であろうか。いくつかの考えが浮かんでくるままに、私はそれらを手早く書き留める。最終的な総合がなされるとしても、それはもっと先の話であろう……とりあえず私が言うことができそうなのは以下のことである。

　亡霊とは無意識の形成物である。この形成物の特殊性は、一度も意識的であったことがない点——それには当然の理由がある——および親の無意識から子どもの無意識への移行——その様態はまだ確定されてはいない——から生じるという点にある。亡霊の機能は、力動的な抑圧されたものの機能とは明らかに異なっている。亡霊の周期的な回帰は強迫的であり、(「抑圧されたものの回帰」という意味における) 症状形成をも免れるのは、その回帰が、腹話術師であるかのように、主体に固有の局所構造とは無関係なもの〔étranger〕であるかのように機能するからである。よそ者〔étranger〕の存在が誘発する想像力は、本来のファンタスムとはなんら関係がない。それらの想像力は、局所構造の現状維持を守るのでもなく、局所構造の変様を予告するのでもない。主体には無関係であるということによって、それらはむしろ、シュルレアリストの幻想趣味や「ウリポ的な」〔フランスの詩人・小説家レーモン・クノーを中心とする実験的グループの名称。様々な言語遊戯を展開した〕パフォーマンスであるかのような印象を与える。

それゆえ、主体［患者 sujet］が亡霊を、明証性に基づく経験、アハー体験［Aha-Erlebnis］のうちで再認しうることさえなく、分析において亡霊は、不確実性を含みながらの構築作業の対象以外のものではありえない。にもかかわらず、この構築の効果によって、亡霊を脱構築［déconstruit］することが可能であり、しかも主体が主体として自ら分析を受けたのだという印象を持たない場合でもそうなのだ。容易に分かるように、このような作業には――他の症例と反対に――主体と分析家との真の連帯が要求される。このようにして獲得された構築は、主体の局所構造に直接関わるのではなく、他者の局所構造に関わるものだけに、なおのことそうなのである。こうした分析につきものの困難さは、極めて厳密に守られていた親あるいは家族の秘密の封印を解いてしまうかもしれないという恐怖に起因するのだが、その秘密の内容は無意識の中に書き込まれている。こうしたいわゆる侵犯行為の恐怖に付け加わるのが、問題とされている親の人物形象の完全無欠さ、虚構ではあるが必要とされる完全無欠さを傷つけるという危険性である。

　他にもいくつかあるが、以下が、亡霊の誕生を説明しうる一つの考えである。

　亡霊はリビドーの取り込みに対立する、すなわち語を無意識の一部を内包するものとして理解することに反対する。実際、それ以外の語、亡霊の回帰に用いられる語で、親のうちにあるのを子どもが既に気づいてしまっている語は、親における、発言の源を指し示すのではなく、言いうるものの中の空隙を指し示す。それゆえ、それらの語が親の局所構造の中で果たす重要な役割とは、親の言葉から特定のリビドー的な根を既に除去していたことにある。したがって、適当な時点で確認される空隙と同じように、亡霊の召喚は突然生じる。その空隙は患者自身へ伝達されるが、患者においては、その時点で必要とされる願望の取り込みへの道を防いでしまう。それゆえ、亡霊の出現は、親にとっては傷、さらにはナルシシズムの破局という意味であったものがその子孫にその効果を及ぼしていることを示していよう。

　体内化されたよそ者（暗示の効果による）と憑依しに回帰する死者とのあいだにある違いは、必ずしも一瞥してすぐに現われるとは限らない。その理由としてあげられるのは、両者とも主体の中で異物［corps étrangers］として機能するという共通の特徴を持つからである。伝統的に、分析家は、その異物の出所を両親のなんらかの厳命に求めようとする。ところが、後催眠暗示のような作用をする体内化がおあつらえむきの通常のタイプの分析に屈服するのに対して、亡霊についてはそうではなく、亡霊はこのような方法によっては厳密には分析不可能であることが分かる。逆に、亡霊が消滅へと導かれるのは、ひとえに主体に対する亡霊の根本的な異質性が認められる場合に限られるであろう。というのも、亡霊は主体を直接指向することは全然なく、またたとえ体内化の経験としてであれ、主体自身の抑圧された経験として主体に関係することはできないだろうからである。というのも、憑依しに回帰する亡霊は、他者の中に埋葬された死者が存在するということの証拠だからである。

　われわれは少しずつながらも驚くべきことに気づきつつある。つまり、亡霊の作業は、フロイトが死の本能という表題のもとに描いたものと、逐一重なっているのだ。実際、また第一に、亡霊は固有のエネルギーを持たない。だからそれに「除反応を行う」ことはできず、ただ名づけうるだけである。第二に、亡霊は自らが行なう関係解体の作業を沈黙のうちに続ける。また付け加えて言うなら、亡霊は秘め隠された語によって、つまり、無意識を起点として、連鎖関係の一貫性を断ち切ることに躍起となる不可視のグノム〔四肢を切断された存在・知識〕によって支えられている。そして最後に、それは、ほとんどの場合、合理化〔偽りの正当化〕にさえも口実を与えない、際限のない反復の源である。

　これらの語に起こりうるのはせいぜいのところ、リビドーを自らに備給したり、趣味、さらには天職〔召命〕を規定したりすることである。たとえば亡霊を保持していて、素人標本製作者となった者がいる。そして明らかにそこで演じられているのは、彼の母の対象＝恋人に定められた運命である。その対象＝恋人は祖母によって密告され（それは打ち明けられていない、秘密のままにされた事柄である）、「小石を砕く〔収容所で強制労働に服する〕」作業のために移送された後で彼は、ガス室の中で死んだのである。亡霊を保持するこの男は週末に何をして過ごしたのだろうか？ 彼は、素人地質学者として「小石を砕き」に行き、大きな蝶の収集家として蝶を捕まえ、それを青酸塩〔ナチスがガス室で使用したツィクロンBの材料、シアン化物〕の入った瓶の中で殺すのである。

　このような症例においては、分析用寝椅子の上で得られる情報だけで亡霊を「構築」するのに十分な要素がそろうことはめったにない。しかし、絶好のタイミングで周囲の人々から提供される、僥倖のような新事実が救いの手を差し伸べて、欠けたパズルのピースがもたらされることがある。だが、亡霊を暴き出そうと耳を傾けるならば直ちに、またそれ以外の解釈をすべて排除した後ならば、それなりの真実らしさを保ちつつ、少なくとも一般的な仮説を述べることは可能だ。上の症例を例にとれば、またたとえ先行例を知らないとしても、われわれが最後に気づくのは、主体の無意識は、何か「強制労働」の物語によって改変を被っているということであり、この物語は、主体にとってまったく無縁でありながらも、主体自身の欲望とは正反対の事をすることで主体の行為と身振りにやはり作用を及ぼしているということである。概して——こうした症例においては——、主体〔患者〕が分析の構築では自分自身の局所構造がこれから問題とされるのではないと感じさえすればよい、また分析家とのあいだに、およそ転移とは無関係に連帯関係が築かれることによって、主体が奇妙な異物〔bizarre corps étranger〕（であって、フロイトが無気味なもの〔étranger familier〕と呼んだ抑圧の内容ではない）を放出し、「亡霊の効果」（アクティング・アウトやそれ以外の特種な症状）が徐々に緩和されていくようにするだけで十分なのである。「誰かが小石を砕きに行くのです」というような発言を分析家がすれば、患者は分析家の意向に間違いなく気づく。すなわち、分析家は、患者自身に疑いをかけないように配慮しているのであり、よそ者の出現に関する暗黙の合図を送っており、それによって、そのよそ者を制御することを引き受けているのだ。

こうした症例に、こうした症例だけに対置されうるのが、集めたデータを欲動あるいはエディプス・コンプレックスに還元しようとする場違いな習慣を頑なに守るような分析態度であろう。その時には、固有のリビドー的生が亡霊を歪んだ仕方で引き受けることになり、それによって奇妙な行動、さらには妄想行為へと導かれることがある。

一般的に、「亡霊を生み出す〔fantomogène〕」語は、異意義素〔異質＝異形の意味素 allosèmes〕に姿を変え、あらゆる種類の恐怖症の中、衝動恐怖症の中、様々な強迫症の中、また主体の心的活動の全体を侵略したり、あるいは一定の限界内に封じ込まれたりする幻像空間の中で、行動《アクティング・アウト》として現われたり、あるいは言葉として現われたりすることがある。こうした症例すべてにおいては、リビドーはエディプス的モデルに従って結合システムを築き上げようとするが、うまくいくことはないのだが、それは亡霊を生み出す語が結合のシステムを解体する効果を及ぼすからだ。他の症例以上にこのような症例においてエディプス的葛藤ははるかに尖鋭化するので、反-エディプス的保護者として亡霊に頼ろうとする一定配慮が働くことがある。亡霊の清祓が既に見事に成功しているのに、治療の最後において、こういうことが時折り見られる。

強調しておかなければならないが、亡霊を支えている語が憑依しにやってくるのは無意識を起点としてであり、多くの場合、まさしく家族の物語全体に関わるキーワードとのちょっとしたつながりの痕跡を例の語は記載しているのだ。

亡霊についてのこうした考えを敷衍してみるなら、おそらく「亡霊の効果」は、世代から世代へと伝わる中でだんだんと弱まり、最後には消滅してしまうと主張できるかもしれない。しかしながら、共同的あるいは補完的な亡霊たちが、上述のように行動として現われた［アクティング・アウトした、十分な動機を持ったagi］語という形で、社会生活の中に制度化される術を見出す場合はこの限りではないだろう。というのも、忘れないでいただきたいのだが、隠喩的なやり方であれ、異意義素のやり方、さらにはクリプト語法的な［埋葬語法的な］やり方であれ、問題の語を行動へと駆り立てる［アクティング・アウトさせる］ということは、その語を祓い清める試みであるからだ。すなわちそれは、当の語の効果を共同化＝共有化することによって無意識から語の負荷を軽減する試みなのである。

N. A.

Études freudiennes, Denoël. Paris, 1975, n°s 9-10.［『フロイト研究』誌］

恐怖の物語

恐怖症の症状：抑圧されたものの回帰か亡霊の回帰か？

子どもというのは、――そう言われているのだが――本性からして恐怖症患者《フォビック》である。フロイトは、「子どもは、そのエディプス的本性によって恐怖症患者である」と述べていた。子どものリビドー的欲望の逆説は、子どもが抑圧へと強制されることである。しかし、抑圧による締めつけが不十分だと、不安*［angoisse］を再びもたらす。リビドー的欲望が放棄されず、回帰し、勝利するならば、典型的に危機的な状況を必然的に［ipso facto］もたらすだろう。それが去勢である、つまり勝利しようとする欲望自体の破壊である。フロイトの言うところによれば、その際或る恐怖が現われるが、それは説明不可能だが、名指すことは可能で、外面的には十分に限定され操作可能な（それが短期であれ長期であれ）相当の恐怖であって、漠然とした不安の脅威に対して安全を保障する差し錠として現われるのである。この［恐怖の］症状には、その保持者にも予測されていないが、症状のもたらす不都合な点が残り続ける。もっとも普通に考えれば、不都合な点より利点の方が優っているにはちがいないと思われる。

一九〇八年の時点に話を移そう。恐怖症というものは抑圧されたものの回帰がもたらす判然としない脅威から自我を防衛してくれる。この脅威は、エディプス・コンプレックスの途上で生じると思われる。したがって、情動の転移において、エディプス・コンプレックスや去勢を入念に仕上げること、欲望や禁止についての語を白日の下にさらし、それらの語を不安から解放すること、ここに分析的な仕事の本質があるだろう。この仕事により自我は徐々にその抑圧されたリビドー的な資源を充実させることができるのであろう。こうした分析のおかげで、「少年ハンス」は彼の厄介な症状から解放され、彼の性格について高く評価される特徴をなすあの楽観的で快活な気質を回復した、とみなされたのである。

またあえて言えば、分析家が恐怖症的苦痛、すなわち、街路の恐怖、深みの恐怖、ネズミの恐怖、狼の恐怖、蛾の恐怖などに出会うたびに、彼が実行する傾向にあるのはこうした発想なのだろう。だが、抑圧された欲望とは何か。狼の、そして馬のイメージの裏側には、誰が隠されているのだろうか。そうなのだ、誰が去勢する者なのだろうか。分析家の企てが成功するならば、彼は次のように言うだろう。「その通り、これは軽い恐怖症だった」、と。しかし企てが失敗すれば、「他に例のない恐怖症である」とか、「［恐怖症は］性器的《ジェニタル》ではない」むしろ「前性器的《プレジェニタル》である」とか、「神経症的ではない深い不安に由来している」などと言うだろう。

フロイトは、こうした「非古典的な」恐怖症について同様に知る機会があった、しかもそれは、「少年ハンス」の症例について書き上げた直後である。今日知らぬもののいない、あの謎に満ちた老人、自分の絵や回想録に「ヴォルフマン［Wolfman］」と署名する人物……、あの名高い「狼男」［フロイトの『或る幼児期神経症の病歴より』（一九一八）と題された報告に紹介されたいわゆる「狼男」症例。この「狼」というのは、或るロシア人の神経症患者（＝セルゲイ）が幼児期に見たという夢に、樹木上に数匹の狼が座っていたというものがあり、この狼のいる原光景を分析したところからそのように呼ばれている］は、五歳の頃、開いた本の中で立ち上がった狼のイメージが現われるのが見える、という奇妙な恐怖症を持っていた。フロイトにとって、立ち上がった狼というのは、ハンスの馬とまったく同様に、去勢する父の転移されたイメージに照応するはずのものであった。ひとたび、無意識が、少年のエディプス・コンプレックス的欲望に対抗して立ち上がる父のイメージを提供してくれていたならば、セルゲイ［狼男］は生まれ故郷の草原へと戻れるはずであった。しかし、そのようにはならなかったことは周知のことである。彼の狼の悪夢の意味と同様、彼の恐怖症の力動系《ディナミック》は、エディプス・コンプレックス的な去勢恐怖という単純な図式には還元されなかったのである。

フロイトはそのことに既に十分に気づいていたので、彼の理論の方をこの一筋縄ではいかない症例に適合させようと努めた。彼は、不安の新たな状況、すなわち、原光景の状況と父に（ペニスを）挿入されたいという願望の変遷という状況を定義しつつあった。このいわば「受

＊訳註　「不安」を意味するフランス語は、angoisse と crainte があり、前者はフロイトの用いているドイツ語の Angst に対応するので、症例的な意味の「不安」には、この angoisse を用いるのが慣例である。この翻訳においては、crainte を「恐れ」と訳すことにする。

動的」ないし「女性的」な態勢において、少年にとって一種独特の〔sui generis〕恐怖、すなわち、父との性交によって性器を失うという恐怖が生じうるだろう、と考えられた。

なるほど、新たな視座はこの症例によりふさわしいものであると判明した。しかし、それでもやはり〈狼男〉は――彼の後の再発がそれを十分に証明しているが――彼自身の恐怖症に端を発していた病いの真の鍵をフロイトに打ち明けてはいなかったのである。

なぜ少年ハンスが治癒し、セルゲイは治癒しないのか。生涯にわたって周期的に、フロイトはこの問題を自らに再提出し続け、多様な解答を試みている。この主題については、様々な業績、すなわち『メタ心理学』〔実際には、この題名で発表されたフロイトの著作はなく、フランス語訳の書物として後に編纂されたものとしてあるだけである〕、『制止、症状、不安』、『呪物崇拝《フェティシズム》』、さらに『〔精神分析学〕概説』や自我における分裂についての最終的な考察に至るまで、いくつかの指摘が見出せる。

とはいえ、フロイトが彼自身の恐怖症理論を深めようとして漠然と思い描いた行程については、少なくとも三つの準拠事項《レフェランス》があるのだが、彼はその行程を辿り損なったのだ。まず第一には、「無意識から無意識へのコミュニケーション」という事実を確立したメタ心理学によって示された準拠事項である。「この事実が注目に値するのは以下のような理由である。すなわち、或る人間の無意識が、意識を回避しつつ、他の人間の無意識に作用を及ぼすことがありうるというものである。以上の事実は、とくにそこで前意識的活動がまったく表に現われないのかどうかという問題に関して、より深く研究されるに値するだろう。いずれにせよ、この事実が確認されるということは否定できない」[☆1]。問題となっているのはテレパシーの領域にあるような、何かしら神秘的な現象ではまったくなく、おそらく、意識的なコミュニケーションの糸口＝起爆装置であり、必ずしも意識に回帰しえないままに、無意識のうちに通路を作るものであろう。さらに、これはそうしたコミュニケーションが言葉にできない性質や、あるいは抑圧を必要とする性質を持つことにおそらく因るのである。『制止、症状、不安』によって与えられる第二の準拠事項には、恐怖症の症状が、不安信号、つまり或る言語活動《ランガージュ》〔言葉遣い〕として、あるいは危険があるということを言う一つの仕方として現われることがある。恐怖症の症状の対象は、その最初の恐怖の対象に比べて転位しているが、実際にはその最初の対象を指向する。そのことから、恐怖症の症状はヒステリー的な症状－妥協の特性を示さず、さらには、いかなる経済的問題をも解決しない、という結論が導きえたかもしれない。

最後の準拠事項としては、以下のようなルー・アンドレアス＝ザロメ☆2の日記の一節がある。

「会議〔国際精神分析学大会〕（一九一三年九月九日）の翌日、フロイトと王宮付属庭園〔ミュンヘン〕で彼を大いに悩ませている思考の転移という奇妙な症例について長い、腹を割った会話。そこには、生涯を通じて取り組む羽目に陥らないようにと彼自身が願う点が一つあった。私はその逆を願っているのだが。

新たな症例の一つでは、事柄は次のように現われる。母が既に「除反応」を行なっていた結果、その娘において、まるで自分に起こった経験であったかのようなたいへんな強度が保持された、またその強度は彼女自身の全経験をはるかに越えているのである……」。

一九一三年のこの日付に留意しておこう。フロイトは、この三年前から「ヴォルフマン」の分析に取り組んでいるのである。利用はされなかったが、次のような観念にフロイトを導いたのは、あの奇妙なロシア人〔狼男ことセルゲイ〕ではなく、ひとりの女性の患者であったことは驚くべきことではなかろうか。この観念によれば、分析治療中の一人の人物が、この上なく激しい情動の兆しを示しながらも、完全に放心した状態でいられるというのである。すなわち、このような人格が「私」と言う時、その人格が指向するのは、その人物の戸籍上の身元でも、同一化の効果によって負荷された別の人格でさえもない。その人格は、自分自身のリビドーの源泉から引き剝がされ、傀儡的情動〔émotions-fantoches〕だけを産み出すだろう、ということである。娘という場において〔娘の代わりに〕――とルー・ザロメが言うには――、その母こそが「除反応」を行なっているのである。この女性患者という場において、自らの情動を作り出す亡霊こそが、そこに出現しているのである。☆3 ニコラ・アブラ

☆1 « L'inconscient », in *Métapsychologie*, trad. Marie Bonaparte et Anne Berman, Paris, Gallimard, 1952, p.142-143.〔「無意識について」、『メタ心理学』所収〕

☆2 In *Correspondance avec Freud*, traduction par Lily Jumel, Paris, Gallimard, 1970, p.401-402.〔『フロイトとの往復書簡』〕

☆3 この主題に関しては、ニコラ・アブラハムの「亡霊についての略註」を参照せよ。〔本書『表皮と核』四六六頁〕。

ハムとともにわれわれも少し前からそう言えるだろう。この女性患者に固有の心的葛藤に接近するには、まず最初に亡霊を消滅させ、さしあたり、どのような抑圧が症状の中に回帰するのかという問いを次の問いに置き換えねばならないだろう。すなわち、甦って取り憑く亡霊の特質はいかなるものか。そしてどうすれば亡霊が消え去って、その結果この不幸な人間、取り憑かれた犠牲者に、たとえ抑圧された言葉であるとしても、言葉を取り戻させるのだろうか、という問いである。

道筋がおぼろげに見えたにもかかわらず、フロイトがその道筋を進むのを控えたのは、内的な障害があったからなのだろうか。以上は、非常に複雑な問いであり、私には、取り組むだけの能力はない。

この点に関して、フロイト自身の人格の問題は脇に置くとして、一九一三年にフロイトが行なった上記の臨床観察の後も存続することになった、とりわけ頑迷な精神分析上の或る先入観の弊害というものをもう一度思い起こしてみよう。つまり、「私［私はje］」という語についての先入観である。人があなたに「私」と言う時、それは、単数一人称を意味することになる。ところで、特に恐怖症の場合、恐怖を感じると主張するこの「私」の同一性をどのように定義すればよいのだろうか。このような症状が初めて起こる年齢では、「私」という言葉は、本当に戸籍の身分上の主体を指していると言いうるのだろうか。「私は……が恐い［J'ai peur de...］」という言葉は、むしろ「……の恐怖がある［Il y a peur de...］」と翻訳されるのではなかろうか。こう翻訳することは、文字通りの「恐怖」のアクセントを、言葉と模倣的身振りを介した恐怖の表現へと転位させる点で優れていないだろうか。[☆4]

もし、「私」に関するそのような先入観を捨象するなら、恐怖症の症状にはどのようになるだろうか。たいていの場合、どれほど合理的に見える説明を押し進めようとも、恐れられている事象の中に、本当に恐れているものの気配すら発見することはできない。なぜ恐怖で悲鳴をあげるのか、というのも、誰かがあなたに対して一つのなんらかのイメージを見せようとするのだが、そのイメージを前にして、どのようなやり方にせよ、あなたには心ゆくまで両目を閉じていられるのに。したがって、重要と言えるのは、別の恐れ［crainte］の対象、しかも未知の対象への象徴的な暗示以外のものではない。以上のことは、それが子ども‐主体の欲望や欲動から由来するのではなく、別の場所から生じるだけにいっそうそう言える。別の場所とは、すなわち、父ないし母の無意識であり、そこには表明されない彼らの恐れや危惧、彼らの隷属の原因、隠蔽された欠陥などが刻印されている。まさしくそれゆえに、彼らは、幼ない子どもが親にそうあってほしい望むようには、統一性や一貫性、大胆さや力を備えた神々とはならない。

もっと単純な言葉で言えば、恐怖症の子どもはその症状のうちに、恐怖の物語を口に出すこと以外はしないのである。その恐怖とは、子どもの両親が直接に犠牲者であるか、あるいは、影響を受けにくい子孫に、好むと好まざるとにかかわらず、両親が伝える遺産のゆえに親たちが犠牲となっている恐怖である。

一九六七年に、私は同僚たちとのサークルの中で、われわれの文化のうちに非常に流布している恐怖の物語、まさしく「狼の恐怖」を主題とする小論を提出した。なぜ、狼なのか。子どもたちに恐怖の観念をはっきりと告げるためにこの動物が選択されるのは何が原因なのか。子ども向きに仕立てられた狼の物語群にその着想を与えるのは何であるのか。その小論の結論は、この種の子どもの恐怖症の原因はしばしば祖父母のひとりに帰着するというもので、しかも、子どもの母が彼女自身の母「祖母」の前で無意識に感じる恐怖が介在している、というものであった。その恐怖とは、祖母が母の母性を奪うことで母を去勢するかもしれないという恐怖である。子どもの狼への恐怖と同様に頻繁に生じるこの無意識的な恐怖は、「狼」がまさしく暗黙のうちに祖母を指し示すものとして選択される、ということを推測させる。狼というのは、無論、祖母という存在を別にしてだが、人間の子どもの養育を担いうる唯一の哺乳類ではないだろうか。

その当時、恐怖症の原因を祖父母に帰着させるというのは直観にすぎなかった。それ以降、ニコラ・アブラハムが練り上げた最近の「亡霊」の理論によって、他の多くの問題系と同様、恐怖症の問題系にも一段と明るい光が差し込んでいる。

一般的に「亡霊」と呼ばれるものは、力動的《ディナミック》な無意識内での形成物であるが、それが無意識内に根をおろす原因は、主体に固有の抑圧ではなく、親の対象が抱えてい

☆4　恐怖症特有の恐怖の爆発は、通常の反応よりも若干の遅れを伴って、常に生じるものではないだろうか。それは新たな副次的な表現が生じていることの確実な徴しだ。

る内容、それは無意識的であったり否認されたりするが、そうした内容についての直接的な感情移入［共感］である。これは、次のことを示している。そこで問題となっているのは形成物といっても、そのものとしては、主体が抑圧や取り込みの作用によって自己創造した産物ではなかった、ということだ。さらには、主体がそのうちに保持する亡霊は、主体に異質＝疎遠な［étranger］ものである、ということである。そして最終的には、われわれが取り憑き［強迫観念 hantise］と呼ぶ、亡霊の多様な顕現は、直接には欲動の生には結びつかないし、抑圧されたものの回帰と混同されるべきではない、ということである。それとはまったく逆に、えてして亡霊は、欲動の生を統御し形成する諸々の禁止に姿を変えて、その主体固有の欲動の生自体を取り込むことを妨げるようなものとして顕現する。このような場合に亡霊というものが最も明白に認知される。

亡霊のよそ者的な特性は、恐怖症の症状の間接的な特性を思わせずにはおかない。だが恐怖症患者である主体が自分自身の心的装置を用いて自己を表現し、振る舞うとしても、その症状、つまり恐怖症自体は、他の場所からやってくるように見える。恐怖症にはものを言わんとする＝意味せんとする使命＝目的［vocation］があるのだが、この使命＝目的が生み出すのはその言［言うこと dire］そのものが還元できない不透明性さを持っているということだけである。それにもかかわらず、この不透明性は特種な亡霊に助けを求める呼びかけ［invocation］に道を譲るのであるが、その亡霊の概念はわれわれにとって恐怖症の理解のための鍵そのものとして現われたのだ。

さて、恐怖症の亡霊は、隠蔽されたままで一度も言葉にされていない親自身の恐怖を暴くように促すために取り憑くという特別の性格を示す。それは、取り憑く瞬間に睡眠と同様の状態を結果としてもたらすが、その睡眠の過程において恐怖の場面は、夢の法則に従って演じられることになるだろう（行動となって《アクティング・アウト》現わされた視覚化、偽装、等々）。覚醒睡眠は、ここで親に起きる抑圧や隠蔽の行為と効果を模倣する。この点に関して、恐怖症的取り憑きは、或る種の忠誠の表現であり、それが無意識の中に両親自身の恐れの真の対象を保持しているだけになおさらそうである、ということに注目しておこう。

さてここで、古典となっている少年ハンスの症例をもとに私が検証しようとするのは恐怖症的亡霊の概念である。周知のように、少年ハンスは、フロイトが（その子の父の助けを借りて）綿密に描写した諸状況の中で、「馬」への重度の恐怖症を強めていった。恐怖症は、フロイトが一度治療を施しただけで、現われたのと同じように消えてしまうが、それは、よく知られているようにエディプス・コンプレックスの典型に属する治療であった。つまり、「馬」は、動物への転位によって、父のこととみなされ、恐怖症は、母への欲望との関連で、著しい去勢の恐れを表しているものだ、という仮説である。

そうだとすれば、次のような疑問が直ちに生じる。

第一に、なぜ「ナイフ」や「機関車」や「猛犬」ではなく、この「馬」が選ばれているのか。単なる偶然の結果なのであろうか、という疑問である。第二に、去勢の恐れの仮説がなんらかの根拠を持っているのなら、なぜ、少年ハンスは現実の両親のいずれの前でも、その後、フロイト自身の前でも、まったく恐れを表明しないのだろうか、ということである。彼を恐怖症から解放するには、単なる転位によるだけで十分であったのだろうか。そんなことがあれば、奇跡のようなものだろう……。同様に、大人たちの性的生活、特に彼の母に「おしっこをするところ［男性性器］がなかった」という事実を彼が知ったこと、そのことは明らかに力動的な特性を持つのだが――そのため彼の恐怖症はしばらく緩和される――それをどのように説明すべきだろうか。このような新事実の発見は、結果としてむしろ去勢の恐れを昂進させたはずではないのか。こうした問題すべてに対して、とりあえず次のように答えておこう。なるほど、突然に治癒が生じたのだが、その生じ方の中には、必ずしも症状が起きた理由は含まれていない。エディプス・コンプレックス的解釈によって治癒するというのは、エディプス・コンプレックスによる病いに罹っていたことをまったく意味しない、ということである。

少年ハンスの育った状況と、恐怖症に罹る以前とその最中に両親がフロイトとのあいだで維持していた緊密な関係からは、むしろ次のような考えが生まれるだろう。すなわち、ハンスの障害の一つは、彼がまさにエディプス・コンプレックスから来る葛藤へ接近することを禁じられていて、したがって、フロイトが最終的に示唆する去勢の恐れとセットになった良くできた図式（これで周知のようにフロイトの精神療法が完全に成功したというのだが）、この図式から逸脱してしまうことに原因がある。問われている葛藤は、フロイトの解釈によって解決されたというよりむしろ、この小さな主体のうちに持ち込まれたと考えてもおかしくない。まったく逆に、葛藤を人為的に導入することは、厄介な「亡霊」を退散させるのに役立つことになった——そのことは後で分かるだろう。

それは、極めて多くのデータを通じて明らかに見えてくることである。つまり、この遍在している不在者は、フロイト自身の人格以外のものではなかったのである。二つの決定的な事実をあげるだけで十分である。①結婚する以前に、その母がフロイトに分析治療を受けていたこと。②少年ハンスが三歳になって以来、彼のすべての出来事と行為はその父を介して、妻のかつての分析家［フロイト］の要望に従ってこの分析家に伝えられていたことである。ハンスの両親は、他人に邪魔されず自分たちの時間を持っていた［s'appartenir］のではなく、フロイトによっていわば分極化［polarisés］させられていて、したがって、子どものエディプス・コンプレックスを練成するという要請にはあまりすすんで応えられていないのである。子どもの方は、二重の運命を通して揺れ動くしかなかった。つまり、或る不在者に対して快感-対象［objet-plaisir］と恐怖-対象［objet-peur］の代わりを務めるという運命である。この不在者は父と母によってそれぞれ媒介されている。快感-対象は、父とフロイトの関係に、恐怖-対象は、おそらく、母と彼女自身の母との関係の中にある。この母の母はかつての分析家「フロイト」、すなわち、母の固着の代役へと転移している。ハンスの状況のこの最終的様相は、恐怖症が発生した力動的《ディナミック》なまさにその瞬間が立証しているのである。まさにその瞬間に、フロイトの亡霊が登場するのである。その出来事はよく知られている。すなわち、ハンスの「男性性器［fait-pipi］」のことである。身づくろいの際に母が、「そこに指を置くこと」について、この——子どもが要求した——行為を「汚いこと」と言って拒んだのである。

子どもは耳が聞こえないわけではない。彼の母に対して下された厳命、禁じられたその場所に母は自分の「指」を置いてはいけないというかつての厳命を繰り返す亡霊的な声を、子どもは聞かないわけにはいかないであろう。奇妙なのは、——それを指摘しないわけにはいかないのだが——母が言ったのは「手」ではなく「指」だということなのだ。子どもはそのことを言い表わすことができないだろうが——彼があえてそうすることがあるだろうか——問題なのは彼自身の「おしっこをするところ」ではなく、そこに触れてはならないという禁止のもとに同じく置かれたお母さん自身の「おしっこをするところ」なのである。彼女にそれを禁じたのは、教授［フロイト］なのであろうか。今や、お母さんは、一人の厳格な大人に従順な、悔しがったり後悔しがちだったりする少女にすぎなくなっている。そのうえで、確かに、一人の母は被害を被ることなくマスターベーションについて禁止を表明することができるが、それには彼女自身が受動的な犠牲者の役は演じないという絶対的な条件がつく。そうすれば、彼女は自我理想として備給を受けうるだろう。逆に、もし性器を前にした親自身の恐れが、禁止によって伝達されるならば、肩を並べるべき理想であり克服すべき障害でなければならないという使命に親が反してしまうことは明らかである。このことは、自分の子どもの上に自分自身が犠牲者であった禁止を再現するハンスの母には、まさしくあてはまらないように見える。

　子どもの反応は直截である。彼は、去勢された自分の母のために、一つの恐怖の物語を演出することになる。すなわち、少年ハンスが知らない人物、つまり亡霊を前にして母が震え上がるような物語である。

　なぜこの亡霊は名、つまり「馬［*Pferd*］」［Pferdはドイツ語で「馬」］という名を持っているのか、そしてこの「馬」にはなぜ口《ムント》（*Mund*）［Mundはドイツ語で「口」］の回りに何かしら黒っぽいものがあるのかと疑いが生まれるであろう。これまでの話に従って言えば、必然的に次のような答えが出てくる。つまり、「フロイト Freud（*Pferd*）を恐がらなければならないし、ジークムント Sigmund［フロイトのファーストネーム］（*Mund*）の回りには何かしら明らかではないものがある。彼こそがお母さんの快感《フロイデ》（*Freude*）［Freudeは「喜び」、「快感」の意味のドイツ語であるが、ここではフロイト Freudの名前との言語レベルでの一致、重複を示唆している］を抑制している」☆5。

　したがって、彼［フロイト］から母の快感を取り戻すには、彼を探しに行かねばならないだろう。実際、亡霊（フロイト Freud－馬 *Pferd*）を前にした母の恐怖をかくも騒々しく演出してみせた少年ハンスは、彼としては、この教授をまったく恐がっていないのである。そして、時

☆5　Cf. Barbro Sylwan, « C’est pour mieux t’écouter, mon enfant », *Études freudiennes*, 7-8, 1973, p.121-132.［バルブロ・シルヴァン「これは君の言うことをさらに正しく聞くためだよ、我が子よ」、『フロイト研究』誌］

期が来れば彼はフロイトに対して対等に話しかけることができるだろう。この小さな恐怖症患者が自分自身に関して恐れなければならなかっただろうとしてもその理由は、両親の恐怖を劇的に演出する力を身につけるためではなく、まったくその逆である！

　われわれの主人公は、性器について自由に振る舞えない母によって失望させられたのだが、同様に父にも失望している、というのも、父はハンスの「おしっこをするところ」という問題に関して、教授のことしか口にせず、彼のマスターベーションの快感《フロイデ》［*Freude*］を教授の名のもとに恐怖症の原因そのものとして解釈するからだ。かくして、この小さな患者は恐怖症の実演をより強め、そのことによって同時に両親の隷属状態を暴こうとするだろう。

　ハンスの言うことは、父が速記（！）で書き取り、教授、このあらかじめ運命づけられた名を持った、父の快感《フロイデ》［*Freude*］の保持者でもある教授に伝えられるだろう。確実に、彼［フロイト Freud］こそが、お父さんに対しても同様に、「汚いこと」をするのを禁じているのである。それでも一向に構わず、ハンスはいっそう激しくマスターベーションに耽るばかりか、それを禁じたと目されるこの出しゃばりの不在者に向けて、何度もその告白をするのである。この告白によって、彼は自分の反抗をはっきり伝えている。つまり、たとえあなた方が教授を恐れていたとしても、ぼくはちがう、というふうに。確かに、この遍在的な大いなる不在者は、二人の親にとって同じ役割を演じてはいない。母にとって彼は、固着の対象であり、禁止者であるが、父にとっては加えて、欲望の対象、理想的対象としてである。お父さんはハンスにおしっこを足させるために彼の「性器」に触れることを恐がらない。教授に報告書を差し出すことで、父は父自身が教授から与えられたいと望んでいたものを自分の息子に与える。どのようであれ、ハンスの二人の親は共通の亡霊を前にして、二人のお利口な子どものように振る舞ったが、従わない時には、ちょうど、恐怖症に出てくる「馬」のように、亡霊が暴動を起こす［大騒ぎする *krawallmachen*］のではないかと二人ともに恐れている。自分たちが自律的になるためにフロイトに対して暴動を起こすことが両親の役目である、ということをハンスは自分の症状の一変形において、彼らに示しているのである。

　ハンスに関しては自分の問題としてフロイトを恐れる理由はまったくなかった。この亡霊は彼の親友となり、現実や想像の小さな仲間たち《フロインデ》［*Freunde*］と、「フロイト遊びをして［jouer à Freud］」日々を過ごすようになって久しかった。そして、時至って、彼は教授の書斎に入って、それまで彼の「亡霊」であったものと面と向かうことになっても、フロイトを恐がったり、そのオーラに圧倒されたりするどころか、両親を通じて、長いあいだ出会うことを夢想していたひとりの登場人物ないし年来の友であるかのように話しかけることになるだろう。そして、自分［ハンス］に付きそってきた父を教授の子どもであるかのようにみなして、彼［フロイト］とは対等にものを話すことができるであろう。

しかし、ハンスが驚いたことには、自分は小さいながら父の父［祖父］であると思い込んでいたのに、実に速やかにもとの地位に戻されることになる。つまり、大人である彼の両親の子どもという地位に。あらゆる期待に反して、教授はハンスに幼い少年に見られるエディプス・コンプレックスがあること、ハンスが父によって去勢される不安を抱いていることを彼に示すだろう。「馬」とはその父以外のものではなく、幼い少年の恐れは、子どもである彼が母に接近しようとする際に、父に立ち向かわねばならないという恐れ以外のものではない、というわけである。ソレハ真実デハナイニセヨウマク発見サレタ……［*Si non est vero, bene trovato...*］。子どもであるお父さん［papa-enfant］の尊厳は回復され、神様［聖体］であるフロイト［Freud-le-Bon-dieu］は彼の理論の雲の中に消え去る。もはや家には教授は必要ではない。というのもその後、父は道徳的権威を掌握するからである。この幸福な介入は一石二鳥の効果をもたらした。すなわち、読者の皆が確認できることであろうが、この訪問以来、——魔法のように——父は一定の自律性を獲得し、彼の息子に対してますます確固とした分析家として振る舞うようになったのである。

この物語は、母に関してこの変化がどのような効果をもたらしたのかについては触れていないが、十中八九、良い効果となったにちがいない。少年ハンスにとっては、亡霊は消え去り、それ以来彼は両親のそばで欲望と禁止を取り込む演技＝作用を成功させるために、両親を意のままにすることができるようになったのである。

少年ハンスの症例の幸運な結末は、ヴォルフマン症例の相対的失敗と対照をなしている。エディプス・コンプレックスを投与することは、なるほど、一つの治療効果があったのだろう。しかし、あえて言えば、文字通りの精神分析的効果はなかったのである。なぜだろうか。ニコラ・アブラハムの仮説☆6を考慮すれば、この二つの恐怖の物語と各々の演出の性質の相違の中に、その理由が見出されるだろう。両親がフロイトによる去勢を恐れるさまを、ハンスは、両親の名において演じてみせたが、他方、ヴォルフマンは、その恐怖症において、非常識なリビドー的一幕を演出した、そして子どもがその非常識な一幕について話せばそのことが露見するのではないかと両親が恐れるさまを演出したのではなかろうか。したがって、「無知［nescience］」を課す義務を守る限りにおいて知っていることを「亡霊化する」ことも同様に、いくつかの恐怖症的な表現に至りうるのである。

明白に分かることだが、このような症例では、エディプス・コンプレックスと去勢は極めて相対的な助けにしかならない。母によって伝達される恐怖は、直接には彼女自身の心的装置に*ではなく*、父の心的装置に関与する。父の心的装置は、現実的事実のうちに客体化されたクリプトを保持する。この後者［現実的事実］は、エディプス・コンプレックスの支配下にはない。というのもそれは父のメランコリーを生んだ触発の結果であったと見えるからである。ここでは、エディプス・コンプレックスによる解釈は補綴［prothèse］の役割しか持たず、葛藤の解決にはなりえないのである。

精神分析の創始者によってなされたこれらの症例の報告の後、半世紀を経て、彼の見地とはいささか異なる見地に（より多くの事例を含み込みつつ）われわれが達したことは、精神分析が独断的な教義でもメッキの技術でもなく、その厳密な方法を実践することによって、生きたそして常に刷新される科学として、実践の道と同様、理論の道でも進歩しうるものであることを証明しているのである。

M. T.

Études freudiennes, Paris, Denoël, 1975, n°s 9-10.［『フロイト研究』誌］

少年ハンスの症例について☆7

少年ハンスの症例は、分析家の——少なくとも——恐怖症患者に対する役割について非常にはっきりと示している。実際、エディプス・コンプレックス的な解釈は、フロイトが個人的にまた実際上両親の無意識的な恐れの対象であったという限りにおいて、この症例においてそれなりの効果を及ぼした。

分析状況においては、分析家の椅子に座る者がこの患者にとって恐れの対象に、あるいはあの例の恥をかかせる者になりうる、またあるいは両親が自らのうちに抱いている秘密になりうる。分析家であることによって、ハンスのような少年に対してフロイトのような場所を占めることも起きるはずだが、それは正確には、そのことを否定するためである。それは、たとえば、亡霊をその本当の場所、すなわち、両親の無意識に戻すことによってである。分析家をこうした巻添作用から切り離すには、エディプス・コンプレックス的な解釈という類型に付きもののなんらかの人為的な策略＝技巧に頼らざるをえないことは明白である。エディプス・コンプレックスそれだけを単独で解釈し、亡霊を回避している限りは、治療上の示唆を施すだけになる。唯一、エディプス・コンプレックスとセットになった亡霊の分析だけが（そして、フロイトは自分を自身の亡霊から治癒するためにこのエディプス・コンプレックスを発明したことを忘れないでおこう）、上記のような分析、魔術的ではなく、人間性の具体的な資源＝資質への到達を可能とさせる分析の名にふさわしいのである。☆8

☆6　Cf. Nicolas Abraham, *Le cauchemar d'enfant de Sergueï Wolfman*, in *Cryptonymie, le Verbier de l'Homme aux loups*, Aubier-Flammarion, 1976.［「セルゲイ・ヴォルフマン少年の悪夢」、『狼男の言語標本』［邦訳、法政大学出版局］所収］

☆7　ニコラ・アブラハムによる未発表の覚書。

☆8　このことに関して、神話上のオイディプスという非常に奇妙なケースを想起せずにはいられようか。オイディプスの亡霊で現に影響を及ぼしているのは、本人も気づかず臣下たちにも知られていない彼自身の近親相姦であった。ライオス［先王］の殺害とオイディプスの即位とが結びついていることが、国全体に及ぶ災禍によって暴かれ、否応なく関連づけられるようになるには、二十年の歳月、つまり一世代の時間が必要になったのだと思われる。

注目すべき出来事であるテーバイの悪疫は、近親相姦の結果ではなく、神託によれば、王の殺害者がこの都市国家に現われた徴しなのであった。

ハムレットの亡霊、あるいは「真実」の幕間に続く第六幕

「真実」の幕間

［…］もしもおまえが生きている時、ゆすり取った財宝を地中深く隠し持っているのなら、おまえたち亡霊は、そのために死後もさまよい出ると聞くが、ならばそのことを話してくれ……（『ハムレット』一─一─一三六─九）
［…］おまえは生前、大地の腹の中に何か不当な財宝を埋めたというのか、──それがために霊たちは死してなおさまよい出るという──ならばそのことを話せ！［仏訳］

ハムレットの〈悲劇〉の最後の場は戯曲の展開の終了を宣言してはいない。それは中断されている。ソフォクレスの『オイディプス王』は［死者の］魂を「浄化」していた。しかもそれはフロイトが明らかにしたように、無意識のヴェールを直接に引き剝がすことによってであった。シェイクスピアの作品にはそのようなものは何もない。まさにその逆である！　幻影や陰謀、ペテン、狂気を織り混ぜた筋立ては、主人公たちを欠いたまま大団円を迎える。緞帳が下りた時には、ただエルシノア城の夜のような、物言わぬ死骸と謎があるだけだ。それらの謎が解き明かされるのを見たいという望みを絶たれた観客は混乱したまま打ち置かれる。

世界で最も多く上演されたこの戯曲は、無意識のプロセスを大きく揺さぶり、それを活発にさせたまま、だが最終的な鎮静は与えない。そしてこうして誘発された心理状態は緞帳が下りた後も長く続く。その状態は、それがどこから来るのか分からない強制、好むと好まざるとにかかわらず耐えなければならない強制のようなものとして、避けられないのである。これと似たような居心地の悪さを時々体験するには精神分析家にならなければな

らない。それは特に、或る種の［分析用の］寝椅子の訪問者たちに関して起こる。彼らは無意識に何かしらの家族の隠された恥を運び込む。その時の彼らは彼らの知らない出来事の翻訳である奇妙で突飛な言葉や行為の餌食となっている。そしてその出来事のそもそもの主導者は……或る他者であった。

悲劇の登場人物の大部分は彼らの中にあるよそ者《エトランジェ》によってつき動かされているように見えないだろうか？ハムレットや彼の母やクローディアスあるいはオフィーリアであれ、彼ら全員が邪悪な呪いの犠牲者であり、或る亡霊の操り人形であることが分かる。以上のことから、その文献で図書館が埋めつくされているこれらの謎を解く鍵は「超自然的な」「境位《エレメント》」、すなわち正確に言うと〈亡霊〉の出現を再検討することであろうという考えに至ったのである。

＊＊＊

「おまえは生前、大地の腹の中に何か不当な財宝を埋めたというのか、――それがために霊たちは死してなおさまよい出るという――ならばそのことを話せ！」そう、恥ずべきものであり、それゆえに隠された秘密は常に回帰しては取り憑く。それを祓い清めるためにはそれを語ることが望ましい。しかし、われわれの心の中に住みついているこれら亡霊のようなものが知らないうちに秘密を作り、或る他者の……明かしえぬ秘密を具現する時にどうやってそれが可能だろうか。その他者とはもちろん愛されている人間である。そのような秘密があるゆえに、その他者とコミュニケーションをするなかで起きる欠落と障害は、二重の相反する結果をもたらす。つまり秘密を知ることの禁止と無意識のうちにそれを探るように誘うことである。こうして「取り憑かれた」人間は二つの感情の揺れのあいだに挟まれる。つまり、あくまでも愛する人の秘密を知らないこと［非―知］を尊重すること、したがって、それに関してうわべは知らないことになっている。しかし同時にその秘密の状態を解除すること、したがってそれは無意識に知っている秘密を無意識的な知へと再構成することになる。それゆえ、この二重の動きはやがて症状となって現われ、「動機のない」あるいは場違いな言動を生じさせる。それは幻覚、精神錯乱といった突飛なものにまで及ぶ。こうして他者の秘密についての死せるものかつ生けるものである知識として無意識の奥底に潜んでいるものが見え隠れするのである。ハムレットの「亡霊」もこのようなものである。

　戯曲の最初に現われる〈父〉の亡霊は、息子の知－非知を客体化するという意味がある。何に関する知－非知なのか？　疑惑の余地のない或る事実から生じた彼の居心地の悪さに関してである。つまり老王は或る秘密を墓の中に持って行ったにちがいないということである。亡霊は非知を取り除くために現われるのだろうか？　もしそうならば、亡霊の客体化はハムレットのあやしげな「懐疑狂」同様、意味のないものであろう。亡霊が出没しに戻って来るのは、嘘をつくためである。つまり彼が「暴露」だと称している事実はもともと嘘いつわりなのである。

　これが四世紀近くのあいだ、観客や批評家たちが考慮し忘れたことである。ハムレットの「亡霊」によって暴かれ、復讐の命令を内包する「秘密」は、ただのまやかしでしかありえないであろう。それはもう一つ別の秘密を隠している、実在の本当の秘密を。だがそれは息子に知られないままに、父の良心＝意識に重くのしかかっている言い表わすことのできない卑劣な所業から生じた秘密である。まさしくこれこそがほとんど先験的《アプリオリ》な一つの仮説なのである。なぜなら、われわれのうちにある劇的な行為の真の原動力はわれわれの心の奥底にある、はっきりと言い表わせない確信に起因するかもしれないからである。それは、〈亡霊〉が暴き出すことは、嘘いつわりであるという確信であり、ハムレットの葛藤は偽りの押しつけられた「真実」と、〈無意識〉がずっと以前から察知していた「真正の」真実とのあいだで引き裂かれているという確信である。主人公の探究はそのために歪められることになると同時に、またそれゆえに真正であるということになっていく。シェイクスピアの卓抜な技巧は、「真正の」真実と思われるものと嘘と思われるもののとのあいだで演じられる対立項の一つをわれわれに伏せておくというところにある。それによって詩的な面で、それ以来、あれほど人々を楽しませながらも、あれほど知られないままである無意識の次元が創造されたのである。

　したがって悲劇の狙いはさらに明確に定式化できるだろう。観客を依然として残ったままの謎に無意識に反応するようにしむけること、そしてまだはっきりとは語られていないが、それでもなお差し迫りくる目的を目指して逆方向に道を辿らせる必要があろう。その目的とは

「亡霊」を打ち負かし、その効果、つまり知－非知の耐えがたい状況――無意識的な葛藤の仲介者、不作法な繰り返しの煽動者――を根絶することである。いいかえれば、〈無意識〉の中に埋もれている秘密を取り除き、その発端における外在性の中に秘密をもたらすことである。しかし秘密に付着する罪と恥が存続しているにちがいないとなれば、どうやって秘密を取り除くことができるだろうか？　罪と恥を祓い清めて向かうのは必然的に――他者の現実的、あるいは想像上の懲罰にではなく――自分自身と人間世界に関する、より優れた英知の方向である。

　寝椅子の上で解き明かされる「真実」の場合も同じである。当然ながら「真実」を復活させながら、暗に問いに付されているのは、或る究極の〈真実〉からすべて生じている他の数々の嘘である。われわれには想像がつく。これほど多くの嘘の究極的な存在理由であるその〈真実〉とは、この上なくおぞましいものであり、そのようなものとして注視に耐えられないであろうということを。とはいえ、こうした考え方のおかげでわれわれは一つの英知を手に入れる。つまりたった一つの亡霊を消散させることによって、究極のおぞましさへと、亡霊の秘め隠された存在の中にまで間接的に到達しないではいないのだ。したがって、亡霊の消散は必ずといっていいほど究極の真実から流出するものを変様させ、その結果、そこから派生するいくつかの部分的な「真実」に市民権が与えられるのである。これら部分的な真実は「美徳」における、したがって逆に言えば、おぞましさにおける様々な段階の相違として定義される。

　限定的な問いが依然としてわれわれに残されている。つまりどうやって亡霊を無力化するのか？　たとえその処方箋は示されていなくても、回帰し取り憑くもの、一世代前に、「亡霊化」されていたものの性質の中にそれは含まれている。「亡霊化」は、言葉で自らを言い表わすことができなかったためであり、沈黙によって覆い隠されざるをえなかったためである。「亡霊」を無力化すること、それは他者の秘密と結びついた罪を取り去ることであり、その秘密を語りうるような言葉で言表することである。その際には、その（そしてわれわれの）抵抗、その（そしてわれわれの）拒絶に対し敢然と挑みつつ、あるいは上手に迂回しながら、あるいは馴致させながらそうするのである。したがってそれはより上位の段階の「真実」を受容させることである。

われわれが手にしている版（一六〇一年版と一六〇三年版）の歴史的－政治的裏面を深く掘り下げることは確かに大いに興味あることかもしれない。しかしそのような知識はこの戯曲の持つ現代的《アクチュアリテ》意義の永続性に補足程度の内容を提供する以上の効果があるのだろうか？　「ハムレット」が数世紀にわたって保っている魅惑の謎は、われわれの中にある「亡霊の効果」の持続性に帰するとともに、〈無意識〉を再客体化することによって、亡霊の効果の起源まで遡って、この効果を征服したいというわれわれの冒瀆的な願いの永続性に帰するにちがいないと私には思われる。

われわれ、やがて四百年にも達しようとする観客たるわれわれが、われわれの文芸批評の先達が合理的説明を与えようとして力を使い果たしたはずのものをついにはっきりと言葉に表わすことができるのだろうか？　フロイト以来、ようやくわれわれは少なくとも問題を提起するまでになった。われわれはシェイクスピアがこの作品の中で数世紀前から続いている無意識のプロセス、語られず、ましてや暴かれなかった無意識のプロセスを後世のわれわれに伝えたのだということを理解することができた。フロイトが着手していたことを続ける時が来た。今度はドラマのありうべき結末、最後の殺戮の場面のまま宙ぶらりんになっている大団円を探究する時が来た。そこで当然、この主人公の新たな精神分析が求められるのである。

フロイトやジョーンズのところでハムレットが受けた分析以後のハムレット分析の新たな「一断片」。それは当然、補足として是非とも必要である。エディプス・コンプレックスという事実については、エディプス・コンプレックスが機能不全を引き起こし、その影響が症状に現われることと同様、実に適切に診断された。しかし、それを効果的で実りのあるものにするまでに至っていないかもしれない。フロイトの寝椅子の上でハムレットは「治癒」されたと言えるのだろうか？　反対の主張を可能にするものは何もない。しかも、それは私がここでやろうとしている仕事ではない。それはもっと危険なものである。私の狙いは観客を「治癒する」ことである。数世紀前から、ハムレットの〈悲劇〉から負わされてきた謎めいた神経症から観客を「治癒」することである。そのためにはすべてが呑み込まれてしまった（と思われる）様々な袋小路の重なり合ったところから続ける以外に解決法はない。外界からの優しそうな眼差しで亡霊を白昼のうちへとむりやり誘い出すためには、そして、いったん認識され、理解され、祓い清められたうえで、亡霊がわれわれの〈無意識〉から出て、亡霊のもといた現実の中に消え、過ぎ去った世界、克服された世界の中に吸い込まれ姿を消すためには、殺すことが、代償に何も求めないままに死ぬことが必要であったことになるだろう。

以上のような考察を終えて、私はこのような分析作業の結果、もう一つの、ほぼ同様に劇的な戯曲、「死者」を甦らせ、彼を「治癒」し、最終的に彼に自らの亡霊としての存在と訣別させてやりたい、つまり亡霊としての彼の真実が克服され、そのことを人々に理解されたことを幸福に感じて死ぬことができるようにしてやりたいという強い願望に支配されたもう一つの戯曲が可能であろうということを確認した。

私は確信している。たった一つの「亡霊」の消散でも、ぎりぎりの場合、大きなおぞましい〈真実〉——前提として仮定されるが実在はしない——の構造を変様させうるということ、とはいえ、この〈真実〉は絶えず新たな形をとって〈宇宙〉を支配するのではあるが。そのことは〈死〉に対する〈愛〉のささやかな勝利をそのつど保証してくれる。これがまたこの試みの着想源でもある。

一九七四年四月および一九七五年三月—七月　N. A.

ハムレットの亡霊、あるいは第六幕

第一場

（場所は前の場と同じ。死骸は運び去られている）

フォーティンブラス（ノルウェー王子）とホレイショー（ハムレットの友人）

フォーティンブラス　血と毒の混ざり合った不快な匂い。すなわち私はいま一つの王朝の終焉、自殺の生贄となった一つの時代の終わりの匂いを嗅いでいるのだ。

エルシノアはノルウェーからの清らかな一陣の風に掃かれて、やがてその涙も乾くことだろう、そして、わが叔父上フォーティンブラスに約束の貢ぎ物を払えば、溢れ出た大量の喪をこらえるのに必要な城壁と堤防を取り戻すだろう。

死後ではあるが、私は敬意と正当な権利によってハムレットを再び王座につけた。そしてその彼が私に――その後継者となった私に――残してくれた、ホレイーショー、おまえを。彼の刎頚の友、忠実な証人であるおまえを。おまえの心の内なる琴線は理性が避けている秘密に触れると鳴り響く。

しかるに、王冠を戴く前に私はおまえと一緒に事の次第を白日の下に晒したい。われわれの目に見える姿から始まって、悪事が企てられた秘密の筋立てを。

ホレイショー　殿下、この涙をお許し願いとうございます。

死者の魂の解剖は彼らの出立がわれわれに残す惜別の悲しみにはふさわしくありません。

真実はそのあるがままの姿を見せる時、われわれに喜びを与えてくれます。

だが、世人に知られることには我慢がならないのだと、今は亡きわが王子は申しておられた。或る日、夢想し、未来を読み解き、自分の警句に不思議な予言を添える人のように、あの方はこうおっしゃった――いつの日にか千年という年月が終わる前にウィーンという遠い都で、一人の博学な博士がわれわれの魂の中にある影＝亡霊と神秘を明るく照らしてくれるだろう。他の人々は博士の赤々と燃える松明《たいまつ》をかざして、われわれの混沌の世紀について深い関心を抱いてくれるだろうと。

あらゆるもの、秘密、恥、知られていない、にもかかわらず知られている先祖の犯した罪を創り出しながら。

滑稽で有害なこれらの亡霊たちがわれわれの世界を操り人形の糸で意のままに操るのです……

フォーティンブラス　どうか神がおまえの言葉を聴き取る内密な感覚を私に与えて下さいますように！　このような師をこそ、私の導き手としよう。

ホレイショー　あなたの眼差しの中にあるすべてが、わが王よ、そのことを告げております……

「亡霊」という言葉を発すれば、王子はやがて幽霊となった父君に再び会えるという予感がおありだったのだろうか？　おお、不幸な日よ！　六つの気高い命が非業の死を遂げられた。そのうち、三つは王位にあった方。

王子がどのような恐怖を知ったのか、私は知りませぬ、だがひょっとして先王ハムレット様も、今しがたここからその屍が運び去られたすべての方々のように毒殺されたやもしれません。

フォーティンブラス　（杯を拾う、そしてその傍らに〈大粒の真珠〉を見つける）

ホレイショー　ここにあるこの〈真珠〉、いいかえれば存続し続けるもの。この〈大粒の真珠〉☆1は王冠に輝く至宝にもまさるもの、だが時によっては毒に塗られもしよう、そして今日クローディアスがハムレット様の杯に投げ入れたもの、輝かしい栄誉の印と偽って、その下にあの方の確実な死を隠しながら。

フォーティンブラス　赤葡萄酒と毒の中から出てきたこの〈真珠＝結合《ユニオン》〉……すなわちそれから存続し続けるもの……

ホレイショー　ハムレット様の後を追うために、今度は私がその杯を飲み干したいと切望しましたが、あの方は私から杯を奪い取り、逆さにして床に投げ捨ててしまわれた。〈真珠〉は杯からこぼれ出て遠くに転がったのです……

フォーティンブラス　われわれの最後の時こそが、われわれを真実へと目覚めさせる。最後の行為が暴露するものこそが真実だ……ハムレットは死ぬ間際に何を告発しようとしたのか？〈真珠＝結合《ユニオン》〉の国は毒塗られた血から生まれていたのだ……

第二場

亡霊、フォーティンブラス、ホレイショー

亡霊　（現われる）

フォーティンブラス　やや、あそこに亡霊が！噂をすれば影とやらだ。やつは手を血で穢したにちがいない。

ホレイショー　殿下がごらんになっているのは老先王ハムレット様のお姿です。なぜなら、先王があなたの父君と一戦を交えた日と同じ甲冑を着けておいでだからです。

フォーティンブラス　な、なんと！　私の知る限り、真っ昼間は亡霊たちがうろつく時間ではないわ！　夜な夜な彷徨する幽霊の掟を冒すとは、やつはよほど窮地に立たされているにちがいない！

亡　霊　勇敢なフォーティンブラスよ、わしには時間が差し迫っている。それというのも、おまえが王冠を戴く前に、おまえが当然の権利としてその後を引き継ぐ或る息子のことについて、急いでおまえに知らせておかなければならない。ハムレットは勇気にも情にも欠けていた、そのことを知っておくがいい。彼は、暗殺された……父の、愚弄された褥《しとね》のために復讐に取りかからねばならない時に、くどくどと言い逃れを並べ立て、決心をためらった。

さらにだ、次のことも知っておくがいい。王位簒奪者が小瓶に入れた毒を、わしの耳に一滴また一滴と垂らし入れ、それでわしの血が凍ってしまったのだということを。

その毒で〈真珠＝結合《ユニオン》〉はいまだ穢れたままだ。だからいいか、おまえの王冠にその〈真珠＝結合《ユニオン》〉を飾ってはならぬ。戦いでわしが獲得した領土は、そなたの叔父上に返されるがよい。われら二つの国の人民が内に秘められた係争から永久に免れんことを。

ホレイショー　私は驚きのあまり雷に打たれたようにございます。

おお、大王、いまだ彷徨っておいでのあなたにお会いするとは。そのうえ、あなたの口からハムレット様を罵る言葉を聞くとは。

ご子息は自分の命を犠牲にしてあなたの永遠の休息に欠けていたものを満たしたばかりだというのに。「毒蛇」は王子の剣の一突きでこと切れました。あなたのガートルード様は近親相姦の葡萄酒を飲み干して自らの命を絶たれました。

フォーティンブラス　そうなのです。だから、老王、まだあなたの心の休息を妨げる何があるというのです？　そしてこうして真っ昼間に出て来られ、もはや誰も知らないものがいない「秘密」の数々をわれわれに告げるとは。〈真珠＝結合《ユニオン》〉を廃棄する決意をするためや、ノルウェーにその領土を返すために、私があなたの助言

☆1　『ハムレット』第五幕、第二場を参照のこと。Perle d'Union のユニオン［結合・同盟］は大粒の真珠を意味する。

を必要とするというのか？
事実はこうです、亡霊殿、あなたは私が発した言葉を聞いたからです。――それで不安になって戻ってきたのです。「この〈真珠＝結合《ユニオン》〉は毒から生まれた」。そう、これがあなたを不安にさせた言葉なのです、どうです！　そこでそれっ！とばかりにあなたは私の考えを混乱させるために牽制しに来たのです。

ホレイショー　（傍白）

毒と血、この嗅覚はどこから来るのか？

フォーティンブラス　何のことを話していたのか、亡霊よ、「毒入りの小瓶」のことか？　それともあなたの耳への「不法侵入」のことか？　どうやらその毒は不法侵入、無論、ある秘密の不法侵入以外の何ものでもないとはおよその察しがつく。あなたの蛇のように邪悪な弟がまどろんでいるあなたの耳元でおれはそのことを知っているぞと囁いたのだ……するとたちまちあなたの血潮は煮えたぎり始め、やがて凍りついた。あなたの肌はライ病やみさながら、死後の恥辱のかさぶたに覆われた。そしてその時からあなたの魂は、知っている人物すべてを消し去ろうとしてうろつき始めているのだ。つまりあなたは騒ぎを起こし、屍の山を築こうとしている、だがこのフォーティンブラスがあなたの秘密を嗅ぎつけた。それがために私は死なねばならないのかもしれない。〈真珠＝結合《ユニオン》〉……決闘……

亡　霊　（血の気を失い、身を震わす、しだいに激しく）

フォーティンブラス　そう、その秘密は誰が握っていたのか？　誰が、いったい誰がそれをクローディアスに売っていたのか？　そしてほんの二言三言、耳打ちしただけであなたを一撃のもと、恥辱と悔恨の死に至らしめたのです。

亡　霊　（白鉛のようになり、いまにも倒れそうになる。フォーティンブラスが命じた、今は亡き若きハムレット王の栄誉を祝す礼砲が鳴り響く）。

第三場

（使者が入ってくる）

使者と前の場にいた人々

使　者　奇跡だ！　神の奇跡です！　礼砲が鳴り響くやいなや、何とわれらが若きハムレット様が死の床から身を起こされました。仰天した人民もすぐさまその伝わった話を理解し、声を限りに叫んでおります、「万歳！　われらがハムレット王、万歳！」と。だが、われらが王子はすっくと起き上がり、大声で叫ばれました、「ちがう、ちがう、ちがうのだ、おれをそっとしておいてくれ、おれは死んでいるのだ」と。そして群衆をかき分け、オフィーリア様が溺死なさった河の方へ走って行かれました。後を追った衛兵たちがやっとの思いでお引き止めいたしました。とにかくあの方はあなた方や私と同じように生きておいでです。今ここに担架で運ばれていらっしゃいます。

（使者退場）

第四場

ホレイショー、フォーティンブラス、亡霊

ホレイショー　崇高な時だ！　これで私も生き返る！

フォーティンブラス　では私は、ホレイショー、忠誠なる兄弟として王位と王冠をお返ししよう。

亡　霊　（穏やかさを取り戻して）亡霊の口をさえぎるとは！　とんでもないことだ！　ところで、わしはあやうく火急の目的を果たし損なうところだった。確かにわしの臆病者の息子は毒の塗られた剣の先で、かろうじてかすり傷を負っただけだということは知っている。が、ハムレットが本当はどんな人間だったのか、つまり優柔不断で、臆病者、われらの愛する祖国にとって危険な人物であるということを急いでおまえに警告しなければならなかったのだ。どんなことがあってもおまえは王位を法定上の継承者に譲ってはならない！　わが息子には有無を言わせず、田舎に隠退させるか、あるいは、狂人の収容施設か、厳重な護衛をつけて外国へ放逐するがいい。勇敢なフォーティンブラスよ、王位を守れ、そして係争中の領土をおまえの叔父上に返すのだ。これがわしの強い意思である。

ホレイショー　ああ、あなたは地獄の業火にも値する、冷酷非道な父ぞ。地獄へ帰れ！

フォーティンブラス　待て！　彼を追い払ってはならぬ、ホレイショー！　われわれ生者のことを考えてみよ、怒りの炎に身を焦がしている魂からは何も得るものはない。亡霊からとて同じこと。ここにとどめて話をさせよ、神の恵みを受けた人々のいる天国に行けるまで。

第五場

（ハムレット、亡霊を見ることなく担架の上で肘をついて登場）

ハムレット、ホレイショー、フォーティンブラス、亡霊

ハムレット　生きていいのか、それとも死ぬべきなのか［存在する、あるいは存在しない］……運命が愚弄してくれるわ！　存在しないものが存在し――存在するものが存在しない。おれは生きているのか？　おれは流浪の亡霊なのか？

わたしの彷徨は、わが父上よ、あなたに心の平安を十分にもたらすものです、それはあなたが当然受けるべき子からの敬意なのです！　一人の亡霊が心の平安を見出すために、何人もの死者が必要だとは！　あなたの救霊のために、わたしはどれほど多くの不幸な出来事を引き起こさねばならなかったことか！　どれほど多くの屍が床に散らばったことか！　空《から》の［空疎な］王位をめぐって。わたしもその一つだ！　だがそんなことはどうでもいい！　汚名はそそがれ、おぞましいことはもうないのだから。

しかしながら、近親相姦の豚野郎、良心のかけらもないあなたのライバルで私の叔父、クローディアスが、いずれにせよ勝負を征したのです。ということは私とともにあなたの血筋は途絶えるのです！　だから私に教えて下さい、勇敢な父よ、息子や親族がいないこの私はいったい誰に私の卑劣な謀殺の復讐を頼めばいいのか？　誰一人、真実に活力と活気を与えてくれるものはいない。「可哀相なハムレット王子――とまずは悲しみに沈

んだ様子で彼らは言うだろう――どうか彼の魂が安らかならんことを。彼は気が狂っていたのだ、王冠のせいで、父君のせいで。憐れな方、王妃をオフィーリア様を気が狂うほど、想っておられた。……あるいは単に気が狂っていたのか……

いや、いや、彼は文法に長けており、精神においては非常に鋭敏な、勇敢な方だった……

だが、王として誰も彼を望まなかったということは事実だ。その理由は火のないところに煙は立たずの譬えどおり、彼は裏切り者だった、というより人間性に背いていたのだ。打算的な背徳者、猛り狂う野獣、自らの歪んだ精神から分泌された毒液にやられた毒蛇……［彼に］死を！　［彼に］死を！」と。

もし、まだ死んでいないのなら彼を死なせよ……

言葉は完全に腐りはてている。

だがおれには沈黙が残っている……　あなた方はみな真実の中にある、あなたの真実の中にあるのだと言うための沈黙が。

いい、

おれの真実？　おれにはそんなことはどうでもいいことだ！　おれの行為のことごとくが生まれながらに意味を欠き、悪徳、美徳、あるいは功績も超えて、同じ瞬間に、その行為自体をただ破壊すること以外、何も産み出さなかった……

最初からそれは無だった。

父よ、あなたはあなたの希望の光であるおれをどうしたのか?!　生きることか？　死ぬことか？　意味を欠いたこれらの語のなんと奇妙なことか……

（彼は亡霊に気づく）

老いぼれ骸骨！　な、な、何なのだ、おれが目にしているのはいったい何なのだ？　死者にも幻影を見る力があるというのか？　死んでいるのだ、おれは。それとも生きているというのか？　どっちでも同じことだ……

わが親愛なる亡霊殿、あなたのユーモアも、私の亡骸に向かって「ハムレット王、万歳！」と歓喜の叫びをあげる人々のアイロニー以外に匹敵するものはない。

彼らが喝采を送ったのは、父上、あなたにですか?……

わたしはあなたのためを思いこの世を去ったのだと信じていました、あなたがもう現世に関心を持たないようにと！

いまや、一瞬にしてわれわれの役割は変わりました……

ああ、おれは虚無の岸辺からずいぶんと辛いことを見てきたことになるだろう……話されよ、わが善良なる父よ、なぜあなたは天国にいる至福の人々と仲良く座していなかったのか？　ということは私は、私の魂の救済と孤児となったデンマークを引換えにしてもあなたの魂の救済を勝ち取れなかったのか！

フォーティンブラス　デンマーク、孤児？　そうではないぞ、ハムレット。もしあなたが生きているのなら。とは言ってもまだ託されたわけではない。あなたの老父の悲嘆にくれた魂が、その物語の最後の言葉を語らぬ限りは。

父君に尋ねてみよ、デンマークの運命がかかっているのだ。

ハムレット　（彼に気づく）

きみか、フォーティンブラス！　ここには「不在の」〈亡霊〉がその昔、慣例にしたがい、契約と正当な権利のもと、実に見事にあの世に送り込んだ王の、まさしくその息子？

亡　霊　（震え始める）

ホレイショー　（傍白）　ああ、この匂い。

フォーティンブラス　やつを見よ、震えている。

ハムレット　彼の国が、フォーティンブラス、きみの手に引き渡されたからだ。

フォーティンブラス　そうではない。ハムレット。亡霊が震えるのは、それは真実への恐れからだ。嘘つきなのです、やつは生来の嘘つきです。やつはあなたに彼が見えると信じこませているのですから！　やつはあなたにある事、ない事を言いふらしています……自分の奪われた平安、他人の犯した犯罪、耐え忍んだ不正を。自分の失寵の責めをあなたに負わせ、そしてとうとうあなたはやつが永遠を前にして潔白であると信じてしまった。彼［父］の恥はあなたの恥である——とあなたは思っている——。その恥を知ることは、あなたの死となるかもしれない——とあなたは思っている——。しかしそれを知らないでいたならば、彼の毒がもう少しで一人の王子を死体に変えるところだったのです。彼を問い詰めてみよ、恥じることはない。やつは答えるにちがいない！

ハムレット　死者であるおれ、そのおれの前に一人の〈亡霊〉と生身のフォーティンブラスがいる、彼はおれが生きているという、それどころかわが父の王位の継承者だと言う……

天国の門をくぐる前にこのような悪ふざけを経なければならないのか？

死んでいるおれの魂をかき立てに来たこの渦は何なの

か？
おれは駆け出して、河の中のわがオフィーリアを抱き締め、そして死が彼女の母を迎えにきた産褥の水のことを思っていた。と、或る奇妙な考えがおれの心を囚えた。オフィーリアとおれ、われわれの運命は一体となっていると。ということは、おれの誕生もまたもう一人の他者の死だったのだ……

フォーティンブラス　つまり、あなたの生みの親である男の死ですか？

ハムレット　もし先代のフォーティンブラス殿が亡き私の母の夫だったとしたら。或る墓堀人が断言するには、ハムレット王が彼を打ち負かしたまさにその日に私が生まれたのだと。きみの考えはばかげている、ポローニアスの娘と同じように、私が孤児《オルフラン》として誕生すべく。命を落とさねばならなかったのが父だというのは。

ホレイショー　そうです、ハムレット様が剣で刺し殺した内大臣。その昔あなたの父上の国の捕虜で、薬の調合師であった。父上が彼を解放してやったのです。それなのに、その恩知らずはその足で、政敵に彼の悪名高い鎮静効果のある飲み物を売り渡したのです。武勇と策略、さらに確実な勝利を保証して。

フォーティンブラス　あなたの運命にはポーランドという名が二度刻み込まれていた！

ハムレット　オフィーリアは彼女の父の毒草でたわむれに花の冠を編み、水の寝床に身を横たえた。それはかつて彼女に命を、彼女の母には死を与えた水。おれは急いでその水の中に駆けて行き……わたしの愛しい女《ひと》の後を追いたい！

フォーティンブラス　そう！　ガートルード様の産褥の水の中へ！

あなたの誕生がもしやあの方を密かに愛した或る夫の未亡人にしてしまったのか？

亡　霊　それまでだ！　そのような恥よりも永遠の業火に焼かれるほうがましぞ！

フォーティンブラス　われわれはおまえを救おうとしているのだぞ、愛すべき亡霊を。

ハムレット　密かに愛した或る夫、きみはそう言ったのか？　それはきみ自身の父のことなのか？　そういえば、何度か王妃は夢見るようなまなざしでおれを見つめ、やさしくこう呼んでいた、わたしの「オルフェリウス」と。

してみると、それは事実だったのか……彼女にとって……

亡霊　（平常心を取り戻して）すべてを言わなければならないのなら、すべてを言おう。それはまごうことない事実だったのだ、ハムレット！

あぁ、何としたことを！　あぁ！

窮余の一策として、わしはわしのライバルの挑戦を受け入れたのだ。彼の誉れ高き武勇を思えば、わしにはわずかな可能性しかなかった。わしの命の値段など高くはなかった。だが、もしわしが打ち負かしたら、わしの犠牲的行為と男らしさは必ずやおまえの母の心を取り戻すはずだと考えた。わしは勝った。ところがガートルードは勇者を祝福するどころか、憎しみの眼差しを投げつけ、愛する男の「暗殺者」を軽蔑で射竦めたのだ。対等な戦いで敵の命を奪うことが罪を犯したことになるのか？北国随一の剣の達人を剣の一突きで殺してしまったことにわし自身仰天していたのだ。戦いにおいては神はわしの味方であった。愛においてもそうだと考えていた。だが、愛は神そのものよりも強いのだ！

こうしてわしはガートルードの心も身体ももはや一度もわがものにすることはなかったのだ。彼女はすべてを子にそそいだ、あたかも彼が亡き英雄の魂を受け継いでいるかのように。その時以来、わしの日々の暮らしは、ただ王位と荒涼とした孤独の中にあったのだ。三十年もの長きにわたって……

ハムレット　（感傷的で大げさに）おぉ、わが父上、あなたは私の存在にどれほど苦しめられねばならなったことか。私自身も母上の突飛な愛情のほとばしりにどれほど苦しめられていたことか。母上の病的な妄想があなたの優れた人格を見えなくさせていたのです。

フォーティンブラス　お好きなように、ハムレット。このまましばらく騙されたままでいるがいい。あなたの崇高な思いやりはあなたの名誉となるだろう。

だが、亡霊、おまえの方は、もしおまえがこれ以上嘘を重ねる必要がないのなら、おまえはもうここから立ち去るがよい。亡霊たちはわれわれが亡霊たちのことをどう思っているのかがそれほど気になるのか！

ところで、彼らには彼らの発する言葉の狡猾な毒をもってしかわれわれを傷つける力はない。なぜなら、彼らには虚言を言い立てる以外何の実在性もないからだ。だから彼らの言うことに反論すれば十分だ――彼らの毒から確実に身をかわしながら。彼の作り話の背後を少し見てみよう。

物語［歴史］は一つの賭けから始まり、一つの賭けで終わりかけていた……三十年の時を隔てた二つの決闘、二つ目の決闘は最初のものを包含しているにちがいない。ハムレットは強かった、が勝ったのはレアティーズだった……

亡霊　それにはわしはまったく関与してはおらぬ……

フォーティンブラス　私の話の腰を折るな！　或る遠い昔の記憶が彼の剣に毒を塗るということを思いつかせたのかもしれない……

ハムレット　（激しく、そして亡霊の口調で）

もう沢山だ、フォーティンブラス、追跡する手がかりが間違っている！　すべてはクローディアスの仕業だった！　彼だけが世間知らずのレアティーズを王子にしてやるという餌をちらつかせながら買収することができたのだ。彼ら二人は報いを受けた、だから後は沈黙ぞ。

フォーティンブラス　孝行心があなたを盲目にしている、親愛なるハムレット。もし毒が存在したとしたら、そしてそれがいかなる状況だったにせよ、それを調合したのはポローニアスだ。かのフォーティンブラスにも匹敵するレアティーズの剣士としての名声はどこからきているのか？　彼の父親の厨房で抽出され、剣の先で乾かされた霊薬のおかげでないとしたら。

ところで、このほんの戯れになされた賭けの思いつきは、かつて私の愛する父を死に至らしめた賭けに倣って、あなたの叔父のクローディアスから言いだされている、それはその通りだ。見かけはそうだ。だが、毒をもって戦いの手筈を整えるという考え、他でもないまさにこの方法は誰かから示唆されたのではなかったか……

亡霊　もう沢山だ、フォーティンブラス、おまえは精神が錯乱しておるのだ、それにおまえの悪意は火を見るよりも明らかだ！　ほのめかしなど聞きたくもない、当てこすりも沢山だ……デンマークの王位はわが息子、ハムレット、法的にもわしの唯一の後継者であるハムレットに帰するのだ。

フォーティンブラス　老いぼれの嘘つきめ！　知っているか、ハムレット、なぜ

やつがあくまでここに居続けるのか？　彼の火急の心配、つまり彼が言うには、王冠にふさわしくない彼自身

の息子に対して私の怒りを煽りたてるためなのだ！

ハムレット　おれはどう理解すべきなのか、フォーティンブラス？
本当なのか？

フォーティンブラス　ホレイショーが私の証人だ。ハムレット殿が生き返ったと知るや、やつは亡霊にとっては不都合な時刻にもかかわらず、王位継承者から自分の息子を排除するために大急ぎでやってきたのです。

ハムレット　おれには信じられない！　この亡霊は顔だちこそわが父のものだが、父の持つ勇猛さも清廉さもない……

フォーティンブラス　では彼でないとすればいったい誰だというのです、あなたが壇上に立ち上がり、群衆が「ハムレット王、万歳」とあなたを歓呼して迎えた時、「そっとしておいてくれ、私は死んでいるのだ」などというばかげた叫びをあなたにそっと耳打ちし、言うべきであった「デンマーク、万歳」と言わせなかったものは？
ハムレット、あなたは自分の父があなたを憎んでいるということを知らないでいたいのだ。なぜならあなたの魂は汚れを知らないから。あなたの魂は先達たちの毒があなたに及ぶのではないかと警戒している。彼らが何を企んでも、殺し合っても無駄というもの。あなたの純真さは洗練された知性と手を結び、あなたの純粋さのお手本である理想像については目をつぶらせている。違うのだ、ハムレット、それはあなたの父ではなく、ガートルード様が愛しておられた方、すでにこの世にいないだけにいっそう純粋な英雄、その美徳が一人の女の目を介して輝きわたっているだけにいっそう確かな美徳《ヴェルチュ》＝勇気なのです。
あなたの父が、不当にも近親相姦の豚野郎と呼んだクロディアスについて言えば――事実彼が狙いをつけたのはあなたであるが――彼はそれどころか、もう一つの盆に彼自らの毒をそそぐことで正義の秤を正した以外何もしなかったのです。

ハムレット　おまえは大胆にも死者たちを侮辱するのか！　もっとはっきり話せ！

亡霊　これ以上何も言うな！　ハムレット!!!　ハムレット!!!　息子よ！　彼に決闘を挑め！
おまえの父がおまえに懇願しているのだ！

フォーティンブラス　ならば、よくよく忘れるでない、息子の剣にヘベノン［睡眠剤、麻酔剤］を数滴塗ることをな。

亡　霊　（よろめく）

ホレイショー　（傍白）ああ！　この匂い、思い出したぞ、ハムレット王の剣に残っていたフォーティンブラス様の血が毒によって凝固して、この忌まわしい匂いを放っていたのだ……三十年前……

フォーティンブラス　おわかりか、ハムレット、やつはこのうえもっと死者をほしがっているのだ。窮地に追い込まれた虚言は殺人まで犯すのだ、それほど、嘘は真実を知られることが大嫌いなのだ。

ハムレット　ばかな、どんな真実だ？——真実などというものがあるのか？

フォーティンブラス　あなたの心の中にあなたが抱えている真実だ。亡霊は証人たちに致命的な思い違いをさせるために現われて、付き纏うのだ……

ハムレット　やつは自分の魂の救済を犠牲にしてもそうするだろうか？

フォーティンブラス　やつは体面を失うくらいならむしろ地獄の業火に焼き殺される方を選ぶであろう……それがやつの救済なのだ。彼はただ弱くて臆病な亡霊にすぎない、だが名誉には固執している。あなたは彼がどのように死んだか知っているか？　彼の過度の正直さゆえなのだ……。弱くて、臆病、その通りだ！　だが、極悪人ではない。クローディアスが彼の耳元で囁いたこと、おれはわれわれの領土の〈結合《ユニオン》〉の象徴である〈真珠〉の秘密を知っているぞと、そしてどれほど忌まわしい武器を使って、彼が卑怯な勝利をもぎ取ったかをおれは知っているぞと囁いた時、共犯者が隠し通し永遠の沈黙で固く封印しておかなければならなかったことが耳元で囁かれるのが聞こえた時、彼の耳がその秘密の侵入によって強姦されるやいなや、彼の血はみるみる固まり、彼自らの毒の一撃によって朽ち果てたのだ。恥で死ぬこと、それはその罪業の報いを受けることだ……。「裏切り者のポーランド人め、〈呪われるがいい〉」という彼の最後の叫びまでこれに私はすべてを包摂する。

ハムレット　ああ、オフィーリアの父……

フォーティンブラス　そうだ、きみの言う通りだ、そして老フォーティンブラスのかつての腹心だ！

ハムレット　では首謀者はあのポーランド人だったのだな。私の父に毒を売ることによって父を犯罪に誘いこんだのは彼だったのだ。毒のせいで戦いは殺人となり、その殺人は決闘のように見せかけられた。おれがやつを剣で刺し殺したのは間違いではなかった。しかしおれがもっと早く秘密を見破っていたならば、わがオフィーリアは今頃王妃になっていたろうに……

彼女はおれを許してくれるだろう、心ならずも一人の怪物を亡き者にしたことを。それが彼女の父であっても。彼女は気づいていた……その証拠に、彼女の最後の行為、彼女が編んだ毒草の冠、すなわち毒の王冠、それは彼女の父によって耳打ちされた王〔老ハムレット〕の犯罪の明らかな暗示。彼女の狂気は父を告発し、そのことによっておれの願いを叶えてくれたのだ。フォーティンブラス、兄弟よ、感謝するぞ、死後にあの世でオフィーリアを癒してくれたこと、おれには彼女の心を取り戻させてくれたことを……

フォーティンブラス　この老いぼれ亡霊を天国に追い払わねばならない。地獄が拒絶したからには。

さあ、愛すべき亡霊よ、おまえの恥は知られた、そしてついにすべての者がおまえの秘密を知った今、おまえのいるべき場所、すなわち高潔な人々の仲間に再び戻ることができよう。おまえが私の父に挑戦しなかったならば、おまえはもうすでに〈黄泉の国〉にいただろう……

何をぐずぐずしているのか？

亡　霊　（動かない）

ホレイショー　殿下のご推理の中には一つの間違いが忍び込んでおります、それが彼をここに留まらせているのです。

私が彼のために証言いたしましょう。挑戦は北方の国〔ノルウェー〕から来たのであって彼からではないのです。敵の武勇は広く知られていたので、戦わずして遁走することは名誉と誇りが許さなかったのです。彼はこの挑戦を海賊の強奪とみなしておりました。ノルウェー人は自分の王国全部を賭けるふりをしておりました。一方、ハムレット王は賭けはただ一つの地方のつもりだったのです。

フォーティンブラス　王としてはそれは軽率だ。

ハムレット　確かに。勝利が確実でないならば！　ひょっとして、かのポーランド人が……

フォーティンブラス　いまいましいかのポーランド人……

もし、やつが毒を売りさえしなければ……

ハムレット　二人の敵に、それぞれ別々に。さもなければ一人はそのような決闘の危険を冒しただろうか？

そしてもう一人はその挑戦に応じただろうか？

フォーティンブラス　まったくもってきみの言う通りだ、ハムレット、わが兄弟。

わが父は今、地獄の業火に焼かれている最中だ。

これでわれわれはおあいこだ。

亡霊　やはりわしの思っていた通りだった。わしはその昔彼の乗っていた橇を転覆させたことがあった、わしはな。フォーティンブラスの方は彼を捕虜にしたことがあった。そしてやつはわれわれを順繰りに騙したということだ。

感謝するぞ、すべておまえたちのおかげじゃ！

さらばじゃ！

（消える）

第六場

フォーティンブラス、ハムレット、ホレイショー

ハムレット　（皮肉たっぷりに）

対等の武器で争いに打ち勝つすべを心得ていた老王の遺徳に敬礼……

フォーティンブラス　（悲しそうに）

さらば、亡きわが父の思い出よ……

父の魂が心安らかに焼かれんことを！……ハムレット王万歳！

ホレイショー　（不安そうに）

さらば〈真実〉、さらばもろもろの幻影！

わが慈悲深い主君たちよ、わたしはあなた方のことが心配でなりませぬ！

人民のことも。なぜなら、もし、彼らが知っているのならば……

ハムレット　おれはおまえにこれまで何度も繰り返し言わなかったか、友よ。〈真実〉が裸の姿を見せる時、われわれを満足させてくれる、だが〈真実〉は広く世間に知られることを受け容れないのだ！

したがって、人民に対しては〈真実〉に服を着せておかなければならない……

〈真実〉の服を脱がした時、人々は思う存分楽しむがよい！

人はみな言うだろう、見つけたぞ、〈真実〉は私のもの

だと！

〈真実〉はその恐ろしさにおいてなんと美しいことか！

二度と、こんな事は二度とごめんだ！　ところが真正の真実、おぞましくも、絶対的な〈真実〉、われわれが今しがた、その尻尾を垣間見た真実、そしてそれを見ることでわれわれを君主に変える真実も一般の人々にとっては死の原因となるだろう……

デンマークの人民、万歳！

フォーティンブラス　そしてノルウェーの人民万歳！　あまりにも煽情的で、一年後には子どもの数が二倍に増えようほどの、この真実という美女の裸身に服を着せよう。だが亡霊の嘘は
暴かれなければならない——虚偽は罪という重荷を背負い込む。だが、真実は実りの結果をもたらし、容疑をかけられることはない！
われわれの様々な真実を発見する時が来た。勇気を持って話せ、ホレイショー——われわれはおまえの英知がたよりなのだ。

ホレイショー　私は愚鈍です。その愚鈍な精神もついに捉えました。

われわれの真実は〈亡霊〉の作り話から引き出されております。彼は息子を憎むあまり、かの〈大粒の真珠《ユニオン》［結合］〉を例のノルウェー人に売っていました。なぜなのだ？　とあなた方はお尋ねになる。思慮深い人たちにはそれがお分かりになるでしょう、つまり不法に手に入れた利益という恥を人民に隠すためだということを。

もっと腹心の人々は、別なことも知っておいでしょう。すなわち、裏切り者の王を亡き者にするために、王妃とクローディアスによって或る陰謀が企てられたということを。

側近たちは閨房の事のなりゆきを楽しんでいたことでしょう。つまり、ポローニアスがガートルード様を強姦しようとしていた、まさにその時、ハムレット様が不意打ちして、彼を刺し殺してしまったのです。内情に通じた人々は知っておりましょう……

だが、まだこの先を続けなければなりませぬか？

ハムレット　もう十分だ、ホレイショー。だが、未来の内大臣が何を知っておくべきかだけをわれわれに言ってくれ？

ホレイショー　お気づかいなく、わが恵み深い主君！　未来の内大臣、それは私、ホレイショーでございます。

ハムレット　王の内大臣、ホレイショー、万歳！

デンマーク、万歳！

フォーティンブラス　ハムレット殿の王国！

ハムレット　われらふたり、ともに父を失ったこの日、同じ不運の中の兄弟よ、協定に調印しようではないか。

よかろう、かの〈真珠〉により結合された国土の数々はわれわれの両親にまつわる真実と同じように分けあおう。そのうえにポーランド国民に対して行なった不当な戦争について私は、是非ともしておきたいことがある。古い罪から生まれるかもしれない不幸な結果を終わらせたいのだ。そして、ポローニアス、われわれの国では裏切り者だが、彼の国では英雄であるポローニアスの遺骸を彼の身内に返したいと思う。

最後に、信義厚きホレイショー、おまえは過去を扱う庭師として時の流れと逆向きに、真実の種を高い木に、あたかも世紀の背景をなすような高い木になるまで育てるのがおまえの務めである。

フォーティンブラス

ホレイショー　（一緒に）

ハムレット王、万歳！

ハムレット　デンマーク、万歳！

（杯が運ばれてくる）

一　同　乾杯！

（幕）

〈亡霊〉の理論からみたハムレットの悲劇における人物たちの相互関係

I　ハムレットと他の登場人物（比較対照）

ハムレット	オフィーリア［Ophélie］
1. フォーティンブラスー父［先代フォーティンブラス］は彼が生まれた日に（見かけ上）合法的な決闘で死ぬ。	1. 彼女の母は彼女が生まれた時に（見かけ上）産後の肥立ちのせいで死ぬ。（そう述べられているわけではないが、名前の中にうかがえる）
2. ガートルードは彼を愛している。	2. ガートルードは彼女を愛している。ハムレットとの結婚を望んでいたので彼女の死を嘆き悲しむ。

3. 父（毒殺犯）の〈亡霊〉の道具であり、犠牲者。	3. 毒殺犯である父の道具であり、犠牲者。
4.（ガートルードが許されぬ思いを寄せ愛するが、毒殺された、或る父の孤児）	4.（多分毒殺された）或る母の孤児［Orpheline］。
5. オフィーリアは彼を愛するが、彼女の愛は父の密かなもくろみに屈する。	5. ハムレットは彼女を愛するが、彼の愛は父の〈亡霊《スペクトル》〉の要請に屈する。
ハムレット	**レアティーズ**
6. 父との絆。父（毒殺犯）を愛していると主張するが、彼の「命令」を実行しないことで暗に父を否認している。彼はクローディアスを個人的な復讐から殺す。	6. 父との絆。彼を王位に座けようという野心を抱いている毒殺犯の父を愛していると主張しているが、死ぬ間際に、死にいくハムレットに味方して父を否認する。
7. 父は死に、叔父は（毒殺犯）、本来の意味で毒を盛られた母。彼女はそれがもとで死ぬ。	7. 母は死に、父は（毒殺犯）。比喩的な意味で毒を盛られたオフィーリア。彼女はそれがもとで死ぬ。
ハムレット	**フォーティンブラス**
8. デンマークの王子	8. ノルウェーの王子
9. フォティンブラス－息子に共感と尊敬を抱く。人気がある。同じ思想を分かち合う。	9. ハムレットに共感と尊敬を抱く。人気がある。同じ思想を分かち合う。
10.（自らが不正に細工した）決闘で勝ち、歳をとって	10.（自らが不正に細工した）決闘で敗れ、早々に殺さ

から弟によって毒殺された父の息子（〈亡霊〉を担い持つ者）。

11.（[弱さゆえに犯した] 毒殺犯の息子）
12.（犯した罪と同じ手口で、だが比喩的な意味で罰せられた父）
13. メランコリー的な様態において父と同一化。実際に彼は〈亡霊〉に誘惑されていた。（のちに嘘だとわかる）ある秘密を共有するという特権を与えられて。

れた父の息子。（最初は彼がハムレットのうちに見出した〈亡霊〉、ついでハムレットが彼のうちに見出した〈亡霊〉を担い持つ者）

11.（野心から、多分愛情からも犯した毒殺犯の息子）
12.（犯した罪と同じ手口で、だが本来の意味で罰せられた父）
13. 理想の父と同一化（デンマークと、次にポーランドとの戦役）。

II　ハムレットにとって他の登場人物たちは何を表象しているか（対　称）

ガートルード

不可能なエディプス的対象（それは、ガートルードとハムレットを毒殺し、そして彼女と彼自身の中で抹殺しなければならない〈亡霊〉[父の恥辱] のせいである。しかし、そうなるとハムレットがそれで死ぬだろうと思ったように彼女自身もそのことで死ぬだろう）。

オフィーリア

愛の対象、二重の意味で近寄りがたい、彼自身のナルシシズム的なレプリカ。ハムレットがオフィーリアの父を殺したために（すべての〈亡霊〉がこの父から発生する）彼女は「狂い」そして自らを殺す。そのうえ、彼女は誕生の時から母のない孤児であった、そこからしてもナルシシズム的な同一化が生まれる。（彼女は不義の娘だろうか？　本当の娘か、それとも許されぬ情事のはての？）

ポローニアス

ナルシシズム的な分身であるオフィーリアの父。理想化された父と正確に反対なものとして、彼を殺す。（彼が狙いをつけたつもりのクローディアスは理想化された父の延長にすぎない、クローディアスは有罪な父という無意識的なイメージと照応する）。レアティーズはハムレットが理想化された父にとってなりえなかった理想の息子のイメージと照応する。彼は同時に「ネズミ［ポローニアス］」の凡庸で見込み違いの息子である。

ハムレット－王

父、（ハムレットの非知を支えるために）理想化されている。彼は父の「復讐をする」：父についての意識的なイメージ。ハムレットは「彼の父にふさわしくない息子」である。（彼が考えを改めるまでは）。

III　ポローニアスに対して他の登場人物たちは何を表象しているか（対　称）

レアティーズ	ハムレット
ポローニアスの野望は彼をデンマークの君主にすることであった。それはポローニアスが死んだことで達成されなかった。彼はレアティーズに王子教育をした、たとえばフォーティンブラス―父、ハムレット―王が課している要請をみならって。 彼はポローニアスがそうあれかしと望んだものとなるであろう：すなわち母のようなやり方で息子を監視する。しかし、レアティーズは最後になって父に忠実ではなくなる。父の密かな秘密のもくろみはそれと知られ、そして拒絶されてしまう。彼はクローディアスを告発する。	彼の息子レアティーズに対応する、だが敵として消さなければならない者。とはいえ、ハムレットのオフィーリアに対する狂気を、一人の女に対する彼自身の若き日の狂気と比べる時、ナルシシズム的な同一化が生まれる。 ハムレットは彼を殺す。
オフィーリア	**ガートルード**
欲望を抱くことなく父親に支配されている。	同様に欲望の色合いの一かけらもなく支配された関係。（彼女をクローディアスと結びつけたのはポローニア

ハムレットに対するオフィーリアの愛は、その思惑そのものにおいて不服従である。彼女から見ればポローニアスは女のことを分かっていない。狂気のさなかにオフィーリアがハムレットにナルシシズム的な同一化を行なうことは、狂人を装うハムレットへの同一化と解釈することができる。今度は彼女がその狂気を通して、〈亡霊〉を作った父を告発する。

スの陰謀の一部であるということが分かる）

彼女もまた、ハムレットが彼を殺した時ハムレットを告発していないということで、ポローニアスからの支配を逃れたと言えるかもしれない。

Ⅳ　ガートルードにとって他の登場人物たちは何を表象しているか（比較対照）

先代のフォーティンブラス

（彼女にとって禁止された対象、のちに「暗殺される」）

クローディアス

（かつての愛の勝者である先代のフォーティンブラスと同等の人物：彼は先代のハムレットを殺す）

ハムレット

（先代のフォーティンブラスの忘れ形見《シンボル》［象徴、化身］）

オフィーリア

先代のフォーティンブラスとの結婚の禁止に従順に従っ

一方の誕生が他方の死と符合する。	た彼女自身のイメージ［似像］。彼の敗北は彼女自身の敗北でもある。だからオフィーリアが自殺した時に涙する。
先代のハムレット	**ポローニアス**
彼女が必ずしも彼の死の共犯者ではないにしても、クローディアスと急いで結婚していることからも、彼の死は彼女の気持ちを楽にしている。	彼女は彼の殺害を深く悲しんではいない。彼女はオフィーリアとの同一化によって、それを彼女の前の夫の殺害と同列においている：つまり二人の男は彼女にとっては同じ本質を持つ者たちであった。

V　第六幕に照らして見た登場人物たちの新たな照応関係

シェークスピアの登場人物たち	「第六幕」の登場人物たち
1. 彼らは全員が持っている、友達、敵、家族を。	1. 彼らは人生をゼロから再び始める。誰ももはや家族を持っていない。

2. 彼らは全員が致命的なミスを犯した。そこから彼らの破滅が生じる。	2. 彼らは致命的なミスを犯さなかった（あるいはまだ犯していない）。
3. しかし、唯一ポローニアスだけが握っている、おぞましい「真実」の喪失はない。〈真実〉は彼のあとも生き残る。	3. 彼らは、おぞましい〈真実〉を遺産として持ち、その重みに耐えている。「分析」はその〈真実〉を最初、消し去ろうとするように見えるが、最後には分析により、人々はその〈真実〉を引き受ける。
先代のフォーティンブラス	**フォーティンブラス・ジュニア**
1. 狡猾な人間。彼は理解する機会も（欲望も）決して持たないだろう。	1. いわゆる分析家。（まだ知ってはいないが、いずれ、修得することができる人物）
2. 挑発（ポローニアスによる）の犠牲者であり、のちに挑発者（決闘での）となる。	2. 〈亡霊〉を呼び出すことによってハムレットを「挑発する」。自発的に勝負に負ける。（彼自身の父に関する真実を知ることの方を好んで）。
3. 疑いを抱く。厚顔無恥。彼は「地獄へ行く」。	3. 失望から疑いを抱く。知に近づくという喜びのおかげで失望は乗り越えられる。
ハムレット王	**ハムレット**
1. さらに上をいく狡猾な人間。	1. 最初は知ることを望まない我慢の人。
2. 人には明かせない策略をもって戦闘の挑発に応酬す	2. 王国を引き受けるようにとのフォーティンブラスの申

る。

3. 彼は自らの罪と恥を担い持っている。そしてそれらを自分の息子に伝える。それによって彼は息子を破滅させる。彼は「天国へ行く」。
4. 〈亡霊〉をガートルードを介して息子に伝える。
5. 息子を救うために、彼はガートルードを殺すべきだったかもしれない、ちょうどオフィーリアが誕生した時、ポローニウスが妻を殺したように。そうすれば、〈亡霊〉は伝わることはなかったかもしれない。

ポローニアス

1. 彼が唯一の動作主であるおぞましい〈真実〉を握るただ一人の男。
2. 彼は誰とももくろみを分け合わない。彼は自分の夢、つまり息子レアティーズを〈真珠＝結合《ユニオン》〉の王にするという野心ゆえに本質的に疑いをかけられる。
3. 彼の来世は「おぞましい真実」である。それは生き

し出には、考えが改まるまでは応じることができない。

3. 〈亡霊〉が消失したことで最後になって疑いを抱く(自分の父の罪)。反−亡霊的な働きをする彼のいわゆる「美徳＝勇気」から解放される。

ホレイショー

1. いわゆるカンディード（純真な男)。のちに他の二人と〈真実〉を共有する。
2. 美徳＝勇気ゆえに疑いを抱く。至高の〈知〉に対して美徳＝勇気を持ったままであろう。未来の保管者か？　それとも未来のポローニアスか？
3. 彼にやがて訪れる来世は「おぞましい真実」である。

残った人々に降りかかり、彼らを変える。彼のミスは、ガートルードが〈亡霊〉をハムレットに伝える前に彼女を消し去るべきだったのに、ガートルードを王妃の身分にあるということから利用しようとしたことである。

彼はそれを求めたわけではないのに遺産として引き継ぐ。彼はそれをどうするだろうか？

訳者あとがき

『表皮と核』訳者あとがき

大西雅一郎

『表皮と核』、精神分析の脱構築あるいは脱構築の精神分析ともいうべきニコラ・アブラハムとマリア・トロークのこの著作は、今では十二を超える言語に翻訳されている。フロイトの精神分析理論の制約を解除し、限りない豊穣さをもたらした彼らの思考・実践は、フランスの知的風景のなかで、早くからデリダを始めとして測り知れない影響を及ぼしながらも、十分に正当な評価を受けないままであったが、今や、その思想的・実践的重要性は避けて通れないものとなっている。『表皮と核』に基づく臨床的省察を含まないような分析教育も存在しないほどである。

思想史的観点から言えば、アブラハム-トロークは、サンドール・フェレンツィ（一八七三-一九三三年）とイムレ・ヘルマン（一八八九-一九八四年）に代表されるブダペシュト学派の系譜内に位置する。彼らはこの二人の著作のフランスでの紹介と出版に尽力した。フロイトの普遍化的傾向、いくつかの思弁的原理への還元に対するフェレンツィとヘルマンの問い直しを継承しながら、単独者のそれぞれ比類のない個別な出来事あるいは経験、さらには世代横断的な経験という観点から画期的な省察を行い、臨床的発見を手がかりに特に喪・秘密・体内化・亡霊・クリプト（地下埋葬室、地下墳墓）など場所ならざる場所の発見・発明を通じてフロイトの場所論に未聞の次元を付与しつつ根源的に問い直すこと、そして、単独者の他者性、またそこに住まうさまざまな他者の声、声ならざる声に耳を傾けながら精緻な理論構築を練り上げることが、アブラハム‐トロークの作業の無尽蔵な豊かさの源泉をなしている。

ここではニコラス・ランド（Nicholas RAND）――彼はニコラ・アブラハムの甥に当たる――の *Quelle psychanalyse pour demain?*, Voies ouvertes par Nicolas Abraham et Maria Torok (Erès, 2001), Jean Claude Rouchy 編集 *La psychanalyse avec Nicolas Abraham et Maria Torok* (Erès, 2001), Maria Torok, *Une vie avec la psychanalyse* (Aubier, 2002) を参考に簡単に紹介することにしたい。

1　伝記的事実

N・アブラハム（一九一九‐七五）とM・トローク（一九二五‐九八）はともに、迫害を恐れ故国ハンガリーを去ってフランスに避難する。一方は一九三八年にナチズムの台頭から、他方は一九四六年に共産主義の台頭から逃れるために。彼らは同胞のサンドール・フェレンツィの発想に強い影響を受け、個々の人間精神の傷・苦痛・トラウマの近くに留まり、それらを言語化し苦痛を緩和する可能性を探求することを精神分析の第一の課題とする。言語への関心は、個々の単独者が使用する言語、隠蔽でもあり開示でもあるような言語、特にそのポエティックな使用──詩的でもあり、語源的意味において、そのつどの一回限りの発明でもあるような使用──への鋭利な着目という形で現れる。彼らはフロイト、メラニー・クライン、S・フェレンツィ、イムレ・ヘルマンを読む一方で、N・アブラハムはフッサールの哲学に専心し、サルトル、メルロ＝ポンティ、初期のレヴィナス、ポール・リクール、ジャン・ヴァールに取り組み、M・トロークの方は保育園・幼稚園において直接子どもに接して精神療法的研究と考察を深める。哲学・学的思考・美学から出発したN・アブラハムと臨床家であるM・トロークは、独異な個人の情動的経験への眼差しにおいていわば「双数的一体性〔unité duelle〕」──比喩の比喩、原-比喩とでも呼ぶべき（非）関係──をなし、豊穣な相互関係を生み出していく。

「独異な存在についての普遍的理論」と評される彼らの単独者の傷・苦痛・トラウマへの尽きることのない注視は、アブラハムの妻の陥った狂気、長男の自殺、そしてナチズムによる家族・親戚の死──喪の可能性を超えた抹消──と無縁ではないだろう。生き残った者たちの精神分析、切断された四肢の残りの部分のような状態に置き去られた者たちの精神分析とも言いうる彼らの精神分析は、また他方で、ユダヤ性に付き纏うアイデンティティに関する問い、自分は誰であるのかという問い、この不可能な問いによってかろうじて自分たちの「アイデンティティ」が（脱）構成されるような者たちの精神分析であるとも言えるだろう。ただし、「ユダヤ的」という固有名詞が、他のあらゆる固有名詞の固有性への根源的な問い直し──範例的な問いなのかどうかも問われねばならないだろう──でも同時にあることを忘れてはならない。デリダの言うように、マラーノ「である」こと、あるのかもしれない、あったのかもしれないということ──これはいかなる時間、いかなる論理《ロゴス》をなすのか──が、マラーノ「である」

ことの不可能性、マラーノであることを何らかの仕方で認識することとの不可能性、およびそうであることとの完全な忘却と識別不可能であり、またそれら複数の遺産の受容以前の継承であるように。

2　N・アブラハムとM・トロークの精神分析理論の主要「概念」——取り込み、亡霊、クリプト、体内化——について

フロイトの理論に対して、アブラハム‐トロークが加えた最も大きな修正点のひとつは、母に対する欲望と父の審級の関係であろう。フロイトにおいては、父の審級あるいは父への同一化——だがそもそも同一化とはどういうことかという問いが残るが——が母（の身体）への欲望を禁止する。他方、アブラハム‐トロークにおいては、イムレ・ヘルマンの思考を継承する形で、母の身体は根源的に子の身体——もっとも、ここでは〝子の〟という所有関係は成立しているのかどうかも問われなければならない——と補完的、あるいはデリダ的に言えば、代補的な関係にあると捉えられる。子の身体および母の身体もまた、個別の完結した存在者ではないということ、根源的に相互に、他者へと委ねられた関係に投げ入れられているという考察こそ彼らの最も独自な考察であり、その重大さは、精神分析的かつ哲学的に、測り知れない射程を備えている（ハイデッガーの被投性・共存在、レヴィナスの他者・第三者・責任＝応答可能性・絶対的受動性、デリダの根源的代補としての言語、ジャン＝リュック・ナンシーの共同体・共出現等々）。いいかえれば、父の審級が行使する禁止ないし中断は、すでに母の審級において機能している、しかも、母の機能はただ単に、中断をもたらすだけではなく、そもそもの始めから、母

の身体の代補を可能にするようにして子（の身体）に与えられている。根源的に、母の身体は、母の身体の代補〝である〟ということ、極端な言い方をすれば、代補としての母の身体であるということ、したがって、さらに極端に言えば、母の身体の贈与は、その身体の非‐贈与でもあるということ、その意味で、デリダが言うように、交換やエコノミー［我が家の法、自己完結的な法］のレベルには還元不可能なもの、いかなるものでもない、いかなる存在者でもないような〝もの＝無［rien］〟の贈与であるということ、こうした画期的な視点こそ、彼らが私たちに思考すべきこととして、贈与していることだ。思考とは、贈与とは「何か」と問うこと、あるいは「何か」という問いを超えたものを問うことこそ、思考の名に値するもの、思考を触発するもの、触発しつつ毀損するものであろう。意味遡行性と訳されるアナセミー［anasémie］、意味の手前の現象・現前しえないもの、意味の発生を生み出しながら、生成した意味からは逃れ去るもの、なにものでもないようなもの［無］を思考させるものこそ思考のいわば「核」と言えるのではないだろうか。

別の観点から言えば、フロイトにおいて、子にとっての世界は「自己の身体」の投射と捉えられるのに対し、アブラハム‐トロークにおいては、世界は母の身体の代補、その逆説的な贈与の代補として――しかし、この〝として〟はもはやまったく未聞の仕方で、いかなる同一性・本質・実体とも異なったものとして、換言すれば、根源的な差異〝そのものとして〟理解されねばならないだろう――捉えられる。ニコラ・アブラハムがフッサールの現象学に発想を得ながらも、現象学を超える思考、あるいは現象学の核をなす非現象的なもの（自己への非‐現前）へと導かれ、超‐現象学という「あらゆる学の学」であるような精神分析を創設しようとしたこと、その根源、無であるような根源には、贈与でありかつ贈与の引き退きであるような母の身体がある、無として、根源的代補としてある。（根源的な痕跡とも言い換えられるであろう母の経験、世界の経験、世界という経験は、ニコラ・アブラハムの〝個人の〟経験とも関係づけられずにはおかない。ハンガリーの大学入学にユダヤ系市民への入学者数制限があったためにフランスに移民した彼は、自分の家族・親戚のほぼ大半（四七名）が絶滅の対象になったことを知る。また彼がレジスタンス活動に参加する一方で、パレスチナに移住した学生のために哲学のテキストを書いていた。）

アブラハム－トロークのこうした根源的代補としての世界の創造、それはまた自己の創造――自己による創造か、自己を創造することなのか？――にほかならないだろう。それは退引ないし退去でもある母の贈与（フロイトが謎めいた言葉で、母への原初的同一化と呼ぶもの、したがって同一化の主体というものの原初的宙吊りであるような出来事、あたかもその生起を誰も経験しえなかったであろうような経験、生起しなかったかのような出来事を連想させる）であると同時に――この同じ〝時間〟こそ、逆にあらゆる時間を与えながら、与えられた時間から逃れ去るようなものであろう――、〝社会的なるもの〟の贈与でもある。つまり、自己は他者とともに、他者と同時にのみ与えられる、いいかえれば、自己そのもの、自己自体としては与えられない形でのみ与えられる。私たちはここに、表象作用や再現前化を超えた他者の空間が開かれるのを目撃するだろう。だがそれは、いかなる形象も与えられないようなものを証言しなければならないような空間であろう。表象の彼方の他者と共なる空間－時間を私たちに思考させ経験させるアブラハム－トロークは、それゆえに、表象の彼方の言語やテクネーについて未聞の仕方で思考させるであろう。（このことは不可避的に、精神分析の言葉遣い《ランガージュ》が、単なる表象作用としての言語、対象化的な言語であってはならないということを意味する。現象学におけるあらゆる操作の基点をなす「私」が常に否認してしまっている、自己への非-現前への一種の掘り下げこそ、アブラハム-トロークの試みの革新的な性格をなす。)

取り込み［introjection］を例（特権的な範例）に、ニコラス・ランドはこう説明する。取り込みとは、精神活動の糧であって、私たちは、さまざまなトラウマ・喪失を乗り越え、生き延びること［survie 生の彼方の生であるとともに生の延長・超越］の可能性をみずからに対して創造するために、種々の吸収・同化能力を駆使することである。換言すれば、作業・労働、創造活動、遊び＝演戯、ファンタスム、思考、言語がそれである。取り込みを三段階で記述するとこうなる。

(1) 新奇な何か、未知の何かが——良いことであれ悪いことであれ——、外部から私に、あるいは私の内部で起きる。

(2) この新奇なことが私に被らせたことを、私は自分自身に対して作り出す（創造）。私は演戯、ファンタスム、投射などを通じて、この新奇な出来事を親しいものとなす。要するに、私はそれを自己固有化（我有化）する。

(3) こうして私は自分に到来した出来事を意識する、そして新奇な出来事との漸進的な遭遇を理解＝包含する。

つまり、「私」にとって、世界とは創造過程にある所産であるとともに、〝私＝自己〟も同時に世界の創造過程の所産である。幸運な出来事であるのか、不幸な出来事であるのか、悦ばしい経験であるのか、喪の経験であるのか、そうした区別の手前で、出来事は、象徴化、根源的フィクション化を通じて、自己固有化される。すべてが情動、触発、根源的受動性から始まるということは、それゆえに、単純に乗り越えられるのではなく、テクネーという人間が完全に自己固有化しえない次元を介して、残遺すると考えるべきであろう。そしてこうした取り込みの能力を拡大することが自己の創造であるが、一方で取り込みのプロセスを阻むもの、禁止したり嫉妬したり恥を覚えさせるたりするもの——人であれ愛の対象であれ——の体内化［incorporation］が生じることがあり、自己の拡大は他者や他なるものに場を譲ることになる。極端な場合には、被分析者自身が用いるクリプト、秘密、墓、埋葬、屍体といった語彙でしか、逆説的な場所、非場所的な場所の存在が指し示されない場合もある。

社会的なもの、これはアブラハム-トロークにおいては、世代横断的なもの、世代を超えた出来事、一種の遺産相続として新たに把握されていることも忘れてはならない。子の無意識は、事の発端からすでに他者の、母の無意識でもありうる。双数的一体性は、一体性自身の中断としてすでに他者との関係への露呈であり、相互的代補としての母子関係を代補するテクネー（言語、身振り、ファンタスムなど）それ自体の亡霊的性格によって取り憑かれている。母（の言葉）は常に既に第三者（の言葉）に取り憑かれている。そして分析的場面においては、母の言葉が母を超えた世代の言葉にも取り憑かれていることも忘れてはならない。退引としての現前、非-贈与としての贈与である母の亡霊的性格は、テクネーという社会性、共同性、限定されない他者性において、生き長らえるのか、乗り越えられるのか、アブラハム-トロークの問題提起はそうした二者択一を超えたところで、父の権威、父の名を超えたところで、新たな問題の練り上げを切り開く。それぞれの代替不可能な、独異な存在者の、それぞれの亡霊を理解すること、それは精神分析を民主主義化することでもあるだろう。いかなる始まりの言語もないこと、絶対者の言語はないこと、いかなる最終的な言語もないこと、最終審級をなすような言語はないということ、亡霊たちの共同性の空間‐時間は、まさしくアブラハム‐トロークによって、未聞の仕方で切り開かれる。(ただし、アブラハム‐トロークにおいて、亡霊［fantôme］という用語は——本書所収のハムレット論を参考にされたい——厳密には、個人間、世代間の影響関係において言われざる部分について言われる、つまり他者の秘密の取り憑きについて用いられるのに対して、クリプト［crypte］という用語は個人の体験における秘密の部分について言われる。そのうえで亡霊の普遍化の可能性についての探求が切り開かれるだろう。いいかえれば、すべての用語のアナセミー的な転換の可能性が切り開かれるであろう。)

最後にルネ・マジョールが書いているひとつのエピソードを記しておきたい。若きマリア［マリカ］・トロークはドイツ軍侵攻時、ブダとペシュトを結ぶ橋を渡って避難したが、その際に彼女は、あたかもカフカの皇帝の密使のように、自分がフロイトの書簡を荷物として運んでいたことを知らなかった。気づかないままに他者の手紙を運ぶこと、これこそ精神分析が言わんとすることではないだろうか。運ぶこと‐読むこと‐読み替えること‐書くこと‐書き換えること……どこへ、どこに向かって、誰に向かって、誰の代わりに、そもそも誰が? あるいは「誰が?」の彼方へと運ぶこと……私たちもまた不可視の、無音の他者たちの手紙を運んでいるのかもしれない、来たるべき他者たちの手紙を運んでいるのかもしれない、このことは私たち‐他者に限りない夢を見させてくれるだろう、あるいは他者たちが私たちという場で限りない夢を見ているのかもしれない。アブラハム‐トローク‐マジョールが主催した精神分析雑誌『コンフロンタシオン』誌が Cherche-Midi 通り(14時に正午を探すという意味、アナセミー的な意味、遡行しえない源泉への不可能な遡行）に場を構えていたこともまたその夢の延長、夢の生き残り、生き残りとしての夢ではなかったのだろうか。

（最後に一言付け加えることをお許しいただきたい――あるいは本当は最初に、一番に付け加えることなのかもしれない。私たちは共に翻訳を進めるなかで、あるいはむしろ翻訳へと委ねられるなかで初めて共にあるという経験＝試練を受けるなかで、梅木氏を失った。私たちの作業がその後も遅々として進まなかった理由のひとつは、終わることなく「梅木氏」と共に作業をしているかのような経験を続けていたかったためかも分からない――誰に分かるだろうか。しかしそう感じるのは、死者と共にあるという経験、それが厳密には、同時に、死者と共にあるのではないということ、共にいないということを「共にする」、「（死者と共に？）おそらく共にしあっている」という経験でもあって、「私たち」はある意味で、極めて冒瀆的で暴力的な意味においてかもしれないが、共に翻訳しあうなかで、そうした経験へと委ねられている／いたということをも、ほんの僅か触れるか触れないかという形で、「既に」経験していたからかも分からない、あるいは経験していたことになるからかも分からない――分からないということを、私たち自身ではないとしても、分かっているからかも分からない。フランス語において過去の既定の事実に反する推測を表わす条件法過去と、未来において起きてしまうであろうことを表わす前未来とが、同じ用法として区別できない仕方で用いられるという無気味な経験に「私たち」は常に襲われる。あたかも、起きてしまったことが起き続けているかのようであること、まだ起きていないのに既に起きてしまっているかのようであること。翻訳しつつあった「私たち」はこうした識別不可能な言語的経験をするなかで、異邦の、異質な、他者の言語、あるいは他者の言語としての言語――アブラハムとトロークにとってのフランス語もそうであった、そして彼らはフランス語に他なる言語を未聞の仕方で語らせようとしたとも言えよう――に触れているのかどうか分からない経験をしていた。それは一言で言ってしまえば、不可能な喪、不可能な取り込み、不可能な体内化の経験をひとりひとりが避け難く経験しているということかもしれない。言語を介しての、あるいは言語としての他者の(喪の)経験、しかし、他者とは根源的にこうした、言語の経験として、喪の経験として、初めて出現するのではないだろうか、そのつどあたかも初めてであるかのように、おそらくは詩的に。いったい、そうでなければ、誰が読むこと、書くこと、話すこと、翻訳することへと、自己の欲望を超えた欲望に突き動かされるように、駆り立てられるだろうか。こうした意味で、法外な意味で、「私たち」は誰と、何と共にいるのか誰も決定できないような仕方で、「共に」あり続けるだろう、そしてあり続けたことになるであろう、死の後も、死があたかも前もって起きてしまっているかのように、死があたかもまだ十分には起きてしまってはいないかのように……)

終わりに、訳者の一人として多くの方々に多大の迷惑を長期にわたりおかけしたことをお詫び申し上げるとともに、ご協力いただいた方々に改めて深く感謝いたします。松籟社時代から尽力を惜しまれなかった竹中尚史氏、現松籟社の木村浩之氏、訳語や訳文の検討に協力いただいた小原拓磨氏(東北大学大学院)にもお礼申し上げます。

（補足的追記）

要するに、この書物は何を言おうとするのか？　意味しようとするのか？　何かを言おうとすること、意味しようとすること、それは、要するに——だが要約すること、要約を迫ることは、要約しえないものを指し示すことではないのか——言うこと、意味すること、それは、書くこと、および不可分な仕方で読むことに他ならないが、そうしたことをその還元不可能性において呈示することではないのか？

人の口を開かせるもの、人の手に書くことを、人の目に見ることを強いるもの、いったいそれは何なのか？「それ」は「何かあるもの」でさえあるのだろうか？　何ものでもないような「モノ」に強いられて人々がたがいに結びつけられるもの、切断されながら関係づけられるもの、分離されながらその分離において、分離によって依存しあうもの、しがみつきを剝奪されながら、しがみつきを維持するようなもの、これらの双方が、分離において分離ならざる状況を生み出すような奇妙な無気味な一体性をなしていること、こうしたことへの問いかけが本書のメッセージではないだろうか？　本書もまた、端的にその書くということにおいて、あるいは先行するテクストの読解において、また様々な主体（sujet、根源的な意味で従属者である「患者」）の言葉ないし身体を聴取することにおいて、この非分離的な分離という誰も統御しえない作業を担っているのではないだろうか？

この身振りに、根源的なミメーシスを、オリジナルなきテクネーとしての模倣を、いいかえれば「根源的な」テクネーが作動する姿を透かし見ることはできるだろうか？　もしそうだとすれば本書における超現象（学）的な精神分析的視点の導入の試みは、すべての思考の再考を、或る深淵を起点として、迫るものであるだろう。そしてたとえば、ヘラクレイトスの言う「クリプト愛好的な」「自然」との無気味な親和性とともに、ハイデガーの言う被投性を言葉の創設的機能と隔てながら思考しなおす試みとも共鳴することもあるだろう。

かつて、それ自体として、そのものとして、存在したことがなかったもの、非現前的なもの、そうした「モノ」の翻訳こそが、テクネーに指定された役割であり、象徴や隠喩がそのテクネーに相当するのであろう。だがその翻訳は、ある意味で常に既に、翻訳作業を挫折させる、あるいはより正確には、挫折させることで成功させる。換言すれば、あらゆる概念的対立を締め付け、いわば機能不全に陥らせるような運動の中で、緊張させせかつ弛緩させる。翻訳される意味は、翻訳作業の可能性と不可能性のせめぎあう闘争の中で、あるいは闘争として、それ自身を形象化する。したがって、このようないわば無底的でもある「根源的な」翻訳に対して『表皮と核』はどのような位置を占めることになるのだろうか、そしてそれと同時に、そのさらなる翻訳作業はどこに位置づけうるのだろうか？　翻訳は翻訳されるべきものを対象として翻訳するというよりは、翻訳されるべきものの一部をなすもの、翻訳を他なる場所へと超えて運ぶものとして、来たるべきものとしての翻訳されるべきものの一部として、その限りにおいてのみ、到来しうるということではないのだろうか。こうした非規定的な画定しがたい「モノ」こそが自らを翻訳されるべきものとして贈与する、あるいは贈与される場面において、個々の翻訳プロセスはそれぞれ、そのつど独異なものとして現われる、しかもそれ自身とは異なる何かとして、何を代表・代理しているのかが確定できないままに。翻訳の試練とは、非規定的なものについての、こうしたそのつどの独異な、ないし孤独な経験ということになろう。だがそうした独異性ないし孤独こそが、アナセミー的な意味での共同性をもたらしうるのかもしれない、あるいはそう期待させてくれるのかもしれない、おそらくは……

熊本哲也（くまもと・てつや）Ⅳ-4，-5，-6，Ⅵ-3章担当

東北大学大学院文学研究科博士課程後期単位取得満期退学。現在、岩手県立大学共通教育センター准教授。専攻はヨーロッパ18世紀思想、フランス語教育。

著書に『カドラージュ―フランス語文法』（共著、駿河台出版社）がある。

佐々木俊三（ささき・しゅんぞう）Ⅳ-1，-2，-3章担当

東北大学大学院文学研究科博士課程中退。現在、東北学院大学副学長、同大学教養学部教授。専攻は哲学（ヘーゲル、ハイデガー）、フランス現代思想、精神分析。

訳書にノーマン・O・ブラウン『ラヴズ・ボディ』（共訳、みすず書房）などがある。

髙井邦子（たかい・くにこ）Ⅵ-4章担当

立教大学大学院文学研究科修士課程修了。専攻はフランス文学、特に19世紀小ロマン派を専門とする。

訳書にアニー・アンジュー『特性のない女』（共訳、言叢社）、フェリックス・ナダール＋ポール・ナダール『パリの肖像　ナダール写真集』（共訳、立風書房）など。

山崎冬太（やまざき・ふゆた）Ⅱ-4，Ⅲ-1章担当　＊

東北大学大学院文学研究科博士課程修了。現在、東北学院大学教養学部准教授。専攻はフランス近代文学・思想。

著書に『危機を読む――モンテーニュからバルトまで』（共著、白水社）、訳書にJ＝D・ナシオ『ラカン理論　5つのレッスン』（共訳、三元社）がある。

訳者紹介（五十音順　＊印は監訳者）

阿尾安泰（あお・やすよし）Ⅰ-1，Ⅱ-3，Ⅴ-1，Ⅴ-3章担当

東京大学大学院人文科学研究科修士課程修了。現在、九州大学大学院言語文化研究院教授。専攻は18世紀フランス文学思想、フランス現代思想。

訳書にサミュエル＝オーギュスト・ティソ＋ビアンヴィル『性: 抑圧された領域〈十八世紀叢書〉』（国書刊行会）などがある。

阿部宏慈（あべ・こうじ）Ⅱ-1，-2章担当

東北大学大学院文学研究科博士課程中退。現在、山形大学教授。専攻はフランス文学、表象文化論。

著書に『プルースト 距離の詩学』（平凡社）など。訳書にデリダ『絵画における真理』上下巻（共訳、法政大学出版局）などがある。

泉谷安規（いずみや・やすのり）Ⅵ-1，-2章担当

東北大学大学院文学研究科博士後期課程単位修得満期退学。現在、弘前大学人文学部准教授。専攻はフランス文学、フランス思想。

訳書にジャン＝ピエール・デュピュイ『犠牲と羨望』（共訳、法政大学出版局）がある。

梅木達郎（うめき・たつろう）Ⅰ-2章担当

東北大学大学院文学研究科博士後期課程単位取得満期退学。元東北大学大学院国際文化研究科助教授。専門はフランス現代文学・現代思想。

著書に『脱構築と公共性』（松籟社）、『支配なき公共性』（洛北出版）など。訳書にミッシェル・ドゥギー『尽き果てることなきものへ』ジャック・デリダ『火ここになき灰』（ともに松籟社）などがある。

大西雅一郎（おおにし・まさいちろう）Ⅰ-3，-4章担当　＊

成蹊大学教員。専攻はフランス現代思想・文学。

訳書にJ=L・ナンシー『脱閉域　キリスト教の脱構築1』（現代企画室）、Ph，ラクー＝ラバルト『近代人の模倣』（みすず書房）、ジャック・デリダ『友愛のポリティックス』（共訳、みすず書房）、同『絵葉書（Ⅰ）』（共訳、水声社）など。

著者紹介

ニコラ・アブラハム（1919－75）Nicolas Abraham

ハンガリー生まれ。ナチズムの迫害を逃れフランスに避難。
トロークとの共著である本書『表皮と核』は、すでに12を超える言語に翻訳されている。本書以外のトロークとの共著に『狼男の言語標本』（法政大学出版局、2006年）、*Le Cas Jonas*, Flammarion, 1981, *Rythmes : de l'œuvre, de la traduction et de la psychanalyse,* Flammarion, 1985. がある。

マリア・トローク（1925－98）Maria Torok

ハンガリー生まれ。共産主義の台頭を逃れフランスに避難。
ニコラ・アブラハムと共に臨床的発見を手がかりにフロイト理論の問い直しを行なう。アブラハムとの共著以外に、*Questions à Freud, Du devenir de la psychanalyse*, Flammarion, 1998.（ニコラス・ランドとの共著）がある。

表皮《ひょうひ》と核《かく》

2014年3月31日初版発行　　定価はカバーに表示しています

著　者　ニコラ・アブラハム　＋　マリア・トローク
監訳者　大西雅一郎　＋　山崎冬太
訳　者　阿尾安泰・阿部宏慈・泉谷安規・梅木達郎・熊本哲也・佐々木俊三・髙井邦子
発行所　㈱ 松 籟 社
SHORAISHA
〒612-0801　京都市伏見区深草正覚町1 － 34
電話　075-531-2878
FAX　075-532-2309
振替　01040-3-13030
印刷・製本　モリモト印刷株式会社
発行者　相坂　一

printed in Japan　©2014 ISBN978-4-87984-326-5 C0011 ¥4200